校勘學大綱

倪其心 著

北京大學出版社

目　錄

第一章　校勘學研究古籍的校勘 …………………………… 1
　第一節　校勘學研究古籍的校勘 …………………………… 1
　第二節　校勘不是校對 ……………………………………… 1
　第三節　校勘與校讎的區別 ………………………………… 2
　第四節　校勘與校勘學的關係 ……………………………… 5

第二章　校勘的歷史發展和校勘學的形成建立 …………… 7
　第一節　校勘的發展是校勘學建立的基礎 ………………… 7
　第二節　先秦有關校勘的記載 ……………………………… 7
　第三節　西漢劉向開創校勘規程 …………………………… 10
　第四節　漢末鄭玄的校勘業績 ……………………………… 14
　第五節　魏晉校勘的特點 …………………………………… 23
　第六節　南北朝校勘趨向獨立 ……………………………… 26
　第七節　唐代不重校勘的傾向 ……………………………… 35
　第八節　宋代校勘向理論發展的趨勢 ……………………… 40
　第九節　元、明的校勘 ……………………………………… 53
　第十節　清代校勘學的形成 ………………………………… 53
　第十一節　近代校勘學的建立 ……………………………… 80

第三章　古籍的基本構成和校勘的根本原則 …………… 89
　第一節　古籍的基本構成 ………………………………… 89
　第二節　經典古籍的複雜重疊構成 ……………………… 89
　第三節　一般古籍的簡單重疊構成 ……………………… 92
　第四節　校勘的根本任務是存真復原 …………………… 97
　第五節　忽視基本構成的偏向 …………………………… 101
　第六節　古籍構成的層次辨析 …………………………… 106

第四章　校勘的一般方法和考證的科學依據 …………… 114
　第一節　校勘的一般方法 ………………………………… 114
　第二節　陳垣的四種校勘方法 …………………………… 114
　第三節　校勘的考證必須有科學的依據 ………………… 119
　第四節　校勘考證的理論依據 …………………………… 133
　第五節　校勘考證的材料依據 …………………………… 135

第五章　致誤原因的分析和校勘通例的歸納 …………… 161
　第一節　分析致誤原因、歸納各類通例是校勘學的
　　　　　重要組成部分 …………………………………… 161
　第二節　疑誤和異文 ……………………………………… 162
　第三節　誤字通例 ………………………………………… 163
　第四節　脫文通例 ………………………………………… 192
　第五節　衍文通例 ………………………………………… 204
　第六節　倒文通例 ………………………………………… 213
　第七節　錯簡通例 ………………………………………… 218

第六章　校勘實踐的具體方法步驟 …… 227
第一節　具體校勘前的準備工作 …… 227
第二節　了解基本構成和流傳情況 …… 227
第三節　了解基本內容和結構體例 …… 243
第四節　了解基本文體和語言特點 …… 250
第五節　搜集他書資料，汲取前人成果 …… 258
第六節　對校各本，列出異文，發現疑誤 …… 259
第七節　分析異文，解決疑誤，審定正誤 …… 265

第七章　出校的原則和校記的要求 …… 287
第一節　系統、扼要、準確地表達校勘成果 …… 287
第二節　出校的原則 …… 287
第三節　校記的要求 …… 292
第四節　改字的處理 …… 299
第五節　敘例的撰寫 …… 304

第八章　輯佚、辨偽與校勘 …… 318
第一節　輯佚、辨偽與校勘的關係 …… 318
第二節　輯佚與校勘 …… 318
第三節　辨偽與校勘 …… 330

後　記 …… 337

"不校校之"與"有所不改" …… 339

傳承與拓進
  ——讀《校讎廣義》 ································· 351
關於目錄、目錄學與古籍整理
  ——古籍著錄體例、目錄學源流、目錄分類以及重要古籍目錄
   ·· 358

序（第二版） ·· 393
日文版前言（摘譯） ·· 398
《校勘學大綱》感言 ·· 403

第一章　校勘學研究古籍的校勘

第一節　校勘學研究古籍的校勘

"校勘"的本義是比較審定的意思。校勘學所研究的"校勘",專指古籍的校勘。許多距今久遠的古籍,其原稿、原抄、原版早已不傳。今存許多古籍都是後來歷代的翻刻本以及再翻刻本。即使是距今稍近的古籍,包括文言及白話的著作,也都由於各種原因,存在各種語句文字的錯誤。把一種古籍的不同版本搜集起來,比較它們的文字語句的異同,審定其中的正誤,這就是古籍的校勘,通稱"校勘"。

第二節　校勘不是校對

表面地看,校勘似乎就是古籍的校對。其實兩者是不同的。校對是書刊出版中的一項專門工作,校勘是古籍整理中的一項專門工作。例如新版二十四史是經過整理的。專家們對二十四史進行校勘、分段、標點,屬於古籍的整理工作。書局把經過整理的二十四史排版印刷成書,要根據整理的底稿本,一再核對排好的版樣,達到一致無誤,這就是出版工作中的校對。顯然,校對是有明確可靠的底稿本作爲斷定刊印本正誤的依據,原則上不涉及書籍内容。甚至爲了保證與原稿或底稿一字不誤，可以從末字作爲開頭，顛倒過來進行校對。而校勘則需搜集各種版本，比較分析它們的異同，考證原稿的文字語句，判斷正誤。甚至需要在沒有直接材料作爲依據的情況下，力求對錯誤、疑難作出符合原意的判斷，同時又不可替古人修改文章。這好比人物寫真一樣，校對是根據相片摹真，而校勘則是根據叙述或記載材料復真，兩者的區別是顯然的。

第三節　校勘與校讎的區別

"校勘"常常被稱爲"校讎"或"讎校"，尤其在古書中，這兩個詞的含義往往等同。但在今天，在校勘學中，應當明確加以區別，予以必要的說明。

"讎校"一詞始見於漢劉向《別錄》：

> 讎校（一作"校讎"）：一人讀書，校其上下，得繆誤爲"校"；一人持本，一人讀書（一作"析"），若怨家相對，故曰"讎"也。（《文選·魏都賦》李善注引，又見《太平御覽》卷六一八引）

這一叙述只是説明校對的兩種工作方式：獨校爲"校"，兩人對校爲"讎"，合起來統稱"校讎"。因此，校讎的一個含義是校對。《後漢書·和熹鄧皇后紀》載劉珍等人"詣東觀讎校傳記"，李賢注："讎，對也。"便是把"校讎"理解爲校對。

但是，根據劉向當時進行校讎的實際情況看，其含義等於"校勘"。劉向《列子叙錄》說：

> 所校中書《列子》五篇。臣向謹與長社尉臣參校讎太常書三篇,太史書四篇,臣向書六篇,臣參書二篇。內外書凡二十篇。以校除複重十二篇,定著八篇。中書多,外書少,章亂布在諸篇。中或字誤,以"盡"爲"進",以"賢"爲"形",如此者衆。在新書有棧。校讎從中書,已定,皆以殺青。書可繕寫。

可見劉向從事校讎,就每一種古籍來説,其實是進行整理古籍的校勘,內容包括搜集不同傳本,比較文字異同,訂正錯誤,清除重複,審定篇章次序,完成一部可供繕寫的稿本,相當於今天所説的供刊印出版的整理好的稿本。因此,前人使用"校讎"一詞,更多指校勘而言。這一含義,直到今天仍不時可見,往往作爲"校勘"一詞的同義文言詞來使用。

"校勘"還有一個含義,指整個古籍整理工作,包括古籍分類、文字校勘、版本考證、內容提要和編撰目錄。這一含義也是從劉向整理漢代皇宮藏書的記載引申來的。《漢書·藝文志》載:

> (漢武帝時)建藏書之策,置寫書之官,下及諸子傳説,皆充秘府。至成帝時,以書頗散亡,使謁者陳農求遺書於天下。詔光禄大夫劉向校經傳、諸子、詩賦,步兵校尉任宏校兵書,太史令尹咸校數術,侍醫李柱國校方技。每一書已,向輒條其篇目,撮其指意,録而奏之。會向卒,哀帝復使向子侍中奉車都尉歆卒父業。歆於是總群書而奏其《七略》。

漢成帝河平三年(前26),以劉向爲首,受命進行了古代歷史上第一次有計劃有組織的皇宮藏書整理。綏和二年(前7),漢哀帝命劉歆繼續他父親劉向的事業。父子兩代,歷時約二十年,終於整理完畢,編寫出中國古代歷史上第一部完整的藏書目錄和提要,即《七略》。這是古典文獻歷史上的一件大事,開創了後世歷代皇家整理藏書的規章程式,備受稱頌,影響深遠。因此,前人又往往用"校讎"一詞來概稱這樣的完整的古籍整理工作,其含義包括校勘,而不僅指校勘。隨着學術的發展,在南宋,學者鄭樵認爲在他以前的各種文獻著作都偏於一專,未能貫通博洽古今學術源流,因此他編了一部《通志略》,"總天下之大學術,而條其綱目,名之曰'略'。凡二十略。百代之憲章,學者之能事,盡於此矣(《通志總序》)"。其中設立了《校讎略》。他在《總序》中説:

  册府之藏,不患無書。校讎之司,未聞其法。欲三館無素餐之人,四庫無蠹魚之簡,千章萬卷,日見流通,故作《校讎略》。

主要目的是論述經營管理藏書的大略。其《校讎略》的具體內容便是論述收藏整理、經營管理書籍的理論和方法,包括分類編目,幾乎不涉及校勘。他所説的"校讎",便是指整個古籍整理而言。其"校讎略"的範圍,便是後來稱爲"校讎學"的研究範圍。到清代,學者章學誠著《校讎通義》説:

  校讎之義,蓋自劉向父子部次條別,將以辨章學術,考鏡源流。非深明於道術精微、群言得失之故者,不足與此。……鄭樵生千載而後,慨然有會於向、歆討論之旨,因取歷朝著録,略其魚魯亥豕之細,而特以部次條別,疏通倫類,考其得失之故,而爲之校讎。蓋自石渠、天禄以還,學者所未嘗窺見者也。

便是進一步明確"校讎"爲一種根據學術源流派別、並用以區别學

術流派的古籍分類著錄的整理工作。到了近代,便出現了"校讎學"的專門學術科目。清末范希曾《校讎雜述》說:

> 細辨乎一字之微,廣極夫古今內外載籍浩瀚。其事以校勘始,以分類終,明其體用,得其鯢理,斯稱"校讎學"。

這就是包括校勘、目錄、版本在內的"校讎學",也就是現在進一步發展而成的"古典文獻學"。

因此,一方面必須了解"校讎"曾是"校勘"的同義語,另一方面又必須看到這兩個詞的實際含義的發展變化,在今天已經具有兩種不同學術科目名稱的含義。尤其是在研究這兩種學術時,要注意到"校讎學"即"古典文獻學"與"校勘學"之間的聯繫和區別。簡言之,"校讎學"包括"校勘學"的基本內容,但不等於"校勘學"。反之,"校勘學"是"校讎學"的一個重要組成部分,但獨立的"校勘學"所研究的內容要更爲專門,也更深入具體。

第四節　校勘與校勘學的關係

校勘學的研究對象是古籍的校勘。作爲一項具體的整理工作,校勘總是以一種古籍進行校勘,要求存真復原,盡力恢復它的原來面貌,爲閱讀或研究提供接近原稿的善本,這是校勘的目的和任務。作爲一種專門的科學,校勘學既然以古籍的校勘爲自己的研究對象,其目的和任務便是總結歷代學者校勘古籍的經驗,研究校勘古籍的法則和規律,爲具體進行古籍校勘提供理論指導。從校勘和校勘學之間的關係來看,校勘學理論是在校勘實踐經驗的基礎上總結出來的,具有指導校勘實踐的作用,而同時又必須接受校勘實踐的檢驗,並在校勘實踐中發展。因此,爲了更好地進行古籍校勘,學習和研究校勘學,自覺地掌握和運用校勘的法則和規律,是必要的。同時,爲了促進校勘學研究的深入和提高,也必須要了解和掌握校勘學已有的成果,以便在校勘實踐中加以檢驗,進一步予以總結。一般地說,歷代學者通過大量古籍校勘和有關筆記著述,積累了極爲豐富的校勘經驗,總結了許多具體的校勘通例,爲校勘學研究提供了扎實深廣的基礎。但是,應當説,作爲一門獨立的理論科學,校勘學仍有進一步系統的理論總結的必要,還須作出相當的努力。

第二章　校勘的歷史發展和校勘學的形成建立

第一節　校勘的發展是校勘學建立的基礎

　　自有文字，便有文獻與典籍，便要抄寫及印刷，便要推廣和傳播。抄寫印刷難免錯誤，年深日久更易傳譌，因此就要進行校勘，並且使校勘也日漸變得複雜紛繁，以致成爲一種專門的學問。這就是説，校勘的歷史隨着文獻典籍的傳播需要而產生發展，而校勘學是在校勘實踐的歷史發展基礎上形成建立的。中華民族源遠流長，校勘和校勘學的歷史悠久。理論出於實踐，因而校勘的歷史可以遠溯到周代，但校勘學的形成却晚至於清代，其建立更在近代。

第二節　先秦有關校勘的記載

　　關於校勘的最早記載，見於《國語·魯語》。魯國大夫閔馬父説：

　　　　昔正考父校商之名《頌》十二篇於周太師，以《那》爲首。

此事又見於《詩經·商頌·那》小序：

　　　　《那》，祀成湯也。微子至於戴公，其間禮樂廢壞。有正考甫（通"父"）者，得《商頌》十二篇於周之太師，以《那》爲首。

唐代孔穎達《毛詩正義·商頌譜疏》對此事有個解釋：

> 韋昭（注《國語》者）云："名《頌》，頌之美者。"然則言"校"者，宋之禮樂雖則亡散，猶有此詩之本。考父恐其舛謬，故就太師校之也。

正考父是周宣王時宋國戴公的大夫，爲孔子七世祖，約生活在公元前九世紀末至前八世紀初。宋國是殷商的後裔，所以保存着歌頌商代成湯以下列祖列宗的詩篇，用於宗廟祭祀歌舞。正考父恐怕這十二篇頌歌有語句文字錯亂，到周天子管理音樂的太師處，用周王朝保存的《商頌》傳本進行校正。顯然，這一記載可以表明，我國校勘古籍由來已久。同時也可看到，當時典籍的保藏和傳授是有專官的，因而是由宋國大夫專門請教周朝太師。

到了春秋時代，出現了一位整理經典古籍的大學者，就是正考父的七世孫孔子。《孔子家語·本姓解》載：

> （齊國太史子與見孔子後，對南宮敬叔説：）孔子生於衰周，先王典籍錯亂無紀，而乃論百家之遺記，考其正義。祖述堯、舜，憲章文、武，删《詩》述《書》，定《禮》理《樂》，制作《春秋》，讚明《易》道。垂訓後嗣，以爲法式，其文德著矣。

《孔子家語》是魏晉時王肅僞造的。但孔子整理編定六經，見於《史記》，古來以爲或有其事。因而歷代學者都尊孔子爲校讎鼻祖。清代段玉裁説："校書何放乎？放於孔子。"（《經義雜記序》）俞樾説："校讎之法，出於孔子。"（《札迻序》）章炳麟説："孔子錄《詩》有四始,《雅》《頌》各得其所;刪《尚書》爲百篇,而首《堯典》,亦善校者矣。"(《國故論衡·明解故》)但是,對於孔子校勘古籍的具體記載,其實極少。《公羊傳》昭公十二年載:

> "伯于陽"者何?"公子陽生"也。子曰:"我乃知之矣。"(何休《解詁》:"子"謂孔子。"乃",乃是歲也,時孔子年二十三,具知其事。後作《春秋》。案《史記》,知"公"誤爲"伯","子"誤爲"于","陽"在,"生"刊滅闕。)
>
> 在側者曰:"子苟知之,何以不革?"曰:"如爾所不知何。"(《解詁》:此夫子欲爲後人法,不欲令人妄臆措。)

"伯于陽"是《春秋》經文"齊高偃率師納北燕伯于陽"的末三字。《公羊傳》以爲是"公子陽生"四字的誤闕,舉出孔子的話作證,並說明孔子不改字的原因是態度謹慎。這表明孔子知道異文存在,但不輕易改字,確屬校勘之事。但是,實際上這是《公羊傳》對"伯于陽"三字的校勘說明。同時,《左傳》《穀梁傳》對此的解釋完全不同,並不以爲是誤闕。因而此例可以表明當時已有校勘,但未必可以爲孔子校勘的範例。

孔子的弟子卜商,字子夏,也留下了一則校勘事例。《呂氏春秋·慎行·察傳》載:

> 子夏之晉,過衛。有讀史記者,曰:"晉師三豕涉河。"子夏曰:"非也,是'己亥'也。夫'己'與'三'相近,'豕'與'亥'相似。至於晉而問之,則曰'晉師己亥涉河'也。"(故"亥"與"豕","己"與"三"寫法相近。)

子夏指出衛國人讀錯兩個字,其原因是字形近似。雖然這裏未説明是衛國人讀別字,還是簡帛所寫的文字錯誤。但這事的性質可算屬於校勘範圍,也可表明春秋戰國時代學者重視文字錯誤現象。正如古諺語所說,"書三寫,'魚'成'魯','虛'成'虎'(一作'帝'成'虎')"(晉葛洪《抱朴子・內篇・遐覽》引)。因而"魚魯亥豕"後來成爲專門指錯別字的成語。

總的看來,先秦學者已經重視文獻典籍的文字語句的錯誤現象,並出現了校勘,注意錯誤的原因,採取謹慎的態度。這正表明校勘是隨着文獻典籍的傳播需要而產生的。但這些記載是零散的,只可說明個別現象,未足以說明先秦學者校勘文獻典籍的發展程度和特點。

第三節　西漢劉向開創校勘規程

秦始皇焚書坑儒,獨傳秦史,嚴禁私授《詩》《書》,實行文化專制。加上秦末漢初的長期紛戰,古籍毀壞紊亂可想而知。漢代重視文化。漢武帝尊崇儒學,開始設置寫書官,搜集民間遺書。但有計劃有組織的文獻典籍整理,便是上文所述漢成帝命劉向開始整理皇宮藏書(參見第一章第三節)。劉向父子親自做了大量校勘工作,並且留下了相當豐富而具體的校勘記載,可供了解當時校勘的內容和特點。概括起來,主要有如下幾項:

一、搜集各種不同傳本進行校勘

《漢書・藝文志》載:

（漢宣帝、元帝時，授《易經》者）有施（名讎）、孟（名喜）、梁丘（名賀）、京氏（名房）列於學官。而民間有費（名直）、高（名相）二家之說。劉向以中古文《易經》校施、孟、梁丘經，或脫去"無咎""悔亡"，唯費氏經與古文同。

又載：

（漢宣帝時，授《尚書》者）有歐陽（稱生）、大小夏侯氏（夏侯勝、夏侯建）立於學官。古文《尚書》者，出孔子壁中。……劉向以中古文校歐陽、大小夏侯三家經文。《酒誥》脫簡一，《召誥》脫簡二。率簡二十五字者，脫亦二十五字；簡二十二字者，脫亦二十二字。文字異者，七百有餘。脫字數十。

漢代恢復儒家經典傳授，有官立博士官的官學經師和民間經師傳授。其所傳文本有先秦文本即古文傳本和漢代隸定文本即今文傳本。由於各經師講解不同，因而一經亦有幾家傳本。這些傳本的經文有所異同。劉向校經，以宮中所藏古文本爲主，搜集官私各家傳本比較審定。如《易經》即以宮中古文本與官學施、孟、梁丘、京氏四家傳本和民間費、高兩家傳本進行校勘；《尚書》取宮中古文本與歐陽、大小夏侯三家傳本進行校勘。顯然，劉向校勘的是經文，不涉各家講解經文的傳文。

同樣，劉向校勘諸子書也是搜集不同傳本，包括殘本，例如《列子叙錄》說：

所校中書《列子》五篇。臣向謹與長社尉臣參校讎太常書三篇，太史書四篇，臣向書六篇，臣參書二篇。

《晏子叙録》説：

> 所校中書《晏子》十一篇。臣向謹與長社尉參校讎太史書五篇，臣參書十三篇。

由於諸子書在漢代已嚴重散失，連宮中藏書也未必完整，劉向就搜集其他官署和私家藏書來進行整理校勘。"太史書"爲太史令署藏書，"太常書"是太常寺藏書，"臣向書"是劉向自己的書，"臣參書"是杜參（一説爲富參）的書。當時的書都是抄本。

二、整理審定篇章次第甚至擬定書名

《晏子叙録》説：

> 凡中外書三十篇，爲八百三十八章。除複重二十二篇六百三十八章，定著八篇二百一十五章。外書無有三十六章，中書無有七十一章，中外皆有以相定。……其書六篇皆忠諫其君，文章可觀，義理可法，皆合六經之義。又有複重，文辭頗異，不敢遺失，復列以爲一篇。又有頗不合經術，似非晏子言，疑後世辯士所爲者，故亦不敢失，復以爲一篇。凡八篇。

《列子叙録》説：

> 内外書凡二十篇，以校除複重十二篇，定著八篇。中書多，外書少。章亂布在諸篇。

《戰國策叙録》説：

> 所校中《戰國策》書。中書餘卷，錯亂相糅莒。又有國別者八篇，少不足。臣向因國別者，略以時次之。分别不以序

者,以相補。除複重,得三十三篇。……中書本號或曰"國策",或曰"國事",或曰"短長",或曰"事語",或曰"長書",或曰"脩書"。臣向以爲戰國時游士輔所用之國,爲之策謀,宜爲《戰國策》。

諸如此類,亦見於《管子叙録》等。可見漢宫所藏諸子書多爲錯亂重複的簡書,因而必須校讀各本,清除重複,審定篇章,整理次序,以及像《戰國策》需重擬書名,《晏子》以校餘另定二篇。實際上,像《戰國策》《晏子》已近乎用原始資料重加編輯成書。其他如《管子》從五百六十四篇審定爲八十六篇,《荀子》從三百二十二篇定爲三十二篇,《關尹子》把"錯不可考、增闕斷續"的三種抄本校勘出完本九篇等,雖有篇章次序可循,但仍須整理審定。

三、校正文字錯誤

如上引《漢書·藝文志》所述,劉向校《易經》除據古文本校今文本外,還校出脱文;校《尚書》有脱簡、異文、脱字。其校諸子書,也校正文字錯誤。如指出《戰國策》"本字多誤脱爲半字,以'趙'爲'肖',以'齊'爲'立'";宫中《晏子》書"以'天'爲'芳','又'爲'備','先'爲'牛','章'爲'長'";宫中《列子》"或字誤,以'盡'爲'進',以'賢'爲'形'",等等。

總起來看,劉向爲了整理宫中所藏經子典籍及其他各種古書,進行了大量的認真的校勘工作。這正説明校勘是文獻學即校讎學的重要組成部分,校勘的發展是隨着文獻整理的發展而發展的。劉向校勘的經子典籍已經佚亡,但從今存叙録看,大體上反映出他校勘經典以古文經文爲準,而校勘諸子百家則接近於整理編輯。

因此，校經比較客觀，校諸子百家不免有更多的主觀成分。從校勘學角度看，應當說，由於他所校古籍不存，難以總結他的校勘經驗，無法具體評價他在校勘學史上的成就。但必須承認，搜集衆本，比較異同，整理錯簡，判別正誤，這些校勘古籍所必須的程序和内容，劉向都已具備而且確定；從根據脱簡確定脱文，根據"誤脱半字"確定誤字通例，可知劉向對致誤原因有初步歸納；又從以"盡"爲"進"，以"賢"爲"形"，"章"爲"長"以及"先"爲"牛"等例證中可以看到，劉向對於形似、同音而造成的誤字別字，也有所察覺。因此，劉向在校讎學史上具有開創地位，在校勘學史上也具有開創校勘程式意義的代表學者的重要地位，使校勘的歷史成爲有迹可循。

第四節　漢末鄭玄的校勘業績

　　漢以後歷代都重視文獻典籍圖書的收藏整理，也都進行過不同規模的分類編目的工作，並且常設專官進行古籍校勘繕寫。但由於皇宫圖書屬於秘藏，一般人無從閲讀，因而校勘皇宫藏書所積累的校勘知識經驗，事實上只能由少數學官接受傳播。又因歷代戰亂，毁壞散失，所存無多，往往僅具目録。所以從今存古籍來考察校勘業績和發展，主要根據歷代具有代表地位的學者所整理（包括注疏箋校考證）的古籍和有關古籍的論著中所體現出來的校勘成果。而由於東漢造紙的發明，漢末石經的樹立，隋代刻板的創造，宋代的活字印刷，明代的銅模鑄字等等書寫工具、印刷事業的發展，私家書籍比較容易獲得，因而古籍整理和校勘的學術成績，日益通過學者和藏書家的著述體現出來。大體地說，從東漢後期起,校勘和校勘學的歷史發展就是如此。東漢末的鄭玄和高誘,便是這樣兩位代表學者。

鄭玄是東漢末年的一位經學大師。他先學今文經,後學古文經,又從漢末經學大師馬融學古文經,然後隱居不仕,鑽研經學,注釋經典,成爲一位兼採古今文的經學大師。他注釋了《周易》《尚書》《毛詩》《儀禮》《周禮》《禮記》《論語》《孝經》等儒家經典。今存其注,保存於《十三經注疏》的有《毛詩》鄭箋、《周禮》鄭注、《儀禮》鄭注、《禮記》鄭注,其他經注也有輯本。由於漢代經學古今文之爭,經師家數衆多,而鄭玄"括囊大典,網羅衆家,删裁繁誣,刊改漏失,自是學者略知所歸"(《後漢書·鄭玄傳·論》)。清皮錫瑞説:

> 案:鄭注諸經,皆兼采今、古文。注《易》用費氏古文,爻辰出費氏分野。今既亡佚,而施、孟、梁丘《易》又亡,無以考其同異。注《尚書》用古文,而多異馬融,或馬從今而鄭從古,或馬從古而鄭從今,是鄭注《書》兼采今、古文也。箋《詩》以毛爲主,而間易毛字,自云:"若有不同,便下己意。"所謂己意,實本三家。是鄭箋《詩》兼采今、古文也。注《儀禮》並存今、古文,從今文則注内疊出古文,從古文則注内疊出今文。是鄭注《儀禮》兼采今、古文也。《周禮》古文,無今文。《禮記》亦無今、古文之分。其注皆不必論。注《論語》,就《魯論》篇章,考之《齊》《古》,爲之注,云:"《魯》讀某爲某,今從《古》。"是鄭注《論語》兼采今、古文也。注《孝經》多今文説,嚴可均有輯本(指嚴輯《孝經鄭注》)。(《經學歷史》)

可見鄭玄注經,兼采古今文,首先是比較古今文《詩》四家、《論語》

三家的異同，實際上從校勘入手。同時，他對經文存在誤字、衍文、脱字、錯簡等文字語句錯誤，也進行了校勘整理。從他所注的《詩》和"三禮"來看，他在校勘上的貢獻是，有根據地斷定經文正字，改掉錯字，同時保存異文。清俞樾説："自來經師往往墨守本經，不敢小有出入。惟鄭學宏通，故其注'三禮'，往往有駁正禮經之誤者。"（《鄭君駁正"三禮"考序》）具體地説，鄭玄注經，除正音讀、訓名物、釋經文外，屬於校勘者，有下述幾方面：

一、異文

例如《儀禮·士冠禮》"筮人還東面，旅占卒，進告吉"，鄭注："古文'旅'作'臚'也。"

又同篇"加皮弁如初儀，再醮攝酒"，鄭注："今文'攝'爲'聶'。"

《禮記·曲禮》"宦學事師，非禮不親"，鄭注："'學'或爲'御'。"

又《鄉飲酒義》"盥洗揚觶，所以致絜也"，鄭注："'揚'，舉也。今《禮》皆作'騰'。"

又同篇"賓主象天地也，介僎象陰陽也"，鄭注："古文《禮》'僎'皆作'遵'。"

以上或取古文爲正，注存今文；或取今文爲正，注存古文；或注存他本異文。

又如《詩經·周南·關雎》"君子好逑"，鄭箋："怨耦曰'仇'。"隋陸德明《經典釋文》："本亦作'仇'，音同，鄭云：'怨耦曰'仇'。"

又《邶風·雄雉》"自詒伊阻"，鄭箋："'伊'當作'繄'。繄猶是也。"《經典釋文》："繄，烏兮反。"

又《王風·揚之水》"彼其之子"，鄭箋："'之子'，是子也。……

'其'或作'記',或作'己',讀聲相似。"

以上或取三家《詩》爲正字,或注存三家異文,或注存他本異文。

二、誤字

例如《詩經·邶風·綠衣》小序,鄭箋:"'綠'當爲'褖'。故作'褖',轉作'綠',字之誤也。"孔穎達《正義》:"必知'綠'誤而'褖'是者,此'綠衣'與(《周禮·天官》)《内司服》'綠衣'字同。内司服掌王后之六服。五服不言色,惟綠衣言色,明其誤也。《内司服》注引(《禮記》)《雜記》曰:'夫人復税衣褕翟。'又《喪大記》曰:'士妻以褖衣。'言'褖衣'者甚衆,字或作'税'。此'綠衣'者,實作'褖衣'也。以此言之,《内司服》無'褖衣',而《禮記》有之,則'褖衣'是正也。彼'綠衣'宜爲'褖衣',故此'綠衣'亦爲'褖衣'也。"

又《小雅·吉日》"瞻彼中原,其祁孔有",毛傳:"祁,大也。"鄭箋:"'祁'當作'麎'。'麎',麋牝也。中原之野甚有之。"《經典釋文》:"'祁',鄭改作'麎',音辰。"

又《小雅·常棣》"常棣之華,鄂不韡韡",毛傳:"'鄂',猶鄂鄂然,言外發也。"鄭箋:"承華者曰'鄂'。'不',當作'柎'。'柎',鄂足也。……古聲'不''柎'同。"《經典釋文》:"不,毛如字,鄭改作'柎',方于反。"

以上或改正小序誤字,或改正經文誤字。

又如《周禮·天官·腊人》"凡祭祀,共豆脯、薦脯",鄭注:"'脯'非豆實,'豆'當爲'羞',聲之誤也。"賈公彦疏:"知'脯'非豆實者,案《籩人》職有栗脯,則脯是籩實。故云'脯非豆實也'。知

'豆'當爲'羞'者,案《籩人》職云,'凡祭祀,共其籩,薦羞之實'。鄭云,'未飲未食曰薦,已飲已食曰羞'。羞、薦相對,下既言'薦脯',明上當言'羞脯'也。"

又《夏官·職方氏》"方三百里則七伯",鄭注:"方千里者,爲方百里者百。以方三百里之積,以九約之,得十一有奇。云'七伯'者,字之誤也。"賈疏:"今經云'方三百里則七伯',故言'云七伯者,字之誤也'。以'十一'似'七'字,故云'字之誤也'。"

以上爲訂正《周禮》的誤字。

三、衍文

例如《周禮·秋官·掌客》"凡諸侯之禮,上公五積,皆眡飧牽,三問皆脩。群介行人宰史,皆有牢",鄭注:"上公三問皆脩,下句云'群介行人宰史,皆有牢',君用脩而臣有牢,非禮也。蓋著脱字失處,且誤耳。"賈疏:"言'非禮'者,君尊用脩,臣卑用牢,故云非禮。云'蓋著脱字失處',按下文'凡介行人宰史'皆在'饗''食''燕'下,此特在上。有人見下文脱此語,錯差著於此。更有人於下著訖,此剩不去。故云'蓋著脱字失處'也。云'且誤耳'者,下文皆云'凡介',此云'群介',故云'且誤耳'。"

《儀禮·聘禮》"擯者執上幣以出,禮請受,賓固辭",鄭注:"禮請受者,一請受而聽之也。賓爲之辭,士介賤不敢以言通於主君也。'固',衍字,當如面大夫也。"賈疏:"知'固衍字,當如面大夫'者,案下士介面大夫時,'擯者執上幣出,禮請受,賓辭'。無'固'字。故知此'固'衍字,當如士介面大夫。"

《禮記·檀弓上》"天子之哭諸侯也,爵弁絰,紂衣",鄭注:"天子至尊,不見尸柩,不弔服,麻不加於采。此言'絰',衍字也。時人聞有弁絰,因云之耳。周禮,王弔諸侯,弁絰總衰也。"

以上是"三禮"中的衍文。

四、脫文

例如《周禮·冬官·矢人》"刃長寸,圍寸",鄭注:"刃長寸,脫'二'字。"賈疏:"知脫'二'字者,據上'參(即'三')分其羽以設其刃',若刃一寸,則羽三寸,矢一尺五寸,便太短,明知脫'二'字也。"

《禮記·祭義》"霜露既降,君子履之。……春,雨露既濡,君子履之",鄭注:"霜露既降,《禮》說在秋。此無'秋'字,蓋脫爾。"

以上指出《周禮》《禮記》中的脫文。

五、錯簡

例如《周禮·夏官·職方氏》"正南曰荆州,……其浸潁湛",鄭注:"潁出陽城,宜屬豫州,在此非也。湛,未聞。"賈疏:"鄭據《地理志》,故知合在豫州。又昭元年,'王使劉定公勞趙孟於潁',亦在豫州,故破之。"

又同篇"河南曰豫州,……其浸波溠",鄭注:"波,讀爲播。《禹貢》曰'滎播既都',《春秋》傳曰'楚子除道梁溠,營軍臨隨',則溠宜屬荆州,在此非也。"賈疏:"'波讀爲播'者,按《禹貢》有播水,無'波',故引《禹貢》爲證也。《春秋》者,左氏莊四年傳文。"

以上兩例中"其浸潁湛"與"其浸波溠"互誤。

《儀禮·聘禮》"各以其爵朝服",鄭注:"此句似非其次,宜在'凡致禮'下,絕爛在此。"賈疏:"以其'各以其爵朝服'爲致禮而言,故知義然。"

同篇"大夫不敢辭,君初爲之辭矣",鄭注:"此句亦非其次,宜在'明日問大夫'之下。"

同篇"曰:'子以君命在寡君,寡君拜君命之辱。君以社稷,故在寡小君。'拜。'君眡寡君,延及二三老。'拜。又拜送",鄭注:"自拜聘享至此,亦非其次。宜承上'君館'之下。"賈疏:"此即上經'君即館拜送賓',故鄭云'此宜承上"君館"之下'。"

以上爲《儀禮》中的錯簡。

《禮記·玉藻》"而素帶,終辟",鄭注:"謂諸侯也。諸侯不朱裏,合素爲之,如今衣帶爲之,下天子也。……此自'而素帶',亂脫在是耳。宜承'朱裏,終辟'。"孔穎達《正義》:"云'宜承朱裏終辟'者,以下文云'天子素帶朱裏,終辟'。此文即云'素帶終辟',次云'大夫',故知宜承'天子素帶'之下,文相次也。"

俞樾説:"《禮記》中,鄭訂正錯亂處甚多。"(《鄭君駁正"三禮"考》)此録其一例。

從上舉鄭玄注經中校勘事例看,他不僅校正了許多具體錯誤,留存了有價值的異文,而且往往分析各類錯誤的原因。他雖然没有把各類校勘的具體結論歸納爲各類校勘通例,提高到校勘學理論高度,但是,由於他經學淹博,態度認真,作出了不少具有範例作用的校勘説明,並且一定程度上體現了校勘的基本原則,因而影響深遠,備受後世學者尊崇。清段玉裁甚至以爲劉向父子以後,校讎的"千古之大業,未有盛於鄭康成者也"(《經義雜記序》)。

高誘是漢末魏初的學者,注疏有《孝經解》《孟子章句》《淮南子注》《吕氏春秋疏解》《戰國策注》等。今傳其《戰國策注》已非真本。

較可靠的是《淮南子》《吕氏春秋》二種注疏。高注此二書,主要在正音讀、訓名物、釋本文。其注中所存校勘成果不多,而且經後學者屢爲校改,頗多混亂。大概地説,有下述三類:

一是注存異文。例如:

《淮南子·原道訓》"昔者馮夷、太丙之御也",高注:"'夷'或作'遲','丙'或作'白',皆古之得道能御陰陽者也。"

又《氾論訓》"苟周於事,不必循舊",高注:"舊,常也。傳曰:'舊不必良。''舊'或作'咎'也。"

又《俶真訓》"是以人得自樂其間",高注:"或作'文德自樂其間,先王之道也'。"

二是訂正誤字。例如:

《淮南子·天文訓》"星,正月建營室,二月建奎、婁,三月建胃",高注:"'星'宜言'日'。《明堂月令》:孟春之月,日在營室,仲春之月在奎、婁,季春之月在胃。此言'星正月建營室',字之誤也。"

又《墜形訓》"海閭生屈龍",高注:"海閭,浮草之先也。屈龍,游龍,鴻也。《詩》云:'隰有游龍'。言'屈',字之誤。"

又《時則訓》"苦菜秀",高注:"《爾雅》曰:'不榮而實曰秀。'苦菜宜言'榮'也"。

三是創立兩通之例。例如:

《淮南子·氾論訓》"夫五行之山,固塞險阻之地也。使我德能覆之,則天下納其貢職者,回也",高注:"回,迂難也。'回'或作'固'。固,必也。"

又《脩務訓》"今鼓舞者,繞身若環",高注:"'鼓舞',或作'鄭舞'。鄭者,鄭袖,楚懷王之幸姬,善歌攻舞,因名'鄭舞'。一説,鄭重攻舞也。"

又《精神訓》"且人有戒形,而無損於心",高注:"戒,備也。人形體備具。'戒'或作'革',改也。言人形骸有改更而作化也。"

以上三例都不僅注存異文,並對異文進行訓解。這就是説,高誘以爲所存異文,既非誤字,亦未必不是正字,而且在文義上同樣可以講通,但不能斷定作者原字,因此兩存其字,兩通其義。這就是兩存、兩通之例。顯然,高誘設置這樣一種校注體例,出於謹慎,不武斷。儘管這兩通之例,後來產生一些弊病,但從校勘説,這也是根據古籍錯誤的情況而創立的一種校勘類例,有實踐功用。

總起來看,東漢至三國初,就一種古籍校勘而言,已提供了許多校勘經驗;從這一時期學者注疏經子各類典籍情況看,也是這樣。例如與鄭玄同時的趙岐注《孟子》,雖然其"注箋釋文句,乃似後世之口義,與古學稍殊",但鄭玄注《論語》其實亦然,因爲"《論語》《孟子》詞旨顯明,惟闡其義理而止"(《四庫全書總目提要》),因而後來仍列入《十三經注疏》。又如東漢王逸據劉向整理的《楚辭》而爲《楚辭章句》,三國吳韋昭疏解《國語》等,其中校勘類例,略同鄭、高之注。可見此時較之劉向父子校讎皇宮藏書,其校勘業績,不惟有記載可循,而且有具體成果見諸著作。從上舉鄭玄注經、高誘解子的校勘看,古籍存在的各類錯誤,致誤的各種原因,分析的方法和判斷的依據等,大體都已觸及並提供了許多具體類例。應當説,歸納總結校勘學理論的條件已初步具備。但歷史從來不是直綫發展的。社會政治、思想的發展變化,使校勘的具體經驗未能直接向理論發展。

第五節　魏晉校勘的特點

　　漢魏易代，三國鼎立。儒家獨尊地位動搖，異端思想源源而起。魏晉時期，老、莊活躍，玄談風行，辨言析理，清要爲貴。清要則務虛，抽象理論比較發達，一掃漢儒煩瑣哲學之風，在思想史上有貢獻。事實上，《十三經注疏》中有五種經典注本出自魏晉人之手，計爲魏王弼、晉韓康伯注《周易》，魏何晏注《論語》，晉杜預注《左傳》，晉范甯注《穀梁傳》，晉郭璞注《爾雅》。王弼注《老子》，郭璞注《莊子》，也都完整流傳至今。於此可見其影響。但清要務虛也容易產生摒棄古義、忽視校勘的傾向。事實上，他們的注釋中也很少保存校勘成果，因而後來學者往往批評魏晉學風欠實。然而也應當看到，魏晉學者並非完全無視異同，不作校勘。只是由於標立新説，取其所需，擇其所善，一般不存他説。例如何晏《論語集解序》説："前世傳授師説，雖有異同，不爲訓解。中間爲之訓解，至於今矣。所見不同，互有得失。今集諸家之善，記其姓名。有不安者，頗爲改易。名曰《論語集解》。"他所謂"集諸家之善"，是在每條注釋中只採取他認爲好的一家見解，其他各家不同見解則不予存錄。因而全書注釋顯得清要，是一種較可取的注解體例。但正因此，書中極少校勘。只在兩種情況下觸及異文和佚文。例如：

　　《論語·公冶長》"子曰：由也，好勇過我，無所取材"，何注："鄭（玄）曰：子路信夫子欲行，故言'好勇過我'。'無所取材'者，無所取於桴材。以子路不解微言，故戲之耳。一曰：子路聞孔子欲浮海，便喜，不復顧望。故孔子歎其勇曰：過我無所取哉！言惟取於己。古字'材''哉'同。"

又《陽貨》"子曰:鄉原,德之賊也",何注:周(生烈)曰:所至之鄉,輒原其人情,而爲意以待之,是賊亂德也。一曰:鄉,向也。古字同。謂人不能剛毅,而見人輒原其趣向,容媚而合之。言此所以賊德。"

這兩條的"一曰",其實就是何晏自己,即序所謂"有不安者,頗爲改易"。他提出不同訓解的根據是古字"材"同"哉","鄉"同"向"。這從音韻上説是古音通假,但實質是同音同義異形的異文,只是不作異文校勘處理而已。又如:

《八佾》"子夏問曰:'巧笑倩兮,美目盼兮,素以爲絢兮。'何謂也",何注:"馬(融)曰:此上二句在《衛風·碩人》之二章。其下一句,逸也。"

這是指出《詩經·碩人》在當時有佚文。實質上這不是《論語》佚文,而是《詩經》的佚文。但採録馬融這一條注釋,表明何晏並不完全忽視校勘。

更值得指出的是,杜預注《左傳》,雖然主要注出《春秋》書法條例,一般不作校勘。但是他對年月日以及由此引起的錯誤,却有精到的校勘考證。例如:

隱公三年經"冬十有二月,齊侯、鄭伯盟於石門",傳"冬,齊、鄭盟於石門,尋盧之盟也。庚戌,鄭伯之車僨於濟",杜注:"十二月無庚戌,日誤。"孔穎達疏:"經書十二月下云'癸未葬宋穆公'。計庚戌在癸未之前三十三日,不得共在一月。彼長曆推此年十二月甲子朔,十一日有甲戌,二十二[三]日在丙戌,不得有庚戌。而月有癸未,則月不容誤,知日誤也。"

又隱公九年經"三月癸酉,大雨震電。庚辰,大雨雪",傳"三月癸酉,大雨霖以震。書始也。庚辰,大雨雪,亦如之。書時失也。凡雨自三日以往爲霖",杜注:"此解經書'霖'字也,而經無'霖'字,經誤。"孔疏:"傳發凡以解經。若經無'霖'字,則傳無由發,故知經誤。然則經當如傳言'大雨霖以震',不當云'大雨震電',是經脱'霖以'二字,而妄加'電'也。"

又襄公九年傳"十二月,癸亥,門其三門。閏月,戊寅,濟於陰阪,侵鄭",杜注:"以長曆參校上下,此年不得有閏月戊寅,戊寅是十二月二十日。疑'閏月'當爲'門五日'。'五'字上與'門'合爲'閏',則後學者自然轉'日'爲'月'。晉人三番四軍更攻鄭門,門各五日,晉各一攻,鄭三受敵,欲以苦之。癸亥去戊寅十六日。以癸亥始攻,攻輒五日,凡十五日,鄭故不服而去。明日戊寅,濟於陰阪,復侵鄭外邑。"

上舉三例可見杜預對經傳文字並不改動,但以謹嚴科學的考證,校勘出經傳文字上的誤字、脱字和錯譌。從校勘的依據和方法上看,杜預不僅依據曆法知識和《春秋》《左傳》的通例,而且熟悉文字致誤的一般原因,汲取了漢儒校勘的經驗。這也可以見出,魏晉學者並非不懂校勘,而是從清要即少而精的原則出發,選擇極爲重要的文字脱誤進行校勘。從這一點看,杜預注《左傳》所存不多的校勘事例,表明魏晉時期雖然清要務虛,注重理論的闡發,較少詳細校勘,但却有少而精的長處,可資借鑒。

第六節　南北朝校勘趨向獨立

南朝玄風不衰，佛教興起，門閥風流，蔚爲韻事。北朝地處中原，學承漢魏，應時務實，不乏可觀。總南北學術而言，有四種著作中的校勘部分，可以代表這一時期校勘的發展變化和成就。這就是南朝宋裴松之注《三國志》，梁劉孝標注《世説新語》，北齊顔之推撰《顔氏家訓》和陳、隋間陸德明撰《經典釋文》。

裴松之注《三國志》和劉孝標注《世説新語》，都是注釋近人著作，注者和著者時代相近。這兩種注的共同特點是着重於比較史實異同，爲原著補充了大量史料，保存了許多逸書片斷。其中校勘文字語句，爲數不多。但可看到注者於校勘並不忽略，都是搜集諸書參校，對異文、錯字、脱文以及諱字等予以注存，並有所説明。例如注存異文：

《三國志·魏書·荀攸傳》"其將韓莫鋭而輕敵"，裴松之案："諸書韓莫或作'韓猛'，或云'韓若'，未詳孰是。"

又《魏書·崔琰傳》"剛斷英跱"，案："'跱'或作'特'，竊謂'英特'爲是也。"

又《蜀書·秦宓傳》"猶耻革子成之誤"，案："今《論語》作'棘子成'。"

《世説新語·文學》"孫子荊除婦服"條，"未知文生於情，情生於文"，注："一作'文於情生，情於文生'。"

又《雅量》"裴遐在周馥所"條，"直是闇當故耳"，注："一作'闇故當耳'，一作'真是鬭將故耳'。"

又《自新》"周處年少時"條,"山中有邅迹虎",注"邅迹"曰:"一作'白額'。"

又如注明誤字:

《三國志·魏書·徐晃傳》"今假臣精兵",案:"晃於時未應稱臣,傳寫者誤也。"

又《魏書·東夷·倭人》"今以絳地交龍錦五匹",案:"'地'應爲'綈'。漢文帝著皂衣,謂之弋綈,是也。此字不體,非魏朝之失,則傳寫者誤也。"

又《蜀書·向朗傳》"優游無事垂三十年",案:"朗坐馬謖免長史,則建興六年中也。朗至延熙十年卒,整二十年耳。此云'三十',字之誤也。"

又《吳書·薛綜傳》"橫目苟身,蟲入其腹",案:"諸書本'苟身',或作'句身'。以爲既云'橫目',則宜曰'句身'。"

《世說新語·賞譽》"王右軍道東陽"條,"我家阿林",注:"'林'應爲'臨'。《王氏譜》曰:'臨之字仲產。'"

又《品藻》"明帝問周伯仁"條,"卿自謂何如庾元規(庾亮)",注:"按諸書皆以謝鯤比亮,不聞周顗(周伯仁)。"

再如注出脫文:

《三國志·魏書·文帝紀》:"二年春正月,郊祀天地明堂。……乙亥,朝日於東郊",案:"禮天子以春分朝日,秋分夕月。尋此年正月郊祀,有月無日。乙亥朝日,則有日無月。蓋文之脫也。案明帝朝日夕月,皆如禮文。故知此紀爲誤者也。"

《世說新語·文學》"殷、謝諸人共集"條,注:"謝有問,殷無答,疑闕文。"

又《文學》"僧意在瓦官寺中"條,"僧意云:'誰運聖人邪?'"注:"諸本無僧意最後一句,意疑其闕。慶校衆本皆然。惟一書有之,故取以成其義。然王修善言理,如此論,特不近人情,猶疑斯文爲謬也。"

此外如《三國志・吳書・韋曜傳》注明韋曜"本名昭,史爲晉諱改之",也是校勘一例。

《三國志》注和《世説新語》注中的校勘雖然不多,但從上舉諸例可以看到,注者對校勘並不疏忽,而且相當認真。應當看到,這是注釋兩種近人著作,按理説傳世較近,文字錯譌應少,校勘也必然少。而正因爲是近人著作,又不屬經典,像《世説新語》更是名士軼事一類雜記,近乎小説,所以更反映出南朝學者不但重視校勘,並且相當認真地把校勘擴展到經典以外的史書雜著。這是一個值得注意的發展。

顔之推《顔氏家訓》是一部關於人生哲學的札記雜著。全書共二十篇,各篇彙集有關的若干條札記,并無嚴格體系,所涉範圍相當廣泛。其中《書證》彙集有關典籍文獻及詩歌俗文的訓詁校勘,以致清人黄叔琳認爲"此篇純是考據之學,當另爲一書,全删"(轉引自王利器《顔氏家訓集解》)。《音辭》則"專爲辨析聲韻而作,斟酌古今,掎摭利病,具有精義,實爲研求古音者所當深究"(周祖謨《顔氏家訓音辭篇注補序》)。此外《雜藝》中有關南朝書法的記述,也提供了書體變化及紊亂情況,對校勘古籍致誤原因的了解和研究有所幫助。從校勘的發展看,《顔氏家訓・書證》開創了一種脱離專書而廣泛論述各種書籍所見錯譌的筆記形式。其所涉及範圍,不僅有經典文獻,并有古樂府、通俗文等。其所校勘,則以辨別異文正誤爲多。例如：

《詩》云："有渰萋萋，興雲祁祁。"（按此《小雅·大田》）毛傳云："渰，陰雲貌。萋萋，雲行貌。祁祁，徐貌也。"箋云："古者，陰陽和，風雨時，其來祁祁然，不暴疾也。"案："渰"已是陰雲，何勞復云"興雲祁祁"耶？"雲"當爲"雨"，俗寫誤耳。班固《靈臺》詩云："三光宣精，五行布序，習習祥風，祁祁甘雨。"此其證也。

又，應劭《風俗通》云："《太史公記》（指《史記》）：'高漸離變名易姓，爲人庸保，匿作於宋子。久之作苦，聞其家堂上有客擊筑，伎癢，不能無出言。'"案："伎癢"者，懷其伎而腹癢也。是以潘岳《射雉賦》亦云："徒心煩而伎癢"。今《史記》并作"徘徊"，或作"彷徨不能無出言"，是爲俗傳寫誤耳。

又，太史公論英布曰："禍之興自愛姬，生於妒媚，以至滅國。"又《漢書·外戚傳》亦云："成結寵妾妒媚之誅。"此二"媚"并當作"媢"。媢亦妒也，義見《禮記》《三蒼》。且《五宗世家》亦云："常山憲王后妒媢。"（盧文弨曰："《禮記·大學》：'媢疾以惡之。'鄭注：'媢，妒也。'《史記·五宗世家》索隱：'郭璞注《三蒼》云："媢，丈夫妒也。"又云："妒女爲媢"。'"）王充《論衡》云："妒夫媢婦生，則忿怒鬭訟。"（盧文弨曰："《論死》篇：'妒夫媢妻，同室而處，淫亂失行，忿怒鬭訟。'"）益知"媢"是妒之別名。原英布之誅爲意貴赫耳，不得言"媚"。

此三例都是指出傳寫誤字。又如：

《史記·始皇本紀》："二十八年，丞相隗林、丞相王綰等，議於海上。"諸本皆作山林之"林"。開皇二年五月，長安民掘得秦時鐵稱權，旁有銅塗鐫銘二所。其一所曰："廿六年，皇帝盡并兼天下諸侯,黔首大安,立號爲皇帝。乃詔丞相狀、綰,灋度量鼎不壹嫌疑者,皆明壹之。"凡四十字。……其書兼爲古隸。余被敕寫讀之,與内史令李德林對,見此稱權。今在官庫。其"丞相狀"字,乃爲狀貌之"狀",爿旁作犬。則知俗作"隗林",非也,當爲"隗狀"耳。

這是根據發掘文物以證《史記》中的誤字。再如:

古樂府歌百里奚詞曰:"百里奚,五羊皮。憶別時,烹伏雌,吹扊扅;今日富貴忘我爲!""吹"當作炊煮之"炊"。案:蔡邕《月令章句》曰:"鍵,關牡也,所以止扉,或謂之'剡移'。"然則當時貧困,并以門牡木作薪炊耳。《聲類》作"扅",又或作"㞐"。

這是校正古樂府歌辭中的誤字。此外,指出當時以俗字改古籍原有古字,如改"景"爲"影",改"陳"爲"陣"等;同時指出當時正字中的一些混亂傾向,如依照小篆訂正字形,把通用假借字改爲一律等;對了解校勘發展情況,都是有益的史料。

《顏氏家訓·書證》所貢獻的校勘成果的數量并不多。但這種專類筆記,範圍廣泛,考證靈活,聯繫實際,不拘類例,既反映了當時學者重視校勘,又反映出當時書籍文字錯誤的情況,表明校勘開始出現獨立爲一種學術的發展趨勢。正是由於這種趨勢,與《顏氏家訓》同時,出現了陸德明《經典釋文》。

《經典釋文》原是一部彙集經典文字注音的專著。其序曰:"夫書音之作,作者多矣。前儒撰著,光乎篇籍。其來既久,誠無間然。但降聖已還,不免偏尚,質文詳略,互有不同。漢魏迄今,遺文可見,或專出己意,或祖述舊音,各師成心,製作如面。加以楚夏聲異,南北語殊,是非信其所聞,輕重因其所習。後學鑽仰,罕逢指要。"因此,他"研精六籍,採摭九流,搜訪異同,校之《蒼》《雅》,輒撰集五典(指《詩》《書》《禮》《易》《春秋》)、《孝經》《論語》及《老》《莊》《爾雅》等音,合爲三帙三十卷,號曰《經典釋文》"。注音必然密切關係於被注字的字義和字形。典籍既有異文,並由於種種原因,對同一字作了不同的音注。因此,彙集音注,不可避免地要同時彙集有關的異文。這一點,陸德明在《條例》中有說明:

> 余既撰音,須定紕謬。若兩本俱用,二理兼通,今並出之,以明同異。其涇渭相亂,朱紫可分,亦悉書之,隨加刊正。復有他經別本,詞反義乖,而又存之者,示博異聞耳。
>
> 經籍文字,相承已久。至如"悦"字作"説","閑"字爲"間","智"但作"知","汝"止爲"女",若此之類,今並依舊音之。然音書之體,本在假借。或經中過多,或尋文易了,則翻音正字,以辨借音,各於經內求之,自然可見。其兩音之者,恐人惑故也。
>
> 《尚書》之字,本爲隸古。既是隸寫古文,則不全爲古字。今宋、齊舊本及徐、李等音,所有古字,蓋亦無幾。穿鑿之徒,務欲立異,依傍字部,改變經文,疑惑後生,不可承用。今皆依舊爲音。其字有別體,則見之音內。然亦兼采《説文》《字詁》,以示同異者也。
>
> 《春秋》人名字氏族及地名,或前後互出,或經傳更見,如此之類,不可具舉。若國異名同,及假借之字,兼相去遼遠,不容疏略,皆斟酌折衷,務使得宜。
>
> 《爾雅》本釋墳典,字讀須逐五經。而近代學徒,好生異見,改音易字,皆采雜書。惟止信其所聞,不復考其本末。且六文八體,各有其義;形聲會意,寧拘一揆?豈必飛禽即須安

鳥，水族便應著魚，蟲屬要作蟲旁，草類皆從兩屮？如此之類，實不可依。今並校量，不從流俗。……

　　五經字體，乖替者多。至如"黿、鼉"從"龜"，"亂、辭"從"舌"，"席"下爲"帶"，"惡"上安"西"，"析"旁著"片"，"離"邊作"禹"，直是字訛，不亂餘讀。如"寵丑隴反"字爲"寵力孔反"，"錫思歷反"字爲"錫音陽"，用"攴普卜反，《字林》普角反"代"文武云反"，將"无音無"混"旡音既"，若斯之流，便成兩失。又"來"旁作"力"，俗以爲約勅字，《説文》以爲勞倈之字；"水"旁作"曷"，俗以爲飢渴字，字書以爲水竭之字；如此之類，改便驚俗，止不可不知耳。

這些有關文字的條例，表明著者對於語音和語義、字形之間的關係有着充分切實的了解，可以代表南北朝學者在音韻、訓詁、文字等學術上所達到的成就。同時也反映出當時對於古籍校勘已經能夠自覺運用音韻、訓詁、文字學的知識，概括説明異文産生的原因、致誤的原因和判斷依據。因而從校勘方面看，《經典釋文》不僅保存了大量經典異文，而且提供了許多分析判斷異文正誤的材料。例如：

《詩經·周南·關雎》"君子好逑"，《釋文》："逑"，音求。毛云："匹也。"本亦作"仇"，音同。鄭云："怨耦曰仇。"

又"輾轉反側"，《釋文》："輾"，本亦作"展"，哲善反。吕忱從車、展。鄭云："不周曰輾。"注本或作"卧而不周"者，剩二字也。

又《葛覃》"服之無斁"，毛傳"庶士以下，各衣其夫"，《釋文》："庶士"，謂庶人在官者。本或作"庶人"。

又"言告言歸"，毛傳"婦人謂嫁曰歸"，《釋文》："謂嫁曰歸"，本亦無"曰"字,此依《公羊傳》文。

又《卷耳》"我姑酌彼兕觥",《釋文》:"兕",字又作"光",徐履反。《爾雅》云:"兕似牛。""觥",古横反,以兕角爲之。字又作"觵"。《韓詩》云:"容五升。"《禮圖》云:"容七升。"

又《漢廣》"不可休息",《釋文》:"休息",並如字。古本皆爾。本或作"休思",此以意改爾。

又"不可方思"毛傳"方,泭也",《釋文》:泭,芳于反。本亦作"洿",又作"桴",或作"柎",並同。沈旋(南朝梁學者)音附。《方言》云:"泭謂之篺,篺謂之筏。筏,秦、晉通語也。"孫炎注《爾雅》云:"方木置水爲柎栰也。"郭璞云:"水中篺筏也。"又云:"木曰篺。竹曰筏。小筏曰泭。"篺音皮佳反。栰、筏同音伐。樊光《爾雅》本作"柎"。

又《召南·摽有梅》小序"男女及時也",《釋文》:本或作"得以及時"者,從下而誤。

又《鄘風·君子偕老》"玼兮玼兮",《釋文》:玼音此,又且禮反,鮮盛貌。《說文》云:"玉色鮮也。"《字林》云:"鮮也。"音同。《玉篇》且禮反,云"鮮明貌"。沈云:"毛及吕忱並作'玼'解。王肅云:'顔色衣服鮮明貌。'本或作'瑳'。此是後文'瑳兮'。王肅注:'好美衣服潔白之貌。'若與此同,不容重出。"今檢王肅本,後不釋,不如沈所言也。然舊本皆前作"玼",後作"瑳"字。

上舉諸例提供了包括異文、脱文、錯亂等各類校勘資料,有的並作了簡要說明。聯繫上述《顔氏家訓·書證》的情況,恰可說明,南北朝音韻、訓詁、文字學的發展,使得校勘開始顯出一種走向獨立的趨勢。這種趨勢的特點便是異文作爲一種比較研究音韻、訓詁、文字學的重要資料依據，日益爲學者重視，開始脫離專書而被單獨論證，開始脫離專書而被搜集起來。異文恰是校勘的最爲直接的成果，因此校勘的地位也隨之顯著而突出起來。尤其應當指出的是，《釋文·條例》雖然是説明《釋文》處理有關音注各種類例的原則，但是不難看到，上引涉及文字的各條，顯然表明著者對於經典古籍中存在的各種異文的概括認識。這些具有理論性質的觀點，來自對於漢魏以來古籍異文的比較研究和文字正俗變化的分析。從這一點看，《釋文》較之鄭玄等漢儒在校勘上的成就，是前進了一步。《釋文》中收集了鄭玄注、魏晉以來注經的許多成果，這一事實本身就足以説明《釋文》是在集成基礎上有所前進的。而正由於《釋文》具有集成和理論的特點和成就，因而直接影響到唐代整理經典古籍的發展。唐孔穎達等撰《五經正義》便吸收了《釋文》的成果；唐張守節撰《史記正義》，其説明體例的《注例》《字例》《音例》便是摘取《釋文·條例》而成的。

　　總的來説，魏晉南北朝在校勘方面雖然沒有像漢代那樣提供和保留了許多直接校勘經典的成果，甚至摒棄了一些古義舊説，并增添了一些錯譌，呈現出曲折的發展進程。但是像一切事物的發展進程一樣，這一時期的曲折是前進的曲折，因而仍具有促進的積極的成就。其明顯的特點和成就便是儒家獨尊地位的動搖，玄學的興起，思辨哲學的發展，不僅直接提高了《老子》《莊子》的地位，以致列之於《經典釋文》，而且在校勘的範圍、原則、體例、方式等方面，都表現着一些有益的歷史探索，提供了一些可資借鑒的校勘經驗。尤其是由於音韻、訓詁、文字學的成就，導致重視經典古籍的異文，更直接促使校勘開始趨向獨立，是這時期校勘發展的重要特點。

第七節　唐代不重校勘的傾向

唐代思想文化繁榮發達。出於集權統一的思想統治的需要，唐太宗十分重視總結歷史經驗和整理典籍文獻，並且通過考試推行統一的儒家經義。顏師古考定五經文字，撰"五經定本"；孔穎達等審定五經注釋，撰《五經正義》；都頒行天下，以爲考試經文義理的標準答案。同時，賈公彥撰《周禮正義》《儀禮疏》，徐彥撰《公羊傳疏》，楊士勛撰《穀梁傳疏》，也都有總結六朝經解紛歧的意義。因而十三經中九經注疏成於唐代，使經學歸於一統。終有唐之世，經學的文字和注解無多紛争。與經學統一的時勢相應，除《藝文類聚》《群書治要》《北堂書鈔》等類書的編撰外，顏師古注《漢書》，司馬貞撰《史記索隱》，張守節撰《史記正義》，李賢注《後漢書》，李善注《文選》以及李周翰等五臣注《文選》等等，都是旨在集成歸一的注解著作，影響深廣。正是出於總結南北學術，要求統一思想的歷史潮流，唐代整理典籍文獻的總的傾向和特點是注重訓詁疏解。孔穎達編撰《五經正義》的方針是"覽古人之傳記，質近代之異同，存其是而去其非，削其煩而增其簡"（《尚書正義序》），因而對文字校勘主要在説明漢代經傳各家異同，不多羅列考證。例如：

《毛詩大序》"哀窈窕"，鄭箋："哀"，蓋字之誤也，當爲"衷"。"衷"謂中心恕之，無傷善之心，謂"好逑"也。孔疏：鄭解"哀"字爲異，其經亦與毛同。以后妃之求賢女，直思念之耳，無哀傷之事在其間也。經云"鐘鼓樂之""琴瑟友之"，哀、樂不同，不得有悲哀也。

故云"蓋字之誤"。箋所易字多矣,皆注云"當爲"某字。此在《詩》初,故云"蓋",爲疑辭。以下皆倣此。"衷"與"忠",字異而義同,於文"中心"爲"忠","如心"爲"恕",故云"恕之"。

　　鄭箋此條是校注,孔疏則是解釋鄭玄改字的體例,説明改"哀"爲"衷"的緣故,並且是從經義理解着眼的,並不從校勘上分析。這時期對《史記》《漢書》等史籍注釋中的校勘,與孔疏經略同。

　　顔師古撰《漢書注》,博採班昭以下三十七家音義,對唐以前注釋存是去非,削煩增簡。其《叙例》云:

　　《漢書》舊文多有古字,解説之後屢經遷易,後人習讀,以意刊改,傳寫既多,彌更淺俗。今則曲覈古本,歸其真正,一往難識者,皆從而釋之。

　　古今異言,方俗殊語,末學膚受,或未能通。意有所疑,輒就增損,流遯忘返,穢濫實多。今皆刪削,克復其舊。

　　諸表列位,雖有科條,文字繁多,遂致舛雜。前後失次,上下乖方,昭穆參差,名實虧廢。今則尋文究例,普更刊整。澄蕩愆違,審定阡陌,就其區域,更爲局界,非止尋讀易曉,庶令轉寫無疑。

　　禮樂歌詩,各依當時律呂;修短有節,不可格以恒例。讀者茫昧,無復識其斷章;解者支離,又乃錯其句韻。遂使一代文采,空韞精奇;累葉鑽求,罕能通習。今並隨其曲折,剖判義理,歷然易曉,更無疑滯,可得諷誦,開心順耳。

可見在涉及文字異同的校勘問題上,顔師古的處理原則是劃一歸真,刪除繁濫。文字上要求遵循古字,而予以解釋;古今字、方言詞、通假字之類，則求其本字；諸表則理其次序，韻文便求其韻讀；結果便是從疏解出發，而把異文幾乎蕩滌無遺。其中保存少數異文歧解，也大致從訓詁義疏上予以分析判斷。例如：

1.《高帝紀》："不如更遣長者扶義而西"。師古曰："扶"，助也，以義自助也。"扶"字或作"杖"。"杖"亦倚任之意。

2.《古今人表》："敤手"。師古曰："敤"，音口果反。流俗書本作"擊"字者誤。

3.同上"雒陶、續身、……秦不虛"。師古曰："雒陶"已下，皆舜之友也。"身"或作"耳"，"虛"或作"字"，並見《尸子》。

4.《食貨志》："而不軌逐利之民畜積餘贏以稽市物，痛騰躍"。李奇曰："稽"，貯滯也。晉灼曰："痛"，甚也。言計市物賤，豫益畜之，物貴而出賣，故使物甚騰躍也。師古曰："不軌"，謂不循軌度者也。言以其贏餘之財蓄積群貨，使物稽滯在己，故市價甚騰貴。今書本"痛"字或作"踴"者，誤耳，"踴""騰"一也，不當重累言之。"畜"，讀曰"蓄"。

5.《高帝紀》："十年，……夏五月，太上皇后崩。"如淳曰：《王陵傳》，楚取太上皇、呂后為質。又項羽歸太公、呂后，不見歸媼也。又上五年，追尊母媼為昭靈夫人。高后時，乃追尊為昭靈后耳。《漢儀注》，高帝母，兵起時死小黃北，後於小黃作陵廟。以此二者推之，不得有"太上皇后崩"也。李奇曰：高祖後母也。晉灼曰：五年，追尊先媼曰昭靈夫人。言"追尊"，則明其已亡。《史記》，十年，春夏無事。七月，太上皇崩，葬櫟陽宮。無此"夏五月太上皇后崩"八字也。又《漢儀注》，先媼已葬陳留小黃。師古曰：如、晉二說皆得之，無此太上皇后也。諸家之說更有異端，適為煩穢，不足采也。

以上，例1出異文，作兩通之説。例2出俗本誤字。例3出他書所載異文。例4出別本異文。例5考證"夏五月太上皇后崩"不符史實，當爲衍文。諸例都不從校勘角度論證，大多從義理訓詁上説明正誤，或從史實上進行考證。這一特點也表現於他的札記著作《匡謬正俗》中有關校勘的條目。例如：

1."《尚書》"條：孔安國《古文尚書序》云："先君孔子，生於周末，覩史籍之煩文，懼覽者之不一，遂乃定禮樂，明舊章。""覽者"謂習讀之人，猶言"學者"爾。蓋思後之讀史籍者，以其煩文，不能專一，將生異説，故删定之。凡此數句，文對旨明，甚爲易曉。然後之學者，輒改"之"字居"者"字上，云"覽之者不一"。雖大意不失，而顛倒本文，語更凡淺，又不屬對，亦爲妄矣。今有晉、宋時書不被改者，往往而在，皆云"覽者之不一"。

2."《禮記》"條：《曲禮》云："禮聞取於人，不聞取人。"鄭玄注云："取於人，謂高尚其道。取人，謂制服其身。"此義較然可曉。而徐仙音"取於人"爲"娶"，浪爲假借矣。

3."俘"條：（《春秋》莊六年經書："齊人來歸衛俘。"《傳》言"衛寶"，《公羊》《穀梁》經並爲"寶"。杜預注云："疑《左氏傳》經誤。"案《爾雅》云："俘，取也。"《書序》云："遂伐三朡，俘厥寶玉。"然則所取於衛之寶而來獻之。經傳相會，義無乖爽，豈必俘即是人？杜氏之説爲不通矣。

4."草創"條：（《左傳》）襄二[三]十一年："子羽與裨諶乘以適野而謀，於野則獲，於邑則否。"案，《論語》稱孔子云："爲命，裨諶草創之，世叔討論之，行人子羽修飾之，東里子産潤色之。"是謂裨諶發慮創始，爲之辭意；世叔尋討而論叙之；子羽、子産修飾潤色，然後成耳。草創者,猶言草昧,蓋初始之謂矣。又曰:草者藁草,亦未成之稱,安在適草野則能,在都邑則不就。若然者,討論豈尋干戈乎?潤色豈加膏澤乎?此亦是後人所加,非丘明本傳也。

5."假"條:《楚詞》云:"聊假日以媮樂。"此言遭遇幽厄,中心愁悶,假延日月,苟爲娛耳。今俗猶言"假日度時"。故王粲云:"登兹樓以四望,聊假日以消憂。"取此義也。今之讀者,不尋根本,改"假"爲"暇",失其意矣。原其辭理,豈閑暇之意乎?

例1雖有版本依據,但分析以文義辭章爲據。例2從詞義指出徐仙音注錯誤。例3考史實指出杜注疑誤非是。例4據文義疑有衍文。例5據文義指出改字錯誤。諸例都爲校勘性質,但其分析判斷都只以義理訓詁爲據,不從校勘角度論證。他如《史記正義》《後漢書注》及《文選注》等,有關校勘內容,大致與《漢書注》及《匡謬正俗》情形略同。究其原因,就在撰注的目的是讀通讀懂,主要在注釋音義,并不注重校證原文正誤,一般不作校勘,不存異文。而《匡謬》也主要是着眼於疏通證實,以義理爲原則,不以校勘原則爲準。因此,唐代經史注疏雖然貢獻較大,成就頗顯,當時取得思想一致的效益;但到宋代就不斷出現刊誤的著作。

總的看來,思想文化學術的發展,經過南北朝的紛繁雜沓,到唐代趨於統一。在整理典籍文獻上便要求規範,重視義疏,刪煩爲主,增簡不多。所以顏師古《定本》旨在規範《五經》文字,孔穎達等《五經正義》多取魏晉清要之注,而《史記》《漢書》等注則以訓詁釋音,疏通義理爲主。對於校勘,其實不很重視,相當粗疏。這不僅在宋代引起批評,在唐代也有表現。今存唐代郭京《周易舉正》便是專門校正的一種著作。其自序謂"得王嗣輔、韓康伯手寫注定傳

授真本,比校今世流行本","并依《定本》舉正其謬,總一百三節(一作"一百三十五處"),二百七十三字"。例如:

1.《坤卦》初六象辭"履霜陰始凝也",今本"陰始凝也"上誤增"堅冰"二字;

2.《屯卦》六三象辭"即鹿無虞,何以從禽也",今本脱"何"字;

3.《師卦》六五"田有禽,利,執之无咎",今本"之"字誤作"言"字;

4.《比卦》九五象辭"失前禽,舍逆取順也",今本"舍逆取順"一句誤在"失前禽"上;

5.《繫辭》"二多譽,四多懼",注云"懼,近也",今本誤將"近也"二字經,近字上仍脱"懼"字。

可見此書特點是舉正刊誤,分類歸納,其實是繼承《釋文》的傳統,表現出校勘獨立的趨勢。儘管宋代以後的學者有疑其偽、駁其非的,但由於它具有校勘價值,因而留存不廢。宋代方崧卿撰《韓集舉正》,便是因此書之名而取名的。

第八節　宋代校勘向理論發展的趨勢

宋代建國伊始,便矛盾重重。宋太祖、太宗十分重視封建思想文化統治,大力開展典籍文獻的整理,編撰《太平御覽》等大型類書,充實崇文院的昭文館、史館、集賢院三館,聚集許多文士從事整理、校勘、編目。加上五代以來刻板印刷的發達,文化傳播空前發展。因此兩宋思想文化發展,呈現着虛實並行狀態。北宋改革之士要求修訂儒家經典的傳統義理,南宋理學採取"六經注我"的主觀臆解，都是注重理論而不重校勘，往往大膽改動經文。這種務虛的思潮在兩宋雖然占有主導地位，但是同時也出現了一批認真從事典籍文獻整理的學者著作。其中既有繼承《釋文》傳統的校勘專著，也有繼承《顏氏家訓》一類的學術筆記著作，範圍相當廣泛，形式也不類同，進一步表現出校勘的獨立發展趨勢。這種務實的思潮，儘管由於理學的發展而顯得次要，但從校勘的發展來看，却是重要的。

北宋名臣多從三館出身，親自作過校勘，并主持整理編撰事宜。因此北宋相當重視校勘。有一部分經史校勘專著，便出自編撰、校勘官員之手。余靖任秘書丞時，曾奏請校正《漢書》，著《漢書刊誤》，主要依據宮中所藏古本校勘《漢書》。今本《漢書》注中宋祁所引"景祐間余靖校本"，便指《刊誤》。例如《漢書·叙例》"荀悦"條下引宋祁曰"景祐間余靖校本注末有'後人取悦所注書入於注本'十一字"。《高帝紀》"左股有七十二黑子"注引宋祁曰："余靖等《刊誤》以《史記注》爲據，删去（"黑"字）。"《武帝紀》"望祀虞舜於九嶷"，師古曰："文（穎）說是也，嶷音疑。"宋祁曰："舊本'是也'下有'九'字，'嶷'字下無'音疑'字，《刊誤》據史館本改。"可知余靖等《漢書刊誤》是一種《漢書》的校勘專著。其後，吴仁傑《兩漢刊誤補遺》便是沿此而來的。在宋代校勘專著中，比較突出的有張淳《儀禮識誤》、毛居正《六經正誤》、岳珂《刊正九經三傳沿革例》、方崧卿《韓集舉正》、洪興祖《楚辭補注》和彭叔夏《文苑英華辨證》等。

《儀禮識誤》是刊印《儀禮鄭氏注》及《釋文》所作校記的單行本，《六經正誤》是刊印六經所作校記的單行本，純屬校勘專著。《儀禮識誤》根據後周廣順三年及顯德六年刊行的監本、汴京的巾箱本、杭州的細字本、嚴州的重印巾箱本，參校《釋文》、賈公彥疏，考訂異同。例如：

1.《士冠禮》"也"○注曰："《易》曰：'夫玄黃者，天地之雜色。'"鄭氏正引《易》文，不必改"也"爲"色"，"也"字近"色"，傳寫者誤爾，從《易》。

2.《士昏禮》"不"○經曰："某得以爲昏姻之故，不敢固辭，敢不從。"按五代廣順中監本同。至顯德中吉觀國所校監本乃曰"'敢從'，中無'不'字。或曰歲久版脱之也。從廣順本。

3.《士相見禮》"之以索"○注曰："維，謂繫聯其足。"按《釋文》云："以索，悉各反，注同。"今注無"以索"字。經曰："飾之以布，維之以索。"注舉"飾之以布"全句釋之，至下句，不應獨曰"維"。此必今本脱去"之以索"三字。今增入，從《釋文》。

4.《鄉飲酒禮》"正"○注曰："疑，正立自定之貌。"獨監本"正"作"止"。《鄉射》注曰："疑，止也。"諸本皆同。按《士昏禮》注曰："疑，正立自定之貌。"《公食大夫》注曰："疑，正立也。"傳寫者誤以二"正"爲"止"，並從《士昏》及《公食大夫禮》。

5.《聘禮》"與"○注曰："其有來者者。"巾箱、杭本同。監本無一"者"字。按《釋文》云："者與，音餘。"蓋傳寫者誤以"與"字作"者"爾。監本以其重複，遂去其一，尤非也。從《釋文》。

上引例1據《易經》原文校定"色"當爲"也"。例2據不同版本校定當有"不"字。例3據《釋文》校定鄭注脱"之以索"三字。例4據本書他篇注文校定"止"當爲"正"。例5據《釋文》校定後"者"字當爲"與"，一本删去非是。其校記體例都是標出校字，注明原文，比較異同，分析正誤，説明原因，作出判斷。顯然，《儀禮識誤》從内容到體例都不同於章句注疏和訓詁考證,已是獨立的完整的專書校勘著作。

洪興祖《楚辭補注》是闡述補充東漢王逸《楚辭章句》的。原書有《考異》一卷,今本《補注》已散入各篇。例如《離騷》注:

1."夕攬洲之宿莽",補注:"攬",一作"擥",一作"擎";"洲",一作"中洲"。

2."何不改乎此度",王逸《章句》"言願令君甫及年德盛壯之時",補注:"甫及",一作"撫及",一作"務及"。《文選》云:"何不改其此度"。一云:"何不改乎此度也"。

3."余固知謇謇之爲患兮",補注:今易作"蹇蹇"。先儒引經多如此,蓋古今本或不同耳。

4."謇吾法夫前修兮,非世俗之所服",補注:《文選》"謇"作"蹇","世"作"時"。……"謇"又訓難易之難,非"蹇難"之字也。世所傳《楚辭》,惟王逸本最古。凡諸本異同,皆當以此爲正。又李善注本有以"世"爲"時"爲"代",以"民"爲"人"之類,皆避唐諱,當從舊本。

5."曰黄昏以爲期兮,羌中道而改路",補注:一本有此二句,王逸無注。至下文"羌内恕己以量人",始釋"羌"義。疑此二句,後人所增耳。《九章》曰:"昔君與我誠言兮,曰黄昏以爲期。羌中道而回畔兮,反既有此他志。"與此語同。

上引例 1 注出異文。例 2 注王逸《章句》異文。例 3 注通假字異文。例 4 注出異文,並說明判斷正字的理由。例 5 注出疑有錯簡,並說明根據。諸例可以見出洪興祖把《考異》獨立一卷附於書末,表示屬於文字異同的校勘性質,因此不多涉及訓詁義疏。

方崧卿《韓集舉正》原是方氏編撰《昌黎先生集》末所附的校勘之作，與《楚辭補注》末附《考異》略同。但因方編《昌黎先生集》已佚，今存僅《舉正》十卷、《外集舉正》十卷，因此後人擬題爲《韓集舉正》。其所用參校諸本有碑刻十七篇、唐令狐澄本、南唐保大本、秘閣本、祥符杭本、嘉祐蜀本、謝克家本、李昞本及《文錄》《文苑英華》《唐文粹》等。其校勘體例於改正的字用陰文刊印（從《四庫全書總目》推斷），衍去的字用圓圈圈出，增入的字用方格框出，顛倒的字用曲鉤標出。其内容主要是刊誤訂正。例如《出門》"書上有遺辭"，《舉正》"遺"作"其"，從唐本、閣本。《孟生詩》"宵默咸池音"，《舉正》説，"唐本、謝校作'宵默'，杭、蜀皆作'冥默'。李習之《與張建封書》嘗引公此語，亦用'宵'字，則知杭、蜀本果譌也"。可見《舉正》實則與校勘記同，比較嚴格地限於説明判斷各本異文正誤。其後，朱熹批評《舉正》偏從閣本、古本，作《韓文考異》，"凡方本之合者存之，其不合者一一詳爲辨證"（《四庫全書總目》)，這就使《舉正》的校勘韓集的學術價值大爲貶低，長期爲《考異》掩没。實則從校勘角度衡量，《舉正》更合乎校勘原則。試舉例比較説明。

1.《雉帶箭》："野雉畏鷹出復没。"

舉正：閣本、李、謝校作"伏欲没"。

考異："出復"，方作"伏欲"。今按，雉出復没，而射者彎弓不肯輕發，正是形容持滿命中之巧，毫釐不差處。改作"伏欲"，神采索然矣。

2.《謁衡岳廟》："陰氣晦昧無清風。"

舉正：閣本作"晴風"。

考異："清"，方作"晴"。今按，清風興，群陰伏，無清風，則雨意未已也。"晴"字非是。

3.《古意》:"青壁無路難夤緣。"

舉正:唐本作"五月壁路難攀緣"。蔡、謝校同。《鮑溶集》有《陪公登華山》詩,蓋五月也。傳本譌"五月"字爲"青",復於下增"無"字,非也。

考異:"夤"或作"攀"。今按,公此詩本以《古意》名篇,非登山紀事之詩也,且太華之險,千古屹立,所謂"削成五千仞"者,豈獨五月然後難攀緣哉!若以句法言之,則"五月壁路"之與"青壁無路",意象工拙,又大不侔,亦不待識者而知其得失矣。方氏泥於古本,牽於旁證,而不尋其文理,乃去此而取彼,其亦誤矣。原其所以,蓋緣"五月"本是"青"字,唐本誤分爲二,而讀者不曉,因復削去"無"字,遂成此謬。今以諸本爲正。

上引三例,《舉正》都以閣本、唐本爲正,在文理上並無不通之處,因而在沒有其他理由和證據的情況下,一般應從古本,注存異文,比較謹慎客觀,符合校勘原則。朱熹批評《舉正》的理由是"泥於古本,牽於旁證,而不尋其文理"。而朱熹所謂"文理"是屬於詩歌藝術表現、修辭技巧,以有無"神采""意象"爲判斷異文正誤的準則,其實是把校勘變成鑒賞,不合校勘原則的。由此也可以看到,在校勘發展中,實際上是存在不同的理論的。

與上述三種專書校勘獨立出現的同時,宋代出現了校勘向理論發展的最初趨勢。岳珂《刊正九經三傳沿革例》和彭叔夏《文苑英華辨證》可以視爲這一趨勢的代表著作。《沿革例》是岳珂校勘刊印九經三傳的總的例言。所謂"沿革"是指當時刊印流傳九經的各種版本的情況,説明校勘刊印九經及三傳的緣由和目的,並非指九經三傳的變遷情況。"例"就是指這一套經典的編印體例。它如同《釋文序》《漢書叙例》,是一篇概括的條例化的原則説明。全文分七條:

一爲《書本》,簡述九經版本問題。指出九經版本"以見行監本爲宗,而不能無譌謬脱略之患。蓋京師胄監經史多仍五季之舊,今故家往往有之,實與俗本無大相遠",舉出毛居正《六經正誤》"取六經三傳諸本,參以子史、字書、《選》《粹》、文集,研究異同,凡字義音切,毫釐必校",以爲校勘典範;然後交代自己校勘所用的各種版本。

二爲《字畫》,説明正字的必要和原則。指出:"字學不講久矣。今文非古,譌以傳譌。魏晉以來,則又厭樸拙,嗜姿媚,隨意遷改,義訓混淆,漫不可考。重以避就名諱,如'操'之爲'摻','昭'之爲'佋',此類不可勝舉。唐人統承西魏,尤爲謬亂。至開元所書五經,往往以俗字易舊文,如以'頗'爲'陂',以'平'爲'便'之類更多。五季而後,鏤板傳印,經籍之傳雖廣,而點畫義訓,譌舛自若。"着重指出造成文字錯譌混亂的幾個歷史原因,即古今文字形體變遷,書法發展,避諱,石經用俗體正字,刊印傳譌等。其次,認爲校勘必須用字書及規範的經文範本作根據,訂正文字形體,"雖注字、偏旁、點畫必校",但同時不應"純用古體",要避免"甚駭俗者",而以"通之可識者"爲準,主張折中便讀。顯然,此條本意在説明字形結構規範化的正字,並非校勘判斷異文正誤的原則。但它也説明了古籍文字致誤的若干歷史原因,同時表明當時在理論上尚未能區别文字學和校勘學。

三爲《注文》,指出:"諸本於經正文尚多脱誤,而况於注。間有

難曉解者,以疏中字微足其義。"認爲注文中存在脱誤,可以用疏中的解釋文字予以增添,以便讀懂。例如:

1.《尚書·泰誓》注:"言紂至親雖多,不如周家之少仁人。"及考《疏》"仁人"之下有一"也"字,則"仁人也"自爲一句,意始明。

2.《尚書·召誥》注"今天其命哲",末曰"雖説之,其實在人"。"雖説之"三字,亦不可曉。考石經則曰:"雖説之於天"。添"於天"二字,意始明。

顯然,例1看到注文脱一"也"字,例2根據唐石經增補"於天"二字,無疑是符合校勘的原則和要求的。但是岳珂用以增添的理論觀點却不是校勘學,而是一種便讀的觀點。

四爲《音釋》。由於歷來注疏本大多不隨注疏附音注,往往像《釋文》一樣自成一書,不便於讀,因而岳珂"欲求其便之尤便",專門設置一套便讀的注音體例,歸納爲十九類,是《沿革例》中屬於開創性的部分,叙述較詳。但由於其出發點爲便讀,因而只限於説明不同的注音情況和處理辦法。除注音文字本身錯誤涉及校勘外,實質屬於字書注音範疇的問題。又由於岳珂對音韻學不甚通達,因此對於古音和古音通假頗多錯誤,反而造成一些校勘的混亂。這正表明當時校勘水平受到音韻學水平的限制。

五爲《句讀》。圈點句讀,始於館閣校本,是便讀的創舉。但閣本圈點限於經文。岳珂仿蜀中字本、興國本體例,"併點注文"。這主要也是爲了便讀。

六爲《脱簡》。對於這一校勘內容,只是具體説明:"諸經惟《禮記》獨多見之。《玉藻》《樂記》《雜記》《喪大記》注疏可考。"指出"興國本依注疏更定,亦覺辭意聯屬"。但是"今則不敢仿之,第以所更定者繫於各篇之後，庶幾備盡"。這表明岳珂的謹慎，只是根據前人考定的錯簡、脱簡，把更定的篇章作爲附録，以便讀者參考。

七爲《考異》。這一部分屬於校勘的異文考證判斷。其中列舉各類具體例證，分別説明處理原則，具有典型類例的作用。例如：

1.《尚書》《周禮》《左傳》中"滎波""滎陽""熒雒""熒澤"等地名，"滎""熒"其實都指濟水，或作"滎"從水，或作"熒"從火。岳珂認爲："參考諸家之説，則'滎波'之'滎'，'熒雒'之'熒'，'熒澤'之'熒'，'滎陽'之'滎'，同以濟水溢爲波爲澤而得名。《釋文》於《左傳》決然以爲作'滎'者非，似未深考也。只如《禹貢》之'滎波既豬'，鄭引以注《職方氏》則曰：'滎播既都。'《禹貢》之'沇水'鄭注則曰：'兗水。'蓋'播'即'波'也，'都'即'豬'也，'兗'即'沇'也。而其字則異焉。各因其時所傳之本之舊也。'滎'字之或從水，或從火，要亦如此。今各從其本之舊，而實則一也。"

這是説，對於詞義相同的異體字，"各因其時所傳之本之舊"，應"各從其本之舊"，不須更動。

2. 唐太宗諱世民，若單言"民"，則闕斜鉤而作"𪧛"；若從偏旁，則闕上畫而作"氏"。如《書·盤庚》之"不昏（昬）作勞"，《吕刑》之"泯泯（泯）棼棼"，《左傳》昭公二十九年"若泯（泯）棄之"之類，今皆更定。

這是説，對避諱造成的誤字，應予改正。

3.《書·泰誓》注："吉人渴日以爲善，凶人亦渴日，以爲惡。"疏以"渴"作"竭"。《釋文》："渴，苦曷反。"泛而觀之，疏則以其義爲竭盡之竭，《釋文》則音爲飢渴之渴。然考之《周禮》"渴澤用鹿"，"渴"，其列反。則"渴"字亦有"竭"音。《説文》："渴，丘葛反，盡也。"則音飢渴之渴,其字亦有"竭"義。注所謂"渴日",蓋猶言盡日也。今只作"渴"。

這是説,對於多音多義詞造成的同義異形的異文,不必更動,只從其舊。按,"渴""竭"古音通假,岳珂尚未認識這一現象,因而以爲是異音同義詞。

4.《鴟鴞》"予尾翛翛",監本、蜀本、越本皆作"脩脩",興國本及建、寧諸本作"翛翛"。及考疏,則曰:"舊本作'消消',《定本》作'脩脩'。"又考《釋文》,則"翛翛,素彫反"。蓋監、蜀、越本以疏爲據,興、建諸本以《釋文》爲據也。今從《釋文》。

這是説,對於有古本根據的同義異文,可擇善而從。

5.《雨無正》首章云:"浩浩昊天,不駿其德。"章内:"昊天疾威,弗慮弗圖。"俗本皆作"旻天",以《釋文》有"密巾反",遂併經與注並改作"旻",直謂"有作'昊天'者非"。及考疏,則曰"上有昊天",明此亦爲"昊天"。《定本》皆作"昊天",俗本作"旻天",誤也。今從疏及諸善本。

這是説,對有古本根據的異義異文,應作分析考證,判斷正誤。

6.《(禮)記·曲禮》"二名不偏諱","偏"合作"徧"。疏曰:"不徧諱者,謂兩字作名,不一一諱之也。"案,舊杭本柳文載子厚除監察御史,以祖名"察躬"辭,奉敕"二名不遍諱,不合辭"。據此作"遍"字,是舊《禮》作"徧"字明矣。若謂二字不獨諱一字,亦通,但與鄭康成所注舊文意不合,可見傳寫之誤。然仍習既久,不敢如蜀大字本、興國本輕於改也。

這是説,對於有根據地作出異文正誤的判斷,雖然可以更定,但仍宜採取慎重態度,不必輕改。

7.《(禮記)曾子問》:"夏后氏三年之喪既殯而致事,殷人既葬而致事。"而注中"周卒哭而致事"一句,獨興國本大書而爲經文,曰:"周人卒哭而致事。"視注復添一"人"字。以三代之禮並言之,未爲非也。及考舊監本,注"周"字乃作"則"字。如此,則是第言夏、殷而不及周人。今皆從舊不敢改也。

這是説,根據注文校補經文,不能只看句義通順與否,應尋找版本依據,分析各種異文,採取謹慎態度。

總上諸例,可以看到《考異》實則是主張對異文作具體分析,分別不同情況,有根據地作出判斷,但不宜輕易改字,應取謹慎態度。

從校勘角度看,《沿革例》的七條例言,雖然表明著者是從正字、正音、正義的準則和便讀的要求出發的,並且在音韻學方面還存在某些不足,但由於它來自編校九經三傳的實踐經驗,其中包括了校勘的某些典型經驗,因此具有理論價值,顯示了校勘學的最初發展趨勢。

彭叔夏《文苑英華辨證》,是著者參與周必大主持校訂《文苑英華》之後的成果彙集。其自序曰:

> 叔夏嘗聞太師益公先生(周必大)之言曰:"校書之法:實事是正,多聞闕疑。"叔夏年十二三時,手鈔太祖皇帝《實錄》,其間云"興衰治□之源"。闕一字,意謂必是"治亂"。後得善本,乃作"治忽"。三折肱爲良醫,信知書不可以意輕改。

生動具體地説明了校勘的一條法則:"實事是正,多聞闕疑。"指出"不可以意輕改"。因此,《辨證》"以類而分,各舉數端",主要目的就在於總結校勘經驗。全書共分二十一類,各類都有簡括説明,具有典型類例的作用。其前五類從用字、用韻、用典的寫作角度分析疑誤，區别歸類。類目爲"用字""用韻""事證""事誤""事疑"。後十五類以疑誤錯譌的名物種類區分，類目爲"人名""官爵""郡縣（地名附）""年月""名氏""題目"（指作品題目）、"門類"（指《文苑英華》分類）、"脱文""同異"（指題同而文異）、"離合"（指作品一分爲二及二合爲一）、"避諱""異域""鳥獸""草木"。末類爲"雜録"。其中一部分類目中又分幾類子目。如"用字"下分三類："凡字有本之前人，不可移易者"；"凡字因疑承譌，當是正者"；"凡字有兩存，於義亦通者"。"用韻"下分二類："凡前人用韻有兩音而不可輒改者"；"唐賦韻數，平側次第，初無定格"。"人名"分五類："凡用事有人名與他本異，不可輕改者"；"其有訛舛，當是正者"；"人名有與史傳集本異，不可輕改者"；"其有訛舛，質於史傳，當是正者"；"其有與史集異同，當並存者"。諸如此類，概括起來，大致有三類疑誤和處理方式：

1. 確定錯譌，應予改正。如：

李白《西岳靈臺歌》"身騎第一龍上天飛"，當從集作"騎二茅龍"。《初學記》"華山門"載《列仙傳》，"呼子先者，有仙人持二茅狗來，騎之，乃龍也"。（《事誤一》）

杜甫《八哀詩》"范雲顧其兒"，當從集作"范曄"。《宋書》，曄謀反誅，將死顧念其兒也。（《事誤一》）

2. 别有依據，不可妄改。如：

盧思道《北齊興亡論》"僕射高正德"，《北齊書》本傳作"高德政"。（《人名》五）

韓愈《董晉行狀》"四子：全道、溪、全素、澥"，集本或作全道、全溪、全素、全澥"。按《世系表》及愈所作《董溪墓志》,"溪""澥"并無"全"字,蓋"全道""全素"皆上所賜名也。(《人名三》)

3. 義可兩存,不可遽改。如:

李德裕《大孤山賦》"掩二山而磔竪",據郭璞《江賦》"虎牙磔竪以屹峷"。而諸本並作"傑"。(《用字三》)

白居易《溧水令白府君志》"歷泗州虹縣令","泗"集作"宿"。按,唐志:元和四年始析泗州之虹,置宿州。太和三年廢。七年復置。時白府君卒於太和八年,未審何時歷虹令也。(《郡縣三》)

可見《辨證》標舉"實事是正,多聞闕疑"的法則,其實是要求校勘異文,判斷正誤,必須具有版本依據和文字、音韻、訓詁等知識的依據,廣泛查考,不能妄改,要作科學分析,取謹慎態度。從疑誤特點和處理方式上分別歸類,則又較《沿革例》在理論總結上前進了一步,初具校勘類例的意義。

宋代考據興盛,筆記眾多。北宋沈括《夢溪筆談》、南宋洪邁《容齋隨筆》、王應麟《困學紀聞》等著名筆記著作中,校勘成果累累。對同代著作進行校注考異的著作也頗有可觀,如宇文紹奕對葉夢得《石林燕語》進行考異,胡三省對《資治通鑑》進行校注等。具體校例,茲不枚舉。

總起來看,兩宋在校勘發展上的顯著特點是,出現了獨立的完整的專書校勘著作,并從經史典籍的校勘擴大到作家作品的總集、別集的專門校勘;同時在校勘實踐的豐富經驗的基礎上,出現了向校勘理論發展的最初趨勢,對校勘原則和類例開始進行初步歸納、總結和探討。這就是説,校勘在實踐上已從依附於章句注疏的地位獨立出來,校勘學的理論開始進行初步研究。

第九節　元、明的校勘

　　元明理學發展，學術空疏，不但輕視校勘，而且使宋代主觀臆改的作風惡性膨脹。加上刻書事業發達，書商粗製濫造，更使妄改亂删風氣漫衍。因此屢受清人指責。但是，也應看到，元、明學者對校勘和校勘學都仍有所貢獻。元吳師道《戰國策校注》參照宋姚宏《戰國策注》和鮑彪《戰國策注》，不但保存姚本的校勘成果，糾正了鮑注的注釋謬誤，而且在序中列舉鮑注十九條嚴重謬誤，借以申述校勘的原則。他指出鮑彪據《史記》載文改《戰國策》是錯誤的，認爲"馬遷之作，固採之是書，不同者當互相正"，這是與《文苑英華辨證》所舉"實事是正"的原則一致的。又説："事莫大於存古，學莫善於闕疑。夫子作《春秋》，仍'夏五'殘文；漢儒校經，未嘗去本字，但云'某當作某'，'某讀如某'，示謹重也。古書字多假借，音亦相通。鮑直去本文，徑加改字，豈傳疑存舊之意哉！"這是與"多聞闕疑"原則一致的。明梅鷟《尚書考異》考證古文《尚書》爲僞書，其中有不少校勘成果，頗受清人好評。但總的説來，元、明兩代在校勘和校勘學上成就不高，發展停滯。

第十節　清代校勘學的形成

　　清代是校勘碩果累累、校勘學獨立形成的時期。明王朝覆亡，清王朝建立，在思想政治上的重大影響之一，是激發一些明末愛國之士起來批判空疏的理學，倡導務實的經學。顧炎武提出"經學即理學"。全祖望《顧炎武神道表》說，顧"晚益篤志六經，謂古今安得別有所謂理學者？經學即理學也。自有舍經學以言理學者，而邪說以起，不知舍經學，則其所謂理學者，禪學也"。因而他要求認真研究經學，提出"讀九經自考文始，考文自知音始，以至諸子百家之書，亦莫不然"（《答李子德書》），指出宋、明理學臆改妄改古書的一個重要原因是不懂古音，不懂漢字音、形、義的内部結構，從而造成文字紊亂，古籍失真，經義混淆。所以他自己研究古音、唐音，并運用古音規律考訂校正經書古籍，取得重大成就，成爲清代音韻學大師，考據宗師，也使校勘在實踐上更爲精確，在理論上日趨發展，開始一個新的階段。回顧兩漢以來校勘的發展，有三個重大突破的階段。一是漢末鄭玄注經取得重大成就，在處理古今文及各家異同上表現出傑出的見識，其重要原因之一就在於他認識到漢字形音的矛盾結構。他説："其始書之也，倉卒無其字，或以音類比方，假借爲之，趣於近之而已。受之者非一邦之人，人用其鄉，同言異字，同字異言，於茲遂生矣。"（引見《釋文條例》）二是隋唐間陸德明《經典釋文》，從音訓出發，彙集異文，同時取得了經典校勘的重大成就，其重要原因就是自覺地繼承鄭玄的傳統，專門研究漢字音形矛盾造成的各種異文。由於語音的變化，字體的定型，尤其是宋以後理學的發展，對於理義及訓詁日益重視，而對於古音和字形的研究却漸趨疏忽，不懂古音和古音通假，而以今音讀異體字，改通假字，造成古書混亂現象迭起。因此，顧炎武提出"考文自知音始"，具有重大意義，成爲鄭玄、陸德明之後又一位推進校勘發展的重要代表人物。而他明確把"知音"作爲"考文"即校勘的先决條件，正標志着自覺地從理論上總結出校勘的科學依據。從此，校勘便在文字、音韻、訓詁的全面理論依據下迅速發展，校勘學形成的條件已漸具備。

清初文字獄的直接後果之一，便是迫使一部分學者埋頭故紙，研究整理經學，即近代所謂"國學"。文化學術史上盛稱的"乾嘉樸學"，實質是對古代文史哲學的史料考證，所以思想史上稱之"考證學派"或"考據學派"。清代考證學的重大成就之一，就是形成了校勘學。近代學者皮錫瑞説，"國朝經師有功於後學者，有三事"，"一曰輯佚書"，"一曰精校勘"，"一曰通小學"(《經學歷史》)。梁啓超指出："清儒之有功於史學者，更一端焉，則校勘也。古書傳習愈希者，其傳鈔踵刻，譌謬愈甚，馴至不可讀，而其書以廢，清儒則博徵善本以校讎之，校勘遂成一專門學。"(《清代學術概論》十六)

導致清代校勘學的形成，主要原因有二：一是專書校勘的深入而廣泛，許多學者親自校勘了許多典籍古書，取得了豐富的校勘實踐經驗；二是文字、音韻、訓詁、版本、目録等專門學科的發展，許多學者都精通小學，熟悉文獻，具有多方面的知識修養，取得了科學的理論依據。因此，繼顧炎武之後，清代涌現了一大批優秀的學者和出色的著作，提出了許多卓越的校勘學理論觀點，歸納了許多切實的校勘通例，並且出現了不同的流派，顯示出繼承發展古代優良的校勘傳統的不同方面。這是清代校勘學形成的特點和標志。

從校勘學的發展看，清代出現了兩個主要的流派：一派以盧文弨、顧廣圻爲代表，注重版本依據，異文比較，強調保持原貌，主張説明異文正誤而不作更改。這派基本上繼承岳珂《沿革例》和彭叔夏《辨證》的校勘傳統。另一派以戴震、段玉裁、王念孫、王引之及俞樾爲代表,要求廣泛搜集包括版本以外的各種異文材料,根據本書義理,運用文字、音韻、訓詁、版本和有關歷史知識,分析考證異文和正誤,明確主張訂正刊誤,敢於改正誤字。這派基本上繼承鄭玄、陸德明的傳統而有所發展。以盧、顧爲代表的一派爲繼承宋學,或稱之爲對校學派;以戴、段、二王爲代表的一派爲繼承漢學,或稱之爲理校學派。應當説,這兩派對校勘學的理論都作出了貢獻。但比較起來,對校學派更多貢獻於説明版本依據原則,理校學派則在總結校勘方法和歸納校勘通例方面,有突出的貢獻。

盧文弨、顧廣圻都是終生從事校勘的,留下許多專書校勘之作和許多考訂古書的札記文章。他們總結自己的校勘體驗,最重要的一條是盡力搜集古本、舊本、善本,強調可靠的接近原版的版本爲校勘依據。盧文弨説:

> 書所以貴舊本者,非謂其概無一譌也。近世本有經校雠者,頗賢於舊本。然專輒妄改者,亦復不少。即如《九經》小字本,吾見南宋本已不如北宋本。明之錫山秦氏本又不如南宋本。今之翻秦本者,更不及焉。以斯知舊本之爲可貴也。(《書吴葵里所藏宋本〈白虎通〉後》)

> 大凡昔人援引古書,不盡皆如本文。故校正群籍,自當先從本書相傳舊本爲定。況未有雕板以前,一書而所傳各異者,殆不可以遍舉。今或但據注書家所引之文,便以爲是,疑未可也。(《與丁小雅進士論校正〈方言〉書》)

顧廣圻更指出:

> 通而論之,宋槧之誤,由乎未嘗校改,故誤之迹,往往可尋

也。而趙刻（後人刻本）之誤，則由乎凡遇其不解者，必校改之，於是而并宋槧之所不誤者，方且因此以至於誤，其宋槧之所誤，又僅苟且遷就仍歸於誤，而徒使可尋之迹泯焉，豈不惜哉！（《〈韓非子識誤〉序》）

他們認爲，古本、舊本、宋本、善本雖然也不免有錯誤，但比較後來刻本的錯誤畢竟少些，尤其因爲它們未經校改，所以有了錯誤也容易發現，並且可以考查其錯誤的表現和原因。從這一觀點出發，他們提出了以對校爲主的校勘方法和處理異文的基本原則。盧文弨説：

> 宋本自勝近世所行本，然亦多錯誤。今取他書互證之，其灼然斷在不疑者，則就改本文，而注其先所譌者於下，使後來者有所考。若疑者，兩通者，則但注其下而已。（《新校〈説苑〉序》）

顧廣圻説：

> 廣圻由宋本而知近本之謬，兼由勘宋本而即知宋本亦不能無謬。意欲準古今通借以指歸文字，參累代聲韻以區別句逗。經史互載者，考其異；專集尚存者，證其同。而又旁綜四部，雜涉九流。援引者，沿流而溯源；已佚者，借彼以訂此。（《校殘宋尤袤槧〈文選〉跋》）

> 顧子之於書，猶必不校校之也。……存不校之誤於是，日思之，遂以與天下後世樂思者共思之。……思其孰爲不校之誤，孰爲誤於校也。（《思適寓齋圖自記》）

焦循也持此說：

> 校讎者：六經傳注，各有師授。傳寫有譌，義蘊乃晦。鳩集衆本，互相糾核。其弊也，不求其端，任情删易，往往改者之誤，失其本真。宜主一本，列其殊文，俾閲者參考之也。（《雕菰集·辨學》）

他們認爲校勘方法應以對校爲主，但也應參校其他有關資料。由於注重古本、舊本，因而一般不改本文，但注存他本異文。倘使確屬非改不可的誤字，則仍注存誤字，以便他人參考，更免誤改而不便復原。同時也可看到，他們最反對的是妄改和臆改。顧廣圻說："校書之弊有二：一則性庸識闇，强預此事，本未窺述作大意，道聽而塗說，下筆不休，徒增蕪累；一則才高意廣，易言此事，凡遇其所未通，必更張以從我，時時有失，遂成瘡痏。二者殊塗，至於誣古人，惑來者，同歸而已矣。"（《禮記考異跋》）因而他也深刻體會彭叔夏所說"三折肱爲良醫，知書不可以意輕改"，甚至以爲"書籍之譌，實由於校"（《書〈文苑英華辨證〉後》）。顯然，這派强調古本舊本而不迷信古本舊本的觀點，反對臆斷妄改，無疑是正確的。注存異文，也是妥善的處理方法。但是謹慎至於"不校校之"，則不免拘於消極的教訓，流於保守，有礙於校勘學理論的提高和校勘實踐的深入。

戴震、段玉裁、王念孫、王引之及俞樾，實際上都是考據學的代表學者。他們在文字、音韻、訓詁等學科上都有較高成就。校勘是他們以考證的原則和方法用於校勘的結果。由於校勘的實質是對古籍文字的訂正刊誤，因此他們自覺地運用文字、音韻、訓詁及歷史文化知識,對古籍文字正誤進行分析考證,并由此考查其致誤原因,歸納通例,從而在校勘學理論上取得突出成績。在校勘的根本原則上,他們和盧、顧一派是一致的,都要求存真復原。但是在校勘的依據和異文的處理上,持有對立性的分歧。他們考證經籍古書的出發點是讀經明道。戴震説:

> 經之至者,道也。所以明道者,其詞也。所以成詞者,字也。由字以通其詞,由詞以通其道。(《與是仲明論學書》)

> 夫六經字多假借,音聲失而假借之意何以得?故訓音聲,相爲表裏。故訓明,六經乃可明。後儒語言文字未知,而輕憑臆解以誣聖亂經,吾懼焉。(《六書音均表序》)

段玉裁説:

> 治經莫重於得義,得義莫切於得音。……不熟於古形古音古義,則其説之存者無由甄綜,其説之已亡者無由比例推測。(《〈廣雅疏證〉序》)

王念孫説:

> 字之聲同聲近者,經傳往往假借。學者以聲求義,破其假借之字,而讀以本字,則渙然冰釋。如其假借之字而強爲之解,則詰籀爲病矣。(王引之《〈經義述聞〉序》)

正是爲了讀經明道,所以要注釋校勘表達道理的字詞。而由於字有古形、古音、古義,因此要用文字學、音韻學、訓詁學的知識來考訂文字正誤,以確定意義。王引之説:"吾用小學校經。"(龔自珍《王文簡公墓表銘》)明確概括出他們校勘的理論依據。因此,他們必然不以版本可靠與否爲依據，而是以異文爲考訂對象。戴震説：

> 搜考異文，以爲訂經之助，又廣蒐漢儒箋注之存者，以爲綜考故訓之助。（《古經解鉤沈序》）

段玉裁説：

> 東原師（戴震）嘗搜考異文以爲訂經之助，令其族子時甫及僕從事於此。（《答顧千里書》）

> 先師東原云："凡考一事，勿以人之説蔽我，勿以我之説自蔽。"（《與顧千里書》）。

> 東原師云："鑿空之弊有二：其一，緣辭生訓也；其一，守譌傳謬也。"緣辭生訓者，所釋之義非其本義；守譌傳謬者，所據之經併非其本經。（《與諸同志書論校書之難》）

他們重視的是異文，而非各種版本。其搜集範圍也不限於本書各種版本的異文，而是廣及本書以外所有載述本書的各種異文。因爲異文是考訂的對象，校勘的材料依據。具體地説，他們重視的是這一版本上的異文，而不管這一異文出於什麼版本。因此他們明確主張定字改字。段玉裁指出：

> 唐之經本存者尚多，故課士於《定本》外，許用習本。習本流傳至宋，授受不同。合之者以所守之經注，冠諸單行之疏，而未必爲孔穎達、賈公彥所守之經注也。其字其説乃或齟齬，不謀淺者乃或改一就一。陸氏所守之本又非孔、賈所守之本，其齟齬亦猶是也。自有十三經合刊注疏音釋，學者能識其源流異同，抑尟矣。有求宋本以爲正者，時代相距稍遠而較善，

此事勢之常。顧自唐以來，積誤之甚者，宋本亦多沿舊，無以勝今本。況校經如毛居正、岳珂、張淳之徒，學識未至醇，疵錯出胸中，未有真古本、漢本，而徒沾沾於宋本，抑末也。(《十三經注疏釋文校勘記序》)

凡校書者，欲定其一是，明賢聖之義理於天下萬世，非如今之俗子誇博贍，誇能考覈也。故有所謂宋版書者，亦不過校書之一助，是則取之，不是則却之，宋版豈必是耶！故刊古書者，其學識無憾，則折衷爲定本以行於世，如東原師之《大戴禮》《水經注》是也。(《答顧千里書》)

他們既以訂正爲目標，就要求具體分析異文，判斷是非。所以段玉裁進一步提出：

顧讀書有本子之是非，有作書者之是非。本子之是非，可雠校而定之。作書者之是非，則未易定也。(《與胡孝廉世琦書》)

宋人以疏合經注者，以此之疏合彼之經注本，故經注與孔疏不合。必知孔疏，而後知孔所執之經注本；必知皇疏，而後知皇所執之經注本；知必尋味經注之義理脈絡，而後可以知孔之經注是，皇之經注非也。故曰，必先定底本之是非，而後可定義理之是非。(《"周人卒哭而致事"經注考》)

他認爲應把版本校勘和注疏者學識兩者區別開來。校勘解決異文正誤問題，學識決定注疏是非。對於宋人合刊的十三經注疏，則先把注所據經本和疏所據經本辨析出來，然後根據經義分別判斷它們的是非。由此可見，他們與盧、顧一派的顯著分歧在於不據版本而據義理,不重版本而重異文,不尚異文數量而尚異文質量,因此方法上不僅對校,而且要求分析、推理和考證,判斷上要求明確是非而敢於改字。基於這樣的理論和方法,所以這派從顧炎武開始就強調校勘者的學識。

盧、顧和戴、段之間的分歧,導致學術論爭,對於校勘學的發展,起着促進作用。戴震以自己的校勘實際顯示了不同於盧文弨的學說。他校勘《大戴禮》,刻後曾再校兩遍,又發現一些錯誤,寫了兩封信給盧文弨,列舉錯誤,闡明己見。例如:

1.《保傅》:"有司參,夙興,端冕。"盧辯注:"參職,謂三月朝也。"舊有案語:注"職"字,疑衍。

戴震認爲:是疑"參"與"三月"嫌文,或別有意也。然古人立文,絕無有如此者。在《內則》爲"三月之末,擇日,以子見於父"。此見之南郊,亦三月時事。正文當作"有司夅夙端冕",注文當作"夅夙,謂三月朝也"。明嘉靖癸巳袁氏依宋本重刊之《大戴禮記》,"齊"皆作"夅"。後人不識古字,遂譌作"參"。而"夙"字不可通,於下加"興"字。《魏書·李彪傳》引此作"有司齊肅端冕",無"興"字。其竄誤無疑。注乃併"夙"字譌作"職",字形轉寫之謬。前改正者,皆是也。(《與盧侍講召弓書》)

2.《文王官人》:"以觀其不寧。"戴以爲"不寧"當從《逸周書》作"不荒"。

又"如臨人以色"。戴以爲"如"當從《逸周書》作"好"。

又"其貌固嫗"。戴以爲篇內"嫗"字並"嫗"之譌。

又"執之以物而速驚,決之以卒而度料"。《逸周書》作"設之以物而數決,敬之以卒而度應"。戴以爲互相訂正,則"執"即"設"之譌,"速""數"同義,"速""決"宜連文。"驚之"脫誤爲"敬之"。即謂正文當爲"設之以物而速決,驚之以卒而度料"。

又"不學而性辨"。《逸周書》作"不文"。戴以爲當作"不紊"。

又"始妒誣者也"。《逸周書》作"始誣者也"。戴以爲"始"即"妒"之譌。此文與注並衍一"始"字。因譌致衍。如《保傅》篇"學禮曰"一段,"而"譌作"如","如"又譌作"始",各本遂作"而始"。(《再與盧侍講書》)

3.戴以爲《大戴禮》中,凡"順"之爲"慎","而"之爲"如","謂"之爲"與"、爲"爲","政"與"正"之錯互,類皆方音溷同致舛,不得云古字通。以數語中二字錯施,彼此交易,正可決古人用字不宜如是滋惑,雖改正之可也。(《再與盧侍講書》)

例1具體分析了異文疑誤情況,考證了禮俗,參校明刻宋本和《魏書》引文,提出據《魏書》引文改正的論斷,并表明應予改正的態度。例2列舉《文王官人》中的錯誤,主要依據《逸周書》,從義理上分析判斷,并說明致誤原因。例3則是據本書一類錯誤現象,歸納其致誤的共同原因,已是一個通例的歸納。上引諸例,大致可以見到戴震校勘經籍的理論和方法,因而被段玉裁引爲範例。又如他對《水經注》的整理,不僅校正錯誤,并總結出條例。序中説:"審其義例,按之地望,兼以各本參差,是書所由致謬之故,昭然可舉而正之。"大體可以概括他校勘的理論和方法。"審其義例",就是分析歸納《水經注》的內容體系和寫作體例,也就是校經據經義,校其他古書則據該書內容和體例。"按之地望",就是考證《水經注》所注河流水道的實際地理位置,也就是訓詁名物的考證。"各本參差",就是搜集分析異文。然後具體分析致誤原因,從而得出正確的論斷。因此，戴校《水經注》也是戴派校勘理論和方法的一個典範。

　　段、顧之爭，是清代學術史和校勘學史上的著名論爭。他們的論爭都是一字二字的正誤之爭。如《禮記·曲禮》"二名不偏諱"的"偏"，正字是"偏"還是"徧"；《禮記·禮器》"先王之立禮也，有本有文"中"有文"二字是否衍文；《禮記·王制》"虞庠在國之四郊"，"四"字是否"西"字之誤等等。其中最突出的是關於"四郊"和"西郊"之爭，段、顧之間爲此來往書信九封，段又撰《禮記"四郊"小學疏證》，及《與黃紹武書》，最後併在《與諸同志書論校書之難》中舉爲校勘典型事證。這場論爭的結果使段玉裁進一步闡發他的校勘理論，即關於"底本之是非"和"義理之是非"的理論，提出了"以孔還孔""以賈還賈"的著名論點（詳見第三章第四節）促進了校勘理論的發展。

　　王念孫、王引之父子都是精通文字、音韻、訓詁的。他們的突出成就在小學和校勘學兩方面。王念孫《廣雅疏證》和王引之《經傳釋詞》都是小學名著。王念孫《讀書雜志》和王引之《經義述聞》則是校勘學巨著。他們在校勘學理論上的突出貢獻是大量專書校勘成果中所闡述或體現出來的理論和方法，並且具體歸納出許多校勘通例，從而使校勘學理論大體形成體系，影響深遠。其中最重要的是《讀書雜志·淮南內篇後序》和《經義述聞·通說下》。王念孫以道藏本《淮南子》爲主，"參以群書所引，凡所訂正，共九百餘條。推其致誤之由，則傳寫譌脫者半，憑意妄改者亦半也"。他分析各種致誤原因，歸納出各類通例，計有：

　　（1）有因字不習見而誤者。若《原道》篇："先者隤下，則後者蹍"之"蹍"，女展反，故高注云："蹍，履也，音展，非展也。"而各本乃誤爲"厤"矣。

（2）有因假借之字而誤者。《覽冥》篇："蚯蟺著泥百仞之中"。"蚯蟺"與"螾䗐"同，各本"蚯蟺"誤爲"蛇蟺"，則與下文"蛇蟺"相亂矣。

（3）有因古字而誤者。《時則》篇："孟秋之月，其兵戉。""戉"，古"鉞"字也。而各本乃誤爲"戈"矣。

（4）有因隸書而誤者。《時則》篇："具栚曲筥筐"。高注："栚，杼也，三輔謂之栚。"案，"栚"讀若"朕"，架蠶薄之木也。隸書"栚"，字或作"栚"，而各本遂誤爲"楪"矣。

（5）有因草書而誤者。《齊俗》篇："柱不可以摘齒，筵不可以持屋。"高注："筵，小簪也。"案，"筵"讀若"廷"，言小簪可以摘齒，而不可以持屋也。"筵"與"筐"草書相似，而各本遂誤爲"筐"矣。

（6）有因俗書而誤者。《原道》篇："欲宍之心亡於中，則飢虎可尾。""宍"，俗"肉"字也。藏本"宍"誤作"寅"，而各本又誤作"害"矣。

（7）有兩字誤爲一字者。《説林》篇："狂者傷人，莫之怨也；嬰兒詈老，莫之疾也：賊心亡也。""賊"，害也。"亡"，無也。言狂者與嬰兒皆無害人之心也。各本"亡也"之"也"誤爲"山"，又與"亡"字合而爲"岙"矣。

（8）有誤字與本字並存者。《主術》篇："鴟夜撮蚤，察分秋豪。""蚤"或誤作"蚉"，又轉寫而爲"蚊"，而各本遂誤作"撮蚤蚊"矣。

（9）有校書者旁記之字而闌入正文者。《兵略》篇："明於奇賌……""賌"讀若"該"，"奇賌"者，奇秘之要，非常之術也。校書者不曉"奇賌"之義，而欲改爲"奇正"，故記"正"字於"賌"字之旁，而各本遂誤爲"奇正賌"矣。

（10）有衍至數字者。《俶真》篇："孟門終隆之山，不能禁也；澉瀨旋淵之深，不能留也。"各本"不能禁也"下衍"惟體道能不敗"六字，則上下文皆隔絶矣。

（11）有脱數字至十數字者。《原道》篇："此俗世庸民之所公見也，而賢知者弗能避，有所屏蔽也。"高注云："以諭利欲，故曰'有所屏蔽'也。"各本正文脱"有所屏蔽"四字，則注文不可通矣。

（12）有誤而兼脱者。《原道》篇："輕車良馬，勁策利鍛。"高注："策，箠也。鍛，箠末之箴也。'鍛'讀炳燭之'炳'。"鍛，竹劣反；炳，如劣反。藏本"鍛"誤作"鍛"，注文誤作"策，箠也，未之感也。'鍛'讀炳燭之'炳'"。則義不可通矣。

（13）有正文誤入注者。《主術》篇："故善建者不拔，言建之無形也。"此引《老子》而釋其義也。各本"言建之無形也"六字，皆誤作注文矣。

（14）有注文誤入正文者。《道應》篇："田鳩往見楚王，楚王甚説之，予以節，使於秦。至，因見惠王而説之。"高解"予以節"云："予之將軍之節。"各本此六字誤入正文"因見"之下，"惠王"之上，則文不成義矣。

（15）有錯簡者。《天文》篇："陽氣勝，則日脩而夜短；陰氣勝，則日短而夜脩。其加卯酉，則陰陽分，日夜平矣。"各本"其加卯酉"三句，錯簡在下文"帝張四維，運之以斗"一節之下，則既與上文隔絶，又與下文不相比附矣。

（16）有因誤而致誤者。《俶真》篇："昧昧楸楸，皆欲離其童蒙之心，而覺視於天地之間。""楸"讀若"戀"，高注云："楸楸，欲所知之貌也。""昧昧""楸楸"，一聲之轉。各本"楸楸"誤作"睞睞"，字書所無也。而楊氏《古音餘》乃於侵韻收入"琳"字,引《淮南子》"昧昧琳琳"矣。

(17)有不審文義而妄改者。《原道》篇:"乘雷車,六雲蜺。"謂以雲蜺爲六馬也。後人不曉"六"字之義,遂改"六雲蜺"爲"入雲蜺"矣。

(18)有因字不習見而妄改者。《齊俗》篇:"故伊尹之興土功也,脩脛者使之跖鏵。""鏵"讀若"華",臿也;跖,蹋也。故高注云:"長脛以蹋插者,使入深也。"後人不識"鏵"字,而改"鏵"爲"钁",不知"钁"爲大鉏。鉏以手揮,不以足蹋也。

(19)有不識假借之字而妄改者。《道應》篇:"跖之徒問跖曰:'盜亦有道乎?'跖曰:'奚適其有道也。'""適"讀曰"啻",言奚啻有道而已哉,乃聖勇義仁智五者皆備也。後人不知"適"與"啻"同,而誤讀爲"適齊""適楚"之"適",遂改"有道"爲"無道"矣。

(20)有不審文義而妄加者。《覽冥》篇:"夫燧取火於日,方諸取露於月。""夫燧",陽燧也。故高注曰:"'夫'讀'大夫'之'夫'。"後人乃誤以"夫"爲語詞,而於"燧"上加"陽"字矣。

(21)有不識假借之字而妄加者。《本經》篇:"異貴賤,差賢不,經誹譽,行賞罰。""賢不"即"賢否"也。後人不知"不"爲"否"之借字,遂於"不"下加"肖"字矣。

(22)有妄加字而失其句讀者。《泰族》篇:"趙政不增其德而累其高,故滅;知伯不行仁義而務廣地,故亡句。《國語》曰云云。"後人誤以"故亡國"絶句,遂於"國"上加"其"字矣。

(23)有妄加數字至二十餘字者。《天文》篇:"天有九野、五星、八風、五官、五府。"此先舉其綱,而下文乃陳其目。後人於"八風"

下加"二十八宿"四字,又於注内列入二十八宿之名,而不知皆下文所無也。

(24)有不審文義而妄刪者。《道應》篇:"敖幼而好游,至長不渝解","渝解",猶"懈怠"也。後人不知其義,遂以"至長不渝"絶句,而刪去"解"字矣。

(25)有不識假借之字而妄刪者。《人間》篇:"此何遽不能爲福乎?""能"讀曰"乃",言何遽不乃爲福也。後人不知"能"與"乃"同,遂刪去"能"字矣。

(26)有不識假借之字而顛倒其文者。《人間》篇:"國危不而安,患結不而解,何謂貴智。""而"讀曰"能",言危不能安,患不能解,則無爲貴智也。後人不知"而"與"能"同,遂改爲"國危而不安,患結而不解"矣。

(27)有失其句讀而妄移注文者。《説山》篇:"無言而神者載無也,有言則傷其神句。之神者,鼻之所以息,耳之所以聽。"高解"有言則傷其神"云:"道貴有言而多反有言,故曰'傷其神'。"據此,則當以"則傷其神"絶句。其"之神者"三字,乃起下之詞。"之",此也。言此神者,鼻之所以息,耳之所以聽也。後人誤以"則傷其神之神者"爲句,而移注文於"之神者"下,則上下文皆不可讀矣。

(28)有既誤而又妄改者。《氾論》篇:"使人之相去也,若玉之與石,葵之與莧,則論人易矣。""玉"與"石","葵"與"莧",皆不相似,故易辨也。俗書"葵"字作"葵","美"字作"羙","葵"之上半與"羙"相似,因誤而爲"美"。後人又改爲"美之與惡",則不知爲何物矣。

(29)有因誤字而誤改者。《道應》篇:"孔子亦可謂知化矣。"

"知化"謂知事理之變化也。"化"誤爲"礼",而後人遂改爲"禮"矣。

(30) 有既誤而又妄加者。《俶真》篇:"雲臺之高,墮者折脊碎腦,而蠛蠓適足以翾。""翾",許緣反,小飛也。"翾"誤爲"翱"。後人遂於"翱"下加"翔"字,不知蠛蠓之飛,可謂之"翾",不可謂之"翱翔"也。

(31) 有既誤而又妄删者。《主術》篇:"堯、舜、禹、湯、文、武,皆坦然南面而王天下焉。"藏本作"王皆坦然天下而南面焉",顛倒不成文理。劉本又删去"王"字,則誤之又誤焉。

(32) 有既脱而又妄加者。《主術》篇:"是故十圍之木,持千鈞之屋;五寸之鍵,而制開闔。"藏本脱"而"字,劉績不能補正,又於"制開闔"下加"之門"二字矣。

(33) 有既脱而又妄删者。《天文》篇:"天地之偏氣,怒者爲風;天地之合氣,和者爲雨。"藏本上句脱"地"字,劉本又删去下句"天"字,則是以風屬天,雨屬地,其失甚矣。

(34) 有既衍而又妄加者。《氾論》篇:"履天子之籍,造劉氏之冠。""冠"上誤衍"貌"字,後人遂於"籍"上加"圖"字,以與"貌冠"相對。而不知"圖籍"不可以言"履"也。

(35) 有既衍而又妄删者。《主術》篇:"主道員者,運轉而無端,化育如神,虛無因循,常後而不先也;臣道方者,論是而處當,爲事先倡,守職分明,以立成功也。"藏本"臣道方者"作"臣道員者運轉而無方者"以上十字,藏本原文,其"員者運轉而無"六字,乃涉上文而衍。劉績又讀"臣道員者"爲句,"運轉而無方"爲句,而於"方"下删"者"字,則誤之又誤矣。

(36) 有既誤而又改注文者。《原道》篇:"夫蘋,樹根於水。"高

注:"蘋,大萍也。"正文"蘋"字誤作"萍",後人遂改注文之"蘋,大萍"爲"萍,大蘋",以從已誤之正文矣。

(37)有既誤而又增注文者。《俶真》篇:"辯解連環,辭潤玉石。"高注:"潤,澤也。"正文"辭"字涉注文而誤爲"澤",後人又於注文"潤,澤也"上加一"澤"字,以從已誤之正文矣。

(38)有既誤而又移注文者。《墜形》篇曰:"天地之間,九州八柱。"下文曰:"八紘之外,乃有八極。"高注:"八極,八方之極也。"正文"八柱"誤爲"八極",而後人遂移"八極"之注於前,以從已誤之正文矣。

(39)有既改而又改注文者。《原道》篇:"干越生葛絺。"高注:"干,吳也。"劉本改"干越"爲"于越",并改高注,而不知"于"之不可訓爲"吳"也。

(40)有既改而復增注文者。《道應》篇:"吾與汗漫期於九垓之上。"高注:"九垓,九天也。"後人改"之上"爲"之外",又於注文"九天"下加"之外"二字矣。

(41)有既改而復刪注文者。《時則》篇:"迎歲於西郊。"高注:"迎歲,迎秋也。"後人依《月令》改"迎歲"爲"迎秋",又刪去注文矣。

(42)有既脫且誤而又妄增者。《人間》篇:"故黃帝亡其元(玄)珠,使離朱攫剟索之。""攫",搏也;"剟"與"掇"同,拾也。故高注云:"攫剟,善於搏拾物。"藏本正文脫"攫"字,注文作"剟搏善拾於物",脫誤不成文理。劉績不達,乃於正文"剟"上加"捷"字,斯爲謬矣。

(43)有既誤且改而又改注文者。《俶真》篇:"薩扈炫煌。"高注:"'薩'讀曰'唯'。'扈'讀曰'户'。"藏本"薩"誤作"萑","扈"誤作"薏",注文誤作"'薏'讀曰'扈'"。劉績不能釐正,又改"萑"爲"萑",并改高注,而不知"萑"之不可讀爲"唯"也。

(44)有既誤且衍而又妄加注釋者。《兵略》篇:"發如猋風,疾如駭電。""駭"下衍"龍"字,"電"字又誤作"當",後人遂讀"疾如駭龍"爲句,而以"當"字屬下讀,且於"駭龍"下妄加注釋矣。

(45)有因字誤而失其韻者。《原道》篇:"中能得之,則外能牧之。""牧"與"得"爲韻,高注:"牧,養也。"各本"牧"誤作"收",注文又誤作"不養也",則既失其義,而又失其韻矣。

(46)有因字脱而失其韻者。《原道》篇:"故矢不若繳,繳不若網,網不若無形之像。""網"與"像"爲韻。各本"繳不若"下脱去四字,則既失其義,而又失其韻矣。

(47)有因字倒而失其韻者。《原道》篇:"游微霧,鶩忽怳。""怳"與"往""景""上"爲韻。各本作"怳忽",則失其韻矣。

(48)有因句倒而失其韻者。《脩務》篇:"契生於卵,啟生於石。""石"與"射"爲韻,各本"啟生於石"在"契生於卵"之上,則失其韻矣。

(49)有句倒而又移注文者。《本經》篇:"直道夷險,接徑歷遠。""遠"與"垣""連""山""患"爲韻,高注云:"道之陀者,正直之。夷,平也。接,疾也。徑,行也。"傳寫者以"直道"二句上下互易,則失其韻。而後人又互易注文以從之。《文選》謝惠連《秋懷詩》注引《淮南》亦如此,則唐時本已誤矣。

(50)有錯簡而失其韻者。《說山》篇:"山有猛獸,林木爲之不斬;園有螫蟲,藜藿爲之不采。故國有賢臣,折衝千里。"此言國有賢臣,則敵國不敢加兵,亦如山之有猛獸,園之有螫蟲也。各本"故國有賢臣"二句,錯簡在下文"形勞則神亂"之下,與此相隔甚遠,而脉絡遂不可尋。且"里"與"采"爲韻,錯簡在後,則失其韻矣。

(51)有改字而失其韻者。《原道》篇:"四時爲馬,陰陽爲騶。"高注:"騶,御也。""騶"與"俱""區""驟"爲韻。後人依《文子》改"騶"爲"御",則失其韻矣。

(52)有改字以合韻而實非韻者。《道應》篇:"攝女知,正女度,神將來舍,德將爲若美,而道將爲女居,惷乎若新生之犢,而無求其故。"此以"度""舍""居""故"爲韻。後人不知"舍"字之入韻,而改"德將爲"三字爲"德將來附",以與"度"爲韻,則下文"若美"二字文不成義矣。且古音"度"在御部,"附"在候部,"附"與"度"非韻也。

(53)有改字以合韻而反失其韻者。《説林》篇:"無鄉之社,易爲肉黍;無國之稷,易爲求福。""社""黍"爲韻,"稷""福"爲韻。後人不識古音,乃改"肉黍"爲"黍肉",以與"福"爲韻,而不知"福"字古讀若"偪",不與"肉"爲韻也。

(54)有改字而失其韻,又改注文者。《精神》篇:"五味亂口,使口厲爽。"高注:"厲爽,病傷滋味也。"此是訓"厲"爲"病",訓"爽"爲"傷"。"爽"字古讀若"霜",與"明""聰""揚"爲韻。後人不知,而改"厲爽"爲"爽傷",又改注文之"厲爽"爲"爽病",甚矣其謬也。

(55)有改字而失其韻,又删注文者。《要略》曰:"一群生之短脩,同九夷之風采。"高注:"風,俗也。采,事也。""采"與"理""始"爲韻。後人改"風采"爲"風氣",并删去注文,則既失其義,而又失其韻矣。

(56)有加字而失其韻者。《泰族》篇:"至治寬裕,故下不賊;至中復素,故民無匿。""賊",害也,言政寬則不爲民害也。"匿"讀爲

"慝",謂民無姦慝也。"匿"與"賊"爲韻。後人於"賊"上加"相"字,"匿"下加"情"字,則既失其義,而又失其韻矣。

(57)有句讀誤而又加字以失其韻者。《要略》曰:"精神者,所以原本人之所由生,而曉寤其形骸九竅,取象於天也。合同其血氣句,與雷霆風雨句;比類其喜怒句,與晝宵寒暑句。""與"者,如也,言血氣之相從,如雷霆風雨;喜怒之相反,如晝宵寒暑也。"暑"與"雨""怒"爲韻。後人不知"與"之訓爲"如",而讀"與雷霆風雨比類"爲句,遂於"與晝宵寒暑"下加"並明"二字以對之,則既失其句,而又失其韻矣。

(58)有既誤且脱而失其韻者。《泰族》篇:"神農之初作琴也,以歸神杜淫,反其天心;及其衰也,流而不反,淫而好色,至於亡國。""淫""心"爲韻,"色""國"爲韻。各本作"神農之初作琴也,以歸神;及其淫也,反其天心",錯謬不成文理,又脱去"及其衰也"以下十六字,則既失其義,而又失其韻矣。

(59)有既誤且倒而失其韻者。《泰族》篇:"天地所包,陰陽所嘔,雨露所濡,以生萬殊。翡翠瑇瑁,瑤碧玉珠,文彩明朗,潤澤若濡。摩而不玩,久而不渝。""嘔""濡""殊""珠""濡""渝"爲韻。藏本"雨露所濡,以生萬殊"誤作"雨露所以濡生萬物","瑤碧玉珠"又誤在"翡翠瑇瑁"之上,則既失其句,而又失其韻矣。

(60)有既誤且改而失其韻者。《覽冥》篇:"田無立禾,路無薠莎,金積折廉,璧襲無贏。""贏",璧文也,與"禾""莎"爲韻。"薠莎"誤爲"莎薠",後人又改"贏"爲"理",則失其韻矣。

(61)有既誤而又加字以失其韻者。《説林》篇:"予溺者金玉,不若尋常之纆。""纆"讀若"墨",索也。"纆"與"佩""富"爲韻。

"縆"誤爲"纏",後人又於"纏"下加"索"字,則既失其義,而又失其韻矣。

(62) 有既脫而又加字以失其韻者。《說山》篇:"詹公之釣,得千歲之鯉。""鯉"與"止""喜"爲韻。"千歲之鯉"上脫"得"字,則文不成義。後人不解其故,而於"千歲之鯉"下加"不能避"三字,則失其韻矣。

總上六十二類,概括了古籍文字的誤、錯、脫、衍、倒等各類錯誤,歸納了文字致誤的許多類型。雖然歸類過於具體,不免稍爲繁細,但是標志着校勘學的發展,已從一般理論原則和方法深入到具體法則規律的探索。

在王念孫這一歸納的啟發和推動下,其子王引之在《經義述聞》最後部分,撰寫了《通說》,更進一步歸納整理經籍中存在的共同問題,探討其中通有的規律性問題。《通說下》共總結了十二條。前六條總結解經的錯誤原因,主要從小學角度進行探討,但有助於了解經籍文字致誤原因;後六條總結經籍文字錯誤的原因,則多是校勘學的理論探討。其說如下:

一、經文假借

經典古字,聲近而通,則有不限於無字之假借者。往往本字見存,而古本則不用本字,而用同聲之字。學者改本字讀之,則怡然理順。依借字解之,則以文害辭。是以漢世經師作注,有"讀爲"之例,有"當作"之條,皆由聲同聲近者。以意逆之,而得其本字,所謂好學深思,心知其意也。……如借"光"爲"廣",而解者誤以爲光明之"光"。

二、語詞誤解以實義

經典之文,字各有義。而字之爲語詞者,則無義之可言,但以足句耳。語詞而以實義解之,則扞格難通。……如"與",以也。《論語·陽貨》篇:"鄙夫可與事君也與哉!"言不可以事君也。而解者云:"不可與之事君。"則失之矣。

三、經義不同,不可强爲之説

不齊之説,亦有終不可齊者。作者既所聞異辭,學者亦弟兩存其説。必欲牽就而泯其參差,反致涸淆而失其本指,所謂離之則兩美,合之則兩傷也。如《書·序》以武庚、管叔、蔡叔爲三監,《逸周書·作雒》篇以武庚、管叔、霍叔爲三監,此不可强合者也。而解者欲合爲一,則去武庚,而以管叔、蔡叔、霍叔當之矣。

四、經傳平列二字,上下同義

古人訓詁,不避重複,往往有平列二字,上下同義者。解者分爲二義,反失其指。如《(易經)泰》象傳:"后以裁成天地之道,輔相天地之宜。"解者訓"裁"爲"節",或以爲坤富稱財。不知"裁"之言"載"也,成也。"裁"與"成"同義而曰"裁成",猶"輔"與"相"同義而曰"輔相"也。……《(尚書)甘誓》:"威侮五行。"解者訓"威"爲"虐",不知"威"乃"威"之譌,"威"乃"蔑"之借,"蔑""侮",皆輕慢也。

五、經文數句平列,上下不當歧異

經文數句平列,義多相類。如其類以解之,則較若畫一。否則上下參差,而失其本指矣。如《(尚書)洪範》"聰作謀"與"恭作肅""從作乂""明作哲""睿作聖"並列,則"謀"當讀爲

"敏"。解者以爲"下進其謀",則文義不倫矣。……《(國語)晉語》"嚚瘖不可使言,聾聵不可使聽",與"蘧篨不可使俯,戚施不可使仰,僬僥不可使舉,侏儒不可使援,矇瞍不可使視,童昏不可使謀"並列,則"嚚瘖"當爲不能言之人,"聾聵"當爲不能聽之人。解者以爲口不道忠信之言爲"嚚",耳不別五聲之和爲"聾",則文義不倫矣。

六、經文上下兩義,不可合解

經文上下兩義者,分之則各得其所,合之則扞格難通。如《(易經)屯》六二:"匪寇,昏媾。"謂昏媾也。"女子貞不字,十年乃字。"謂妊娠也。而解者誤以"女子貞不字"承"昏媾"言之,則云許嫁笄而字矣。

以上六條都是歸納解釋經義中的錯誤原因的,都屬於文字、音韻、訓詁及辭章的範圍,一爲古音通假,二爲虛詞,三爲異説,四爲同義連綿詞,五爲同類排比,六爲辨析句義。但由於古籍文字錯誤的基本原因有二,一爲無意傳譌,一爲有意妄改。而有意妄改往往由於理解經文錯誤,因此,這六條對於分析考察致誤原因很有價值。例如《左傳》襄公三十一年:"高其閈閎。""閎"誤爲"閣",解者遂訓爲"止扉",不知"閈""閎"皆謂門也。又如同上"繕完葺墻",解者欲改"完"爲"宇",不知"繕""完"皆謂修其墻垣,非謂屋宇。這就不僅是解經問題,而且是校勘問題了。

七、衍文

經之衍文,有至唐開成石經始衍者。《(尚書)洪範》"于其無好"下衍"德"字,……是也。有自唐初作疏時已衍者。《《尚書)湯誓》"舍我穡事而割正"下衍"夏"字,……是也。亦有自漢儒作注時已衍者。如《(尚書)大誥》:"厥考翼其肯曰:'予有後,弗棄基'。""翼",衍字也。鄭注訓"翼"爲"敬",則已衍"翼"字矣。……又有旁記之字誤入正文者。(例略,參看上引王念孫類例9)。

八、形譌

經典之字,往往形近而譌。仍之則義不可通,改之則怡然理順。如"夫"與"矢"相似而誤爲"矢",……"四"字古文與"三"相似而誤爲"三",……"笑"字隸書與"先"相似而誤爲"先",……"人"字篆文與"九"相似而誤爲"九",……尋文究理,皆各有其本字。不通篆隸之體,不可得而更正也。

九、上下相因而誤

家大人(王念孫)曰:經典之字,多有因上下文而誤寫偏旁者。如《(尚書)堯典》"在璿機玉衡","機"字本從"木",因"璿"字而從玉作"璣"。

十、上文因下而省

古人之文,有下文因上而省者,亦有上文因下而省者。《(尚書)堯典》"朞三百有六旬有六日","三百"者,三百日也。因下"六日"而省"日"字。《(詩經)小雅·天保》篇:"禴祠烝嘗,于公先王。""公"者,先公也,因下"先王"而省"先"字。

十一、增字解經

經典之文,自有本訓。得其本訓,則文義適相符合,不煩言而已。解失其本訓而強爲之説,則阢陧不安。乃於文句之間,增字以足之,多方遷就,而後得申其説。此強經以就我,而究非經之本義也。如《(易經)蹇》六二:"王臣蹇蹇,匪躬之故。""故",事也,言王臣不避艱難者,皆國家之事,而非其身之事也。而解者曰:"盡忠於君,匪以私身之故,而不往濟君。"《正義》。則於"躬"上增"以"字、"私"字,"故"下增"不往濟君"字矣。……《(禮記)月令》:"措之于參保介之御間。"當依《呂氏春秋》作"參于"。而解者曰:"勇士參乘。"鄭注。則於"參"下增"乘"字矣。……治經者,苟三復文義,而心有未安,雖舍舊説以求之,可也。

十二、後人改注疏釋文

經典譌誤之文,有注疏釋文已誤者,亦有注疏釋文未誤,而後人據已誤之正文改之者。學者但見已改之本,以爲注疏釋文所據之經已與今本同,而不知其未嘗同也。如《易·繫辭》傳:"莫善乎蓍龜。"唐石經"善"誤爲"大",而諸本因之。後人又改《正義》之"善"爲"大"矣。……《(周禮)天官·司書》:"凡上之用財。"唐石經"財"下衍"用"字,而諸本因之,後人又改叙官疏之"用財"爲"用財用"矣。……凡此者,皆改不誤之注疏釋文,以從已誤之經文,其原本幾不可復識矣。然參差不齊之迹,終不可泯,善學者循其文義,證以他書,則可知經文雖誤,而注疏釋文尚不誤,且據注疏釋文之不誤,以正經文之誤,可也。

以上六條,前四條都屬於校勘通例,後二條爲辨析注疏釋文與經文異同,與段玉裁提出的"以孔還孔"的觀點略同。顯然,王引之的歸類比王念孫具有更普遍的概括性和理論性,已從致誤的具體原因提高到小學理論和校勘學理論上予以分析歸納。雖然他概括的通例還不够全面完備,但却從此開始了歸納各類通例的總結探討,標志着古代校勘學理論到達形成階段。同時可以看到,他的總結通例包括解經和校勘兩方面,實際上以解經爲主,輔以校勘,因而又啓發後來學者一系列總結校讀類例的著作。其後的代表學者,便是俞樾。

俞樾是清代中葉至近代的學者。他繼承王氏父子的學術,精通文字、音韻、訓詁。他的弟子章炳麟説他"依(高郵)王氏律令,五歲成《群經平議》以剗《述聞》,又規《雜志》作《諸子平議》","治群經不如《述聞》,諦諸子乃與《雜志》抗衡"(《太炎文録》卷二《俞先生傳》)。他的《古書疑義舉例》則是繼承發展王念孫《淮南後序》和王引之《通説下》歸納校讀類例之作。他深感於古書疑義日滋,所以"刺取九經諸子,爲《古書疑義舉例》七卷,使童蒙之子,習知其例,有所據依,或亦讀書之一助乎"(自序)。其前四卷五十一條爲歸納文例語法以解閲讀疑義的類例,其後三卷三十七條則爲校勘通例的歸類。就其校勘通例部分而言,其理論和方法與二王略同。但他概括致誤原因方面,吸取二王之長,既較具體而又不繁細,加上例證較富,類型又有補充,因而影響較大。其影響主要有兩方面。一是後來頗有仿其體例的補充之作,如劉師培《古書疑義舉例補》,楊樹達《古書疑義舉例續補》等(可參看中華書局編印《古書疑義舉例五種》);另一是對後來興起的校讀著作和校讀法研究有明顯影響。由此可見,此書問世,既標志古代校勘學的形成,也表明古代校勘學的停滯。自近代到現代,校讀法和校讎學顯得活躍,而校勘學的獨立和建立,却晚至二十世紀三十年代。

總起來説,有清一代的校勘成就輝煌,阮元《十三經注疏校勘記》是明顯標志。在廣泛實踐和豐富成果的基礎上，經過學術論爭，校勘學理論也發展迅速，大體形成了以版本、目錄、文字、音韻、訓詁諸學爲依據的一般理論、方法和通例的體系。但是，由於在解經和校勘之間的聯繫和區別的界限未明，實際上，在清代學者的理論觀念中，校勘的目的是解經，處於從屬解經的地位，并不獨立，因而理論研究停滯於具體類例的歸納，并未沿着王引之《通說下》所提出的方向深入發展，終未建立起獨立的校勘學理論體系，沒有出現一種獨立的校勘學理論著作。

第十一節　近代校勘學的建立

　　近代至於現代，是校勘廣泛發展的階段，也是校勘學發展到獨立地建立的階段。這一階段中，促進校勘廣泛發展的重要原因之一是文物考古的發展。殷墟甲骨的發現，敦煌藏經洞的發現，文物的發掘，以及清宮藏書的清理等等，都對校勘古籍起着很大的促進作用。學者們從甲骨文、金文的研究中，發現了豐富的周代以前的歷史資料，對校勘先秦典籍子書直接提供了考證依據，有助於澄清歷來糾紛的某些史實和人氏問題，有助於認識文字演變、古音通假而造成的異文是非問題，等等。敦煌寫本的大量發現，不僅直接提供了唐代寫本，並且內容廣泛，更促進了對於中古白話文學作品的整理和校勘，使校勘學在傳統的經史子集的校勘範圍以外，開闢了新的領域，提出了新的問題，帶動了宋元話本戲曲等文學作品的校勘。正是在這種廣泛發展中，1931年陳垣的《元典章校補釋例》即《校勘學釋例》問世，初步建立了校勘學的理論體系。

《校勘學釋例》是在《校補沈刻元典章》基礎上抽繹概括出來的獨立的校勘學著作。自序説,《元典章》一書"沈刻雕板之精,舛誤之多,從未經人整理,亦爲他書所未有。今幸發現元本,利用此以爲校勘學之資,可於此得一代語言特例,并古籍竄亂通弊"。其特點便是以沈刻《元典章》爲典型資料,全面而具體地通過歸納和解釋各類通例,闡述校勘學的理論和方法。全書共六卷五十類通例。其卷目和類目在層次上有隸屬關係。如卷一爲"行款誤例",下收十一類行款錯誤的通例,如"有目無書、有書無目例","條目譌爲子目例","非目錄誤爲目錄例"等。卷二爲"通常字句誤例",下收十一類一般性字句錯誤的通例,如"形近而誤例","聲近而誤例","因同字而脱字例"等。顯然,這一結構形式吸取了《文苑英華辨證》的結構經驗,而使之更合邏輯。它的校勘理論和方法則貫通運用清代校勘學的成果,而較爲全面,并有顯著提高。它的主要特點和貢獻有兩個方面:

一是根據元代和《元典章》的語言文字的特點,具體分析歸納了一些具有時代語言文字特點的新的通例。這類通例不僅適用於"元代語言特例"所造成的竄亂通弊,而且有助於校勘中古漢語的白話著譯,如小説、經譯等。例如卷二"通常字句誤例"之"聲近而誤例"中,指出:

> 聲近而誤,有由於方音相似者,有由於希圖省筆者。
>
> 何謂方音相似?如"吏""例","記""繼","程""陳","點""典"諸字,以廣州音讀之,不相混也。今沈刻《元典章》多混之,知必與抄者之方音相似也。
>
> 何謂希圖省筆?廣州音"黄""王"不分。今沈刻《元典

章》,多誤"黃"爲"王",但不見誤"王"爲"黃",則不過希圖省筆而已。蓋以爲更人姓名無關輕重也。

又如第十七"重文誤爲二字例"中,指出:

> 古書遇重文,多作二畫,元刻《元典章》重文多作兩點。沈刻既改爲工楷,故有兩點變成"二"字者。

> 亦有誤兩點爲"之"字者。(如"站户:(户)籍"誤爲"站户之籍"。)

> 元刻《元典章》重文有作"又"字者,元小字旁寫。沈刻改爲正寫,義遂不明。(如"三犯徒者流又(流)而再犯者死",誤爲"三犯徒者流又而再犯者死"。)

凡此都具有新的特點。而更爲突出的是卷三"元代用字誤例"、卷四"元代用語誤例"和卷五"元代名物誤例",都是根據元代語言文字、名物制度進行分析歸納的,爲"元代語言特例"。例如第二十三"不諳元時簡筆字而誤例"中,指出:

> 王念孫校《淮南子》有"因俗書而誤"一條。元刻《元典章》簡筆字最多,後來傳鈔者或改正,或仍舊,各本不同。惟沈刻則大率改正,間有不知爲簡筆而誤爲他字者。(如"无"誤爲"元",又通作"原"而改爲"原",或音同"員"而改爲"員"等。又因"撫州"簡寫爲"抚州",又誤爲"杭州"等)。

又如第二十五"不諳元時譯音用字而誤例"中"歹字"條:

> 蒙古語命名尾音多有"歹"字,人名、部族名、宮衛名皆然,或作"觲",或作"帶",或作"台",無定字,惟沈刻《元典章》多誤

作"夕"。

又

"拔都"爲蒙古勇士之稱,猶清人之"巴圖魯",《元史》習見之。沈刻亦有誤者,且有同在一葉,而所誤不同者。(如誤爲"投都""絨都""扳都"等)。

再如第二十六"用後起字易元代字例"中,指出:

翻刻古籍,與翻譯古籍不同,非不得已,不以後起字易前代字,所以存其真也。沈刻《元典章》昧乎此,故明明元代公牘,而有元以後所造字廁入焉。

最著之例爲"賠"字。"賠"字後起,元時賠償之"賠",均假作"陪"或作"倍"。沈刻以爲誤,輒改爲"賠"。

再如第二十八"不諳元時語法而誤例"中,指出:

《元典章》,語體聖旨,多由蒙古語翻譯而成,故與漢文法異。其最顯著者,常以"有"字或"有來"爲句。沈刻輒誤乙(顛倒符號)之,或竟刪去,皆不考元時語法所致也。(如"費了脚錢有,今後那裏的",誤爲"費了脚錢今有後那裏的";"撒下軍,逃走了有",誤爲"撒下軍逃走"。)

再如第二十九"不諳元時用語而誤例"中,指出:

凡一代常用之語言,未必即爲異代所常用。故恒有當時極通用之語言,易代或不知爲何語,亦校者所當注意也。

最顯著者爲元代"他每""人每"之"每"字,其用與今之"們"字同。而沈刻《元典章》輒改爲"每每",是不知"每"之用與"們"同也。(如"市舶司官人每每百姓每"、"他每每的語言是的","每每"均當作"每"。)

再如第三十四"不諳元時年代而誤例"中,指出:

> 昔顧千里氏爲洪氏校刊宋本《名臣言行錄》,歷舉其年名、地名、人名、官名之誤。今沈刻《元典章》此類譌誤亦多。

> 元時"至大"年號只有四年,而沈刻《元典章》有不止四年者。

凡此之類,都是根據元代文字語言、名物制度,運用校勘理論方法進行分析歸納而取得的元代特例。

另一是卷六"校例",總結了校勘方法和改字原則,是本書在校勘理論和方法上的突出貢獻。其第四十三"校法四例"總結出四項校勘方法:對校法、本校法、他校法、理校法(詳見第四章第二節)。第四十四至第五十條,具體説明校改原則,有一般意義。如第四十四"元本誤字,經沈刻改正者,不校例":

> 有元本錯誤,經沈刻改正者,不復回改。(如"形近而誤"者,"邀我憲宗之世",沈刻改"邀"爲"逮",陳氏正文仍爲"逮",而注出"作'邀我'"。)

第四十五"元本借用字不校例":

> 元刻《元典章》遇筆畫繁複之常用字,每借用筆畫簡單之同音字以代之。沈刻有改正者,有未改正而意義無妨者,今均不復校改。(如元刻"肖",沈改爲"蕭"。)

> 亦有不知爲借用字而誤改者。(如"金場艮冶茶鹽鐵户",

沈改"艮冶"爲"良冶",陳校:"元作'艮冶',借'艮'爲'銀'也。校者習記'良弓''良冶'之詞,而遂改爲'良冶'矣。他如借"切"爲"竊",沈誤改"坊";借"余"爲多餘的"餘",改"多";借"谷"爲稻穀的"穀",沈誤改"各"。)

第四十六"元本通用字不校例":

始予之校《元典章》也,見"札"作"剳","教"作"交","應副"作"應付",以爲元代用字與今不同也。後發見元刻本本身亦前後互異,乃知此非元代用字與今不同,實當時之二字通用。沈刻校改,固爲多事。即今回改,亦屬徒勞。間改一二,以見其例。(如"休交奏者","交"當作"教";"都教大如文廟","教"當作"交"。)

第四十七"通用字元本不用例":

有字本通用,《元典章》只用其一。沈刻輒以通用字易之。雖於本義無殊,或更比本義爲優,然究掩本來面目,爲研究元代文字學者增一重障礙。盡行回改,不勝其繁。間改一二,以見當時習慣。(如"嫻習""閒暇"必用"閑","扳援"必用"攀"等。)

第四十八"從錯簡知沈刻所本不同例":

沈跋云:"此本紙色分新舊,舊者每半葉十五行,當是影鈔元刻本,新者每半葉十行,當是補鈔者。"今從錯簡及脱文中,考其行款,有與元刻本同者,有與半葉十行本同者。元刻本每半葉十八行。沈跋云十五行者,或另一鈔本,非余所見之元刻本也。

第四十九"從年月日之增入,疑沈刻別有所本例":

《元典章》每條起處,多冠年月日,亦有有年無月,或有月無日者。沈刻自刑部卷十一第三十八葉起,至工部卷末止,每有增入年月日,爲元刻及他本所無。此非能虛構者,疑必有所本也。其所本爲何,今不可知。據日本近日影印《永樂大典》"站赤九"引《元典章》,有與今元刻不盡同者,則當時另有第二刻本,亦未可定。即無第二刻本,然與《元典章》同時及後出之官書,如《大元通制》《至正條格》等,均可據以校補。今故官元刻本時見有墨筆添入之字,當即此類。則沈刻祖本之曾經據他書校補,自有可能也。

第五十"一字之誤關係全書例":

有一字之誤,關係全書者。

《新綱目一》頒行四方已有年矣(沈刻)。"頒行",元作"板行"。

"板行"之義,與下文"梓行"同。據此一字,知此書是當時地方官吏所纂,非中央政府所頒。無怪乎《四庫提要》疑其始末不載於《元史》也。今改曰"頒行四方",則此書是當時中央政府所頒矣,然何以解於《元史》不載也。

又此書《新集》目錄之末,有"至治二年六月"字樣,謂此書之編纂止於至治二年六月也。然沈跋據《新集》中有"至治三年"事例,證明其不止於二年,亦據誤本而誤也。

《新·刑廿五》　　至治三年(沈刻)　　元作"二年",目錄亦作"二年"。

《新·刑六二》　至治三年（沈刻）　　元作"二年"，目錄亦作"二年"。"三年"與"二年"，一字之誤也。

又此書《正集綱目》於元仁宗之"仁"字，元刻作一墨方。知此書開雕時，仁宗廟號尚未頒行。後人欲補入"仁"字，應於墨方之下注明"當是'仁'字"，不當逕將墨方改成"仁"字也。今沈刻昧乎此。

《綱目一》仁宗皇帝（沈刻）　　元作"■宗皇帝"。

此皆一字之微，關係本書編纂及雕刻之年代，並發行主體，不得輕心從事者也。

以上諸例都闡明校改的原則，既有指導實踐的通例作用，又具理論性質。而"校法四例"則更是方法的總結，理論的歸納，且有更為普遍的指導實踐的作用。

綜上可見，《釋例》全面總結了校勘一種古籍的理論、方法、原則和通例，初步建立了校勘學體系。它不僅貫通地繼承了古代校勘學尤其是清代校勘學的傳統，而且突破了以經典古籍為主的傳統，把校勘學運用於中古白話古籍，并廣涉異族語言，使校勘學具有更為普遍的概括性、理論性。它繼往開來，影響深廣，是標志校勘學建立的里程碑。但也毋庸諱言，《釋例》特點和優點是通過沈刻《元典章》這一典型專書的校勘實例，全面、具體、深入地概括並闡述了校勘學理論。由於只以一種古籍為實例，因此也不免局限，不能更為廣泛地選擇各類古籍的典型事例，也不能在理論上作更為充分的闡述論證。

總觀先秦到現代的漫長歷史，古籍校勘始終伴隨着文獻整理事業的發展而不斷前進。凡經過歷史嚴峻考驗而流傳下來的古籍,都是珍貴或可貴的歷史文獻。它們不免受到不同程度的有意無意的歪曲損壞,既有有意的臆斷妄改,也有無意的傳寫錯誤,更有文字形音義、書寫材料、傳播手段等客觀條件變化發展而造成的複雜狀態。但隨着歷史的進步,人們對於經過歷史考驗的古籍,日益要求恢復其原貌,日益精確地進行校勘,從而積累豐富的實踐經驗而尋找規律,歸納理論,形成并建立了校勘學。因此,隨着文獻整理事業的發展,校勘日益發展爲獨立的校勘學,而校勘學的形成建立,又更加促進校勘日益精確。發展到當代,尤其是在最近一些年來,大批專書校注著作問世,大量考古文物出土,以及校勘學專著的陸續出版,提供了豐富的資料依據,提出了不少的理論觀點,形成了良好的趨勢。可以相信,在歷史唯物主義的科學理論指導下,校勘業績必將更大,校勘學一定會有健康的長足的提高和發展。

第三章　古籍的基本構成和校勘的根本原則

第一節　古籍的基本構成

　　古籍是歷史的產物。不論是經典史傳、諸子百家，或者文學總集、作家別集，也不論是先秦兩漢、晚清近代，或者古文今文、文言白話，凡屬古籍，都是一定歷史時代的著作者，用當時的文字，根據當時的社會政治、思想、文化思潮，就某一領域的理論或實踐的知識內容著作而成的。這就是説，透過各種古籍的具體內容和表達形式，它們基本上都是由一定歷史時代的知識和一定歷史時代的語言文字所構成的。但是，這樣的基本構成只限於原著原版的古籍，只適用於完整保存流傳於今的原著原版古籍。對於年代久遠的影響深廣的典籍文獻、重要著作來説，除了甲骨金石文物的文字之外，一般都難以達到。事實上，可以稱爲"古典文獻"的古籍及篇章，基本構成都是多層次的。

第二節　經典古籍的複雜重疊構成

　　一種重要古籍問世以後，在流傳過程中不免產生文字語句的錯誤和不同理解的紛歧。經過若干年後，由於時代的隔閡，便需要進行注解,進行校勘,這樣就必然會產生不同的解釋和訂正。再經過若干年,由於社會歷史的發展變化,從不同的政治、思想的立場和觀點提出了不同前人的解釋和訂正。如此這般,經過漫長歷史的反復解釋和來回校勘,最後可能產生一種多數公認的接近原稿的定本。實質上,這樣的定本是歷史改定的定本,與原著必然有一定差別,不可能完全符合這一古籍產生時代的知識內容和語言文字形式。也就是説,它的基本構成實際上是多層次的複雜重疊構成。試以《詩經》爲例。

首先假設"《詩》三百"的《詩經》是孔子編定的,並且完整地傳到秦始皇統一以前。然後《詩經》遭到厄運,被秦始皇焚燒禁止。於是先出齊、魯、韓三家詩的傳本。這三家都是師授背誦後寫成今文的,没有稿本可爲根據,因此不但解釋有紛歧,而且文字語句也有不同。後來三家詩不傳。倒是最後出來的《毛詩》,却一直流傳於今,這就是今存《十三經注疏》中的《毛詩正義》和朱熹《詩集傳》的《詩經》經文,是漢代惟一的古文《詩經》。據《經典釋文·叙錄》説,從孔子傳給子夏,到毛萇共五代傳授。後出的《毛詩》所以獨傳的重要原因是有古文文本爲根據。但是這一文本既不能肯定爲孔子或子夏手定文本,也不能斷定其中没有錯誤,因此四家詩、古今文在漢代始終爭論不休。因而《毛詩》必須由毛萇作《故訓傳》,進行解釋。這種情況表明:孔子編定的《詩經》到漢代至少有四個傳本,在文字和解釋上都有不同。就每一家傳本來説,都已經具有雙重構成,第一層是孔子編定時的文字和知識所構成的,第二層是四家傳授時對《詩經》的文字、知識的理解所構成的,這兩層之間的重疊不可能完全相合無差。即使《毛詩》確爲嫡傳,其構成也同樣是雙重的，並且同樣存在差別。

《毛詩》之所以流傳，東漢鄭玄箋注起了重要作用。今存《毛詩正義》不但保存毛傳，而且保存鄭箋。但是，如前所述（見第二章第四節），鄭玄注《毛詩》，實則兼採三家詩的異文和異說。鄭玄并不改動經文，但是有根據地指出《毛詩》本文存在的錯誤，採用三家詩的異文進行校正，實質上認爲《詩經》的正確文本與四家詩都不同，提出了一種綜合四家詩的一個新的版本。這樣，在傳本《毛詩》的雙重構成中又增加了一層，這就是鄭玄對於《詩經》和四家詩的文字、知識的理解。經過六朝，到陳、隋之際，陸德明《經典釋文》彙集以前衆說，又加上一層；唐代顔師古撰有《毛詩定本》，曾以官定標準本頒布天下，這又是一層；唐代孔穎達等撰《毛詩正義》，對毛傳、鄭箋作了解釋，并吸收了魏晉南北朝學者和《定本》的不少見解，更多了一層。《毛詩正義》產生後，對《詩經》的解釋取得了暫時統一穩定。宋代便把毛傳、鄭箋、《釋文》和《正義》合在一起，便是今存《十三經注疏》中的《毛詩正義》。這一合刊本至少重疊了六個層次。然而就在宋代便出現了不少詰難。即便是《毛詩正義》本身，也如清代阮元所說："自唐後至今，鋟版盛行，於經於傳箋於疏，或有意妄更，或無意譌脱，於是繆盭莫可究詰。"（《毛詩注疏校勘記序》）

由此可見，今天所見的各種《詩經》的白文本及注疏本，實質上都是多層次的錯綜重疊的構成。從語言文字形式上看，已經非復孔子編定時的原貌，其中化合了古代文字、音韻發展變化的各個階段的成分；從知識內容上看，也已摻雜了古代名物發展變化的成分，即訓詁的發展變化成分。其具體的直接的表現形式便是大量的異文和衆多的解釋。正因爲《詩經》經過漫長的歷史流傳,已經成爲一種多層次的錯綜複雜的龐然構成,所以出現了"詩經學""詩經小學""詩經韻譜""詩經名物考證""詩經目錄學""詩經版本學"等名目的專門學術。同樣,《詩經》的校勘也成爲一種複雜的專門學術。

第三節　一般古籍的簡單重疊構成

一般地説,内容重要和年代久遠,是古籍構成重疊的兩個主要原因。經典文獻由於内容重要,因而受到歷代統治者的重視,並且根據各自時代的政治需要進行種種解釋和發揮,相應地需要對文字語句作校勘甚至删改。同樣,爲了保持經典文獻的本來面貌,歷代都有不少學者進行了針鋒相對的解釋和闡發,相應地也要對文字語句進行校正刊誤。所以内容重要是造成古籍重疊構成的首要原因,也是社會的原因。古籍由於是古代即過去時代的產物,因而年代距離愈遠,後人閱讀愈困難,就愈要訓詁注解。而由於歷史造成的隔閡,後人對前代的社會生活情況的了解總是會產生一定的距離,因此必然會產生不同的了解和認識,從而導致不同的訓詁,相應地會產生不同的校勘。所以年代久遠也是造成古籍重疊構成的重要原因。但比較起來,這是個歷史的原因。與經典著作相比較,先秦諸子百家著作的重疊層次就要少些。試以《墨子》爲例。

《墨子》所代表的墨學,是戰國時代與儒家抗衡的主要政治、思想學派,與儒學并稱"顯學"。墨翟之後,墨家弟子分爲三派:相里氏、相夫氏、鄧陵氏。三家的傳本并不相同。漢代墨學猶行,墨家後學把三家傳本合而爲一，便是今存《墨子》。其中《尚賢》《尚同》《兼愛》等十篇，都分上中下三篇。清俞樾指出，各篇上中下之間"字句小異而大旨無殊"，便是三家傳本相合的證據（《墨子閒詁序》）。墨家在漢以後幾乎絕傳，但《墨子》却保存下來。從魏晉至清代，其間僅有孟勝、樂臺注本，但已失傳。到清代，畢沅開始注《墨子》，才重新受到重視，并有王念孫等著名學者予以校注，然後出現了一個較好的校注本，即孫詒讓的《墨子閒詁》。顯然，與儒家經典相比較，《墨子》在兩千年中是備受冷落的，但却因此而保持了更多的原貌。王念孫曾説："蓋《墨子》非樂非儒，久爲學者所黜。故至今迄無校本，而脱誤一至於是。然是書以無校本而脱誤難讀，亦以無校本而古字未改，可與《説文》相證。……又有傳寫之譌，可以考見古字者。"（《讀書雜志·墨子序》）指出《墨子》更多保存原貌在文字、訓詁、音韻學方面的價值，也指出它在古籍校勘上有重要特點，古字未改。這主要是年代久遠造成的。而這書的構成層次就較少。以《墨子閒詁》而論，基本爲三個層次重疊。墨翟原傳爲一層，三家合本爲一層，清代學者校注爲一層。如果以漢代成書的三家合本爲基本構成，則其重疊僅一次。因而《墨子》的構成比較簡單，在文字和知識兩方面的層次重疊所產生的參差比較明顯。整理和校勘《墨子》的主要困難在於年代久遠的歷史原因所造成的知識隔閡和脱誤傳譌，因而解決的途徑主要是直接對墨學內容的研究，直接運用文字、音韻、訓詁學的知識進行分析考證，不必像《詩經》那樣花費許多功夫來辨析中間重疊層次所造成的許多疑難和紛歧。

先秦兩漢以後的古籍，年代漸近，書體已定，印刷發達，因而相對地説，流傳較廣，得書較易，文字和知識兩方面的紛歧較少，像儒家經典那樣的錯綜複雜的重疊構成不多。但是，造成古籍重疊構成的兩個主要原因即內容重要和年代距離，依然存在，所以多數典籍文獻的構成比較簡單，實質多屬《墨子》一類。例如劉勰《文心雕龍》和《元典章》便是如此。

《文心雕龍》是古代文論巨著，但非經典。因而成書後雖然頗爲流傳，但並無師承家法，没有形成一家之言的不同傳本。宋元以後頗有刻本，而校注則盛起於明清迄今。今存最早寫本爲敦煌發現的唐人草書殘卷本十三篇（今藏倫敦不列顛圖書館）；今存全寫本爲明代謝恒抄本（今藏國家圖書館）；今存最早刻本爲元代至正十五年（1355）嘉興郡學刊本（今藏上海圖書館）。其注本可知最早爲宋代辛處信注，今佚；今存最早注本則爲明代王維儉訓故本，刻於明萬曆三十七年（1609，今藏國家圖書館）。可見在明清以前，《文心雕龍》雖然存在傳抄刊印中發生的脱誤等文字語句錯誤，但仍保持基本構成。明清以後，注本紛紛而出，同時也就對内容的解釋和對異文的判斷產生紛歧，從而產生文字語句有所差別的不同版本。此類注本就《文心雕龍》原文而言，大同小異，但因涉及對原文的理解，因而每一種注本都具有兩層重疊構成。到現代，如范文瀾《文心雕龍注》和楊明照《文心雕龍校注》，都是匯集前人校注成果，作出自己的解釋和校勘，因而具有三層重疊構成，即一層爲《文心雕龍》原稿，一層爲明清學者校注，一層爲范、楊的校注。總起來看，今存《文心雕龍》雖然多達一百多種，但主要爲雙重構成和三重構成，屬於簡單重疊構成。它們的重疊參差較小，主要表現爲異文和歧解。由明清學者校注形成的中間層次，可以根據《文心雕龍》

的文論體系，運用文字、音韻、訓詁學的知識和有關古代文學的實際，進行分析比較，作出判斷。較之《墨子》的情況，《文心雕龍》的重疊構成顯然又要簡單些，因爲一無三家傳本的紛歧，二無古今文字的更替，三無嚴重錯脫混亂的情況（其中有兩節脫文問題），相反，由於是文論專著，所涉專門知識的範圍比較明確，因而整理校勘的依據較爲易於切實。

《元典章》原名《大元聖政國朝典章》，是一部元代皇帝、朝廷及各部頒布的法令、文件、條例的分類匯編，分前集和新集。前集匯編元世祖至英宗即位（1280—1321）期間所頒布各件，新集載錄英宗至治元年、二年（1321—1322）頒發各件。它是元代地方官吏編纂的一種便用的條令及案例匯編，並非元代朝廷正式編定頒發的，所以編制粗糙，體例混亂，刊印錯誤也很多。加上其中文件條令都是用元代白話寫作，有許多借字、俗字。因而這些文件條令在原刻時便存在許多錯譌。實際上此書流傳不到半個世紀，元代滅亡，這些法律即無實際意義。但由於"一朝制度之詳，史所不書者，此略備之。又其書尤詳於刑律"（姚鼐《惜抱軒書錄》），具有文獻史料價值。因而一方面保存於明清皇宮藏書，同時又曾刻板傳世。1930年，陳垣根據五種版本進行校補，撰《沈刻元典章校補》。其所據各本爲：毛晉汲古閣藏元刻本、闕里孔憲培藏影鈔元本（僅有新集），吳氏綉谷亭影鈔元本（僅有前集），巴陵方功惠藏舊鈔本，南昌彭氏知聖道齋鈔本，以及底本沈家本刻本，共計六種。陳垣只作校勘補闕，不作解釋。以上情況表明，《元典章》是彙編元代文件而成的一種古籍。以元代政府頒布文件的原件爲原稿，則《元典章》成書時已有傳抄刊印的錯誤。其後明清翻刻本有缺有錯。至陳垣校補，大體恢復原書。整個刊印、流傳、整理的過程中,沒有對《元典章》作内容的解釋和發揮,只在整理、校勘中説明了判斷正誤的理由,含有一定的解釋作用。因此,此書構成比較單純,屬於簡單重疊構成。以《元典章》成書爲一層,則明清抄本、刻本爲一層,至陳垣《校補》爲三層重疊構成。由於不作解釋,因而其重疊參差直接表現爲異文,而比較、分析、判斷異文正誤的依據主要是本書的内容和對元代口語語法、詞彙及俗字、借字的了解。因此從校勘學看,這是一種相當典型的校勘例書。後來陳垣撰《校勘學釋例》,便是歸納其中一部分校例而成的。

　　上舉諸例表明,今存古籍的基本構成大致有兩類,一屬複雜的重疊構成,一屬簡單的重疊構成。由於原稿或原版不存,由於年代的距離,今存典籍文獻都不可避免地在流傳中産生錯譌而形成層層重疊。由此形成的重疊構成,其參差主要表現爲異文,一般較少涉及或不涉及歧解。今存一部分古代經典及重要著作,由於歷代政治思想發展變化而産生對這些經典及重要著作的不同解釋和發揮,形成不同流派的學説,由此形成的重疊構成,其參差不僅表現爲異文,更重要的是紛歧的解釋,即所謂"立説"。一般地説,主要由於前一原因造成的重疊構成比較簡單,主要由於後一原因造成的重疊構成比較複雜。但兩者之間並無絶對界限,兩種原因也互相關聯,只是各有側重而已。不過,從校勘學理論看,了解這兩類古籍的基本構成的特點是必要的,以便從宏觀的角度正確理解和切實貫徹校勘的根本原則。

第四節　校勘的根本任務是存真復原

校勘古籍的目的和任務是力求存真復原，努力恢復古籍的原來面貌，提供接近原稿的善本。因此，從理論上說，校勘的根本原則就是存真復原。凡不合作者本意、歪曲原作真貌的，都違反校勘的根本原則。但原稿不存，作者長逝，歷史不復再現，而今存大多重要古籍都屬多層次的重疊構成，幾乎所有的校注者都宣稱自己校注正確無誤，少有自以爲非的。但同一古籍的各種校注本又都有異文和歧解，存在着差別和分歧。這種情況表明，達到完全存真復原是困難的，在校勘實踐中所體現出來的校勘原則並不完全一致。清代學者段玉裁對此深有體會，并精辟地議論過：

> 校書之難，非照本改字不譌不漏之難也，定其是非之難。是非有二：曰底本之是非，曰立說之是非。必先定其底本之是非，而後可斷其立說之是非。二者不分，轇轕如治絲而棼，如算之淆其法實而瞀亂，乃至不可理。何謂底本？著書者之稿本是也。何謂立說？著書者所言之義理是也。……故校經之法，必以賈還賈，以孔還孔，以陸還陸，以杜還杜，以鄭還鄭，各得其底本，而後判其義理之是非，而後經之底本可定，而後經之義理可以徐定。不先正注疏釋文之底本，則多誣古人；不斷其立說之是非，則多誤今人。（《與諸同志書論校書之難》）

他說的"校書"，主要指"校經"，校勘經典古籍。所謂"著書者"，指爲經文作注作疏者，即下文"以賈還賈"等語所指唐賈公彥、孔穎達、隋陸德明、晉杜預、東漢鄭玄等人。所謂"底本",指注疏者所根據的經典原文;"立說"是指注疏者解釋經典原文的義理。他認爲,校經的困難主要在於辨析注疏者所注疏的經文究竟是怎樣的文字語句,闡發的是什麽義理,所以說首要的是必須"以賈還賈",恢復賈公彥等的注疏的本來面貌,然後才能判斷是非。可見實際上,他是體會到各種注疏本的經典古籍的構成是重疊的,其中存在參差錯誤,因此在校勘時必須把經文和注疏者所根據的經文分開,而首先辨析注疏這一層次。只有把注疏這一層次辨析清楚,才有可能達到正確校勘經文、理解經義的目的。否則就可能把注疏者的文字誤作經文,歪曲原稿而"多誣古人",並且把注疏者的見解誤作經文,曲解本意而"多誤今人"。譬如他舉的下述兩個例子。

1.《周禮·冬官·輪人》:"望而眡其輪,欲其幎爾而下迆也。"賈公彥疏:"望而視之,謂車停止時。云'幎爾'者,'幎',均致貌。'爾',助句辭。云'下迆'者,謂輻轂上戴至,兩兩相當,正直不旁迆,故云'下迆'也。"

這是今存宋代編輯的鄭注賈疏的《周禮注疏》中的一節。就這一節看,似乎只有經文和賈疏兩層重疊,實際上宋代編者對賈疏作了更改,因而具有三層重疊。"云'下迆'者"以下,賈疏明確說"正直不旁迆",可見他解釋的經文當是"不迆",並非"下迆"。也就是說,賈疏所據經文底本與今存各本不同。段玉裁指出,唐石經及各本都作"下迆";認爲今本賈疏作"下迆","此由宋人以疏合經注者改疏之'不'字,合經之'下'字,所仍之經,非賈氏之經本也"。這樣,他把這一節的三重構成分析開來,一層是經文,且置勿論;一層是賈疏的經文底本作"不迆";再一層是宋人改賈疏的"不迆"爲"下迤"。這也就是他所説的"以賈還賈",定"底本之是非"。然後,他根據《輪人》的經義指出:"'望而視其輪',謂其已成輪之牙,輪圜甚,牙皆向下迤邪,非謂輻與轂正直,兩兩相當。經下文'縣之以視其輻之直',自謂'輻';'規之以視其圜',自謂'牙'。輪之圜,在牙。上文'轂輻牙爲三材',此言'輪輻轂','輪'即'牙'也。然則唐石經及各本經作'下',是;賈氏本作'不',非也。"這就是説,賈疏的解釋與經上下文義不合,作"不"是錯誤的,正字應爲"下"。應當説,經過這樣的層次分析考辨,澄清了宋人的擅改,校正了賈疏的錯誤,確定了較合原稿的正字,闡述了較合經義的解釋,是符合校勘根本原則的精神的。

2.《儀禮・士冠禮》:"遂以摯見於鄉大夫、鄉先生。"鄭玄注:"摯,雉也。鄉先生,鄉中老人爲卿大夫致仕者。"賈公彦疏:"云'摯,雉也'者,士執雉是其常,故知'摯'是'雉'也。云'鄉先生,鄉中老人爲卿大夫致仕者'者,此即《鄉飲酒》與《鄉射記》'先生',及《書》傳'父師',皆一也。先生亦有士之少師。鄭不言者,經云'鄉大夫',不言'士',故'先生'亦略不言。其實亦當有士也。"

《禮記・冠義》:"遂以摯見於鄉大夫、鄉先生。"鄭注:"鄉先生,同鄉老而致仕者。"《釋文》:"鄉大夫、鄉先生,並音香。注同。"孔穎達疏:"以摯,謂以雉也。故《士相見禮》:'冬用雉,夏用腒。''見於鄉大夫',謂在朝之鄉大夫也。鄉先生,謂鄉老而致仕也。"

以上是今本《儀禮注疏》《禮記正義》兩個例子,都屬重疊構成,文字、義理似都一致,而實際存在異文。段玉裁指出,賈疏云"經云'鄉大夫,不言士'",孔疏云"在朝之鄉大夫也",此"鄉大夫"都作"卿大夫"。因此,賈、孔的底本經文作"卿大夫、鄉先生"。而陸德明《釋文》所據底本經文作"鄉大夫、鄉先生",如今本經文。這就是說,隋、唐時,《儀禮》《禮記》此句經文已有異文,一本作"卿大夫",一本作"鄉大夫"。今本賈疏、孔疏都作"鄉大夫",是後人所改。辨析這一層次的差錯後,段玉裁又據周代禮制和鄭玄注釋,認爲"此'鄉大夫'三字,所謂同一鄉之人,仕至大夫者",即"每鄉卿一人";"同一鄉仕至大夫,致仕者曰鄉先生"。因此,依禮制,此句經文當作"鄉大夫",孔、賈作"卿大夫"爲誤文。然後,他再從理義上説明:"必重同鄉者,死徙無出鄉,百姓親睦,相保相受,相葬相救,相賙相賓,欲使一鄉之人相好如一家。六鄉六遂皆然,而後仁義著,教化行。本鄉之外,恐太廣而不浹。本鄉之内,不甚遠,而易相親。故有冠者,必見其鄉之已仕、致仕者,聖人教民之深意也。如賈、孔作'卿大夫',則在朝之卿大夫,其可全見歟?"這樣,他從文字、知識和義理上,確定經文正字爲"鄉大夫"。

　　從上引觀點和上舉例證,可以看到段玉裁所謂確定底本和義理之是非的校勘原則,實質是要求把經文原稿和後人注疏的稿本分開,逐層辨析注疏本的異文和歧解,以取得文字形式和知識内容一致符合經典義理的正字。因此,他十分强調"以賈還賈"的重要性。如果把他的實踐經驗提高到一般理論上看,便是必須從具體分析古籍的重疊構成入手,分層次地查考異文和歧解,以作者、原著時代的歷史知識和文字形式爲依據,以原著的思想和作者的本意爲準繩,對異文正誤和歧解是非作出判斷。可見了解古籍的基本構成,掌握每種古籍的基本構成的類型和特點,是正確理解和貫徹校勘根本原則的重要一步。

第五節　忽視基本構成的偏向

如果忽視對古籍基本構成類型的分析，不掌握所校古籍的基本構成類型及特點，便可能產生兩種偏向，一是混淆正誤，導致解釋混亂；一是越俎代庖，替古人訂正文字。上舉兩例都是宋人代賈、孔改字而導致文理不通、解釋混亂的錯誤，其原因便是不分析賈、孔的底本，不對注疏本進行具體的層次辨析，屬於前一種偏向。後一種偏向則往往出於片面地從文字、音韻、訓詁學方面進行分析，忽視古籍的基本構成的類型，脫離原著的歷史時代的具體實際。下面舉一個例子。

《尚書·堯典》："光被四表，格於上下。"孔安國傳："光，充。……其名聞充溢四外，至於天地。"

鄭玄注："言堯德光耀及四海之外，至於天地，所謂大人與天地合其德，與日月齊其明。"（引見《詩經·周頌·噫嘻》孔穎達疏）

就漢代學者傳注而言，"光被四表"無異文，但有歧解。孔傳爲"充"，鄭訓爲"光耀"。清戴震指出：

《釋文》"光"字無音切。

《正義》曰："光，充，《釋言》文。"

據郭本《爾雅》："桄、頴，充也。"注曰："皆充盛也。"《釋文》曰："桄，孫作'光'，古黃反。"《説文》曰："桄，充也。"孫愐《唐韻》："古曠反。"

《樂記》"鐘聲鏗，鏗以立號，號以立橫，橫以立武"，鄭注曰："橫，充也，謂氣作充滿也。"《釋文》曰："橫，古曠反。"

《祭義》曰:"置之而塞乎天地,溥之而橫乎四海。"《孔子閒居》曰:"夫民之父母乎,必達於禮樂之原,以致五至而行三無,以橫於天下。"注曰:"橫,充也。"

因此,他認爲:

"橫""桄"同,古曠反。"橫,充也",即《爾雅》"桄,充也"。

又舉出:

《漢書·王褒傳》曰:"化溢四表,橫被無窮。"

又《王莽傳》曰:"昔唐堯橫被四表。"

《後漢書·馮異傳》曰:"橫被四表,昭假上下。"

然後得出結論:

《堯典》古本必作"橫被四表"。橫被,廣被也。正如《記》所言"橫於天下""橫乎四海"也。"橫四表""格上下"對舉。溥遍所及曰"橫",貫通所至曰"格"。"橫"轉寫爲"桄",脫誤爲"光"。

追原古初,當讀古曠反,庶合充廓廣遠之義。

他從訓詁義理出發,運用古音通假原理,有根據地考證出"光"字爲異文,古本應作"橫"字,看來似乎符合校勘根本原則。但是,王引之提出異議,指出:

"光""桄""橫",古同聲而通用,非轉寫譌脫而爲"光"也。三字皆充廣之義,不必"古曠反"而後爲"充"也。

他列舉證據:

《漢書·宣帝紀》《蕭望之傳》並曰:"聖德充塞天地,光被四表。"

《周易集解·比卦》載荀爽注曰:"聖王之信,光被四表。"

《北堂書鈔・樂部一》鈔本引《樂緯》"堯樂曰大章",注曰:"言德光被四表,格於上下,其道大章明也。"

《後漢書・蔡邕傳》:《釋誨》曰:"舒之足以光四表。"

高誘注《淮南・俶真》篇曰:"頗,讀'光被四表'之'被'。"

《中論・法象篇》曰:"唐帝允恭克讓,光被四表。"

《魏公卿上尊號奏碑》曰:"邁恩種德,光被四表。"

曹植《求通親親表》曰:"欲使陛下崇光被時雍之美。"

王粲《無射鐘銘》曰:"格於上下,光於四方。"

指出上舉諸語都是本於《堯典》。又舉:

班固典引"光被六幽",蔡邕注曰:"六幽,謂上下四方也。"

引《尚書》曰:"光被四表,格於上下。"

《周頌譜》曰:"天子之德,光被四表,格於上下。"

《噫嘻》篇"既昭假爾",箋曰:"謂光被四表,格於上下也。"

《正義》並曰:"光被四表,格於上下,《堯典》文也。(鄭玄)注曰:'言堯德光耀及四海之外,至於天地。所謂大人與天地合其德,與日月齊其明。'"

他認爲這説明:

鄭玄傳古文《尚書》,而字亦作"光",則"光"非譌字可知。

同時,他舉出:

《爾雅》"桄,充也",孫炎本"桄"作"光"。

《皋陶謨》曰:"帝光天之下。"《正義》曰:"充滿大天之下。"

《孝經》曰:"孝弟之至,通於神明,光於四海。"孔傳曰:

"光,充也。"

證明"光"可以訓作"充",與"橫"本來沒有異義。然後,他再證明"光"與"廣"同聲:

《周頌·敬之》傳曰:"光,廣也。"

《周語》曰:"緝,明也;熙,廣也。"《爾雅》曰:"緝、熙,光也。"

僖公十五年《穀梁傳》曰:"德厚者流光。"疏曰:"光,猶遠也。"

《荀子·禮論》"積厚者流澤廣",《大戴禮·禮三本》篇作"流澤光"。

可見"光"與"廣"通,"皆充廓之義"。接著,針對戴震所舉漢晉三例,他列舉出:

《方言》曰:"幅廣爲充,是也。故堯典言'光被四表'。"

《漢書·禮樂志》曰:"聖主廣被之資。"

隋蕭吉《五行大義》引《禮含文嘉》曰:"堯廣被四表,致於龜龍。"

漢《成陽靈臺碑》曰:"爰生聖堯,名蓋世兮;廣被之恩,流荒外兮。"

《樊毅復華下民租田口算碑》曰:"聖朝勞神日昃,廣被四表。"

《成陽令唐扶頌》曰:"追惟堯德,廣被之恩。"

《沈子琚縣竹江堰碑》曰:"廣被四表。"

《藝文類聚·樂部》引《五經通義》曰:"舞四夷之樂,明德澤廣被四表也。"

　　《魏志·文帝紀》注引《獻帝傳》曰："廣被四表，格於上下。"又曰："至德廣被，格於上下。"

以證明"光被"之"光"，作"横"（此指戴震説），又作"廣"，"字異而聲義同"。總上所證，他認爲戴震改定歧解中訓"充"之説正確，見解卓越，但是戴震肯定"横"字爲古文《尚書》正字顯然是錯誤的。

　　不難看到，戴、王所用考證方法基本相同，在訓詁上的結論完全一致，分歧發生於經文正字的校定。戴震憑空提出一個異文"横"字，設想了傳譌的原因，斷定"光"爲誤字。王引之用同樣的方法，引大量材料證明"光"字不僅通"横"字，而且通"廣"字，并進一步證明《堯典》"光被四表"一語在漢晉之間可能存在兩種異文"廣被四表""横被四表"。但是他指出，所有這些異文都是本於《堯典》的用典文字，並非直接引用《堯典》本文，因而都是間接材料，可以説明當時有可能用通假字取代本字，但不能證明"廣""横"這兩個通假字中的一個就是經文本字。另一方面，他又舉出鄭玄注引《堯典》本文，證明漢代古文《尚書·堯典》經文作"光被四表"。這就有力説明戴震改"光"爲"横"的理由不能成立，是沒有根據的。顯然，從校勘上看，王説是正確的，戴説是片面的。其所以片面，就因爲不符實際。如果從層次重疊構成來分析，其實孔傳本、鄭注本都是雙重構成，它們與原稿之間的重疊參差並不發生在文字形式上，而是在知識内容的理解上，即沒有異文，只有歧解。其次，這歧解是由於詞的多義性造成的，即"光"字本身具有"充"與"光耀"兩種意義，並不涉及古今訓解不同。再次，漢代正處於古文隸定爲今文時期，聲義相同而字形不同的通假字流行，因而戴説在文字學上或有卓見，但據以改經文本字，却是替古人正字定字，並不符合漢代文字發展特殊情況，也不符合校勘存真復原的根本原則。

第六節　古籍構成的層次辨析

今存各類重要典籍文獻大多爲重疊構成，主要類型是以層次多少分爲簡單重疊構成和複雜重疊構成兩種，因而從一種古籍的整理校勘而言，認真地要求存真復原，必然如段玉裁所說，首先要"以賈還賈"，把每一層次辨析出來，恢復其原貌。這樣，就複雜重疊構成的古籍來說，就是把每一層次獨立出來，恢復其作爲一種自成一家言的古籍的本來面貌。其結果便是把一種層次重疊構成的古籍恢復它們各自成書時的獨立面貌，重新分析歸納成爲若干種解釋同一經典的古籍。簡言之，就是把一種集成的古籍整理成若干種獨自成家的古籍。從而面目清楚地看到它們之間不僅存在經典原著的異文和歧解，而且存在注疏自身的異文和歧解，因此既有利於校勘經典原著，也便於校勘注疏文句，比較忠實地貫徹存真復原的根本原則。就簡單重疊構成的古籍來說，就是把原著和後人校注分開，以後人校注作爲校勘資料，直接恢復原著的原貌。試以《毛詩故訓傳》和《廣雅》爲例。

根據《漢書·藝文志》記載，"《毛詩》經二十九卷，《毛詩故訓傳》三十卷"。經與傳的卷數不一，說明它們原是獨立成書的，《毛詩故訓傳》不一定載錄毛詩經文。但獨立的《毛詩故訓傳》早已不存，而是較完整地保存於《毛詩正義》。上文已述，《毛詩正義》包括毛傳、鄭箋、《釋文》、《定本》及《正義》，連同經文共六個層次。"毛詩"之所以爲"毛詩",就由於毛傳。認真整理《毛詩》,首先應恢復毛傳的原貌。誠如段玉裁所説:"讀毛而後可以讀鄭,考其同異、略詳、疏密,審其是非。今本合一,而人多忽之。不若分爲二,次第推燖也。"否則,"夫人而曰治《毛詩》,而所治者乃朱子《詩傳》,則非《毛詩》也"(《毛詩故訓傳定本小箋題辭》)。爲此,他把《毛傳》從《毛詩正義》中離析出來,整理成爲《毛詩故訓傳》,除考證了原書編排體例,爲便於閲讀而前録經文外,又"正其譌踳,補其脱落。其通釋大義者,則必複舉經文;其訓釋一字一物者,則不必複舉經文。凡欲還經傳各自爲書之舊,而又斟酌姉繁縟也"。同時,他還作了一些小箋,"箋詩時析置經文下,則删節其複舉"。例如《周南·葛覃》的整理全文:

《葛覃》三章章六句

《葛覃》,后妃之本也。后妃在父母家,則志在於女功之事。躬儉節用,服澣濯之衣。尊師敬傅,則可以歸安父母,化天下以婦道也。序意蓋謂歸寧父母,爲嫁而事舅姑。詩多言后妃在父母家之德,而及於歸,善事舅姑,化天下以婦道。故曰"后妃之本也"。本其婦道之基於女道也。

葛之覃兮,施於中谷。維葉萋萋,黄鳥於飛。集於灌木,其鳴喈喈。

葛之覃兮,施於中谷。維葉莫莫,是刈是濩。爲絺爲綌,服之無斁。

言告師氏,言告言歸。薄污我私,薄澣此係俗字。我衣。害澣害否,凡經典然否字,古只作"不",後人改加口耳。歸寧父母。

"葛之覃兮,施於中谷",興也。"覃",延也,葛所以爲絺綌，女功之事煩縟者。"施"，移也。"中谷"，谷中也。"萋萋"，茂盛貌。"黃鳥"，搏黍也。"搏"，音博，非徒端反。"黃鳥"，非倉庚，此與《七月》傳迥別。"灌木"，冣木也。"冣"，積也。從冖取，才句反。古書"冣"字多誤爲"最"字，從日。是以顏黃門說周氏、劉氏讀徂會、租會二反。《釋文》亦云："一本作'最'，作外反也。""喈喈"，和聲之遠聞也。"莫莫"，成就之貌。"濩"，煮之也。此謂"濩"即"鑊"之假借也。鑊所以煮物，故"煮之"亦曰"鑊"。《釋訓》引《詩》而釋之曰："濩者，煮之也。"爲毛公所本。《詩正義》不得其句。唐石經《爾雅》上字作"濩"，下字作"鑊"，冣謬。用正字，則皆"金"旁，用假借，則皆可"水"旁。"爲絺爲綌，服之無斁"：精曰"絺"，粗曰"綌"。"斁"，厭也。古者，王后織玄紞，公侯夫人紘綖，卿之内子大帶，大夫命婦成祭服，士妻朝服，庶士以下，各衣其夫。"言"，我也。"師"，女師也。古者，女師教以婦德、婦言、婦容、婦功。祖廟未毀，教於公宮，三月。祖廟既毀，教於宗室。婦人謂嫁歸。"污"，煩也。"私"，燕服也。婦人有副褘盛飾，以朝事舅姑，接見於宗廟，進見於君子。餘則私也。"害澣害否"，"害"，何也。此謂"害"即"曷"之假借也。"曷""何"爲轉注，假"害"爲"曷"。則云"害"與"何"亦轉注矣。毛傳之例如是。凡宋、元古本皆云"害，何也"。近時俗本改"害"爲"曷"。○"害"本不訓"何"，而曰"何也"，則可以知"害"爲"曷"之假借也。此一例也。若假"干"爲"杆"，直云"干，杆也"。假"輖"爲"朝"，直云"輖，朝也"。此指假借之例也。毛傳言假借，不外此二例。私服宜澣，公服宜否。"歸寧父母"，"寧"，安也。父母在，則有時歸寧耳。或云，此九字恐後人所增。毛云："寧，安也。"毛意同《草蟲》箋所云"寧父母"。《說文》："晏，安也。"引《詩》"以晏父母"，即《毛》經之異文。一說與序說不同。

應當説，上述校箋整理，大體恢復了《葛覃》原貌，可謂"以毛還毛"。第一，"毛詩"是毛傳《詩經》，所以根據毛傳校定經文所取得的底本，經、傳一致，應當符合毛詩原貌。第二，"故訓傳"的意思是兩層，一是"傳以述義"，解釋詩經本義；一是"釋故釋訓，以記古今異言"，解釋詩句詞義。整理後的《葛覃》傳文與小序一致，符合"故訓傳"的原貌。第三，段氏所作箋注，主要從小學上對一些經異文予以説明，對毛傳訓故類例進行歸納，便於閱讀，有助理解，一般不改本字，也是符合校勘原則的。因此，從整理、校勘《毛詩》説，首先致力於恢復《毛詩故訓傳》原貌，是可取的、正確的一步。從整理、校勘《詩經》，從四家詩恢復《詩經》原始面貌，這也是不可或缺的一步。如前所述，由於鄭箋兼採三家詩，因而魏晉以後，毛、鄭異同是非，爭執不休。《毛詩正義》保存了毛傳、鄭箋，并對毛、鄭異同作了比較客觀的闡述，但並未對鄭玄兼採三家詩進行系統的具體的考證。清代學者如李富孫《詩經異文釋》、陳喬樅《四家詩異文考》等，對三家詩進行較系統的考證，雖然並未如段玉裁訂正箋注《毛詩故訓傳》一樣較爲完整地恢復全書，但其實際意義和作用略同，都是屬於對《詩經》今存的複雜重疊構成的分層離析的必要步驟，也是校勘的必須步驟。

《廣雅》是三國魏張揖編撰的一部解釋字義的訓詁書。王念孫説，張揖"繼兩漢諸儒後，參考往籍，遍記所聞，分別部居，依乎《爾雅》，凡所不載，悉著於篇。其自《易》《書》《詩》、三《禮》、三《傳》經師之訓，《論語》《孟子》《鴻烈》《法言》之注，楚辭、漢賦之解，讖緯之記，《倉頡》《訓纂》《滂喜》《方言》《説文》之説，靡不兼載。蓋周、秦、兩漢古義之存者，可據以證其得失。其散逸不傳者，可借以窺其端緒。則其書爲功於訓詁也,大矣。"(《廣雅疏證序》)因而抄傳較廣,影響較大。隋代曹憲爲之作音釋,原名《廣雅音》,後因避隋煬帝諱,改名《博雅音》。唐代傳十卷本,明代多《廣雅》與《博雅音》合刻本。至清代始有注本,錢大昭有《廣雅疏義》,王念孫有《廣雅疏證》。顯然,自魏至明刻本,其間并無立説之作,主要是傳寫譌脱錯亂。因而錢、王兩書都屬雙重構成。從校勘方面説,《廣雅疏證》十年成書,三易其稿,校以影宋本和明刻各本,證以《集韻》《玉篇》《太平御覽》等書資料,共校出"凡字之譌者五百八十,脱者四百九十,衍者三十九,先後錯亂者百二十三,正文誤入音内者十九,音内字誤入正文者五十七,輒復隨條補正,詳舉所由"。例如補脱:

《釋詁》"道、……,大也。(浩、漾)"條:

"浩、漾"者,王逸注《九歌》云:"浩,大也。"《堯典》云"浩浩滔天"。《淮南子·覽冥訓》云:"水浩漾而不息。""浩",字亦作"灝",又作"皓"。司馬相如《上林賦》"灝溔潢漾",郭璞注云:"皆水無涯際貌。"《文選·魏都賦》"河汾浩汭而晧漾",李善注引《廣雅》:"浩、漾,大也。"今本皆脱"浩""漾"二字。凡諸書引《廣雅》而今本脱去者,若與上下文并引,即可依次補入。如下文"楷、模、品、式,法也",脱去"模""品"二字,據《衆經音義》所引補入是也。若不與上下文并引,則次第無徵,但附載於本節之末,如此條"浩""漾"二字是也。凡補入之字,皆旁列以別之,後放此。

又"聆……,從也。(循)"條:

"循"者,《爾雅》:"循、從,自也。"《文選·陸雲答張士然詩》注引《廣雅》:"循,從也。"今本脱"循"字。

又"閑、…(模、品)、式…,法也"條:

"楷、模、品、式"者,《説文》:"模,法也。""程,品也。"《逸周書・諡法解》云:"式,法也。"《老子》云:"知此兩者亦楷式。"《漢書・宣帝紀》云:"品式備具。"各本皆脱"模""品"二字。《衆經音義》卷二十四引《廣雅》:"楷、模、品、式,法也。"今據以補正。

又"叢、(湊)…趣、(務)…遽也"條:

"湊",曹憲:"七候反。"各本脱去"湊"字。其"七候反"之音,遂誤入"叢"字下。《玉篇》:"湊,競進也。"昭三十一年《公羊傳》云:"賊至,湊公寢而弑之。"《燕策》:"士爭湊燕。"《史記・燕世家》"湊"作"趨"。"趨"與"趣"同。王逸注《大招》云:"遽,趣也。"是"趣""湊"皆爲"遽"也。今補正。……各本俱脱"務"字。其"趣"字音内有"赵趣無在"四字。案,"赵"乃"趨"字之譌,"趣"乃"娶"字之譌,"無在"乃"無住"之譌。"無住"則"務"字之音也。《説文》:"務,趣也。勴,務也。"《廣韻》:"務,遽也。""遽"與"勴"通。《衆經音義》卷六引《廣雅》:"務,遽也。"今據以補正。

又如訂譌:

《釋詁》"柅,弋也"條:

《説文》:"弋,古文'一'字。"各本譌作"戈",今訂正。

又"薀……,積也"條:

"秭"者,《爾雅》:"秭,數也。"《周頌・豐年》篇:"萬億及秭。"毛傳云:"數億至萬曰秭。"是"秭"爲"積"也。"秭"與"積"聲亦相近。"秭",各本譌作"秭",今訂正。"稆"者,《玉篇》:"稆,禾積也。"各本"稆"字誤入曹憲音内,今訂正。

又"同……,輩也"條:

"同",各本譌作"周"。《廣韻》:"同,輩也。"《衆經音義》卷六引

《廣雅》："同，輩也。"今據以訂正。

又"穌、⋯乳、⋯孚，生也"條：

"孚"，各本譌作"乳"，與上"乳"字相複。《衆經音義》卷二、卷六及唐釋湛然《法華文句記》卷六並引《廣雅》："孚，生也。"今據以訂正。

又"龕、⋯，取也"條：

各本"收""有""撤"三字重出，今删。

再如錯亂：

《釋言》"(瘱)，審(也)"條：

各本皆作"審、嚔，並也"。案，"審""嚔""並"三字，字義各不相屬。此因本文脫去"瘱""也"二字，而下文"嚔，嚔也"，"駢，並也"，又脫去"嚔也駢"三字，遂致淆三條爲一條。《集韻》引《廣雅》："瘱，審也。"今據以補正。

又"嚔，(嚔也)"條：

《衆經音義》卷十引《倉頡》篇云："嚔，噴鼻也。"各本脫"嚔也"二字。《衆經音義》卷十六、十九並引《廣雅》："嚔，嚔也。"今據以補正。

又"(駢)，並也"條：

《説文》："駢，駕二馬也。"《管子・四稱》篇云："入則乘等，出則黨駢。"各本脫"駢"字。《莊子・駢拇》篇《釋文》引《廣雅》："駢，並也。"今據以補正。

這樣的訂譌補脫，整理錯亂，是精確可信的，大體恢復了隋唐前《廣雅》的原貌。王念孫晚年又有《廣雅疏證補正》，大部分爲訓詁例證的補正，於校勘無多補正，也可説明《廣雅疏證》在本文的校勘上的卓越成就。

　　總之，宏觀地考察今存衆多古籍，由知識内容和文字形式構成的基本類型，不外乎複雜重疊構成和簡單重疊構成兩類。其層次重疊産生的參差錯誤，主要表現爲異文和歧解。簡單重疊構成的參差錯誤，以異文爲多；複雜重疊構成則多由歧解導致異文。區别不同類型的基本構成，根據其特點進行逐層辨析，"以賈還賈，以孔還孔"，恢復各層次的原來面貌，是校勘古籍以存真復原的不可或缺的步驟。但從上文所述也可見出，辨析異文、歧解的方法和依據是很重要的。

第四章　校勘的一般方法和考證的科學依據

第一節　校勘的一般方法

古籍校勘與刊印校對的主要區別是有沒有明確正誤是非的原稿依據。古籍校勘之所以成爲一種專門學術，就因爲沒有或缺乏明確可信的原稿原版作爲判斷正誤是非的依據。不論簡單重疊構成的古籍，或者複雜重疊構成的古籍，都存在異文和歧解。校勘古籍就必須搜集異文，並對其正誤是非作出判斷，以存真復原。因此，從理論上說，校勘的一般方法就是，搜集各種版本和有關資料，包括古本今本，寫本刻本，殘本選本，白文本注疏本等等，以及該書採用的前人文獻資料、後人引用該書的文獻資料等等。然後擇其善者、要者，進行比較，列出異文，分別類型，予以分析，說明理由，舉出證據，作出正誤是非的判斷。從方法論而言，校勘的一般方法的實質就是比較分析和科學考證。

第二節　陳垣的四種校勘方法

陳垣《校勘學釋例》卷六《校法四例》概括了他校勘《元典章》所用的四種校勘方法：

一爲對校法。即以同書之祖本或別本對讀，遇不同之處，則注於其旁。劉向《別錄》所謂"一人持本，一人讀書，若怨家相對者"，即此法也。此法最簡便，最穩當，純屬機械法。其主旨在校異同，不校是非，故其短處在不負責任。雖祖本或別本有譌，亦照式錄之；而其長處則在不參己見。得此校本，可知祖本或別本之本來面目。故凡校一書，必須先用對校法，然後再用其他校法。

有非對校決不知其誤者，以其文義表面上無誤可疑也。（例略）

有知其誤，非對校無以知爲何誤者。（例略）

二爲本校法。本校法者，以本書前後互證，而抉摘其異同，則知其中之繆誤。吳縝之《新唐書糾繆》，汪輝祖之《元史本證》，即用此法。此法於未得祖本或別本以前，最宜用之。予於《元典章》，曾以綱目校目錄，以目錄校書，以書校表，以正集校新集，得其節目譌誤者若干條。至於字句之間，則循覽上下文義，近而數葉，遠而數卷，屬詞比事，牴牾自見，不必盡據異本也。

三爲他校法。他校法者，以他書校本書。凡其書有采自前人者，可以前人之書校之，有爲後人所引用者，可以後人之書校之，其史料有爲同時之書所並載者，可以同時之書校之。此等校法，範圍較廣，用力較勞，而有時非此不能證明其譌誤。丁國鈞之《晉書校文》，岑刻之《舊唐書校勘記》，皆此法也。

……

四爲理校法。段玉裁曰："校書之難，非照本改字不譌不之難,定其是非之難。"所謂理校法也。遇無古本可據,或數本互異,而無所適從之時,則須用此法。此法須通識爲之。否則鹵莽滅裂,以不誤爲誤,而糾紛愈甚矣。故最高妙者此法,最危險者亦此法。昔錢竹汀先生讀《後漢書·郭太傳》,太至南州過袁奉高一段,疑其詞句不倫,舉出四證。後得閩嘉靖本,乃知此七十四字爲章懷注引謝承書之文。諸本皆攙入正文,惟閩本獨不失其舊。今《廿二史考異》中所謂某當作某者,後得古本證之,往往良是,始服先生之精思爲不可及。經學中之王、段,亦庶幾焉。

顯然,陳氏四法實則是校勘的一般方法在不同條件下的具體運用。"對校法"實則是比較異同。其條件是必須有可供比較的不同版本。假使"祖本"是原稿或原版,則對校就是校對。如果"祖本"只是某一種再刻本,則對校"祖本"與對校他本的作用相同,實爲比較異同,列出異文,爲進一步分析判斷提供材料,屬於校勘的一個必須的步驟,因此"凡校一書,必須先用對校法"。如果只是列出異文,嚴格地說,就是客觀地提供一種校勘資料,校勘任務則未完成。所以從方法論來看,"對校"是一般方法的一個步驟,除了具備原稿或原版的條件下,對校是不能獨立完成校勘的任務的。

"本校法"實則是分析和考證。其條件是對本書進行全面深入的了解和研究。在沒有他本可供比較的情況下,根據本書的思想,對本書中同類内容的前後矛盾現象,上下文義矛盾現象,章節結構矛盾或欠缺現象等疑難,進行邏輯類推分析,以合乎本書思想的文辭,考訂不合的文辭。從方法論看,其實與"理校法"一樣是一種合理的邏輯類推,其與"理校法"的區別就在於有本書資料(不一定或不是異文)可作比較依據。因此本校法屬於校勘一般方法的分析、考證的一種。同時,除了内容完全相同而文辭差異的情况外,本書所提供的證據往往僅可供參考,更多可作旁證。因此,運用本校法必須切實掌握本書内容和思想,盡力排除主觀成分,判斷必須十分謹慎。否則可能把校勘變成替作者修改文章,或者爲原稿訂正錯譌,從而違反校勘的根本原則。

"他校法"實則是考證。其條件是搜集、掌握他書有關本書文辭的資料。不論是本書引用他書文辭,或者他書引用本書文辭,這類資料對於本書來説,都是間接的。引用的方式不外兩種,一是引用原文,一是化用原文,即用其意而變其詞,亦即用典。完全無誤地引用原文,固然可以作爲一種校勘依據。但更多的是化用原文,或節用原文,因而都不是直接的原始的,僅可供參考或旁證。可見運用他校法,首先必須認真分析他書有關資料的引用方式,確定其校勘價值。對於本書校勘來説,他書有關資料只是一種證據,有的可作根據,有的僅是旁證。從方法論看,他校法也只是校勘一般方法的考證的一種。

"理校法"實則也是分析和考證。其條件除了必須對本書進行全面深入的了解和研究外,還必須對有關本書疑難的某一知識領域有深厚的根柢和功力。上文已述(參看第三章第四節),段玉裁所謂"定是非之難",是指確定"底本""立説"的是非之難。首先要求從複雜重疊構成的古籍中辨析出其中某一層次所依據的版本原文;其次是根據本書思想即義理和有關歷史知識分析判斷其是非;最後根據文字形式和知識内容一致的準則,確定其文字正誤。從方法論看,段氏這一校書法是,認真細致分析本書文辭發現疑難,從而用有關的證據來判斷本書疑難文辭的是非正誤,其實質與"本校法"一樣屬於邏輯類推,區別在於證據來自有關專門知識的查考。在沒有他本可供比較,本書又沒有提供比勘文辭的情況下,理校法是一種分析、考證文辭正誤的校勘方法。但嚴格地說,理校法所得結論,其實是一種合理的假設。在沒有得到可靠的版本依據之前,只能說"當作",不能更改本字。可見"理校法"在發現疑難時與"本校法"一樣屬於一般方法中的分析,在判斷正誤時是一般方法中的考證。

總之,陳氏四法總結了校勘在兩個具體步驟中的兩類具體方法,"對校"屬於搜集異文時必經步驟和必用方法,"本校""他校""理校"屬於校定正誤時根據不同條件所採取的幾種分析考證方法,實際上,在校勘一種古籍時,這兩個步驟都是必須的,這四種方法是同時運用的。比較方法是一般必須運用的,而分析、考證則是必須根據不同情況靈活運用的。一種古籍并不只用一種校法。顯然,在校勘的一般方法中,比較的方法是容易掌握,不難運用的;分析的方法實則主要是邏輯的方法,也較為容易學習和運用;最費功夫、最為困難的是考證的方法。本校、他校、理校三法,較之對校而言,困難都在於判斷正誤時的考證。本校必須從本書中查考證據,他校必須從有關本書的他書中查考證據,理校更是脫離本書而進入有關疑難的某一專門知識領域中查考證據。所以掌握校勘的一般方法,關鍵在掌握科學的考證。

第四章　校勘的一般方法和考證的科學依據 | 119

第三節　校勘的考證必須有科學的依據

考證就是調查核實確鑿的證據。考證的方法就是調查研究、去偽存真的方法。校勘的目的和任務是存真復原，恢復古籍原稿的本來面貌。校勘範圍的考證，主要是調查核實原稿的文字形式，原則上不涉原稿的內容是非和文字正誤。校勘者不必對被校勘古籍原稿內容是非表態，也不需對被校勘原稿本身的錯別字負責。也就是說，應當把校勘的判斷文字正誤，與原稿內容是非、文字正誤區別開來。論證原稿內容是非和文辭正誤，是其他學科的研究任務。但是，正由於校勘的考證對象是古籍的文字形式構成的文辭，而文辭總是表達內容的，和內容緊密不可分割。因此，校勘的考證又不可避免地會進入有關的內容的考證。要涉及廣泛的專門知識領域。這就是說校勘的考證，一方面限於被校的古籍範圍，另一方面又隨着被校的古籍進入專門知識領域；一方面限於文字形式的考證，另一方面又隨着文字進入內容的考證。正是這樣的矛盾統一，使校勘具有綜合性的考證性質，其考證方法也具有綜合調查核實的特點。換句話說，校勘所需要的證據，包括旁證在內，往往不只限於本書不同版本的範圍，還必須進行多方面的查考。

就校勘一種古籍而言，考證範圍可分書內和書外兩大類，一般以書內考證所得爲內證，或稱本證；以書外所得爲外證，或稱旁證。對校法、本校法所得爲內證，他校法、理校法所得爲外證。從上文所述可知，內外證的關係是，內證處於主要地位，起決定作用；外證地位次要，其作用從屬於內證。一般地說，內證因外證而確定，外證因內證而落實。外證多屬旁證性質,往往只證明某種可能判斷。如果沒有一種可靠版本提供文字作爲內證,則外證即使理由充足,證據確鑿,仍不可改動本書文字,因爲一不能確證原著必定爲外證所考定的文字,二不能排除作者原著本來就是誤字錯句的可能性。正因如此,校勘一種古籍必須從調查版本,比較各本,搜集異文入手。然後,根據本書思想對異文進行分析研究。如果在分析異文中發現疑難而不能斷定,就必須查考外證。最後,求得內證、外證一致,得到正確判斷。所以清代學者盧文弨明確指出:"故校正群籍,自當先從本書相傳舊本爲定。"(《與丁小雅論校正方言書》)

無論內證和外證,從查考到取證,都必須有科學的依據。所謂"科學依據",有兩方面的含義,一是指查考取證的材料必須審核可信,一是指查考取證的理論必須正確無誤。具體地說,校勘的考證材料不外本書和有關他書的文獻資料,理論不外版本、目錄、文字、音韻、訓詁及所涉專門知識。從查考內證來說,首先必須查考本書成書年代及後來流傳情況,這就必須熟悉目錄;其次必須搜集各種版本,并查考各種版本的源流系統,這就必須熟悉版本;第三必須選擇可靠的重要各本進行比較,搜集異文,并進行初步分析,刪汰明顯異體字、錯別字,這就不僅需要懂得版本,而且需要掌握文字、音韻知識;最後在判斷異文正誤時,就很需要訓詁知識了;而遇到內證不足時,掌握有關的專門知識和熟悉文獻工具書,就有助於查考外證了。總起來說,查考每一個內證,都必須明確交代:這是本書哪一版本的異文,根據什麽理由判定這一異文是正是誤。同樣,從查考外證來說,如果是查考他書中有關本書的文辭,則必須查考他書成書年代在本書之前或之後,了解這一他書本身的文獻價值和可信程度,辨析所引本書文辭是引用原文還是化用原文,所引文辭中有没有假借、異體或俗字現象,等等;如果是查考本書異文的訓詁根據,則必須查考這一異文所表達的名物制度的有關專門知識;如果是查考本書異文所記載的歷史人事,則必須查考有關的史籍記載;等等。總之,查考每一外證,都必須明確交代:這是什麽年代的一本什麽性質的書,根據什麽理由斷定此書文字可以證明本書異文的正誤?從方法論看,校勘的考證方法實質是運用正確的理論,分析可靠的材料,取得確鑿的證據。試舉例説明。

1.《荀子·勸學》:"積善成德,而神明自得,聖心備焉。""備",宋本作"俻",元本作"循"。

劉台拱説:當作"備",古音與"德""得"爲韻。

王念孫説:此言積善成德而通於神明,則聖心於是乎備也。"成德"與"聖心備",上下正相應。元刻"備"作"循",則與上文不相應矣。《儒效》篇云:"積善而全盡,謂之聖人。"彼言"全盡",猶此言"聖心備"也。一也。"備"字古音鼻墨反,見吴棫《韻補》。正與"德""得"爲韻。二也。《大戴記》及《群書治要》並作"備",《文選》謝瞻《從宋公戲馬臺集送孔令詩》注、《張子房詩》注引此亦作"備",張華《勵志詩》注引作"循",與二注不合,乃後人以誤本《荀子》改之。三也。"備"字俗書作"俻","循"字隸書或作"𠇍",二形相似而誤。

王先謙説:《榮辱》篇云:"堯禹者,非生而具者也。起於變,故成乎修爲,待盡而後備者也。"與此言"積善成德,聖心乃備"義合。劉、王説是。今改從宋本。

此例先從文義説明作"備"字爲是;次從本書思想求得二證,即《儒效》《榮辱》中語;再從古音證明"備""德""得"同韻,爲韻脚;以上三點都是内證,應當説理論是正確的,材料是可靠的,可以根據宋本確定"備"字爲是。爲了充分證明應作"備"字,又舉出《大戴禮記》《群書治要》和《文選》李善注三種他書所引《荀子》此語都作"備"。這就取得内證、外證一致的充足理由和確鑿證據。最後説明了致誤原因。

2.《晏子春秋·内篇諫上·景公欲祠靈山河伯》:"寡人欲少賦斂以祠靈山,可乎?"

孫星衍説:言少少賦民,以爲祭山之費。"祠",《初學記》《御覽》作"祀"。

盧文弨説:"祠",《御覽》八百七十九作"招"。按《周禮》男巫"旁招以茅"。"招",四方之所望祭者。他卷亦或作"祠",作"祀"。

王念孫説:案作"招"者,誤字也。《御覽》固多誤字,不必附會以《周官》之"旁招"。且"祠"是祭名,而"招"非祭名,可言"祠靈山""祠河伯",不可言"招靈山""招河伯"也。《周官》:"男巫掌望祀望衍,旁招以茅。""望"是祭名,而"招"非祭名,故可言"望於山川",不可言"招於山川"。按下文"晏子曰'祠此無益也',公曰'吾欲祠河伯'",其字皆作"祠"。又此章標題云:"景公欲祠靈山河伯",其字亦作"祠",則此文之本作"祠靈山",明矣。《御覽·咎徵部》雖作"招靈山",而下文之"祠此無益"及"祠河伯",仍作"祠",則"招"爲"祠"之誤,明矣。《初學記·天部下》《御覽·時序部二十》並引作"祀靈山","祀""祠"古字通,則仍是"祠"字。《藝文類聚·山部》《災異部》及《御覽·天部十一》並引作"祠靈山",《説苑》同。

吴則虞説:《初學記》二、宋本《御覽》十一、三十八、又八百七十九、《合璧事類》二引俱作"祠",無作"招"者,王説是也。

此例共有異文三個:"祠""祀""招"。盧主"招"字爲正,孫、王、吳均以"祠"爲正。王、吳都肯定"招"爲誤字。盧與王等所用考證方法相同,都是内證、外證結合的方法,分歧在於"招"是否一種祭祀,外證的根據是否可靠。所以王説首先指出"招"非祭名,從訓詁上否定了"招"作爲内證的根據。其次從《晏子》下文和此章標題提出有力的内證,排斥了作"招"的可能性。第二從盧説所舉《御覽》所引《晏子》的下文,明證《御覽》引文同樣應作"祠",否定了盧説外證的可靠性。最後列舉其他書中引文作外證,并説明"祠""祀"古字通,與孫説一致。而吳説則補充了宋本《御覽》八百七十九作"祠",進一步證明盧説根據的外證是誤字。可見盧説的錯誤在於錯誤解釋了内證,又依據了錯誤的外證,因此不能成立。

3.《淮南子·原道》:"末世之御,雖有輕車良馬,勁策利鍛,不能與之争先。"

高誘注:策,筴也。未之感也。言不能與馮夷、大丙争在前也。鍛,讀炳燭之炳。

劉績本:"鍛"作"錣"。注内"未之感也",作"錣,筴末之箴也"。"鍛,讀炳燭之炳",作"錣,讀炳燭之炳",云:"錣,舊作鍛,非。"

王念孫説:劉本是也。"錣",謂馬策末之箴,所以刺馬者也。《説文》:"筞,羊車騶箠也,箸箴其耑,長半分。"《玉篇》:"陟衛切。"字或作"錣"。《玉篇》:"錣,竹劣、竹芮二切,針也。"《道應》篇:"白公勝到杖策,錣上貫頤。"彼注云:"策,馬捶,端有針以刺馬,謂之錣。"錣,音竹劣、竹芮二反,錣之言鋭也,其末鋭也。《韓子·喻老》篇作"白公勝倒杖策,而鋭貫頤"。《氾論》篇:"是猶無鏑銜策錣而御馯馬也。"注云:"錣,楯頭箴也。"《説文》:"楯,筴也。"義並與此注同。《脩務》篇云:

"良馬不待册錣而行。""册"與"策"同。《韓子·外儲説右》篇云:"延陵卓子乘蒼龍與翟文之乘,前則有錯飾,後則有利錣。進則引之,退則策之。"《列子·説符》篇:"白公勝倒杖策,錣上貫頤。"《釋文》曰:"許慎注《淮南子》云:馬策端有利鍼,所以刺不前也。"義亦與高注同。"錣"爲策末之箴,故"勁策"與"利錣"連文。今本"錣"作"鍛",則義不可通矣。高注"錣,箠末之箴也",道藏本作"未之感也",此是"末"誤作"未","箴"誤作"感",又脱去"錣""箠"二字耳。茅一桂本改"未之感也"爲"末世之御",而莊伯鴻本從之,斯爲謬矣。"炳",音如劣反,聲與"錣"相近,故曰:"錣讀炳燭之炳。"炳燭,燒燭也。《郊特牲》曰:"炳蕭合羶薌。"《秦策》:"秦且燒炳獲君之國。"《史記·張儀傳》作"燒掇",是其例也。今本作"鍛",讀炳燭之炳,則不可通矣。

此例有異文二:"錣""鍛"。王説首先正確解釋了"錣"的意義。即訓詁名物,指出"錣"是馬箠頂端的針刺,用以刺馬,鞭策馬行。其次引證本書《道應》"錣上貫頤"語,根據此條高注,證明本文"鍛"爲"錣"之誤;又引證本書《氾論》《修務》語及高注,進一步證明"鍛"當作"錣",這就充分舉出内證。第三引證《韓非子》《列子》及《釋文》,既以證明"錣"的訓詁,亦以比較"錣"的用意,這就舉出了外證。最後分析了致誤原因。可見在判斷異文正誤時,對内證、外證進行訓詁是重要的。與上例一樣,正確的訓詁是考證、判斷正確的重要依據。

4.《淮南子·原道》:"故子夏心戰而臞,得道而肥。"

王念孫説:"得道",本作"道勝"。淺學人改之也。"道勝"與"心戰",相對爲文。高注曰:"先王之道勝,無所復思,故肥也。"則正文本作"道勝",明矣。《精神》篇曰:"子夏見曾子,一臞一肥。曾子問其故,曰:'出見富貴之樂而欲之,入見先王之道又說之,兩者心戰,故臞。先王之道勝,故肥。'"是其事也。本出《韓子·喻老》篇。《太平御覽·人事部》一百九引此正作"道勝而肥"。

此例異文二:"得道""道勝"。但"道勝"并無今存版本依據。王說先從本文修辭上分析,認爲應作"道勝"。再辨析高注,認爲高注底本應作"道勝",取得有根據的異文。然後引證本書《精神》篇注出本事,并取得當作"道勝"的内證。最後引證《御覽》引文作外證。可見考證、判斷,主要依據可靠的内證,而用外證作印證。

5.《漢書·張歐傳》:"(張歐)至武帝元朔中代韓安國爲御史大夫。"

據《漢書》下列記載,"元朔"當爲"元光"之誤。

《百官公卿表下》:建元六年,"大農令韓安國爲御史大夫,四年病免。"元光四年,"三月乙卯,丞相蚡薨。五月丁巳,平棘侯薛澤爲丞相。九月,中尉張歐爲御史大夫"。

《韓安國傳》:"其年(建元六年),田蚡爲丞相,安國爲御史大夫。……安國爲御史大夫五年,丞相蚡薨,安國行丞相事,……更以平棘侯薛澤爲丞相,安國病免。"

《武帝紀》:"(元光四年)春三月乙卯,丞相蚡薨。"

此例爲史實記載錯誤而導致文字錯誤。其查考方法便據本文所提供有關人物、事情,先就本書有關傳記查考。"至武帝元朔中代韓安國爲御史大夫",涉及武帝朝大事,韓安國仕履,御史大夫任免,因此可分查《武帝紀》《韓安國傳》及《百官公卿表》。據三處查考,除韓安國任御史大夫時間,本傳謂"五年",有約計出入一年差數外,都可確證張歐任御史大夫在元光四年,不在"元朔中"。不難看到,此例實質是考證史實。史實得到確證,文字錯誤必然隨之得到訂正。由此也可見到,就實質而言,校勘的考證與事實的考證相同。

6. 唐《中興間氣集》載朱灣《咏玉》:"歌玉屢招疑,終朝省復思。既哀黃鳥興,還復白圭詩。請益先求友,將行必擇師。誰知不鳴者,獨下董生帷。"

孫毓修據何焯校本,説:"玉"作"三"。按《讀書敏求記》云:"朱灣《咏三》詩,凡元板至明時刻本皆誤作《咏玉》。"

《全唐詩》載首句"歌玉",一作"獻玉"。

此可據詩歌内容,所用典故,斷定題"玉"爲"三"之誤,首句"歌"爲"獻"之誤,無須外證。此詩四聯八句,每句用典,每典都含"三"字。首句用宋人和氏三獻璞玉故事,次句用"三省""三思"語意,三句用《詩經·秦風·黃鳥》哀悼秦穆公三良殉葬故事,四句用《論語》"南容三復白圭"語意,五句用"益者三友"語意,六句用"三人行必有吾師"語意,七句用"三年不鳴,鳴則驚人"語意,末句用漢代董仲舒垂帷講學,三年不窺園的故事。可見詩題必爲"咏三",而首句以"獻玉"爲是。

7. 《墨子·非攻下》:"遝至乎商王紂,天不序其德。"又"量我師舉之費,以爭諸侯之斃,則必可得而序利焉"。

俞樾説:"序"乃"享"字之誤。《莊子·則陽》篇:"隨序之相理。"《釋文》曰:"'序',一本作'享'。"是其例也。"天不享其德",文義甚明。字誤作"序",不可通矣。下文曰:"量我師舉之費,以爭諸侯之斃,則必可得而序利焉。""序"亦"享"字之誤。

孫詒讓說:俞說是也。《尚賢中》篇云:"則曰天鄉其德。""鄉"亦與"享"通。

王引之說:"序利",當爲"厚利"。隸書"厚"字或作"厚",見《漢荊州刺史度尚碑》。又作"厚",見《三公山碑》,形與"序"相似而誤。《詩序》:"厚人倫。"《釋文》:"'厚',本或作'序',非。"《荀子·王霸》篇:"桀紂即厚於有天下之勢。"《鹽鐵論·國病》篇:"無德厚於民。"今本"厚"字並譌作"序"。此言"量我興師之費,以爭諸侯之斃"者,則厚利必可得也。《明鬼》篇曰:"豈非厚利哉!"今本"厚"作"序",則義不可通。

此例中兩"序"字,都無異文可據,但於文義不通,產生疑難,因此須查考外證。"天不序其德"的"序"字,王訓爲"順",於義可通,不以爲誤。但俞以爲"序"字義不可通,當爲"享"之誤。比較起來,顯然在文義上,俞說通順,但只引用了一則他書誤例爲證,以爲"享"誤爲"序"的通例,并無内證根據。孫詒讓舉本書《尚賢中》"則天鄉其德",補充了內證,理由比較充足。"則必可得而序利焉"的"序"字,王、俞都以爲文義不通,斷爲誤字。但王以爲"厚"字之誤,俞仍以爲"享"字之誤,孫同意俞說。孤立地看,王論證在書體演變中經常把"厚"字隸書誤寫作"序"字,證據確鑿,可以作爲一條形譌的通例。但是結合《墨子》文法看,則作"厚利"似未爲洽。原文是"必可得而序利焉","序"字爲動詞。王解爲"厚利必可得也",則"厚"字爲形容詞,原文"而"字無下落。而俞說援引"天不序其德"爲內證,斷爲"享"利,顯然文義通順,較王說爲合。因此,總的看來,俞說斷爲"享"字是正確的,而王說舉出"厚"字的漢隸寫法,以及俞舉《莊子》的《釋文》,王舉《詩序》的《釋文》,正可說明,"厚""享"和"序"三字在漢隸中容易產生形似而譌,是"序"字錯誤的具體原因。由此可見,在没有可靠版本的異文依據時,往往從文義發現疑難;而在以理推斷正字時,往往從查考外證作依據;但在作出判斷時,却仍必須由内證爲依據。

8.《管子·形勢》:"上無事,則民自試;抱蜀不言,而廟堂既脩。"又《形勢解》:"人主立其度量,陳其分職,明其法式,以苆其民,而不以言先之,則民循正,所謂'抱蜀者,祠器也'。故曰:'抱蜀不言,而廟堂既脩。'"

尹知章注:"蜀",祠器也,君人者但抱祠器,以身率道,雖復静然不言,廟堂之政,既以脩理矣。

朱東光説:"蜀"乃"器"字之誤書耳。

王念孫説:朱以"蜀"爲"器"之誤,是也。後《形勢解》作"蜀",亦誤。……言人君抱器不言,而廟堂之中已順從也。《形勢解》云……,是其證矣。

于省吾説,按(尹)注説非是。王念孫從朱東光説,改"蜀"爲"器",遂謂後《解》作"蜀"亦誤,殊不可從。宋翔鳳從徐頲説,讀"祠"爲"治",又謂"抱蜀"即《老子》之"抱一"。其説至當。漢《孔宙碑》"祠兵",亦即"治兵"。金文"治"字通作"嗣","嗣""祠"並諧"司"聲。又金文"嗣"與"辭"通。《説文》:辭,籀文作"嗣"。《周禮·大祝》"一曰祠",鄭司農云:"祠"當爲"辭"。漢《堯廟碑》"將辭帝堯","祠"作"辭",是其例證。《爾雅·釋山》"獨者蜀",郭注:"蜀,亦孤獨。"《石鼓文》"射其犭肙蜀","蜀"即"豚獨"字。惟宋謂《老子》"抱一爲天下式","式"亦"器"義,疏矣。"治器"既不詞,"治式"亦不詞也。是未得"器"字之解耳。"器"乃"氣"之借字。《禮記·樂記》"然後樂氣從之",《校勘記》:"閩、監、毛本'氣'作'器'。"《大戴禮·

文王官人》"其氣寬以柔",《逸周書·官人解》,"氣"作"器"。《莊子·人間世》"息氣茀然",《釋文》:向本作"愼器"。《淮南子·説山》"獸不可以虛氣召也"。《文子·上德》"虛氣"作"空器"。《淮南子·原道》:"氣者,生之充也。"惟充且盛,則易隨物而靡。抱獨不言,所以斂其氣。後《(形勢)解》云:"所謂抱蜀者,祠器也。"即"所謂抱獨者,治氣也"。《老子》十章:"營魄抱一,能無離乎? 專氣致柔,能嬰兒乎?"《管子》,道家者流。其"抱獨治氣",與《老子》"抱一""專氣"之旨,吻合無間。此道家君人南面之要術也。自"祠""嗣","器""氣"之通假不明,而古義之湮,由來尚矣。

此例原文没有異文依據,但在文義理解上發生疑難:"抱蜀不言"究竟什麽意思? 尹注以爲"蜀"是泛指古時廟堂祭祠用的器具,未作名物訓詁。而"君人者但抱祠器",便可"以身率道"而天下治理,顯然於理不安。因此,朱、王都以爲"蜀"字是"器"字之誤,直接解"抱蜀"爲"抱器"。王並引本書《形勢解》爲證。但《形勢解》亦作"抱蜀",因此斷定此"蜀"亦誤。這樣,在義理上可通,而斷定"蜀"爲"器"之誤,既無異文依據,亦未舉出"蜀""器"形誤的例證,僅僅是據主觀理解文義而推論的一種假設。宋、于提出異議,認爲"蜀"字不誤,指出尹、朱、王説在文義理解和文字訓詁上都錯誤。在文義上,宋、于都認爲這節《管子》是用老子的道家思想,舉出《老子》十章"抱一""專氣"和《淮南子·原道》"抱獨""斂氣",以爲證據。應當説,這在思想上是一致的,在文義上是通順的。在訓詁上,列舉了金石和古籍中"祠"通"治"、"蜀"通"獨"、"器"通"氣"的通假例證,解"抱蜀"爲"抱獨",即《老子》"抱一"的意思;解"祠器"爲"治氣",即《老子》"專氣"的意思。應當説,這在訓詁上是成立的。因此,"抱蜀"和"祠器"即"抱獨"和"治氣",是先秦古籍中常見的通假字,並非誤字。由此可見,僅僅從文義理解上進行推斷,如果既没有内證,又没有外證,便不免主觀武斷。考證必須有科學依據。

9.《漢書·貨殖傳》:"辟猶戎翟之與于越,不相入矣。"

孟康曰:"于越,南方越名也。"

顏師古曰:"于,發語聲也,戎蠻之語則然。'于越',猶'句吴'耳。"

王念孫説:"于越",本作"干越"。"干",音"干戈"之"干"。干越者,吴越也。《墨子·兼愛》篇曰:"禹南爲江漢淮汝東流之,注五湖之處,以利荆楚干越與南夷之民。"今本脱"干"字,據《文選·江賦》注引補。《莊子·刻意》篇曰:"夫有干越之劍者。"《釋文》:"司馬云:干,吴也。吴越出善劍也。案,吴有溪名干溪,越有山名若邪,並出善鐵,鑄爲名劍也。"以上《莊子釋文》。《荀子·勸學》篇曰:"干越夷貉之子。"楊倞曰:"干越,猶言吴越。"宋本如是,近時嘉善謝氏刻本改"干"爲"于",又改楊注"吴越"爲"于越",非是。《淮南·原道》篇曰:"干越生葛絺。"高注曰:"干,吴也。"道藏本如是。俗本改"干"爲"于",與高注不合。是"干越"即"吴越"也。干、越爲二國,故云"戎翟之與干越",猶《墨子》之言"荆楚干越",《荀子》之言"干越夷貉"也。若《春秋》之"於越",即是越,而以"於"爲發聲詞,視此文之"干越"與"戎翟"對舉者不同。孟康所見本正作"干越",故云"干越,南方越名也",其意以"干越"爲越之一種,若漢時之有閩越、甌越、駱越耳。若"於越"則即是越,不得言"南方越名"矣。案孟康之解"干越",雖與高誘、司馬彪不同,然亦是"干"字,非"于"字。《文選·吴都賦》"包括干越",宋尤延之本如是。今本或與宋本同,或改"干"爲"于"。李善注引此文正作"干越"。又引《音義》云:"干,南方越名也。"此下有"《春秋》曰,'于越入吳'。杜預注曰,'于,越人發語聲'"十七字,乃後人所加,與李注不合。《太平御覽·州郡部》十六引此亦作"干越",又引韋昭注云:"干越,今餘干縣,越之別名。案韋以"干越"爲"餘干",雖非確詁,然亦是"干"字,非"于"字。是其證。師古改"干"爲"于",而以《春秋》之"於越"釋之,誤矣。"於""于",古雖通用,而《春秋》之"於越",未有作"于越"者。學者多聞"於越",寡聞"干越",故子史諸書之"干越",或改爲"于越",皆沿師古之誤。

此例有異文二:于越和干越。"干越"是辨析孟康注的底本而得的,并有《文選》注和《太平御覽》引文爲證,因此這一異文成立。但在"干越"的訓詁上存在分歧,影響正誤的判斷。王説從修辭和文義兩方面分析,并考得"干"訓"吳","干越"訓"吳越"的證據,從而在修辭和文義,内證和外證上都取得一致的結論,斷定"干越"爲正,"于越"錯誤。由此可見,在判斷異文正誤時,訓詁佔有重要作用,考證主要範圍在書外。

10.《資治通鑑》卷二百五十六:唐僖宗光啓元年,"盧龍節度使李可舉、成德節度使王鎔惡李克用之强,而義武節度使王處存與克用親善",李可舉等"約共滅處存而分其地","處存告急於克用,克用遣其將康君立等將兵救之"。

李克用《北嶽廟題名碑》:河東節度使、檢校太保同中書門下平章事、隴西郡王李克用,以幽鎮侵擾中山,領蕃漢步騎五十萬衆,親來救援,與易定司空同申祈禱,翌日過常山問罪。時中和五年二月廿一日,克用記。易定節度使、檢校司空王處存看題。至三月十七日,以幽州請就和斷,遂却班師,再謁晬容,兼申賽謝,便取飛狐路却歸河東。克用重記。

朱彝尊説：文稱"中和五年二月"者，即光啓元年。考僖宗以是年二月至鳳翔，三月還京，改元之詔，猶未下也。克用與義成節度使王處存同破黃巢，以功封隴西郡王。而盧龍節度使李可舉、成德節度使王鎔惡處存，約共滅之，分其地，《通鑑》載"克用遣將康君立救之"，而碑文則云"領蕃漢步騎五十萬衆，親來救援"，與《通鑑》異。又云"至三月，幽州請就和斷，遂班師，取飛狐路却歸河東"，則又史所不及載者。

此例其實是考證史實，朱彝尊根據今存唐李克用自立題名碑文，指出《通鑑》記載不同，爲失實，當云"克用親領衆救之"。

上舉例 5 爲從本書查內證，此例則爲用外證訂正失實錯誤。嚴格説，例 5 與此例都屬於史籍記實是非的考證，並非校勘的考證。

11. 郭璞《遊仙詩》第一首："京華游俠窟，山林隱遯棲。朱門何足榮？未若託蓬萊。臨源挹清波，陵岡掇丹荑。靈谿可潛盤，安事登雲梯？漆園有傲吏，萊氏有逸妻。進則保龍見，退爲觸藩羝。高蹈風塵外，長揖謝夷齊。"

王念孫説："蓬萊"，本作"蓬藜"，後人以此是遊仙詩，故改"蓬藜"爲"蓬萊"也。不知此章但言仕不如隱，未及神仙之事。"朱門何足榮"，承上"京華游俠窟"而言；"未若託蓬藜"承上"山林隱遯棲"而言。"蓬藜"，隱者所居。《鹽鐵論·毀學》篇云："包邱子飯麻蓬藜，修道白屋之下。"是也。《漢書·司馬遷傳》注云："藜草似蓬。蓬、藜皆穢草而形相似，故書傳多並稱之。"《月令》曰："藜莠蓬蒿並興。"昭十六年《左傳》曰："斬之蓬蒿藜藋。"《管子·小匡》篇曰："蓬蒿藜藿並興。"下文"靈谿可潛盤,安事登雲梯。漆園有傲吏,萊氏有逸妻",仍是此意。登雲梯,猶言致身青雲耳。李善云:"仙人升天,因雲而上,故曰'雲梯'。"非是。此章"藜"字,與棲、黃、梯、妻、觝、齊爲韻,於古音屬脂部。第六章"高浪駕蓬萊",與灾、臺、杯、頤、垓、孩、才爲韻,於古音屬之部。二部不相通用。李善注引《封禪書》"安期生,仙者,通蓬萊中",則所見本已作"蓬萊"矣。

余冠英說:"蓬萊",似當作"蓬藜",指隱者居住的地方。……蓬萊是海上仙山之名。本篇只言隱遁高蹈,不言求仙,"萊"字當是誤字。顏延之《和謝監詩》:"幽門栖蓬藜。"也是"蓬""藜"連用。

此例是從詩意推斷"蓬萊"當作"蓬藜"。但"蓬藜"作爲異文,并無版本依據。王說從訓詁、音韻知識領域查考外證,余說爲王說補充一條外證。但實質上只是提出一種有根據的合理假設,不可據以改字。應當說,王說從韻脚字上指出"蓬萊"不叶韻,作爲疑誤的理由是充足的。從詩意上提出"蓬藜"也較"蓬萊"爲恰,並且有訓詁依據。但如果就此改字,則缺乏内證,無版本依據,既不能斷定正字必爲"蓬藜",便可能是替郭璞改詩。

上舉諸例,1至7主要爲内證的查考,8至11主要爲外證的查考,但都表明了内外證的主次關係,也顯示出校勘考證必須在理論上和在材料上都有科學的依據。

第四節　校勘考證的理論依據

古籍校勘,說到底是文字正誤問題,最後判斷必須有可靠的版本爲依據。因此在理論上,從事校勘必須懂得三個方面的有關學科的一般理論：一是關於文獻古籍的理論，主要是文獻學、目錄學和版本學；二是關於語言文字的形、音、義的理論，主要是文字學、音韻學和訓詁學；三是關於所校勘的古籍的專業知識理論，一般地說，應由各科專門家校勘各自學科的古籍。換言之，專業校勘者必須進入所校具體古籍的知識領域，各科專家校勘本科古籍必須懂得文獻古籍和語言文字的一般理論。北朝學者顏之推説："校定書籍，亦何容易！自楊雄、劉向，方稱此職耳。觀天下書未遍，不得妄下雌黃。"(《顏氏家訓・勉學》)此語旨在強調博學謹慎，並非一味唬人。正如顧炎武強調"凡勘書，必用能讀書之人"(《日知錄・勘書》)，"據臆改之"，而爲大害。他們都是要求校勘必須合乎科學。清代學者王引之總結自己校勘經籍經驗説：

> 吾用小學校經，有所改，有所不改。周以降，書體六七變，寫官主之，寫官誤，吾則勇改。孟蜀以降，槧工主之，槧工誤，吾則勇改。唐、宋、明之士，或不知聲音文字而改經，以不誤爲誤，是妄改也，吾則勇改其所改。若夫周之没，漢之初，經師無竹帛，異字博矣，吾不能擇一以定，吾不改。假借之法，由來舊矣，其本字什八可求，什二不可求，必求本字以改假借字，則考文之聖之任也，吾不改。寫官槧工誤矣，吾疑之且思而得之矣，但群書無佐證，吾懼來者之滋口也，吾又不改。（引自龔自珍《高郵王文簡公墓表銘》）

改不改字，是校勘的決斷和成果，體現校勘的理論、方法、水平和質量。王引之這一段關於改不改字的原則性的經驗之談，實質上概括了校勘的考證所必須依據的主要理論。"用小學校經"，就是用文字學、音韻學、訓詁學理論知識校勘經籍。"書體六七變"，就是文字形體演變。"槧工"是刻板工匠。發現"槧工誤"，必須了解版本刊印知識。判別"不知聲音文字而改經"之誤，必須熟悉音韻文字學。周末至漢初假借字繁多，發現誤字而無佐證，都不改，說明他校經的嚴謹，符合校勘存真原則，要求考證具有科學依據。

如前（第二章第十節）所述，清初學者由研究經學而校經籍，積累了豐富經驗，其中主要一條經驗就是必須懂小學。由文字的形、音、義而造成的錯譌，不僅見於經籍，而且遍於諸書；不僅秦漢存在，而且中古以來一直存在。陳垣校《元典章》指出："如吏例、記繼、程陳、點典諸字，以廣州音讀之，不相混也。今沈刻《元典章》多混之，知必與抄者之方音相似也。"（《校勘學釋例》）可見還存在古今方音不同而造成的文字錯誤。因此，了解、掌握文字學、音韻學、訓詁學一般理論，是校勘的分析、考證、判斷異文正誤的必須的理論依據。

第五節　校勘考證的材料依據

在材料上，校勘的依據就是同書的各種版本和各種有關文獻資料。具體地說，可以分爲下述幾個方面：

一、古本舊本，包括發掘和發現的簡帛和寫本

所謂"古本""舊本"都是從刻本的年代古近，相對而言的。一般地說，地下發掘出來的竹簡帛書和石窟舊藏發現的寫本，年代都在唐代以前，當然屬於更早的"古本"之列。從校勘方面說，版本的

年代古近,並非考證判斷異文正誤的絕對可靠依據,但比較起來,宋刊本、唐寫本、漢帛、秦簡,無意傳譌多,肆意妄改少,錯誤有迹可尋,原本面目較真。這一點,前人已多有論述(見第二章第十節)。近人陳乃乾也深有體會地說:

> 嘗謂古書多一次翻刻,必多一誤。出於無心者,"魯"變爲"魚","亥"變爲"豕",其誤尚可尋繹。若出於通人臆改,則原本盡失。宋、元、明初諸刻,不能無誤字。然藏書家爭購之,非愛古董也,以其誤字皆出於無心,或可尋繹而辨之,且爲後世所刻之祖本也。校勘古書,當先求其真,不可專以通順爲貴。古人真本,我不得而見之矣;而求其近於真者,則舊刻尚矣。
> (《與胡樸安書》)

較客觀地說明了舊本、古本在校勘上的地位、特點和價值。由此也可理解唐以前的寫本和簡帛書的可貴。試舉二例。

1973年湖南長沙馬王堆漢墓發掘出來的帛書《老子》,全書以《德經》在前,《道經》在後,與今本相反,稱爲乙本,共5467字,較通行本多出四百餘字,以及全書文字與唐傅奕本較近,用以校勘今存諸本,便可見出其更接近真本的特點和價值。例如:

1. 今本二章:"故有無相生,難易相成,長短相較,高下相傾,音聲相和,前後相隨。"

帛書在"前後相隨"下有"恒也"二字。

顯然,"恒也"是"有無相生"等一系列矛盾統一的辯證現象的總結性判斷語,指出這類現象反映着永恒的普遍規律,從而使文句完整,句意明確。較之今存諸本脫落此二字,無疑更接近原著真貌。

2. 今本三十一章:"夫佳兵者,不祥之器。物或惡之,故有道者不處。"《釋文》:"佳,善也。"河上公注:"飾也。"

王念孫説:"善""飾"二訓,皆於義未安。古所謂"兵"者,皆指五兵而言,故曰"兵者不祥之器"。見下文。若自用兵者言之,則但可謂之不祥,而不可謂之"不祥之器"矣。今案,"佳",當作"隹",字之誤也。"隹",古"唯"字也。"唯"或作"惟",又作"維"。唯兵爲不祥之器,故有道者不處。上言"夫唯",下言"故",文義正相承也。八章云:"夫唯不爭,故無尤。"十五章云:"夫唯不可識,故强爲之容。"又云:"夫唯不盈,故能蔽不新成。"二十二章云:"夫唯不爭,故天下莫能與之爭。"皆其證也。古鐘鼎文"唯"字作"隹",石鼓文亦然。又夏竦《古文四聲韻》載《道德經》"唯"字作"𢑥"。據此,則今本作"唯"者,皆後人所改。此"隹"字若不誤爲"佳",則後人亦必改爲"唯"矣。

帛書作"夫兵者,不祥之器",無"佳"字。

據此章下文云:"兵者,不祥之器,非君子之器,不得已而用之。"則此"佳"字,或當爲衍文,帛書無"佳"字當是。王氏所説,不爲無見,但所引本書内證都是句法例證,所舉外證是文字形譌的通例,因而可以説明"唯"誤作"佳"的原因,但不足以證"佳"必爲"唯",缺少改字的版本根據。客觀地説,在文義上,帛書無"佳"字和王説"佳"當作"唯",都通;從版本依據上説,帛書爲漢代一種傳本,《釋文》本、河上公注本及今存王弼本都説明漢代別有一種傳本有"佳"字,則此字當依王説爲"唯"字之誤。

3. 今本八十章："小國寡民,使用什伯之器而不用。"

河上公注本作"小國寡民,使有什伯人之器而不用","什伯"下有"人"字。

俞樾説:"什伯之器"乃兵器也。《後漢書·宣秉傳》注曰:"軍法五人爲伍,二五爲什,則共其器物。故通謂生生之具爲什物。"然則,"什伯之器"猶言"什物"矣。其兼言"伯"者,古軍法以百人爲"伯"。《周書·武順》篇:"五五二十五曰元卒,四卒成衛曰伯。"是其證也。"什""伯"皆士卒部曲之名。《禮記·祭義》篇曰:"軍旅什伍。"彼言"什伍",此言"什伯",所稱有大小,而無異義。徐鍇《説文繫傳》於人部"伯"下引《老子》曰'有什伯之器',每什伯共用器,謂兵革之屬"。得其解矣。"使有什伯之器而不用","使民重死而不遠徙",兩句一律。下文云:"雖有舟輿,無所乘之;雖有甲兵,無所陳之。""舟輿"句蒙"重死不遠徙"而言,"甲兵"句蒙"什伯之器不用"而言,文義甚明。河上公本"什伯"下誤衍"人"字,逐以"使有什伯"四字爲句,失之矣。

帛書作"小國寡民,使有什伯人之器而不用",同河上公本,"什伯"下有"人"字。

據帛書和河上公本,則漢代傳本之一,"什伯"下有"人"字;與王弼本無"人"字者別爲一本。從文義上説,"什伯人之器"與"什伯之器"義同,均指兵器而言,俞樾從徐鍇説爲是,讀爲"使有什伯,人之器而不用",誤。但"人"字是否衍文,"什伯之器"是否脱"人"字,則未可論斷,當兩存之。據文義與文句一律而論斷"人"字爲衍文,似爲未妥。同樣,據帛書而論斷王弼本脱"人"字,亦未爲妥。比較妥當的判斷,似可認爲漢、魏已有兩種傳本,而帛書爲可見的最早抄本。

4. 今本六十五章："民之難治,以其智多。"

帛書作"民之難治,以其智",無"多"字。

據此章下文云："故以智治國,國之賊;不以智治國,國之福。"則"難治"不在智之多少,而在智。十九章云："絶聖棄智,民利百倍。"與此義同,亦謂棄絶智則民得福利。可見《老子》思想要求根本取消用智慧治國,而並非計較智慧的多少。所以今本"多"字當是衍文,帛書無"多"字爲是。

上舉諸例可見帛書對於校勘今存諸本的價值。

1972年山東臨沂銀雀山漢墓出土的《孫子》十三篇的簡本,除可用以解決有關《孫子》是否《孫臏兵法》,孫子是否孫臏及成書年代等聚訟疑案外,并可用以校勘今本《孫子》。例如：

1. 今本《計篇》："故經之以五事,校之以計,而索其情。"

孫星衍校本作"故經之以五校之計,而索其情"。校曰：《通典》古本如此,今本作"經之以五事,校之以計",蓋後人因注內有"五事"之言,又下文有"校之以計"句,故臆改之也。按本書言"兵之所重在計",故云"經之以五校之計"也。且"五事"與"計"自一事,原非截然兩端。今因注內"五事"之言而改其文,然則下文"又有七事"之語,又可臆改爲"七計"乎？

簡本作"故經之以五,效之以計,而索其情",無"事"字,"校"作"效"。

據下文云："一曰道,二曰天,三曰地,四曰將,五曰法。"又曹操、李筌、杜牧等注皆云"謂下五事",可知其所據本都無"事"字。則《通典》引古本與簡本合,"事"爲衍文,孫改爲是。但據下文云：

"故校之以計,而索其情,曰主孰有道,將孰有能,天地孰得,法令孰行,兵衆孰强,士卒孰練,賞罰孰明,吾以此知勝負矣。"則"五事"與"七計"實爲兩端,"校之以計"當別爲一句,"校""效"字古通,今本與簡本合,古本脱後"以"字,孫改連讀一句,非是。

2. 今本《計篇》:"故可以與之死,可以與之生,而不畏危。"

孫校本作"故可與之死,可與之生,而民不畏危"。校曰:今據《通典》《北堂書鈔》《太平御覽》改正。又《通典》引"民"作"人",避唐諱。"危"作"佹",字之誤也。

俞樾説:"畏"乃衍字。曹公注曰:"危者,危疑也。"不釋"畏"字,其所據本無"畏"字也。"民不危"即"民不疑",曹注得之。孟氏注曰:"一作'人不疑'。"文異而義同也。《吕氏春秋·明理》篇"日以相危",高誘訓"危"爲"疑"。蓋古有此訓。後人但知有危亡之義,妄加"畏"字於"危"字之上,失之矣。

鄭良樹《孫子斠補》:孟氏注云:"一作'人不疑',謂始終無二志也;一作'人不危'。"是唐初以前古本此文或作"而民不疑",或作"而民不危",不作"而不畏危"或"而民不畏危",明矣。"危",借爲"詭",亦猶豫之謂也,謂上下同心而民不二也。曹公注云:"危者,危疑也。"《通典》引古注云:"佹者,疑也。"若古本此文作"而不畏危"或"而民不畏危",曹注及古注焉得如此訓解乎?蓋由一本作"而民不危",後人迭次傳鈔,不知"危"之借爲"詭",乃添一"畏"字,解"危"爲"危亡",古義遂泯矣!《通典》引古注云:"故與處存亡之難,不畏傾危之敗。"李筌注曰:"危,亡也。""危"上之有"畏"字,爲時已甚久,故《御覽》以下,皆引作"而人不畏危"。

據此,則鄭意當作"而民不危","危"通"佹"。

簡本作"故可與之死,可與之生,民弗詭也",無二"以"字,與孫校合;無"而"字、"畏"字,"危"作"詭"。

據上文云:"道者,令民與上同意也。"曹操注:"謂道之以教令。危者,危疑也。"孟氏又曰:"道謂道之以政令,齊之以禮教,故能化服士民,與上下同心也。……故百萬之衆,其心如一,可與俱同死力,動而不至危亡也。臣之於君,下之於上,若子之事父,弟之事兄,若手臂之捍頭目而覆胸臆也。如此,始可與上同意,死生同致,不畏懼於危疑。"杜佑曰:"佹者,疑也。上有仁施,下能致命也。故與處存亡之難,不畏傾危之敗,若晉陽之圍,沈竈産蛙,人無叛疑心矣。"可知曹、孟所據本作"危",杜所據本作"佹",都無"畏"字。後人誤解孟、杜"不畏懼於危疑""不畏傾危之敗"句意,以爲當有"畏"字,因而此後各本多增"畏"字。簡本作"民弗詭也",正可證唐以前本不誤,俞、鄭説爲是,孫校改不合。

3. 今本《謀攻》:"其下攻城。"

孫校本作"下政攻城"。校曰:今本"下政"作"其下",詳注意,則古本作"下政"也。據《通典》《御覽》改正。

簡本作"其下攻城",同今本。

據上文云:"故上兵伐謀,其次伐交,其次伐兵。"則作"其下"爲順。又下文云:"攻城之法爲不得已。"與"其下"亦合。又曹操注:"敵國已收其外糧城守,攻之爲下政也。"杜佑注:"言攻城屠邑,攻之下者(孫據《通典》改爲'政之下者'),所害者多。"李筌注:"若頓兵堅城之下,師老卒惰,攻守勢殊,客主力倍,以此政之爲下也。"諸注都是説,作爲一種政策,攻城是最不可取的下策,與"其下"不牴牾,未必其底本均作"下政"。故孫改似未必是,而簡本、今本則似較合。

上舉三例可以説明簡本可以校正今存諸本及注疏中的一些分歧,可以看到簡本在校勘上的價值。

二、古注舊疏

所謂"古注舊疏"是指對原著進行注釋疏解的最早或較早的著作,主要是指歷代公認、影響深遠的注疏著作。例如《尚書》的孔傳,《詩經》的毛傳、鄭箋,《禮記》的鄭注、賈疏,《左傳》的杜注等等。上文已述(參看第三章第四節),古注舊疏本來各有自己的底本,只是由於各種原因而被遮蓋混淆,使各自底本原貌失真,必須"以賈還賈",恢復其真,獲得一種古本舊本。古注舊疏的材料價值實則與古本舊本同,爲原著提供了一種較早的版本,對於訂正勘誤提供了一種可爲依據的異文材料。利用古注舊疏材料進行校勘是比較重要的。因此,前人不僅重視保存比較完整的注疏,也相當重視一些歷史上有影響而已佚的注疏。例如:

1.《詩經·周南·漢廣》:"南有喬木,不可休息。漢有游女,不可求思。"

毛傳:"喬",上竦也。思,辭也。漢上游女,無求思者。

鄭箋:"不可"者,本有可道也。木以高其枝葉之故,故人不得就而止息也。興者,喻賢女雖出游流水之上,人無欲求犯禮者,亦由貞絜使之然。

釋文:"休息",並如字,古本皆爾。本或作"休思",此以意改爾。

孔疏:以"泳思""方思"(經下文語)之等皆不取"思"爲義,故爲

"辭"也。經"求思"之文在"游女"之下。傳解"喬木"之下，先言"思，辭"，然後始言"漢上"，疑經"休息"之字作"休思"也。何則？《詩》之大體，韻在辭上。疑"休""求"字爲韻，二字俱作"思"。但未見如此之本，不敢輒改耳。

《釋文》根據古文，確定"休息"的"息"字不誤，認爲一本作"休思"是意改。所謂"本或作"，實則爲韓詩。《韓詩外傳》卷一引此詩即作"休思"。這一説法符合鄭箋"故人不得就而止息"，鄭箋底本經文當爲"休息"。孔穎達辨析毛傳，提出三條理由：一是根據經下文"不可泳思""不可方思"，認爲毛傳"思"爲語辭，"不可休思"亦當爲"不可休思"。二是認爲毛傳"無求思者"是解釋"游女"，不是解釋"不可求思"，"求思"的"思"仍爲語辭。三是《詩經》押韻體例之一是韻字在語辭上，因而"休""求"爲韻，"息"當是"思"之誤。實際上孔肯定"息"字誤，當作"思"字。但由於没有版本依據，不敢改字。所謂"未見如此之本"，是指未見毛詩有"如此之本"。不難看到，孔的辨析理由是充足的，但由於拘於經傳師法和四家詩的成見，因而不敢改字而使毛詩經文與韓詩同。這種成見到清代仍有影響，例如惠棟便認爲先秦時"息""謖""思"通假，"息"字是通假字，並非譌字（見《九經古義·毛詩上》）。但大多學者都肯定孔疏，認爲"息"爲譌字。戴震説："經文'思'或作'息'者，轉寫之譌。《爾雅》：'休，蔭也。'郭本作'庥，廕也'，字通用。'休''求'，'泳''方'，各爲韻，'思'皆句末辭助。《韓詩外傳》引此作'不可休思'。凡《詩》中用韻之句，韻下有一字或二字爲辭助者，必連用之，數句並用，不得有異。惟'不可休思'，'思'譌作'息'，及'歌以誶止'，'止'譌作'之'，遂亂其例。"（《毛鄭詩考正》）段玉裁説："'思'作'息'者，譌字也。《葛生》《民勞》傳皆曰：'息，止也。'此若作'息'，則當有傳。"《訂毛詩故訓傳》）阮元校勘《毛詩正義》雖不改字，但《校勘記》中明確指出孔疏"是也，此爲字之誤"，並認爲惠棟説非。

2.《淮南子·原道》："先者上高，則後者攀之。先者踰下，則後者魘之。"

高誘注："魘"，履也，音展，非展也。

王念孫説："展"與"魘"，聲不相近。"魘"皆當爲"蹍"字之誤也。"蹍"，女展反，履也。言後者履先者而上也。"蹍"，字或作"躔"。《廣雅》："躔，履也。"曹憲音：女展反。《莊子·庚桑楚》篇："躔市人之足。"司馬彪云："躔，蹈也。"《淮南·説山》篇："足蹍地而爲迹。"《説林》篇："足所蹍者淺矣。"《脩務》篇："猶釋船而欲蹍水也。"高注並云："蹍，履也。""蹍"音女展反，而訓爲履，故此注云："蹍，履也，音展，非展也。"且"攀""蹍"爲韻……若作"魘"，則失其韻矣。

王説依據高注對"魘"的音義的解釋，肯定音義與被注字不合，考定被注字"魘"爲"蹍"之誤；再從文義和押韻兩方面分析原文"魘"亦爲"蹍"之誤，然後從音義兩方面舉出内證外證，斷定"魘"爲誤字，當作"蹍"。

3. 同上："此俗世庸民之所公見也，而賢知者弗能避也。"

高誘注：以諭利欲，故曰"有所屏蔽"也。

王念孫説：如高注，則正文"避"字下，當有"有所屏蔽"四字，而今本脱之也。此承上文而言，言先者有難，而後者無患，此庸人之所共見也，而賢知者猶不能避，則爲争先之見所屏蔽故也。故注云"故曰'有所屏蔽'也"。凡注内"故曰"云云，皆指正文而言，以是明之。

這是根據注文判斷正文有脫落，指出注文體例"故曰"云云是引正文，亦即被注文字。

4.《史記·蘇秦列傳》："今西面而事之，見臣於秦。夫破人之與見破於人也，臣人之與見臣於人也，豈可同日而論哉！"

張守節《正義》："破人"，謂破前敵也。"破於人"，爲被前敵破。"臣人"，謂己得人爲臣。"臣於人"，謂己事他人。

司馬貞《索隱》："臣人"，謂己爲彼臣也。"臣於人"者，謂我爲主，使彼臣己也。

王念孫説：下兩"見"字（指"見破於人""見臣於人"），皆涉上"見"字而衍。《索隱》本出"臣人之與臣於人"七字，注曰"……"案《索隱》誤解，當從《正義》。《正義》曰："……"則無兩"見"字明矣。《趙策》亦無兩"見"字。

這是根據《正義》《索隱》注釋的被注正文，校證"夫破人"二句的兩個"見"字是衍文。

5.《論語·學而》："有朋自遠方來，不亦樂乎？"

何晏《集解》：包曰："同門曰'朋'。"

《釋文》："有朋"，"有"或"友"，非。

邢昺疏：鄭玄注《大司徒》云："同師曰'朋'，同志曰'友'。"

《易經·蹇卦》"九五，大蹇朋來"，孔穎達疏：鄭注《論語》云："同門曰'朋'，同志曰'友'。"

《周禮·大司徒·司諫》"朋友正其行而強之"，賈公彥疏：鄭注《論語》："同門曰'朋'，同志曰'友'。"

《白虎通·辟雍》："師弟子之道有三。《論語》：'朋友自遠方來。'朋友之道也。"

臧庸説：考班孟堅（班固）引用多爲魯《論》，包、鄭所注亦是魯《論》。然則魯《論》舊本作"朋友自遠方來"。陸氏所見本"有"作"友"，正與班、鄭等合，特"友"字當在"朋"下。何晏作"有朋"，未知何據。所采包注，亦刪節不完，其原本當亦有"同志曰'友'"一句，因經作"有"，故節之。

武億説：《白虎通》引"朋友自遠方來"，"有"正作"友"。袁山松《後漢書》"海内通士檀文友"，《群輔録》亦作"有"。《釋名》："友，有也，相保有也。""友""有"同用。或作"友"，與古傳本合，未可云非。

阮元據《白虎通》、鄭注，認爲"舊本皆作'友'字"。

何晏所引包氏本今佚，鄭注《論語》本亦佚。但班固《白虎通》引《論語》作"朋友"，説明漢代《論語》"有朋"一本作"朋友"。《釋文》記載一本作"友朋"。《易經·蹇卦》孔疏、《周禮·司諫》賈疏都引用了鄭玄注《論語》，都注"朋友"，並不單注"朋"或"友"，可見唐初鄭注《論語》猶存，其經文應作"朋友"。據考證，包咸、班固、鄭玄都是學魯《論》的，因此臧庸認爲魯《論》舊本作"朋友"，而武億則用古音通假説明"友""有"通用，《釋文》否定一本是不確的。

上舉前四例注疏本今存，末例注本已佚，但都可見古注舊疏在校勘上的價值是經過辨析而提供一種古本舊本的異文，是一種校勘正文的重要内證。

三、他書資料

所謂"他書"，是指本書及本書注疏以外的典籍類書。"他書資料"，是指他書中可供校勘本書的資料。具體地説，就是他書引用本書文辭和本書引用他書的文辭。由於古籍總是在前人知識經驗基礎上提出自己發明見解而著作的，因此，引用前人知識和被後人引用自己的見解，是自然而必然的。尤其一些重要的典籍文獻，更是經常被大量引用。一般地説，他書資料有三類：

1. 本書被他書用作思想理論資料或用作歷史資料，內容相同，文字相同或大體相同。因此，經過仔細比較分析，可以用作校勘本書的材料，反過來也可用本書作爲校勘他書的材料。例如《荀子·樂論》和《史記·樂書》都是取《禮記·樂記》而成的。試以《禮記·樂記》爲本，比較其中一節：

> 夫樂者，樂也，人情之所不能免也（《荀》"不能"作"必不"；此句下有"故人不能無樂"一句）。樂必發於聲音（《荀》"樂"下有"則"字；《史》"於"作"諸"），形於動靜，人之道也（《荀》以"形於動靜"斷句，"人之道也"作"而人之道"，讀連下句；《史》無"之"字）。聲音動靜，性術之變，盡於此矣（《荀》"於此"作"是"）。故人不耐無樂，樂不耐無形。形而不爲道，不耐無亂（《荀》《史》"耐"均作"能"，《荀》"無樂"作"不樂"，"樂不"作"樂則不"）。先王耻其亂（《荀》《史》"耻"均作"惡"，《荀》"亂"後有"也"字），故制《雅》《頌》之聲以道之，使其聲足樂而不流（《荀》《史》"足"下有"以"字），使其文足論而不息（《荀》《史》"足"下有"以"字；"論而不息"，《荀》作"辨而不諰"，《史》作"綸而不息"），使其曲直繁瘠（《荀》《史》作"繁省"）、廉肉節奏，足以感動人之善心而已矣（《荀》無"而已矣"三字）。不使放心邪氣得接焉（《荀》作"使夫邪污之氣無由得接焉"）。是先王立樂之方也（《荀》此下有"而墨子非之奈何"一句）。

可見《史記·樂書》全録《禮記·樂記》,僅"耐""能"、"論""綸"改通假字,"瘠""省"改同義字。《荀子·樂論》則間有一二論述語插入,如"故人不能無樂","而墨子非之奈何",顯係荀子語氣;其改"論而不息"爲"辨而不諰",實則亦爲解釋,以"論"爲"辨"之義,而"諰""息"古爲通假字;"不使"句改爲陳述語氣,也是便於理解;此外與《禮記·樂記》幾乎全同。據考,《樂記》爲孔子弟子公孫尼子所作,則荀子《樂論》、褚少孫補《樂書》都是以《樂記》爲思想理論根據而抄録《禮記》成文的,所以是較早的他書資料。

又如《史記》作先秦諸本紀,多取材於《尚書》。試比較《五帝本紀·堯本紀》中一節:

《尚書·堯典》:

　　若稽古帝堯,曰放勳。……克明俊德,以親九族。九族既睦,平章百姓。百姓昭明,協和萬邦。黎民於變時雍。乃命羲和,欽若昊天,曆象日月星辰,敬授人時。

《史記·堯本紀》:

　　帝堯者,放勳。……能明馴德,以親九族。九族既睦,便章百姓。百姓昭明,合和萬國。乃命羲和,敬順昊天,數法日月星辰,敬授民時。

其中除省略"黎民於變時雍"一句,全部用漢代語言直譯《堯典》原文。因而便成爲考辨《尚書》的重要他書資料。

這類相同或略同的他書資料,廣泛見於先秦兩漢諸子、史籍,其主要原因即是用作思想資料或歷史資料。除上舉二例外,又如《荀子·禮論》《史記·禮書》亦多取《禮記》成文;《荀子·宥坐》等五篇雜取記傳故事成篇，其中許多故事又爲《韓非子·說林》和《內外儲說》所取，而《韓詩外傳》又往往用以說《詩》；《史記》多取《戰國策》以撰寫戰國時期諸國世家及縱横家傳記，而《史記》所載當代人物紀傳又爲《漢書》採取；《吕氏春秋》《淮南子》等秦漢子書，廣用先秦典籍及歷史故事以成其説，因而頗多文字略同的片段資料，如《吕氏春秋·月紀》《淮南子·時則》便多取用《禮記·月令》，并與《逸周書·時訓》有着明顯繼承關係；等等。此外，造成這類他書資料的原因還有編纂錯譌，如《戰國策·楚策》載荀子與春申君書，又見於《韓非子·姦劫弑臣》及《韓詩外傳》；又有製造僞書，如魏、晉之際王肅《孔子家語》是雜取《大戴記》《禮記》等書記載而成，其文字與《荀子·宥坐》《韓非子·説林》及《韓詩外傳》等書雷同甚多，因而也都可用作校勘的他書資料。

六朝以後，這類相同或略同的他書資料，更多由於採輯筆記材料、總集選集作品資料而編撰歷史，輯録別集。因而筆記小説、歷史著作、總集、選集和別集之間，相互具有他書資料價值。例如干寶《搜神記》從《漢書·五行志》中搜集神鬼故事，房玄齡撰《晉書》從《世説新語》中吸取材料，歐陽脩撰《新唐書》頗取《國史補》《唐摭言》等唐五代人筆記材料。又如唐以前詩人作家別集大多爲後人輯本，因而史書、筆記中引載的作品便成爲輯録別集的重要來源；同時，《昭明文選》《玉臺新咏》等總集的編輯流傳，既保存了許多齊、梁以前作品，又爲集中作品提供了一種重要的校勘材料。諸如此類，都是可以互爲他書資料的。試舉二例：

（1）《世説新語·言語》：

過江諸人，每至美日，輒相邀新亭，藉卉飲宴。周侯中坐而嘆曰："風景不殊，正自有山河之異。"皆相視流泪。惟王丞相愀然變色曰："當共戮力王室，克復神州，何至作楚囚相對！"

《晉書·王導傳》全用此事：

> 過江人士，每至暇日，相要出新亭飲宴。周顗中坐而嘆曰："風景不殊，舉目有江山之異。"皆相視流涕。惟導愀然變色曰："當共戮力王室，克復神州，何至作楚囚相對泣邪！"

余嘉錫說：敦煌唐寫本殘類書《客游》篇引《世說》，"美日"作"暇日"，"新亭"上有"出"字，"正自有山河之異"句作"舉目有江山之異"，與《晉書》合，知唐人所見《世說》固作"江"。本篇袁彥伯嘆曰："江山遼落，居然有萬里之勢。"知"江山"爲晉人常語，不必改作"江河"也。

《晉書》此節用《世說》，但文字與今本《世說》小異。據余說，則《晉書》所見《世說》與今本《世說》別爲一本。所以除"周侯"改爲"周顗"，"王丞相"改爲"導"是《晉書》編撰需改語氣外，則《晉書》與《世說》可互爲他書資料。

（2）唐殷璠《河嶽英靈集》載王灣《江南意》：

> 南國多新意，東行伺早天。潮平兩岸失，風正一帆懸。海日生殘夜，江春入舊年。從來觀氣象，惟向此中偏。

殷璠評曰："灣詞翰早著，爲天下所稱最者不過一二。遊吳中作《江南意》詩云：'海日生殘夜，江春入舊年。'詩人已來少有此句，張燕公（說）手題政事堂，每示能文，令爲楷式。"

唐芮挺章《國秀集》載"洛陽尉王灣"《次北固山下作》：

客路青山外,行舟緑水前。潮平兩岸闊,風正一帆懸。海日生殘夜,江春入舊年。鄉書何處達,歸鴈洛陽邊。

這兩首詩其實是同一作品,但詩題不同,首聯末聯迥異。《國秀集》編成於唐玄宗天寶三載(744),《河嶽英靈集》成於天寶十二載(753),相差十年,但大致同時,因而爲輯録王灣此詩提供了可資校勘的較早兩種抄本。

2. 本書文辭被他書引用,或用作典故而被注釋引出原文。這類他書資料都是片段或片言只語。引用名言之例,上文已屢見不鮮,如《白虎通·辟雍》引《論語·學而》"朋友自遠方來"之類。典故注引原文,例如:

張協《七命》"鑽屈轂之瓠",《文選》李善注引《韓非子·外儲説左上》:

齊有居士田仲者,宋人屈轂往見之,謂仲曰:"轂有巨瓠,堅如石,厚而無竅,願效之先生。"田仲曰:"堅如石,不可剖而斮;厚而無竅,不可以受水漿。吾無用此瓠以爲也。"屈轂曰:"然其棄物乎?"曰:"然。""今先生雖不恃人之食,亦無益人之國矣,猶可棄之瓠也。"田仲若有所失,慚而不對。

今本《韓非子》則作:

齊有居士田仲者,宋人屈穀見之曰:"穀聞先王之義,不恃人而食。今穀有樹瓠之道,堅如石。厚而無竅,獻之。"仲曰:"夫瓠所貴者,謂其可以盛也。今厚而無竅,則不可剖以盛物;而任重如堅石,則不可以剖而以斟,吾無以瓠爲也。"曰:"然,穀將棄之。今田仲不恃人而食,亦無益人之國,亦堅瓠之類也。"

顯然，李善注引《韓非子》本與今本文字頗不同，如屈名"穀"作"轂"，注引本無"轂聞先生"二句，"樹瓠之道"作"巨瓠"，"獻之"作"效之先生"，注引本無"夫瓠所貴者"二句，等等，可見注引文字有刪節，但亦可校今本之不足。

又如《呂氏春秋·仲夏紀·古樂》：

> 昔陶唐氏之始，陰多滯伏而湛積，水道雍塞，不行其原。民氣鬱閼而滯著，筋骨瑟縮不達，故作為舞宣導之。

《漢書·司馬相如傳》"奏陶唐氏之舞"，顏師古注："陶唐"當為"陰康"，傳寫字誤耳。《古今人表》有葛天氏，陰康氏。《呂氏春秋》曰："昔陰康氏之始，陰多滯伏湛積，陽道雍塞，不行其序。民氣鬱閼，筋骨縮栗不達，故作為舞以宣導之。"高誘亦誤解云："陶唐，堯有天下之號也。"案《呂氏》說陰康之後，方一一歷言黃帝、顓頊、帝嚳，乃及堯舜作樂之本，皆有次第，豈再陳堯而錯亂其序乎？蓋誘不視《古今人表》，妄改易《呂氏》本文。

《後漢書·馬融傳》"所以洞蕩匈臆"，李賢注引《呂氏春秋》："昔陰康氏之始，陰多滯伏湛積。故作為舞以宣導之。"

《文選》傅毅《舞賦》"啟泰真之否隔兮"，張協《七命》"道氣以樂"，李善注引《呂氏春秋》："陶唐氏之時，陰多滯伏，陽道壅塞，人氣鬱閼，筋骨攣縮，作舞宣導之（《舞賦》注引無"人氣"二句）。"

上舉《漢書》顏師古注引為全文，《後漢書》李賢注引、《文選》李善注引均有刪節。據三注所引，高誘注《呂氏春秋》本，有三處可作校勘：一、據顏師古注和李賢注引文本，"陶唐"當為"陰康"。二、據三注所引，則"水道"當爲"陽道"，王念孫說："作'陽道'者是也。'陽道壅塞'與'陰多滯伏'正相對。後人以高注云'故有洪水之災'，遂改'陽道'爲'水道'。不知高注自謂陽道壅塞，故有洪水之災，非正文内本有'水'字也。"三、王念孫說："'原'當爲'序'，字之誤也。《莊子·則陽》篇"隨序之相理"，《釋文》："序"或作"原"。陽道壅塞，故行不由序。別本作'不行其次'，'次'亦'序'也。《漢書·司馬相如傳》注引此，正作'陽道壅塞，不行其序'。"由此可見，注引典故出處原文，作爲他書資料，其實是提供一種古本異文依據。

由於古人著述及注釋都較近原著年代，其所見原著版本往往爲今佚的古本，因此搜集辨析這類他書資料，便爲本書取得一種内證。在無他本可校的情況下，這類他書資料便是一種重要的校勘考證材料。所以唐代以前的一些著名的注本，由於引用了豐富的古書資料，便成爲輯佚和校勘的寶貴的材料，如《三國志》裴松之注、《史記》裴駰集解、《世說新語》劉孝標注、酈道元《水經注》、《文選》李善注、《漢書》顔師古注、《後漢書》李賢注、《史記》張守節正義、《史記》司馬貞索隱以及釋玄應、釋慧琳《一切經音義》等。

3. 古代因各種需要而編輯的各種類書，彙集了許多古書資料和古代作品，所謂"古籍散亡，十不存一，遺文舊事，往往託以得存"（《四庫全書總目·類書類序》），因而也是校勘古書的重要的他書資料。今存重要類書，如唐魏徵《群書治要》五十卷（今存四十七卷）、馬總《意林》五卷、歐陽詢《藝文類聚》一百卷、虞世南《北堂書鈔》一百六十卷、徐堅等《初學記》三十卷、宋李昉等《太平御覽》一千卷、王欽若等《册府元龜》一千卷及李昉等《太平廣記》五百卷等等，都是摘錄彙集唐宋以前經史子集及神怪古籍善本著作而成的，歷來爲校勘考證所重視。例如：

（1）《墨子·親士》："是故江河之水,非一源也。"

畢沅本校作："是故江河之水,非一水之源也。"其說曰："舊云非一源也。"據《初學記·江》引此,增（"水之"）二字；《裘》引此與舊同。《藝文類聚》引作"非一水之源",《北堂書鈔》引作"非一源之水"。古無"源"字。本書《修身》云："原濁者,流不清。"只作"原"。此類俗寫亂之,非舊文也。

王念孫說：此本作"江河之水,非一源之水也",今本脫"之水"二字,而"一源"二字則不誤。《北堂書鈔·衣冠部三》《初學記·器物部》引此並作"非一源之水"。《初學記·地部中》引作"非一源之流","流"字雖誤,而"一源"二字仍與今本同。畢謂《初學記》作"一水之源",誤也。《太平御覽·服章部十一》引作"江河之水非一源,千鎰之裘非一狐",皆節去下二字,而"一源"二字亦與今本同。其《藝文類聚·衣冠部》引作"非一水之源"者,傳寫誤耳。

"一源"究竟是"一水之源",還是"一源之水",疑難紛歧都由類書摘錄《墨子》此語的不同而引起的。計《初學記》二條,《北堂書鈔》《藝文類聚》《太平御覽》各一條,共提供了五條他書資料。

（2）《墨子·辭過》："冬則練帛之中足以爲輕且清。"

畢沅本校作："冬則練帛之中,足以爲輕且煖,夏則絺綌輕且清。"其說曰：舊脫"煖夏則絺綌輕且"七字,據《北堂書鈔》增。

王念孫說："夏則絺綌輕且清"本作"夏則絺綌之中,足以爲輕且清",與"冬則練帛之中,足以爲輕且煖"對文。《北堂書鈔·衣冠部三》引作"冬則練帛輕且煖,夏則絺綌輕且清",省文也。若下二句內獨少"之中足以爲"五字,則與上二句不對矣。《群書治要》所引,上下皆有此五字,當據補。

畢沅根據《北堂書鈔》校補了《墨子》脱文七字,王念孫根據《群書治要》校補了十二字。據上二例,可見類書作爲校勘古籍的他書資料是重要的,其實質是提供了有關的唐宋以前的古本異文。雖然有不少是删節的文句,但也有較好的善本。其價值和引文相同。

四、甲骨金石碑刻文物資料

甲骨斷片、殷周銅器、秦漢石刻以及魏晉歷代碑石,所有今存的各類鐫刻文字的文物,爲研究古代歷史和古代文字提供了極爲豐富的寶貴資料。但對於校勘來説,其作用各不相同。概括起來,大部分屬於外證材料,小部分可爲内證材料。

甲骨文字主要記載殷商歷史,對周代以後的古籍,具有校證史實、辨證文字、考證訓詁等方面的作用,並非校勘的内證材料。例如王國維《殷卜辭中所見先公先王考》,根據殷墟卜辭考證殷商王室世系,正確疏通了一些史實和訓詁,澄清古籍記載中許多文字通借和錯譌混亂。但其中有不少古籍原著本來就是以譌傳譌,並非後人抄寫刊印錯誤或妄改的。因而其考證成果可以訂正古籍原著錯譌,並非校勘性質。試以其中《王亥》爲例:

卜辭多記祭王亥事,《殷虚書契前編》有二事:曰"貞㞢于王亥"(卷一第四十九葉),曰"貞之于王亥,卅牛,辛亥用"(卷四第八葉)。《後編》中又有七事:曰"貞于王亥,求年"(卷上第一葉),曰"乙巳卜□貞之于王亥十"(下闕,同上第十二葉),曰:"貞:㞢於王亥"(同上第十九葉),曰"㞢於王亥"(同上第三十三葉),曰"癸卯□貞□□高祖王亥□□□"(同上第二十一葉),

曰"甲辰卜□貞：來辛亥，酒於王亥，卅牛，十二月"（同上第二十三葉），曰"貞，登王亥羊（同上第二十六葉），曰"貞之于王亥□三百牛"（同上第二十八葉）。《龜甲獸骨文字》有一事，曰"貞：酒于王亥，五牛"（卷一第九葉）。觀其祭日用"辛亥"，其牲用"五牛""三十牛""四十牛"，乃至"三百牛"。乃祭禮之最隆者，必爲商之先王先公無疑。

案《史記·殷本紀》及《三代世表》，商先祖中無王亥，惟云："冥卒，子振立；振卒，子微立。"《索隱》："振，《系本》作'核'。"《漢書·古今人表》作"垓"。然則《史記》之"振"，當爲"核"，或爲"垓"，字之譌也。《大荒東經》曰："有困民國，句姓而食，有人曰王亥，兩手操鳥，方食其頭。王亥托於有易、河伯仆牛。有易殺王亥，取仆牛。"郭璞注引《竹書》曰："殷王子亥，賓於有易而淫焉。有易之君緜臣殺而放之。是故殷主甲微假師於河伯，以伐有易，克之，遂殺其君緜臣也。"（此《竹書紀年》真本，郭氏隱括之如此。）今本《竹書紀年》："帝泄十二年，殷侯子亥，賓於有易。有易殺而放之。十六年，殷侯微以河伯之師伐有易，殺其君緜臣。"是《山海經》之"王亥"，古本《紀年》作"殷王子亥"，今本作"殷侯子亥"，又前於上甲微者一世，則爲殷之先祖冥之子、微之父無疑。《卜辭》作"王亥"，正與《山海經》同。又祭王亥皆以亥日，則亥乃其正字。《世本》作"核"，《古今人表》作"垓"，皆其通假字。《史記》作"振"，則因與"核"或"垓"二字形近而譌。夫《山海經》一書，其文不雅馴。其中人物，世亦以子虛烏有視之。《紀年》一書，亦非可盡信者，而"王亥"之名，竟於卜辭見之。其事雖未必盡然，而其人則確非虚構。可知古代傳說存於周、秦之間者,非絕無根據也。

　　王亥之名及其事迹,非徒見於《山海經》《竹書》,周、秦間人著書多能道之。《吕覽·勿躬篇》:"王冰作服牛。"案篆文"冰"作"仌",與"亥"字相似,"王仌"亦"王亥"之譌。《世本·作篇》:"胲作服牛。"(《初學記》卷二十九引,又《御覽》八百九十九引《世本》:"鮌作服牛。""鮌"亦"胲"之譌。《路史》注引《世本》:"胲爲黄帝馬醫,常醫龍。"疑引宋衷注。《御覽》引宋注曰:"胲,黄帝臣也,能駕牛。"又云"少昊時人,始駕牛"。皆漢人説,不足據。實則《作篇》之"胲",即《帝系篇》之"核"也。)其證也。"服牛"者,即《大荒東經》之"仆牛",古"服""仆"同音。楚辭《天問》:"該秉季德,厥父是臧。胡終弊於有扈,牧夫牛羊?"又曰:"恒秉季德,焉得夫朴牛?""該"即"胲","有扈"即"有易","朴牛"亦即"服牛"。是《山海經》《天問》《吕覽》《世本》皆以王亥爲始作服牛之人。蓋夏初奚仲作車,或尚以人挽之。至相土作乘馬,王亥作服牛,而車之用益廣。《管子·輕重·戊》云:"殷人之王立帛牢,服牛馬,以爲民利,而天下化之。"蓋古之有天下者,其先皆有大功德於天下。禹抑鴻水,稷降嘉種,爰啓夏、商。商之相土、王亥,蓋亦其儔。然則,王亥祀典之隆,亦以其爲制作之聖人,非徒以其爲先祖。周、秦間王亥之傳説,胥甲是起也。

　　王氏考定殷王先祖亥是冥之子,上甲微之父,古代首創套牛駕車的賢王,即周、秦古籍所載的"亥""振""核""垓""冰""該""胲",從而使有關古籍中的史實得以理解,同時訂正了其中文字錯譌。這無疑是卓越的發明。從卜辭的"亥"演變爲"核""垓""該""胲",

顯然是古音通假的原故。“核”或“垓”譌爲“振”，是形似而譌。“亥”誤爲“冰”則是篆文形近而譌。從校勘學上看，卜辭的“亥”，是歷史知識的外證；“亥”與“核”“垓”等相通，是文字學、音韻學的外證；都不能成爲把“核”“垓”等字改爲“亥”的内證根據。因此，王氏恰當地根據《系本》“核”和《漢書》“垓”、卜辭“亥”，斷定“振”爲誤字，而正字當作“核”或“垓”，不作“亥”。這正説明王氏嚴格區别考證和校勘，卜辭的“亥”是歷史、文字、音韻和考證依據，可以作爲校勘有關古籍文字的外證即旁證，不能作爲校正本文的版本即内證依據。

殷周彝器銘文，即鐘鼎文字資料，其學術作用和價值，與甲骨文字資料略同，主要在歷史考古和文字、音韻、訓詁方面，對校勘則主要起外證作用。例如：

1.《管子・問》：“群臣有位事官大夫者幾何人？”

尹注：群臣自有位事，乃左官於大夫。

于省吾説：金文“位”均作“立”，是“有位事”即“有立事”。群臣均有位，不須再言“位事”，注説失之。“立”字，經傳通用“涖”。此言群臣有臨事而官大夫者，幾何人也。下文“其位事幾何年矣”。丁士涵云：“位”當作“涖”，是也。金文“立事”習見。《國差𦉜》：“國差立事。”《陳猷釜》：“陳猷立事。”《陳㝵壺》：“陳㝵再立事。”《子禾子釜》亦有“立事”之語。《古陶鉨》：“陳□三立事。”以上爲“立事”均見於齊器之證。

這是列舉齊國彝器銘文中“立事”，以證《管子》“位事”即“立事”，而“立”又通“涖”，都是文字、音韻上的考證，可用以訓詁詞義，但不爲校勘。

2.《荀子·君道》:"斗斛敦概者。"

于省吾說:"敦"之形制,前人多未詳,又古籍每"敦""簋"互譌。金文"敦"字作"錞","簋"字通作"毁"。《穆天子傳》:"六敦壺尊四十。"此"六敦"乃"六毁"之譌。蓋敦於彝器中僅數見,又時代皆在東周以後。《窓鼎》:"用爲寶器鼎二毁二。"《函皇父毁》:"函皇父作琱娟盤盉尊器毁具,自豕鼎降十,又餿(毁)八,兩鑸兩鐽。"《蕭侯毁》:"妳作皇妣宝君仲妃祭器八餿(毁)。"至敦之形制,彝器中唯《陳侯午錞》及《陳侯因䏍錞》而已。宋代及清代學者考定彝器,所稱敦者,均"毁"之譌。《秦公毁》有秦漢間人所鏨款識,蓋文云:"□一斗七升大半升。"器文云:"西元器一斗七升奉毁。"然則此篇所謂"斗斛敦概者","敦"亦本應作"毁"。

這是根據彝器銘文考證古籍中"敦"與"毁"因形近而互譌,此處"敦"當作"毁",即"簋"字,實則屬於文字和訓詁的考證,對校勘此文可作外證。

3.《呂氏春秋·孟冬紀》:"必功致爲上物勒工名,以考其誠。"

高誘注:"物",器也。勒銘工姓名,著於器,使不得詐巧,故曰"以考其誠"。

梁玉繩說:後世制器鎸某造,蓋始於秦。

于省吾說:周代彝器已有勒工名者。如《國差譫》:"攻市傓。""攻市"即"工師","傓"乃工師之名。至晚周戎器,勒工師某者習見,"工師"二字多合文作"禾:"。

這是考證彝器上刻王師名的制度開始時代,不涉校勘,而有助於訓詁。

秦漢以後刻石制碑,留下豐富的文字資料。由於許多碑刻是完整作品，因此不僅具有歷史、文字、音韻等方面的學術資料價值，而且具有較高的校勘資料價值。例如今存唐文宗開成二年（837）刻成的十二經，史稱開成石經或唐石經，實則便是唐代校正雕刻而完整保存的一種古本，其價值誠如嚴可均所説："以之復古則不足，以正今誤則有餘。世間無古本，石經即古本矣。"（《唐石經校文序》）又如歷代名家所銘記碑志文章，倘使碑石今存，便是該碑文的原版，最可靠的校勘依據。因此碑刻資料與甲骨鐘鼎文字資料在校勘上的價值不同，就在於不僅可作外證資料，而且提供了許多内證資料。例如唐代元結《浯溪銘》有石刻拓本，據以校今存刻本及《全唐文》所錄，則有錯譌脱落。全文共一百一十三字，《全唐文》所錄便有脱落一字、一句，誤字四。

　　總起來説，無論古本舊本、古注舊疏、他書資料和甲骨金石，作爲校勘古籍的材料依據，其實質或是本書的一種内證資料，或是分析判斷異文的一種外證材料。因此在使用各類材料時，必須對每一條具體材料進行具體分析，確定其與本書關係，辨別其所具有的校勘價值，然後才可發揮其應有的佐證作用，成爲一種科學考證所需的可靠材料依據。上述四類材料依據只是從一般理論上加以概括説明。在具體從事校勘實踐時，並不是要求每一疑難字句的校勘都必須具備這四類材料，也不可能齊備。作爲一種原則，應儘可能掌握各種材料，力求充分有説服力地提出證據。這就是説，從一般理論、一般方法和一般材料要求，到運用於校勘的具體實踐，還必須根據具體情況，分別採取具體的步驟和具體的方法，掌握具體的材料，提出具體的證據。

第五章　致誤原因的分析和校勘通例的歸納

第一節　分析致誤原因、歸納各類通例是校勘學的重要組成部分

　　古籍是由文字形式和知識內容兩部分構成的。古籍在歷史傳播中所造成的紛繁錯譌，在內容上表現爲歧解，在形式上表現爲異文。校勘的具體任務是分析判斷異文的正誤。但是校勘的正誤準則並不與內容是非、字體規範完全一致。根據校勘的存真復原的根本原則，其正誤的準則是力求與原稿文字一致。內容正確的文字可能是校勘必須訂正的誤字；對原稿內容錯誤的文字進行釐正，屬於考據的任務，不是校勘的職責。不合規範的文字也可能是不應訂正的正字，對古籍文字進行正字法的訂正是違反校勘原則的。由於普及而對古籍文字作便讀的改變，是傳播文化的時代需要，不是校勘學研究的課題。但在實踐中，把握校勘的正誤準則，往往容易偏向以內容的正確理解作爲勘誤的標準。正是由於這種經常產生的偏向，歷史上對校學派和理校學派發生過論爭。實踐表明，把握校勘的正誤準則，必須有可靠的版本依據，也應當全面了解著者的思想和原書的內容，取得一致的證據。而作爲把握校勘正誤準則的一個重要保證，就是對文字致誤原因進行具體分析。如果有說服力地說明致誤原因，往往排除主觀臆斷和任意妄改。因而研

究致誤原因,歸納其中規律性現象,總結出各類校勘通例,就成爲校勘學的重要組成部分。

第二節　疑誤和異文

　　發現錯誤是分析判斷錯誤的前提。錯誤基本上可分爲兩大類:一類是有形可見的,一類是無迹可尋的。從不同版本的對校中發現不同文字,既有異文,則肯定其中必有正誤,這是有形可見、容易發現的錯誤;另一類是對校各本俱同,並無異文,表面上沒有錯誤痕迹,但實際上其中確有錯譌,這是無迹可尋、較難發現的錯誤。前一類即是異文,後一類則屬疑誤。

　　疑誤的意思是懷疑有錯誤,其實質是校者根據有關知識發現疑難,認爲存在錯誤。一般地說,在各種版本和他書資料完備的情況下,經過認眞仔細的對校,沒有發現異文,校勘過程往往終止,可以宣告無譌。但是由於年代久遠,版本和他書資料完備困難,因此事實上常常存在一種現象:在現有資料對校無異的情況下,仍然發現疑誤,通常是發現文理不通的疑誤,或者發現名物制度上矛盾的疑誤,或者發現歷史事實上牴牾的疑誤,或者發現音韻上不合古音的疑誤等等。這就是說,沒有異文,但有疑難,其中肯定存在錯誤,應予考證。

　　異文的意思是不同的文字,其實質是原稿文字和各種錯誤文字。一種古籍在傳播過程中所產生的異文現象是錯綜複雜的,有字體演變而造成的古今字、異體字、錯別字,有傳抄刻印中產生的俗字、簡字、錯別字,有抄寫的脱漏,有無意的增添,也有臆斷的擅改，還有無知的妄改。總之，凡誤、漏、增添、顛倒、次序錯亂者，統稱異文。古代校勘學中形成的概念名稱，分別叫做：誤字、脱文、衍文、倒文或乙文、錯簡。

校勘學要研究有形可見的異文的成因，確定其正誤；同時也要研究無迹可尋的疑誤。但應區別性質，謹慎處理。

第三節　誤字通例

校勘學中的誤字，與正字規範的錯別字不同，兩者有重合的，更有不重合的。誤字就是錯別字時，兩者重合。但誤字有不屬於錯別字的，錯別字在一定條件却是正字，兩者就不重合。試看下例。

1.《管子·形勢》："裁大者，衆之所比也。"

"裁"通"材"，"比"通"庇"。如果依照今天正字規範，這兩個通假字應視爲錯別字，這兩句應寫爲"材大者，衆之所庇也"。但是從校勘學看，"裁""比"都是正字，改成"材""庇"，是損害原書面貌，不合《管子》時代文字實際的。

2. 又《權修》："是以臣有殺其君，子有殺其父者。"

宋本《管子》，此二"殺"字并作"弑"。從詞義和正字規範看，此"殺"字當爲"弑"。但春秋以前無"弑"字，不論上殺下或下殺上，都稱"殺"。把下殺上區別爲"弑"，是後起的。因此，儘管有宋本依據，但正字應爲"殺"，非"弑"。

例1爲通假字，例2爲古今字，實質都是異形同音詞，而文字學和校勘學的正誤準則在這裏恰好相反。這是由於校勘的根本原則是存真復原，判斷正誤的準則要求盡力符合原稿面貌，因而誤字是具體的，不受正字規範的約束。具體地説，誤字的確定，要以原稿文字爲準，以字形爲限，以原稿著作時代的文字實際情況爲根據，因而是具體變動的，不是絶對不變的。應當着重指出，誤字只指字形而言，不受音義制約。如上舉二例，正字"裁""比""殺"，誤字"才""庇""弑"，只指《管子》一書中此三字的正誤，甚至只限於此二處，不能以此爲通例而移用他書他處。至於爲了讀懂讀通，説明"裁"通"才"，"比"通"庇"，"殺"同"弑"，這是注釋的任務。而爲了説明正誤的理由，指出致誤原因，從而歸納出具有一定條件的校勘通例，便是校勘學的任務。

每一處誤字的致誤原因都是具體的。但是造成誤字的具體原因，有許多相同的現象。從這些相同現象中抽象出共同的規律，加以總結，説明產生這相同現象的一般條件，就可以取得在這一般條件下通行的類例。這就是校勘通例。用之於誤字，便是判斷誤字的通例。熟悉、掌握各類校勘通例，有助於發現、判斷誤字。古籍文字錯誤可分有意致誤、無意致誤兩類情況。編撰者的臆斷擅改、無知妄改、任意删改等，都屬有意致誤。傳抄的疏忽不知、便書簡化以及原書模糊、刻板壞脱等，都屬無意致誤。但這兩類致誤原因都屬思想意識和態度問題，用克服主觀片面和努力認真細致來解決。校勘學要研究的是致誤的知識方面的原因。例如對臆斷擅改，應研究爲什麽判斷錯誤，根據什麽改成什麽；不研究爲什麽主觀臆斷，爲什麽敢於擅改。又如對無知妄改，爲什麽無知是不需研究的，應研究的是把什麽改成什麽。説到底，錯誤就是改變了原稿原文，都是改的結果，也都表現爲改。所以分析致誤原因，歸納校勘通例,應從知識方面,主要從文字形式方面尋找原因,總結共同性的規律。換言之,即應根據文字、音韻、訓詁和版本以及有關的專業知識,而不多着重思想意識、態度。從這方面説,誤字的通例,主要有下述幾類。

一、字形致誤,即王引之《經義述聞·通説》所歸納的"形譌"。

由於漢字形體幾經演變,篆隸章草行楷至於印刷字體,又由於便於抄寫而產生大量俗字、簡字以及重文省略、缺字空圍等符號,造成了各種字形致誤的類型。

1. 古文形似而誤

《周禮·春官·樂師》:"燕射,帥射夫以弓矢舞。"

鄭玄注引鄭司農云:"舞"當爲"燕";"率"當爲"帥";"射矢",《書》亦或爲"射夫"。

可知鄭衆所見本"射夫"誤爲"射矢",是古文"夫"與"矢"形似而誤。

又《冬官·考工記·梓人》:"觗三升。"

賈公彦疏引鄭玄《駁五經異義》,云:"觶"字"角"旁"支",汝潁之間師讀所作。今《禮》"角"旁"單",古書或作"角"旁"氏"。"角"旁"氏",則與"觗"字相近。學者多聞"觗",寡聞"觗",寫此書亂之而作"觗"耳。

可知古文"觶"或作"觝",與"觗"形似而誤爲"觗"。上二例爲漢代學者指出的形似而誤之例。又如:

《管子·大匡》:"同甲十萬,車五千乘。"

于鬯説:"同"蓋"舉"字之誤。金刻"舉"字多作"舁",與"同"字形相似,故誤"舉"爲"同"。"同甲十萬、車五千乘"者,舉甲十萬,車五千乘也。下文云,謂管仲曰:"我士既練,吾兵既多,寡人欲服魯。"是桓公起甲十萬,車五千乘,以伐魯也。而房(玄齡)注乃云:"同甲"謂完堅齊等。無論其望文生義,且使無"舉"字以領句,句義安得完足乎?

《莊子·山木》:"莊子舍於故人之家。故人喜,命竪子殺鴈而烹之。"《釋文》:亨,普彭反,煮也。

王念孫説:"亨",讀爲"享"。"享之",謂享莊子。故人喜莊子之來,故殺鴈而享之。"享"與"饗"通。《吕氏春秋·必己》篇作"令竪子爲殺鴈饗之",是其證也。古書"享"字作"亨","烹"字亦作"亨",故《釋文》誤讀爲"烹",而今本遂改"亨"爲"烹"矣。原文作"亨",故《釋文》音普彭反,若作"烹",則無須音釋。

《韓非子·説林上》:"群臣有内樹黨以驕主,有外爲交以削地,則王之國危矣。"

王念孫説:"削地"當爲"列地"。"列",古"裂"字。裂,分也。言借外權以分地也。《韓策》作"或外爲交以裂其地",是其明證矣。"列"字本作"𠛱",形與"削"相似,因誤爲"削"。

上舉三例皆因不識古文而誤。這種古文形似而今文誤改,又表現爲同一字誤爲若干別字。如"其"字古文爲"丌",有:

誤爲"六"。《周官·地官·鄉師》:"歲終則考六鄉之治。""鄉師"爲一鄉之吏,治其鄉,不旁治他鄉,可知"六"當爲"其"字之誤。

誤爲"亦"。《墨子·公孟》:"魯有昆弟五人者,其父死,其長子嗜酒而不葬,其四弟曰……"一本"其"字并誤作"亦"。

誤爲"介"。《左傳》昭公二十四年:"晉侯使士景伯涖問周故。

士伯立於乾祭,而問於介衆。"杜預注:"介,大也。"王引之説:言衆,則周之國人胥在是矣,無取更言大也。書傳亦無謂國人爲"介衆"者。"介"疑當作"亓"。"亓",古"其"字。問於其衆者,問於周之衆庶也。"亓"與"介"字形相似,故誤。

誤爲"无"。《周易·雜卦傳》:"噬嗑,食也。賁,无色也。"俞樾説:蓋以食、色相對成文,加"其"字以足句也。"其"從古文作"亓",學者不識,遂改作"无"字,雖曲爲之説而不可通矣。

誤爲"示"。《逸周書·文政》:"基有危傾。""基"通"其",古文作"亓"。改爲"示",句爲"示有危傾",義不可通。

誤爲"元"。《國語·吴語》:"伯父多歷年以没其身。"改"其"爲"元",義不可通。

反之,則"六"誤爲"其",例如:

《管子·重令》:"明主能勝其攻,故不益於三者,而自有國正天下;亂主不能勝其攻,故亦不損於三者,而自有天下而亡。"王念孫説:"其攻"皆當爲"六攻",字之誤也。《版法解》亦曰:"明君能勝六攻,不肖之君不能勝六攻。"

由此可見,先秦古籍在漢代文字隸變以後,傳抄中因形似而誤,學者因形似而誤以致望文生義,是相當普遍的致誤原因,所以古文形似而誤是校勘秦、漢古籍的一個通例。

2. 隸書形似而誤

《周易·同人》象辭:"同人之先,以中直也。"王引之説:"先"當爲"笑",謂"九五:同人先號咷而後笑"也。"笑"字,隸書作"关",與"先"相似,又因經文"先"字而誤爲"先"耳。

《淮南子·道應訓》:"於是欨非勃然瞋目,攘臂拔劍。"各本"瞋目"作"瞑目"。王念孫説：隸書"真""冥"相似，而各本"瞑目"遂誤爲"瞑目"，且誤在"勃然"之上矣。

《漢書·酷吏傳》（田延年）："今縣官出三千萬自乞之，何哉！"宋祁説："江南本作'自之'，徐鍇改'自'作'丐'。"王念孫説："'乞'字後人所加。'自'當爲'匃'。《廣雅》曰：'匃，與也。'謂出三千萬與之。故師古曰：'匃，謂乞與之也。'《漢紀》作'出三千萬錢與之'，是其證。隸書'匃'字作'匂'，形與'自'相似，因譌爲'自'。徐鍇改'自'作'丐'，即'匂'字也。江南本作'自之'，'自'下本無'乞'字。"

上三例表明，在漢魏隸變爲楷書之際，傳抄中往往把隸書誤抄爲楷體的形似別字。

3. 草書形似而誤

《文選》韋孟《諷諫詩》："於赫君子，庶顯於後。"李善注："歎美昔之君子，能庶幾自悔，故光顯於後。"王念孫説："如此注，則李善本本作'於昔君子'。《漢書·韋賢傳》亦作'昔'。顏師古曰："言昔之君子，庶幾善道，所以能光顯於後世也。"李周翰注曰：'於赫，美也，言何不美君子之道，庶光明於後代。'據此，則五臣本已作'於赫君子'。今李善本亦作'赫'，則後人據五臣改之耳。'昔'字俗書作'𦒳'，'赫'字俗書作'𫒡'，二形相近，故'昔'譌爲'赫'。'於赫美也'，古亦無此訓。"

《文選》宋玉《高唐賦》："其鳴喈喈，當年遨遊。"李善注：一本云："子當千年，萬世遨遊"，未詳。王引之説："'年'當爲'羊'，草書之誤也。'當羊'即'尚羊'，'尚'讀如'常'。古字假借耳。《楚辭·惜誓》：'託回飆乎尚羊。'王逸注曰：'尚羊，遊戲也。'正與'遨遊'同義。或作'常羊'，或作'徜徉'，並字異而義同。"

《淮南子·齊俗訓》:"柱不可以摘齒,筐不可以持屋。"高誘注:"筐,小簪也。"《太平御覽·居處部》十五引作"蓬不可以持屋"。王念孫説:"'筐'與'蓬',皆'筳'字之誤也。'筳'讀若'庭',又讀若'挺'。'庭''挺'皆直也。《爾雅》:"庭,直也。"《考工記·弓人》注:"挺,直也。"小簪形直,故謂之筳。小簪謂之筳,小折竹謂之筳,草莖謂之莛,杖謂之梃,皆以直得名。柱與筳,大小不同,而其形皆直,故類舉之。若筐與蓬,則非其類矣。《玉篇》:'筳,徒丁切,小簪也。'義即本於高注。此言大材不可小用,小材不可大用。故柱可以持屋,而不可以摘齒;小簪可以摘齒,而不可以持屋也。'筳'字隸書或作"莛",隸書從竹之字或從艸。形與'蓬'相似;'筐'與'筳'草書亦相似,故'筳'誤爲'筐',又誤爲'蓬'矣。"

上三例表明,在傳抄中因不識草書,用楷體形似之字書寫,故成誤字。有的誤字,後成俗字,如"赫"字俗書爲"苏"字,鮮爲人知,字典亦未收。

4. 俗字、簡字形似而誤

《淮南子·原道訓》:"欲肉之心亡於中,則飢虎可尾。""肉"字俗作"宍",一本誤作"寅",各本誤作"害"。

又《齊俗訓》:"夫水積則生相食之魚,土積則生自肉之獸。"各本均誤作"自穴之獸",亦因"肉"俗字"宍"形似"穴"而誤。

又《氾論訓》:"姦符節,盜管璽。"高誘注:"璽,印封。"俗字"璽"字作"釒",各本誤爲"金"。

《論衡·累害》:"蜂蠆之黨,啄螫懷操。""啄"字當爲"喙",形似而誤。"操"當爲"憯"。《荀子·議兵》:"憯如蜂蠆。"《淮南子·俶真》:"蜂蠆螫指,蚊虻嚼膚。蜂蠆之螫毒,而蚊虻之憯怛也。"《説文》："憯，毒也。"是用語之本。"憯"誤爲"憳"。"憳"爲"操"俗字，遂誤爲"操"。

《韓非子·外儲説左下》："孫叔敖相楚，棧車牝馬，糲餅菜羹。"王念孫説，"餅"當爲"飰"，"飰"與"飯"同。因字形相似而誤。《初學記·器物部》引此正作"糲飯"。

上諸例表明，古人因便而書寫簡體俗字，後人誤認爲別字。

5. 一般形似而誤

《左傳》昭公二十四年："日過分，而陽猶不克。克必甚，能無旱乎？陽不克莫，將積聚也。"杜預注："陽氣莫然不動，乃將積聚。"王引之説："'陽不克莫'，甚爲不辭。'莫然不動'之解，亦爲皮傅。今案，'陽不克'，絶句。'莫'當作'其'，下屬爲句。言陽氣不克，其將積聚而爲旱也。'其''莫'字形相似，故'其'譌作'莫'。"

《論語·述而》："子釣而不綱。"孔曰："釣者，一竿釣。綱者，爲大網以橫絶流，以繳繫釣，羅屬著綱。"王引之説："'綱'爲'網'之譌，謂不用網罟也。孔注據誤本'綱'字作解，失之。'網'與'綱'相似，而誤爲'綱'。"

《論衡·感虛》："湯困夏臺。"黄暉説："'困'當作'囚'。《命義》篇正作'囚'。朱校元本作'因'，足證今本'困'爲'囚'之譌。"按，"囚""因""困"，皆形似而譌。

《韓非子·主道》："是以不言而善應，不約而善增。"俞樾説："'增'乃'會'字之誤。'不約而善會'，亦即《老子》所謂'善結無繩，約而不可解'也。'善會'，猶善結也。'會'字誤作'曾'，校者又誤改作'增'。"

上四例爲一般字形相似而誤。

6. 一字誤爲兩字

《禮記·祭義》:"建設朝事,燔燎羶薌,見以蕭光,以報氣也。此教衆反始也。薦黍稷,羞肝肺,首心,見間以俠甒,加以鬱鬯,以報魄也。"鄭玄注:"見及、見間,皆當爲'覵'字之誤也。"

《史記·蔡澤傳》:"吾持梁刺齒肥。"裴駰《集解》:"持梁,作飯也。'刺齒'二字,當作'齧',又作'齕'也。"司馬貞《索隱》:"'刺齒'二字字誤,當爲'齧'字也。'齧肥'謂食肥肉也。"

《孟子·公孫丑》:"必有事焉而勿正,心勿忘,勿助長也。"顧炎武《日知錄》引倪文節謂:"當作'必有事焉而勿忘,勿忘,勿助長也'。傳寫之誤,以'忘'字作'正心'二字。言養浩然之氣,必當有事而勿忘,既已勿忘,又當勿助長也。疊二'勿忘',作文法也。"

《禮記·緇衣》:"故君民者,子以愛之,則民親之;信以結之,則民不倍;恭以涖之,則民有孫心。"惠棟謂:"'孫心'當作'愻',猶《祭義》'見間'當爲'覵',《史記》'刺齒'當爲'齧',《孟子》'正心'當爲'忘',皆一字誤爲二字也。《說文》:'愻,順也。'《書》云:'五品不愻。'今文《尚書》作'訓',古文《尚書》作'愻',今孔氏本作'孫'。衛包又改作"遜"。古文亡矣。《緇衣》猶存古字。"

上四例表明,由於漢字結構往往是兩個可以獨立的字形拼合而成,因而可能把一個字誤認爲兩個字。

7. 兩字誤爲一字

《戰國策·趙策》:"太后明謂左右,有復言令長安君爲質者,老婦必唾其面。左師觸聾願見太后。太后盛氣而揖之。"

姚宏校注:一本無"言"字。

吳師道校注:史亦作"龍"。案《說苑》《敬慎》篇:"魯哀公問孔子,夏桀之臣有左師觸龍者,諂諛不正。"人名或有同者。此當從"讋"以別之。

　　王念孫説:吴説非也。此策及《(史記)趙世家》皆作"左師觸龍言願見太后"。今本"龍言"二字誤合爲"讋"耳。太后聞觸龍願見之言,故盛氣以待之。若無"言"字,則文義不明。據姚云"一本無言字",則姚本有"言"字明矣。而今刻姚本亦無"言"字,則後人依鮑本改之也。《漢書·古今人表》正作"左師觸龍"。又《荀子·議兵》篇注曰:"《戰國策》趙有左師觸龍。"《太平御覽·人事部》引此策曰:"左師觸龍言願見。"皆其明證矣。又《荀子·臣道》篇曰:"若曹觸龍之於紂者,可謂國賊矣。"《史記·高祖功臣侯者表》有"臨轅夷侯戚觸龍",《惠景間侯者表》有"山都敬侯王觸龍"。是古人多以觸龍爲名,未有名"觸讋"者。

　　馬王堆所獲《戰國策》帛書,作"觸龍"。

　　《淮南子·說林訓》:"狂者傷人,莫之怨也。嬰兒詈老,莫之疾也。賊心兦。"高誘注:"賊,害。"王念孫引陳氏觀樓曰:"兦"字當爲"亡也"二字之譌。亡,無也。言狂者與嬰兒皆無賊害之心,故人莫之怨也。《意林》引此作"無心也",蓋脱"賊"字。

　　《淮南子·人間訓》:"孫叔敖病疽將死。"王念孫説:"此事又見《列子·說符》篇、《吕氏春秋·異寶》篇,皆不言孫叔敖病疽死。'病疽將死',當作'病且死'。《史記·滑稽傳》:'孫叔敖病且死。'《賈子·胎教》篇:'史鰌病且死。'文義並與此同。《列子》《吕氏春秋》作'孫叔敖疾將死'。'將'亦'且'也。今作'病疽將死'者,'且'字因與'病'字相連而誤爲'疽'。後人以下文'謂其子曰'云云,乃未死以前之事,故於'死'上加'將'字,而不知'疽'爲'且'之誤也。"俞樾認爲:"'病'字'將'字並衍文也。'疸'字乃'疒且'二字之誤。《説文·疒部》:'疒,痾也。人有疾痛,象倚箸之形。'""是古疾病字止作'疒',其從'矢'之'疾',蓋疾速字,而非疾病字也。後人假'疾'爲'疒','疾行'而'疒'廢矣。⋯⋯彼作'疾',此作'疒',古今字耳。因'疒且'二字誤合爲'疸'字,後人乃於上加'病'字,下加'將'字,失之矣。"

上三例表明,由於漢字結構是兩個獨立的字形拼合而成,因而又可能把兩個字誤認爲一個字。

8. 字脱半而誤

《周易·説卦》傳兑卦:"爲妾,爲羊。"《釋文》引虞翻作"羔"。臧庸説:"考虞解'爲妾'云:'三少女位賤,故爲妾。'又注'爲羔'云:'羔,女使皆取位賤,故爲羔。'又鄭康成(玄)本作'爲陽',注云:'此"陽"爲"養",無家女行賃炊爨,今時有之,賤於妾也。'見《古易音訓》引見晁氏。然則,'羔'字並當作'養'。故仲翔(虞翻)云'女使皆取位賤',與康成正合。《史記·張耳陳餘列傳》有'厮養卒',如淳曰:'厮,賤者也。'《公羊傳》曰:'厮役扈養。'韋昭曰:'析薪爲厮,炊烹爲養。'此其證矣。作'羊',作'陽',皆'養'字聲相近亂之。今《釋文》《集解》作'羔',乃'養'字誤脱其半耳。"

《韓非子·難言》:"則愚者難説也,故君子不少也。"陳奇猷説:"'不少'當作'不前'。'前'篆書作'歬',壞爲'屮',與'少'(少篆書作屮)爲反向之文,鈔者遂寫作'少'也。上文云'聖賢不能逃死亡,避戮辱',此云'君子不前',文正相承。"

《淮南子·説林訓》:"若披蓑而救火,鑿竇而止水。"王念孫説:"俗書'鑿'字作'鑿',各本則脱其下半而爲'毁'矣。"

《論衡·是應》："雨濟而陰一者,謂之甘雨。"孫詒讓説:"'濟'當作'霽','一'當作'噎'。《説文》:'噎,陰而風也。'蓋'噎'壞爲'壹',又轉寫爲'一'耳。《藝文類聚》二、《太平御覽》十一引'濟'正作'霽','一'正作'噎'。"

上四例表明,由於漢字形體結構特點,壞脱一半後仍成字,因而抄者誤認爲別字,或再抄以俗書簡體,更誤爲他字。

9. 重文致誤

《詩經·碩鼠》:"逝將去女,適彼樂土。樂土樂土,爰得我所。"《韓詩外傳》引作:"逝將去女,適彼樂土。適彼樂土,爰得我所。"俞樾認爲,此當以《韓詩》爲正。因古代抄寫重疊句時往往寫作"適二彼二樂二土二",於是誤作"適彼樂土,樂土樂土"。

《逸周書·寶典》:"一孝子畏哉,乃不亂謀。"俞樾認爲,本作"一孝,孝畏哉,乃不亂謀。"猶下文曰:"二悌,悌乃知序。""悌"下疊"悌"字,則"孝"下必疊"孝"字矣。今作"孝子畏哉","子"即"孝"字之誤也。

前例爲古代重疊符號"二"及抄寫習慣方式致誤,後例爲文字重疊致誤。

10. 缺字致誤

《逸周書·官人》:"有知而言弗發,有施而□弗德。"王念孫説:"此文本作'有知而弗發,有施而弗德'。'發'讀曰'伐'。高誘注《淮南·脩務》篇曰:'伐,自矜大其善也。''有知而弗伐,有施而弗德',皆五字爲句。上句本無'言'字,下句亦無闕文,後人於'弗發'上加'言'字,則上句多一字矣。校書者不知'言'字爲後人所加,而以爲下句少一字,遂於下句內作空圍以對'言'字,此誤之又誤也。

《大戴記》正作'有知而不伐,有施而不置'。"

《大戴記·武王踐阼》:"机之銘曰:皇皇惟敬,口生㐸,口戕口。"盧辯注:"㐸,耻也。言爲君子榮辱之主,可不慎乎?㐸,㐸詈也。"孔廣森《補注》曰:"㐸有兩訓,疑《記》文本作'㐸生㐸',故盧意謂君有㐸耻之言,則致人之㐸詈也。"俞樾認爲,孔説是也。惟其由㐸生㐸,故謂之"口戕口"。今作"口生㐸者",蓋傳寫奪"㐸"字,校者作空圍以記之,則爲"□生㐸",遂誤作"口生㐸"矣。

前例爲不缺字而誤添缺字符號□,後例爲缺字符號誤爲"口"字。

總起來説,上述十類通例都是由字形或符號形體而致誤的。掌握和運用這些通例,應當注意兩個方面:一是在仔細分析文義的前提下,具體分析疑誤;二是在肯定致誤原因確屬字形或符號時,必須查考原著及底本的年代。换言之,應從疑誤的具體實際出發,不能用這些通例去套;應根據原書及底本的文字實際,不能脱離歷史實際搬用。否則,就可能對並非形譌的錯誤進行字形致誤的校勘,勢必南轅北轍;把不屬特定形似而誤當作特定字體勘誤,結果張冠李戴。

二、語音致誤,王引之《通説·經文假借》中從語義角度歸納假借字,其目的是解釋經義。

如果從校勘學角度看,其中同樣歸納了許多不明古音通假而造成的誤字。語音致誤的原因是漢字形音義的矛盾,即同音而異形異義。語音致誤的表現是字形的不同,因而造成誤字。但如前所説,校勘學的誤字不同於正字規範的錯别字。讀古書必須破借字而讀本字，但校古書不能用本字來改借字。例如：

《禮記·玉藻》："大帛不緌。"鄭玄注："'帛'當爲'白'，聲之誤也。'大帛'，謂白布冠也。"

又《大學》："見賢而不能舉，舉而不能先，命也。"鄭玄注："'命'讀爲'慢'，聲之誤也。舉賢而不能使君以先己，是輕慢於舉人也。"

鄭玄注"帛""命"二字爲同音別字，説明"當爲""讀爲"，但不改字，因爲他了解先秦古籍存在通假現象，尊重所見經本原貌。實際上，這種同音通假的文字現象是古今都有的，不僅存在於普通語音相同的同音字，而且在方音、譯音中都存在。就漢字來説，隨着社會發展而不斷出現新的口語詞彙、名詞術語的情況下，一定時期中出現文字假借的現象是不可避免的。當假借字所表達的詞彙尚未形成公認通行的穩定文字形式之前，著作中所出現的同音假借字都不能認爲誤字。例如唐宋以後出現的口語詞"者"（這）、"每"（們）、"陪"（賠）、"帳"（賬）等等，近代譯語"普式庚"（普希金）、"嚻俄"（雨果）等。因此，語音致誤的誤字，除了明顯的錯別字之外，主要是誤改假借字和誤改韻脚字兩大類。

1. 改借字爲本字

《大戴禮·五帝德》："陶家事親。"一本作"陶漁"，一作"陶稼"。王念孫説："'家'即'稼'字也。《大雅·桑柔》篇'好是稼穡'，《釋文》'稼'作'家'是其證。鈔本《御覽》引此正作'家'，與各本同。刻本作'稼'，此後人以意改；屠本'陶家'作'陶漁'，此依《家語》改；皆不可從。"

又同篇："使禹傅土。"一本作"敷土"。王引之説："'敷'本作'傅'，此後人依《禹貢》改之也。作'敷土'者，古文《尚書》；作'傅土'者,今文《尚書》也。《大戴》與今文同,故作'傅土'。《史記·夏本紀》作'傅土'。《索隱》曰:'《大戴禮》作"傅土",故此紀依之。'是其證。《荀子·成相》篇及《周官·大司樂》注亦作'傅土'。"

《雲謠集雜曲子》無名氏《傾杯樂》:"生長深閨菀。"龍榆生本校改爲"苑"。王重民說:"唐人寫書習慣,凡從夗之字皆作'宛',不但敦煌寫本如是,日本所藏唐寫本,亦莫不如是也。"

上三例即不明校勘根本原則,因改原本借字爲本字,文義語音皆同,但損害原貌,遂爲誤字。

2. 改本字爲借字

《韓非子·揚權》:"主上不知,虎將爲狗。主不蚤止,狗益無已。"于鬯說:兩"狗"字當爲假字。"苟""狗"通用。陳奇猷引陶鴻慶:"虎"即《主道》篇"弑其主,代其所,人莫不與,故謂之虎",指權臣而言;"狗"即《外儲說右上》"人臣執柄而擅禁,明爲己者必利,明不爲己者必害,此亦猛狗也",亦指權臣而言。則"虎""狗"皆本書習用比喻,"狗"非誤字。

《晏子春秋·内篇諫上》:"且《詩》曰:'載驂載駟,君子所誡。'夫駕八,固非制也。"所引《詩經·小雅·采菽》兩句,"誡"字原作"届"。孫星衍認爲《采菽》正字當從此作"誡",而"届"爲借字。王念孫說,晏子引《詩》亦作"届",今作"誡"者,俗音亂之也。認爲改作"誡",則其不可通者有二:"届"字古音屬至部,其上聲爲旨部,其入聲則爲質部;"誡"字古音屬志部,其上聲則爲止部,其入聲則爲職部。此兩部之音,今人讀之相近,而古音則絕不相通。此其不可通者一也。下文云"夫駕八,固非制也。今又重此,其爲非制,不滋甚爾?"是晏子之意,謂古之諸侯所駕不過四馬,今駕八則非制矣,況又倍之乎？故引《詩》以諫也。此其不可通者二也。

上二例表明運用古音通借法則校勘古書時，有可能由於理解的錯誤，造成改本字爲借字的錯誤。

3. 改借字爲誤字

《荀子·儒效》："若夫謫德而定次。"洪頤煊説："字書無'謫'字。《君道》篇'論德而定次，量能而授官'，文與此同，'謫'疑即'論'字之譌。《正論》篇'圖德而定次'，'圖'，謀，亦論也。'謫'字又譌作'譎'。"王念孫認爲，作"譎"者是也。作"謫"者，"譎"之譌耳。"譎""決"，古字通，謂決其德之大小而定位次也。下文"譎德而序位"，是其明證。又《君道》篇"譎德而定次"，今本作"論德"，"論"字乃後人以意改之。《韓詩外傳》作"決德"，則《荀子》之本作"譎"，甚明。或據《君道》篇改此篇之"譎德"爲"論德"，非也。又《正論》篇"圖德而定次"，舊校云"一本作'決德'"，亦當以作"決"者爲是。作"圖"者，蓋亦後人所改。

又同篇："億萬之衆而博若一人。"劉台拱説："'博若一人'，'博'當爲'傅'。《議兵》篇'和傅而一'，亦當作'和傅'，皆字之誤也。'而一'，如一也。億萬之衆，親附若一人，即所謂'和傅如一'也。"王念孫認爲"'博'與'傅'，皆'搏'字之誤也。'搏'即專一之'專'。億萬之衆而專若一人，即所謂'和專如一'也。《管子·幼官》篇曰：'搏一純固，今本"搏"誤作"博"。則獨行而無敵。'《吕氏春秋·決勝》篇曰：'積則勝散矣，搏則勝離矣。'《淮南子·兵略》篇曰：'武王之卒三千人，皆專而一。'"

上二例表明，正字爲借字，借字已譌，又改借字爲別一誤字。

4. 誤解借字而致誤

《淮南子·道應訓》:"跖之徒問跖曰:'盜亦有道乎?'跖曰:'奚適其有道也?'"一本作"奚適其無道也"。王念孫説:"'適'讀曰'啻',言奚啻有道而已哉,乃聖勇義仁智五者皆備也。後人不知'適'與'啻'同,而誤讀爲'適齊''適楚'之'適',遂改'有道'爲'無道'矣。"

《管子·乘馬》:"今日不爲,明日忘貨。"宋本"忘"作"亡"。戴望説:"亡"當訓爲"無"。"貨"爲"資"字之誤。又引丁士涵曰:"貨"爲"貸"字之誤。于鬯認爲,"'爲'"蓋讀爲'賜'。《説文·貝部》云:'或曰,此古"貨"字。'是也。然則'今日不爲,明日忘貨'者,即'今日不賜,明日亡貨'也,若云'今日不貨,明日無貨'耳。'不貨'之'貨',動義,'無貨之貨',静義,其義不煩言而解。"

上二例皆因不明本句有借字而誤解句義,以致誤改句中之字。

5. 一般同音致誤

《韓非子·有度》:"攻盡陶魏之地。"顧千里指出,"魏"當作"衛"。《飾邪》篇"魏數年東鄉攻盡陶衛",可證。于鬯補證其事,列舉《吕氏春秋·應言覽》:"魏舉陶削衛。"《戰國策·齊策》:"富比陶衛。"《魏策》:"又長驅梁北,東至陶衛之列。"皆可證"陶衛"連舉。

《晏子春秋·内篇諫下第二》,"土事不文,木事不鏤,示民知節也。""知",元刻本作"之"。孫星衍説:"'知',劉昭注《續漢志》、《文選》注、《白帖》、《御覽》皆作'知',今本作'之',非。"

上二例即一般所謂錯别字,皆同音致誤。

6. 誤字失韻

《淮南子·俶真訓》:"茫茫沈沈,是謂大治。"各本作"茫茫沈沈",王念孫指出,高注"茫"讀王莽之"莽","沉"讀水出沉沉之"沉"。"茫茫沉沉",疊韻也。

《晏子春秋·內篇雜上》:"君子有道,懸之間,紀有此言,注之壺,不亡何待乎!"孫星衍說:"'壺',一本作'緘',一本作'其'。皆非,'間''壺'爲韻。"吳則虞補充說:"《御覽》《事類賦注》引作'紀有此書,藏之於壺,不亡曷待',可證'壺'爲正字。"

《荀子·大略》:"慶者在堂,弔者在閭,禍與福鄰,莫知其門。"于鬯說:"'閭',疑本作'閻'。'閭''閻'二字,其形相似,故誤'閻'爲'閭'。上下文皆有韻,此不應無韻。'閻'與'堂'亦正相叶。若作'閭',則失韻矣。故知'閭'必'閻'字之誤。"

7. 改字失韻

《淮南子·精神訓》:"静則與陰合德,動則與陽同波。""波"與下文"化"爲韻。後人依《原道訓》改爲"静則與陰俱閉,動則與陽俱開",則失其韻。

又《詮言訓》:"故不爲好,不避醜,遵天之道;不爲始,不專己,循天之理。""好""醜""道"爲韻,"始""己""理"爲韻。後人依《文子》改"好"爲"善",則失其韻。

8. 改字合韻致誤

《逸周書·時訓》:"雷不始收聲,諸侯淫佚;蟄蟲不培户,民靡有賴;水不始涸,甲蟲爲害。"《太平御覽》《藝文類聚》引此均作"淫汰"。王念孫認爲,"汰""賴""害"古音屬祭部,轉入聲則入月部;"佚"字屬質部,轉去聲則入至部。至與祭,質與月,古音皆不相通。下文"母后淫佚",自與"一""嫉"爲韻,不得與"賴""害"爲韻也。

《淮南子·説林訓》:"槁竹有火,弗鑽不然;土中有水,弗掘不出。""難"與"然"同,此以"水"與"火"隔句爲韻,而"鑽"與"難","掘"與"出",則於句中各自爲韻。後人不達,而改"弗掘不出"爲"弗掘無泉",以與"難"爲韻,則反失其韻。

又同篇:"綉以爲裳則宜,以爲冠則譏。"高誘注:"譏,人譏非之也。""宜""譏"二字,古音皆在歌部。後人不知,遂據高注改"議"爲"譏",以與"宜"爲韻。而不知"宜"字古讀若"俄",不與"譏"爲韻也。

以上三類都是根據叶韻字判別正誤的,類6或是抄寫之誤,類7屬於不知韻而誤改,類8屬於知爲叶韻字而不知古韻改誤的。其致誤的直接原因并不一定由於語音,但據古音和叶韻字可以判知其誤。

總起來説,語音致誤各類,實則爲兩大類,類1至類5的誤字都由同音造成,類6至類8則由叶韻可知正誤,都有助於發現和分析判斷疑誤、異文。但運用這類語音致誤通例,除與字形致誤一樣不宜不加分析硬搬套用外,尤其應當注意古書著作年代的語音實際,避免用今音套用於古音,也不能將上古音韻用於中古著作。

三、文義致誤

古書文字致誤中最普遍的。對語句意義的理解錯誤,有的因爲不識古字,有的因爲不知古音,有的因爲不通訓詁,有的因爲不懂典實,有的則直接望文生義。歸結起來,都是對文義理解錯誤而擅作更改。如果依照詞義內容歸類,則不勝其煩。這裏只就比較常見的導致理解詞義錯誤的原因,歸納其中主要的幾個類型。

1. 不明文義致誤

《逸周書·芮良夫》:"商紂不道,夏桀之虐,肆我有家。"王念孫說:"'不道',本作'弗改',此後人不曉文義而改之也。桀以虐失天下,是紂之所聞也,而其虐仍與桀同,故曰'弗改夏桀之虐'。下文云:'爾聞爾知,弗改厥度。'正與此'弗改'相應。《大戴記·少閒》篇曰:'紂不率先王之明德,乃上祖夏桀行以爲民虐。'即此所謂'弗改夏桀之虐'也。若云'商紂不道',則與'夏桀之虐'四字了不相涉矣。《群書治要》正作'商紂弗改夏桀之虐'。"

《荀子·天論》:"夫日月之有蝕,風雨之不時,怪星之黨見。"楊倞注:"黨見,頻見也。言如朋黨之多見。"郝懿行說:"'黨',宜訓'朗',出《方言》注,不謂朋黨也。《韓詩外傳》二,'黨'作'晝',於義爲長。楊注望文生訓耳。"王念孫說:"楊說甚迂,且訓'黨'爲'頻',於古無據。惠氏定宇《九經古義》曰:'黨見,猶所見也。'訓'黨'爲'所',雖據《公羊》注,然'怪星之所見'殊爲不詞。余謂'黨',古'儻'字。'儻'者,或然之詞。'怪星之儻見'與'日月之有蝕,風雨之不時'對文,謂怪星之或見也。《莊子·繕性》篇:'物之儻來寄也。'《釋文》:'儻',崔本作'黨'。《史記·淮陰侯傳》:'恐其黨不就。'《漢書·伍被傳》:'黨可以徼幸。''黨'並與'儻'同。《韓詩外傳》作'怪星之晝見','晝'字恐是後人所改。《群書治要》引此正作'怪星之儻見'。"

《淮南子·脩務訓》:"今以爲學者之有過,而非學者。則是以一飽之故,絕穀不食;以一蹪之難,輟足不行,惑也。"王念孫說:"以一飽之故絕穀,義不可通。'飽'當爲'饐',字之誤也。'饐'與'噎'同。《說文》:'噎,飯窒也。'字又作'饐'。《漢書·賈山傳》:'祝饐在前,祝鯁在後。'顔師古曰:'餰,古"饐"字。'一饐而不食,與一躓而不行,事正相類。《說苑·說叢》篇:'一噎之故,絶穀不食;一蹶之故,却足不行。'語即本於《淮南》。今俗語猶云'因噎廢食'。"

又同篇:"夫橘柚冬生,而人曰冬死,死者衆;薺麥夏死,而人曰夏生,生者衆。"王念孫說:"'橘柚',本作'葶藶'。《時則》篇:'孟夏之月,靡草死。'高注曰:'靡草,薺、葶藶之屬也。'《呂氏春秋·孟夏》篇注及鄭注《月令》引舊說並同。《呂氏春秋·任地》篇:'孟夏之時,殺三葉而獲大麥。'高注曰:'三葉,薺、葶藶、菥蓂也,是月之季枯死。'本書《天文》篇曰:'五月爲小刑,薺麥、葶藶枯,冬生草木必死。'按葶藶、薺麥皆冬生夏死,此言葶藶冬生、薺麥夏死者,互文耳。後人改'葶藶'爲'橘柚',斯爲不倫矣。《太平御覽·藥部十·葶藶下》引此正作'葶藶冬生'。"

以上四例的致誤原因都是沒有讀懂原文語句的意思,也沒有認真查考原文詞語意義,却依照自己的理解擅改原文。

2. 不明訓詁致誤

《逸周書·謚法》:"仁義所在曰王。"孔注:"民往歸之。"盧曰:"'在',《史記正義》作'往',非。"王念孫說:"'往'字是也。後人不解'仁義所往'之語,故改'往'爲'在'。予謂:《廣雅》:'歸,往也。迋,歸也。'"迋"與"往"同。仁義所往,猶言天下歸仁耳。古者,'王''往'同聲而互訓。莊三年《穀梁傳》:'其曰王者,民之所歸往也。'《呂氏春秋·下賢》篇:'王也者,天下之往也。'《漢書·刑法志》:'歸而往之,是爲王矣。'《大雅·板》篇:'及爾出王。'毛傳:'王,往也。'《呂氏春秋·順說》篇:'桓公則難與往也。'高注:'往,王也。'是"王"與"往"聲同義同,而字亦相通。故曰:'仁義所往曰王。'若云'仁義所在',則非古人同聲互訓之旨。

天下皆以仁義歸之，則天下皆往歸之矣。故孔曰：'民往歸之。'若云'仁義所在'，則又與孔注不合。"

又《王會》："白民乘黃。乘黃者，似騏，背有兩角。"《文選》注云："似狐。"又引《山海經・海外西經》："白民之國有乘黃，其狀如狐，其背上有角。"《淮南子・覽冥訓》高注："乘黃出西方，狀如狐，背上有角。"王念孫説："此文本作'乘黃者，似狐，其背有兩角'，傳寫脱去'狐'字，則'似''其'二字相連。後人以'乘黃'是馬名，遂改'似其'爲'似騏'，而不知其謬以千里也。《山海經》注引此正作'似狐'，《文選》王融《曲水詩序》注、《初學記・獸部》並引作'乘黃者，似狐，其背有兩角'。"

《漢書・蘇武傳》："前以降及物故，凡隨武還者九人。"師古曰："物故，謂死也，言其同於鬼物而故也。一説不欲斥言，但云其所服用之物，皆已故耳。"宋祁曰："物，當從南本作'歾'，音没。"又《釋名》曰："漢以來謂死爲'物故'，言其諸物皆就朽故也。"（此師古後説所本。）《史記・張丞相傳》集解引高堂隆答魏朝訪曰："物，無也。（此是讀"物"爲"勿"。）故，事也。言無所能於事。"王念孫説："宋祁説近之。'物'與'歾'同。《説文》：'歾，終也。或作"殁"。''歾''物'聲近而字通。今吴人言'物'字，聲如'没'，語有輕重耳。'歾故'，猶言死亡。《楚元王傳》云：'物故流離以十萬數。'《夏侯勝傳》云：'百姓流離物故者過半。''物故'與'流離'對文，皆兩字平列。諸家皆不知'物'爲'歾'之借字，故求之愈深，而失之愈遠也。"

《後漢書・申屠剛傳》："後莽篡位，剛遂避地河西，轉入巴蜀，往來二十許年。"《校補》云：官本"許"作"餘"。楊樹達説："'許'字是也。《吴漢傳》云：'將衆十許萬。'《何敞傳》云：'推財相讓者二百許人。'任昉《奏彈劉整》云：'出適劉氏二十許年。'句例並同。'餘'字乃清官本致疑妄改耳。"

岑參《送祁樂歸河東》："君到故山時，爲吾謝老翁。"明銅活字本作"爲謝五老翁"。《元和郡縣志》卷十二《河中府永樂縣》："五老山，在縣東北十三里。堯升首山，觀河渚，有五老人飛爲流星上入昴，因號其山爲五老山。"唐肅宗乾元三年，河東郡改河中府。詩中"故山"即指五老山，故當作"爲謝五老翁"。

《大唐新語・舉賢》載魏徵語："唯霍王元軌與臣言，臣未嘗不自失。""元軌"當爲"元軌"之誤。"元軌"，高祖之子，武德八年封吳王，貞觀十年改霍王。或說，"霍王"當爲"吳王"，因魏徵語此於貞觀之初，其時元軌未封霍王。

上諸例，或因聲訓，或因名物，或因詞源，或因常語，或因地理史實，皆爲不明訓詁致誤。

3. 增易偏旁致誤

《詩經・大雅・緜》："民之初生，自土沮漆。"毛傳："自，用；土，居也。沮，水；漆，水也。"《禹貢錐指》說，遍考群書，邠地有漆無沮。王引之說："'土'當從《齊詩》讀爲'杜'，古字假借耳。杜，水名，在漢右扶風杜陽縣南，南入渭，今屬麟遊、武功二縣。漆水在右扶風漆縣，西北入涇，今屬邠州。'沮'當爲'徂'，往也。'自土徂漆'，猶下文言'自西徂東'，言公劉去邠適邠，自杜水往至於漆水也。'徂'與'沮'相似，又因'漆'字而誤作水旁耳。邠地有漆無沮，故下章之'率西水滸'，專指漆水而言。"

《尚書・舜典》："黎民阻飢。"《詩經・周頌・思文》鄭注引此語。《釋文》："阻，莊呂反，難也。馬融注《尚書》作'祖'，云：'始也。'"孔穎達疏引鄭注:"阻,厄也。"俞樾説:"此字馬、鄭各異,疑本字止作'且'。《説文·且部》:'且,薦也。''黎民且飢',言黎民薦飢也。馬訓'始',因變其文作'祖'。鄭訓'陀',因變其文作'阻'。亦文之隨義而變者也。"

《禮記·月令》:"仲冬之月,……地氣沮泄。"王引之説:"唐(石經)《月令》及《七經孟子考文》所引古本,並作'且'。《吕氏春秋·仲冬紀》同。岳本始誤作'沮'。案,'沮'字訓止訓壞,皆與'泄'殊義,不得以'沮泄'連文。《正義》不釋'沮'字,《釋文》'沮'字無音,則本作'且'可知矣。"阮元《校勘記》:"閩、監、毛本同。岳本同。嘉靖本同。衛氏《集説》同。石經作'地氣且洩'。《考文》引古本亦作'且'。山井鼎曰:'謹案,足利本字作"沮泄",而其訓與"方將"字同。由此觀之,則後誤作水旁且,明矣。'《石經考文提要》曰:'按《吕氏春秋》作'且泄'。蓋一陽初生,方將萌動。亦承上"孟冬行春令",則陽氣上泄也。'"

上三例,或本無偏旁而誤增,或本有偏旁而誤改。

4. 因注釋而致誤

《韓非子·外儲説左下》載昭卯謂襄王語:"今臣罷四國之兵,而王乃與臣五乘,此其稱功,猶羸勝而履蹻。"舊注:"羸,利也。謂賈者贏利倍勝,今以薄賞報大功,猶贏勝之人履草屩也。"顧廣圻説:"'贏勝',當作'贏縢',形相近也。舊注全譌。"王先慎説:"《御覽》八百二十九引'贏'作'羸',注同。'蹻'作'屩'。案,'蹻''屩'二字,古今文通用。《説文》:'履',從尸,古文作'頗',云從'足'。《莊子·天下》篇:'以跂蹻爲服。'《釋文》:'李云,麻曰屩,木曰屐。"屐"與"跂"同,"屩"與"蹻"同。'是也。"松皋圓説:"'贏'宜作'羸';

'勝','縢'字誤。《秦策》'嬴縢履蹻',注:'嬴,倫追反。"縲""纍"字通用。'《易》'羸其角',疏云:'拘纍纏繞也。'《詩·采菽》云'邪幅在下',注:'如今行縢也。偪束其脛,自足至膝,故曰"在下"。'疏云:'《説文》,縢,緘也。名行縢者,謂行而緘束之也。'"陳奇猷説:"嬴縢履蹻,猶今言纏腿穿屨,蓋謂賤者之行裝也。"今按,"嬴縢履蹻"爲戰國時常語,"嬴"誤作"贏",舊注誤解爲輸贏勝負,後人據注而改"嬴縢"爲"嬴勝"。

張衡《西京賦》:"烏獲扛鼎,都盧尋橦。冲狹燕濯,胸突銛鋒。跳丸劍之揮霍,走索上而相逢。"《文選》李善注:"秦武王有力士烏獲、孟説。"又引《説文》曰:"扛,横關對舉也。'扛'與'矼'同。"則本作"矼"。張銑注:"狹以草爲環,插刀四邊,伎人躍入其中,胸突刀上,如烟之飛躍水也。"則以"狹"爲"俠",以"燕"爲"烟",不知所云。

左思《吴都賦》:"覽將帥之拳勇,與士卒之抑揚。"《文選》李善注引《毛詩·小雅·巧言》:"無拳無勇。"認爲"拳"與"權"同。則李善本"拳"當作"權"。五臣本改爲"拳"。吕向注:"言駐蹕以覽將帥士卒之抑揚。"則大謬。

《左傳》僖公三十三年載皇武子語:"鄭之有原圃,猶秦之有具囿也。"杜預注:"原圃、具囿,皆囿名。"《七經孟子考文》曰:"宋本'囿'作'圃'。"盧文弨《鍾山札記》説:"案《初學記·河南道》所引是'具圃',《水經·潧水》下所引本是'具圃',新校本乃改作'具囿'。今以杜預注考之云云,若是'具囿',杜必不如下注,即注亦當止云'原圃,亦囿名'可矣。以此知作'具圃'爲是。"阮元《校勘記》説:"《考文》所謂'宋本',即此本也。(王引之按:謂宋慶元本。)此本初刊似作'圃',後改從'囿'。案,唐石經、宋本、淳熙本、岳本及諸刻本皆作'囿'。"王念孫說:"作'具圃'者是也。作'具囿'者,涉注文'囿名'而誤耳。案《淮南·墜形》篇'鄭之圃田',高注引傳曰:'鄭有原圃,猶秦之具圃也。'道藏本、茅本如是,劉績本改"具圃"爲"具囿",而各本從之。又上文'秦之陽紆'注曰:'陽紆,蓋在馮翊池陽,一名具圃。'此"圃"字尚未改。此秦有具圃之明證。《太平御覽·居處部》二十四引作'原圃具囿',則兩'圃'字皆誤作'囿'。其《資產部》四所引,正作'原圃具圃',亦與《水經注》《初學記》合。後人習於俗本《左傳》之'具囿',故見有引作'具圃'者,輒依俗本改之。而其改之未盡者,猶可考見原文,若《鍾山札記》及予所引者是也。"

又宣公二年:"趙穿攻靈公於桃園。"《釋文》:"趙穿攻如字,本或作'弒'。"王引之說:"'攻'本作'殺'。'殺'字隸書或作'煞',上半與'攻'相似。又因上文'伏甲將攻之'而誤爲'攻'耳。《北堂書鈔·政術部》十一引此正作'趙穿煞靈公於桃園','煞'即'殺'字也。《釋文》'攻如字',亦當作'殺如字'。今本作'攻'者,後人以已誤之傳文,改不誤之《釋文》也。"

以上諸例,前三例爲因注文而改本文,後二例爲因本文誤而改注文。

5. 據他書誤改

《墨子·耕柱》:"昔者夏后開,使蜚廉折金於山川。"畢沅改"折金"爲"採金",說:"舊作'折',據《文選》注改。"王念孫說:"畢改非也。折金者,摘金也。摘音剔。《漢書·趙廣漢傳》:'其發姦摘伏如神。'師古曰:'摘,謂動發之也。'《管子·地數》篇曰:'上有丹沙者,下有黃金。上有慈石者,下有銅金。上有陵石者,下有鉛錫,有銅。上有赭者,下有鐵。君謹封而祭之。然則與折取之遠矣。'彼言'折取之',此言'折金'，其義一也。《説文》曰：'䂟，上擿山巖，空青、珊瑚墮之，從石，折聲。''䂟'與'折'，亦聲近而義同。《後漢書·崔駰傳》注、《藝文類聚·雜器物部》《初學記·鱗介部》《太平御覽·珍寶部九》《路史·疏仡紀》《廣川書跋》《玉海·器用部》引此並作'折金'。《文選》注作'採金'者，後人不曉'折'字之義而妄改之，非李善原文也。"

《晏子春秋·內篇雜上》："譬之猶秋蓬也，孤其根而美枝葉。秋風一至，根且拔矣。"王念孫説："《群書治要》作'孤其根荄，密其枝葉，春氣至，僨以揭也'。僨，仆也。揭，蹶也。秋蓬末大而本小，故春氣至，則根爛而仆於地。《類聚》《御覽》並作'孤其根本，密其枝葉'。今本云云，亦後人以《説苑》竄改。《説苑》作'惡於根本而美於枝葉，秋風一起，根且拔矣。'程氏易疇（程瑤田）《通藝録》曰：'蓬之根孤而枝葉甚繁。既枯，則近根處易折。折則浮置於地。大風舉之，乃戾於天，故言飛蓬也。《説苑》言"拔"，蓋考之不審矣。曹植詩云："吁嗟此轉蓬，居世何獨然。"又云："願爲中林草，秋隨野火燔。糜滅豈不痛，願與根荄連。"可見蓬轉而飛，不得與"根荄"連，是"折"而非"拔"也。司馬彪詩云："秋蓬獨何辜，飄搖隨風轉。長飆一飛薄，吹我之四遠。搔首望故株，邈然無由返。"若蓬遇風而拔，則故株隨枝而逝，安得云"搔首望故株"邪？'念孫案，程説甚核。又案，《晏子》作'孤其根荄，密其枝葉'，'密'與'孤'正相對。《説苑》作'惡於根本，美於枝葉'，'美'與'惡'亦相對。今本《晏子》作'孤其根而美枝葉'，'美'與'孤'不相對，兩用《晏子》《説苑》之文，斯兩失之矣。"

《淮南子·詮言訓》："金石有聲，弗叩弗鳴。管籥有音，弗吹弗聲。"劉績本依《文子》改"弗聲"爲"無聲",而諸本皆從之。王念孫說:"劉改非也。《白虎通義》曰:'聲者,鳴也。'言管簫有音,弗吹弗鳴也。《兵略》篇曰:'彈琴瑟,聲鐘竽。'亦謂鳴鐘竽也。劉誤以聲爲聲音之聲,故依《文子》改之耳。'金石有聲','管簫有音',音亦聲也。此謂聲音之"聲"。'弗叩弗鳴','弗吹弗聲',聲亦鳴也。與聲音之聲異義。若云'弗吹無聲',則與上文不類矣。"

上三例皆據他書以改本文而致誤,但具體原因并不相同。

6. 以誤字改誤字

《管子·霸言》:"故貴爲天子,富有天下,而伐不謂貪者,其大計存也。"尹注曰:"得地均分,可以臣彼。地自利彼,於我何貪?"王念孫說:"如尹注,則'伐'字當爲'我'字之譌。我不謂貪,我不爲貪也。古者,"謂"與"爲"同義。"俞樾說:"伐乃'代'字之誤。《管子》原文本作'世不謂貪',言一世之人不以爲貪也。唐人避諱,改'世'爲'代',後人傳寫又誤'代'爲'伐'。"二說不同。王說是,則俞說非,反之亦然,互爲以誤改誤。

《荀子·非相》:"傳者久則論略,近則論詳。"俞樾說:"兩'論'字皆'俞'字之誤。'俞'讀爲'愈'。《榮辱》篇:'清之而俞濁者,口也;豢之而俞瘠者,交也。'楊注曰:'俞讀爲愈。'是也。'俞'誤作'侖',因誤作'論'矣。《韓詩外傳》正作'久則愈略,近則愈詳',可據訂。"

《莊子·天地》:"以二缶鍾惑,而所適不得矣。"郭象注:"各自信據,故不知所之。"成玄英疏:"鍾,足也。夫迷方之士,指北爲南,而二惑既生,垂脚不行,一人亦無由獨進,欲達前所,其可得乎?此復釋前惑者也。"《釋文》:"'缶'應作'垂','鍾'應作'踵',言垂脚空中,必不得有之適也。司馬本作'二垂鍾',云:鍾,注意也。'所適',司馬云:至也。"郭嵩燾認爲,"缶""鍾"皆酒器,亦爲量器。"缶受四斛,鍾受八斛。以二缶鍾惑,謂不辨缶、鍾二者所受多寡也,持以爲量,茫乎無所適從矣。"則以爲"缶、鍾"字不誤。俞樾認爲:"'鍾'當作'踵',而'二'則'一'字之誤,'缶'則'企'字之誤。'企'下從'止','缶'字俗作'缶',其下亦從止,兩形相似,因致誤耳。《文選・嘆逝賦》注引《字林》曰:'企,舉踵也。'《一切經音義》十五引《通俗文》曰:'舉踵曰企。'然則'企踵',猶舉踵也。人一企踵,不過步武之間耳。然以一企踵惑,則已不得其所適矣'。'一企踵'誤爲'二缶鍾',則不得其義矣。"于省吾認爲,"'缶',古文'寶'字。'以二缶鍾惑',應讀作'以二寶鍾惑'。'二寶'乃承上文'高言''至言'而言。鍾,聚也。言以'高言''至言'之二寶說之,俗人必不之解,而反以聚惑,故曰'而所適不得矣'。此文不煩改字,而語義自適。俞樾改'二缶鍾'爲'一企踵',妄矣。"

上三例,都是所見本中有誤字,但所作校勘則顯然亦有錯誤,以意改者。

顯然,文義致誤的通例,較之形、音致誤的通例爲寬泛,其具體致誤原因往往不限於文義不通之類,還同時有形似、音近等等。這是因爲在發現和解決疑誤時,文義是否正確本來就是一個重要途徑和因素,僅僅用文義不通來說明錯誤的原因,自身具有廣泛性,往往不甚嚴密。換句話說,"文義致誤"實則適用於一切校例,任何類型錯誤都導致、表現爲文義不通。從這個角度說,文義致誤的通例更不宜泛用硬套,而應當具體分析那些文理不通而音形方面致誤原因又不甚顯的事例。

造成誤字的具體原因紛繁，每個誤字的致誤原因往往並非單一的，而是錯綜的，形音義各方面原因交錯而成。古籍的傳播既經多種變遷，一種古書多經刊印也往往增加各種誤字，根據既成的誤字進行推斷，事實上會存在種種偏差。因此，上述各類通例的實踐意義并不等於客觀規律，而只是提供了若干一般致誤的可能成因，有助於分析和判斷。在運用上述各類通例時，必須進行具體分析，掌握證據，切忌套用硬搬。

第四節　脫文通例

脫文就是缺字漏句。造成脫文的原因，大致有下述四類。

一、脫簡

脫簡是指秦漢的簡帛書籍在傳流過程中缺失了一簡兩簡或一帛兩帛，與後世刻本缺頁類似。其區別是，脫簡所造成的脫文數量較少，缺頁的數量較多。例如《逸周書》中除脫文幾字者外，往往脫文十一二字，或如《明堂》脫漏敘述明堂制度的八十一字，則大體可知原簡每片十一二字，或脫一片，或脫數片。而如《文心雕龍·隱秀》在宋代以後缺文幾百字，便是缺頁所致。脫簡包括缺頁，一般從對校便可發現。倘使有本可校，則發現脫簡的同時，往往可以補缺。如果無本可校，則從文義未完成或語句殘破中發現疑誤，但無從補缺，只能注出疑缺。造成脫簡或缺頁的原因，一般是無意的遺失或壞脫。但是，脫簡往往與錯簡互爲因果。簡帛次序混亂，則錯置處出現衍文，缺簡處便造成脫文。所以脫簡又可分爲缺脫和錯脱兩類。試舉其例。

《逸周書·文傳》載夏箴曰："小人無兼年之食，遇天饑，妻子非其有也。大夫無兼年之食，遇天饑，臣妾輿馬非其有也。戒之哉！弗思弗行，至無日矣。不明開塞禁舍者，其如天下何！"孔晁注："積材用，聚谷蔬，古者國家三年必有一年之儲。非其有，言流亡也。不明，謂失其機。"

王念孫説：下有"國無兼年之食，遇天饑，百姓非其有也"十五字。而今本脱之。上文云："天有四殃，水旱饑荒，其至無時，非務積聚，何以備之。"是專指有國者而言。故此引夏箴以明家國一理之意。若無此十五字，則但言家而不及國，與上文不合矣。據孔注云："古者國家三年必有一年之儲。"此正釋"國無兼年之食"以下十五字。若無此十五字，則又與注不合矣。《墨子·七患》篇引《周書》曰："國無三年之食者，國非其國也。家無三年之食者，子非其子也。"即是約舉此篇之文。若無此十五字，則又與《墨子》不合矣。《群書治要》及《太平御覽·時序部二十·文部四》、《玉海》三十一所引皆有此十五字。

又説："至無日矣"，《群書治要》作"禍至無日矣"，今本脱"禍"字，則義不可通。

又説："不明"上有"明開塞禁舍者，其取天下如化"十二字，而今本脱之。其注文有"變化之頃，謂其疾"七字，而今本亦脱之。"明開塞禁舍者"二句正對下"不明"者而言，今脱此二句，則語意不完矣。下文"其如天下何"，本作"其失天下如化"，只因上文及注皆已脱去，後人遂不解"如化"二字之意，而以意改之曰"其如天下何"。不知"如化"者，言其速也。明於開塞禁舍，則其取天下必速，故曰"取天下如化"。不明於開塞禁舍,則其失天下亦速,故曰"失天下如化"。兩"如化"上下相應。今改爲"其如天下何",則失其旨矣。《小稱》篇曰:"民服如化。"《小明武》篇曰:"勝國若化。"《吕氏春秋·懷寵》篇曰:"兵不接刃,而民服若化。"皆言其速也。故孔注曰:"變化之頃,謂其疾。"《群書治要》作"明開塞禁舍者,其取天下如化。下引孔注"變化之頃"云云。不明開塞禁舍者,其失天下如化",今據以補正。

此例中兩節脱文都是缺脱,因有《群書治要》等類書可校補,所以論證比較清楚。

《晏子春秋·内篇諫下第二十二》:

梁丘據死。景公召晏子而告之曰:"據忠且愛我,我欲豐厚其葬,高大其壟。"晏子曰:"敢問據之忠與愛於君者,可得聞乎?"公曰:"吾有喜於玩好,有司未能我共也,則據以其所有共我,是以知其忠也。每有風雨,暮夜求必存,吾是以知其愛也。"晏子曰:"嬰對則爲罪,不對則無以事君,敢不對乎!嬰聞之,臣專其君,謂之不忠;子專其父,謂之不孝;妻專其夫,謂之嫉。事君之道,導親於父兄,有禮於群臣,有惠於百姓,有信於諸侯,謂之忠。爲子之道,以鍾愛其兄弟,施行於諸父,慈惠於衆子,誠信於朋友,謂之孝。爲妻之道,使其衆妾皆得歡忻於其夫,謂之不嫉。今四封之民,皆君之臣也。而維據盡力以愛君。"

舊本注云:"下闕。"《太平御覽·禮儀部三十七》引"高大其壟"下作:"晏子曰:'不可。'公遂止。"《群書治要》此下有九十九字:

第五章　致誤原因的分析和校勘通例的歸納 | 195

　　（上接晏子語）"何愛者之少邪？四封之貨，皆君之有也，而維據也以其私財忠於君，何忠者之寡邪？據之防塞群臣，擁蔽君，無乃甚乎！"公曰："善哉！微子，寡人不知據之至於是也。"遂罷爲壟之役，廢厚葬之令，令有司據法而責，群臣陳過而諫。故官無廢法，臣無隱忠，而百姓大説。

顯然，此九十九字乃是缺脱，《御覽》是刪節此段，據《治要》補訂，文意完整。而明凌澄初評曰："即此住盡，是言不盡意。舊本以疑闕，何也？"便是評點派的臆想。

《論衡·本性》：

　　然而性善之論，亦有所緣：或仁或義，性術乖也；動作趨翔，性識詭也。面色或白或黑，身形或長或短，至老極死，不可變易，天性然也。皆知水土物器形性不同，而莫知善惡，稟之異也。一歲嬰兒，無爭奪之心；長大之後，或漸利色，狂心悖行，由此生也。

　　…………

　　實者，人性有善有惡，猶人才有高有下也。高不可下，下不可高。謂性無善惡，是謂人才無高下也。稟性受命，同一實也。命有貴賤，性有善惡。謂性無善惡，是謂人命無貴賤也。九州田土之性，善惡不均，故有黄赤黑之别，上中下之差。水潦不同，故有清濁之流，東西南北之趨。人稟天地之性，懷五常之氣，或仁或義，性術乖也。動作趨翔，或重或輕，性識詭也。面色或白或黑，身形或長或短，至老極死，不可變易，天性然也。

這兩段中，"或仁或義"至"天性然也"重出，後段中多"或重或輕"四字。但從語意看，前段"皆知"三句當屬此節，而後段無此三句。顯然，這一節文字是錯簡造成的衍文和脫文。從文義看，前段論性善說有來由，應當直接下文"一歲嬰兒"。這節文字在前段是衍文。而後段總結人性有善有惡，與這節文字正相一貫，但是缺脫"皆知"三句。這三句在後段是脫文。從此例可見錯簡和脫簡是互爲因果，此脫彼衍的。

二、抄脫

抄寫和刻板都可能産生脫字現象。凡屬無意脫漏一二文字，都可謂之抄脫。這種現象的具體情形是各種各樣，具體致誤原因也是不勝類舉的。比較常見的有下列幾類。

1. 重文抄脫

《尚書·微子》序："殷既錯天命。微子作誥，父師少師。"俞樾認爲當作"微子作誥，誥父師少師"。兩"誥"字相連，誤脫其一。

《墨子·魯問》："公輸子削竹木以爲鵲，成而飛之，三日不下。"《初學記·果木部》、《白帖》九十五引此作"公輸子削竹木以爲鵲，鵲成而飛之，三日不下"，多一"鵲"字。

又《備城門》："二步一答，廣九尺，袤十二尺。"《漢書·晁錯傳》如淳注引作："二步一答，答廣九尺，袤十二尺"。王念孫說："上文'二步一渠，渠立程丈三尺'，與此文同一例。今本少一'答'字，則文不足意。"

《漢書·律曆志》："實如法得一，陰一陽，各萬一千五百二十。"王念孫說："'實如法得一'下，當更有'一'字。"

《漢書·食貨志》:"凡輕重斂散之以時,則準平。使萬室之邑,必有萬鍾之臧,臧繦千萬。千室之邑,必有千鍾之臧,臧繦百萬。"王念孫説:"景祐本'則準平'下有'守準平'三字,是也。《通典·食貨十二》亦有此三字。《管子·國蓄》篇曰'故守之以準平,使萬室之都,必有萬鍾之臧'云云,是其證。"何焯説:"上'準平'句,其始事也,必行之。經久而後能有藏蓄。'守'字極有關係。近刻脱下'守準平'句者,失之。"

以上,前四例都是上句尾字與下句首字爲重文,抄脱一字致誤。後一例亦因"準平"字重,抄脱"守準平"一句。

2. 義似抄脱

《管子·治國》:"粟者,王之本事也。"《羣書治要》作:"粟者,王者之本事也。""王"下有"者"字,當據補。按,此因"王"與"王者"意義近似,抄者不意而抄脱"者"字。

《晏子春秋·内篇諫下第二十四》:"内不以禁暴,外不可威敵。"王念孫據上文"内可以禁暴,外可以威敵",認爲此二句,上句脱"可"字,下句脱"以"字。

《漢書·朱雲傳》:"臣願賜尚方斬馬劍,斷佞臣一人,以屬其餘。"《後漢書·楊賜傳》注、《初學記·人部中》、《白帖》十三、九十二、《太平御覽·兵部》七十三、《人事部》六十八、九十三引此並作"斷佞臣一人頭"。《漢紀》《通鑑》同。王念孫認爲,原有"頭"字,今本脱之。

又《漢書·外戚·趙倢伃傳》:"聞昔堯十四月而生,今鈎弋亦然。"《太平御覽·皇親部》二引此同。《漢紀·孝武紀》作"鈎弋子",有"子"字。王念孫認爲,上文云:"生昭帝,號鈎弋子。"下文云:"鈎弋子年五六歲,壯大多知。"皆可證當有"子"字。

上四例都屬詞義相近相似,容易抄脱尾字或近義詞。

3. 煩複抄脱

《墨子·尚賢下》:"今天下之士君子,皆欲富貴而惡貧賤,然女何爲而得富貴而辟貧賤哉?曰:莫若爲王公大人骨肉之親。無王公大人骨肉之親無故富貴面目美好者,此非可學能者也。"王念孫據上文"今王公大人其所富、其所貴,皆王公大人骨肉之親,無故富貴面目美好者也。今王公大人骨肉之親,無故富貴面目美好者,焉故必知哉?若不知,使治其國家,則其國家之亂,可得而知也",認爲"莫若"以下幾句當作:"莫若爲王公大人骨肉之親,無故富貴面目美好者。王公大人骨肉之親,無故富貴面目美好者,此非可學而能者也。"脱"故富貴面目美好者"八字。

《淮南子·氾論訓》:"故馬免人於難者,其死也,葬之。牛其死也,葬以大車爲薦。"《藝文類聚·獸部上》、《太平御覽·禮儀部》三十四、《獸部》八引此並作:"故馬免人於難者,其死也,葬之,以帷爲衾。牛有德於人者,其死也,葬之,以大車之箱爲薦。"

又《説山訓》:"魄問於魂曰:'道何以爲體?'曰:'以無有爲體。'魄曰:'無有,有形乎?'魂曰:'無有。何得而聞也!'魂曰:'吾直有所遇之耳。'"《藝文類聚·靈異部下》《太平御覽·妖異部》一引此,於"魂曰無有"下有"魄曰無有"四字,當據補。

又《兵略訓》:"故同利相死,同情相成,同欲相助。"《史記·吳王濞傳》:"同惡相助,同好相留,同情相成,同欲相趨,同利相死。"《呂氏春秋·察微》:"同惡固相助。"王念孫認爲:本書"同欲相助",當作"同欲相趨,同惡相助"。今本上句脱"相趨"二字,下句脱"同惡"二字,"同欲""同惡"相對爲文。且"利""死"爲韻,"情""成"爲韻,"欲""趨"爲韻,"惡""助"爲韻,"欲"與"助",則非韻矣。

上四例都是詞語煩複造成抄寫脱文。

4. 竄行抄脱

《淮南子·人間訓》:"魯君聞陽虎失,大怒,問所出之門,使有司拘之。以爲傷者受大賞,而不傷者被重罪。"《太平御覽》引此,自"以爲傷者"下作:"以爲傷者,戰鬬者也;不傷者爲縱之者。傷者受厚賞,不傷者受重罪。"王念孫指出,此因兩"傷者"相亂,故寫者誤脱之耳。

又同篇:"請與公僇力一志,悉率徒屬,而必以滅其家。"《太平御覽》引此,於"滅其家"下有"其夜乃攻虞氏,大滅其家"十字。王念孫説:"上文有'鳶墮腐鼠,而虞氏以亡',此處必有此十字,方與上文相應。因兩'滅其家'相亂,故寫者誤脱之耳。《列子》作:'至期日之夜,聚衆積兵以攻虞氏,大滅其家。'是其證。"上二例顯然都是屬於抄者看竄了行,因而遺脱。

總之,抄脱的主要原因是粗心大意。上述幾類脱文都不是由於有意致誤,并無知識上的致誤原因。諸如此類,不勝枚舉。

三、删脱

删脱是脱文中有意識造成的錯誤。其原因主要是輯校者主觀理解錯誤。如果從知識方面考察删脱的原因,大體與誤字由於文義方面原因致誤情況相近。不過誤字表現爲改字,而删脱則表現爲删字。比較起來,因爲原字已被删掉,倘使無本可校,則勘誤更難。

1. 不明文義誤删

《墨子·雜守》："候無過五十,寇至,隨葉去。"畢沅校改"葉"爲"棄"。王引之説："畢改非也。此當作'寇至葉,"葉"與"堞"同。上文"樹渠無傅葉五寸",亦以"葉"爲"堞"。隨去之',言候無過五十人,及寇至堞時,即去之也。《號令》篇曰:'遣卒候者,無過五十人,客至堞,去之。'是其證。今本'去'下脱'之'字,又升'隨'字於'葉'字上,則義不可通。"

《淮南子·人間訓》："城中力已盡,糧食匱乏,大夫病。"王念孫説："《太平御覽》引此無'乏'字,是也。今本'乏'字,蓋高注之誤入正文者耳。高注《主術》《要略》二篇並云:"匱,乏也。"此處脱去注文,"乏"字又誤入正文耳。'力盡糧匱,士大夫病','盡''匱''病'相對爲文,則'匱'下不當有'乏'字。《韓子》《趙策》皆無'乏'字,是其證。'大夫病',《御覽》引作'武夫病'。案此本作'武大夫病'。《淮南》一書,通謂'士'爲'武'。《韓子》作'士大夫羸',《趙策》作'士大夫病',此作'武大夫病',一也。下文'中行穆伯攻鼓,餽聞倫曰:"請無罷武大夫,而鼓可得也。"'是其明證矣。《御覽》作'武夫病'者,不解'武大夫'之語,而删去'大'字也。今本作'大夫病'者,亦不解'武大夫'之語,而删去'武'字也。'士大夫皆病',而但言大夫,則偏而不舉矣。"

《漢書·朱買臣傳》："其故人素輕買臣者,入視之。"王念孫説："景祐本'入'下有'内'字,是也。今本無'内'字者,後人不曉古義而删之耳。'入内'即上文'入室中'也。古者謂'室'爲'内',故謂'入室'爲'入内'。《武紀》云:'甘泉宫内中産芝。'《淮南傳》云:'閉太子,使與妃同内。'《晁錯傳》:'家有一堂二内。'皆是也。《太平御覽・職官部》五十七引此正作'入內視之'。'室'謂之'內',故臥室謂之臥內。"

又《外戚・呂公傳》:"乃召趙王誅之。"王念孫說:"'誅之'上有'欲'字,而今本脫之,則文義不明。此時趙王尚未至,不得遽言'誅之'也。《御覽・皇親部》二引此正作'欲誅之'。《漢紀》同。"

上四例都是不明文義而誤刪的。

2. 不明訓詁誤刪

《韓非子・忠孝》:"臣以爲人生必事君養親,事君養親不可以恬淡。之人必以言論忠信法術,言論忠信法術不可以恍惚。"今本無"之人"二字。王先愼認爲"之人"當從上文作"人生"。陳奇猷認爲"之"乃"治"字之誤。按,"之人"即謂"是人",指代上文所謂"事君養親之人",不煩改字。今本不明"之"訓"是",誤刪"之人"。

《淮南子・人間訓》:"此何遽不爲福乎?"王念孫說:"本作'何遽不能爲福'。'能',與'乃'同,言何遽不乃爲福也。下文曰:'此何遽不能爲禍乎?'即其證。此及下文兩'何遽不爲福',《藝文類聚・禮部》《太平御覽・禮儀部》並引作'何遽不乃爲福',又'何遽不能爲禍',亦引作'何遽不乃爲禍'。"

《史記・晉世家》:"唐叔虞者,周武王子,而成王弟。"王念孫說:"'唐'上本有'晉'字。後人以'晉''唐'不當並稱,故刪去'晉'字也。今案,昭元年《左傳》:'遷實沈於大夏,唐人是因,以服事夏商。其季世曰唐叔虞。'杜注曰:'唐人之季世,其君曰叔虞。'下文'當武王邑姜方震大叔,夢帝謂己:"余命而子曰虞。"'注曰:'取唐君之名。'是唐人之季世,與周武王子封於唐者,皆謂之唐叔虞。而武王子封於唐者,寔爲晉之始祖,故言'晉唐叔虞'以別之。《索隱》

本出'晉唐叔虞'四字，注曰：'晉初封於唐，故稱晉唐叔虞。'則有'晉'字明矣。"

《漢書·王莽傳》："力士三百人，黃衣幘。"王念孫説："'幘'上原有'赤'字。'力士赤幘'者，《續漢書·輿服志》云：'武吏常赤幘，成其威也。'今本脱'赤'字，則義既不明，而句又不安矣。《太平御覽·車部》一引此正作'黃衣赤幘'。"

上四例都是不明訓詁而誤删脱文的，或不明語詞，或不明史實，或不明制度。

3. 據他書誤删

《晏子春秋·内篇諫下第七》："明君不屈民財者，不得其利；不窮民力者，不得其樂。"王念孫據《群書治要》，認爲"明"爲衍文，當删。但下文明言"今君不遵明君之義"，出"明君之義"，則此二句有"明"字。因此，劉師培認爲本文當作："明君不屈民財，不窮民力。君屈民財者不得其利，窮民力者不得其樂。"《群書治要》節文删"明君"二句，王念孫據以誤删"明"字。

又同篇第二十："古之及今，子亦嘗聞請葬人主之宫者乎？"王念孫、劉師培都據《群書治要》《北堂書鈔》《太平御覽》《册府元龜》，認爲"古之及今"本作"自古及今"。于省吾認爲："如本作'自古及今'，後人不至改爲'古之及今'。'之'猶'以'也。'古之及今'，言古以及今也。《墨子·兼愛下》'自古之及今'，《非命中》作'自古及今'，即其證也。"

《韓非子·觀行》："故鏡無見疵之罪，道無明過之怨。"王先慎據《藝文類聚》《太平御覽》《初學記》並無"故"字，删"故"。陳奇猷説："《白帖》四引亦無'故'字。案，此不當無'故'字，此'故'字乃總上之辭,與上二'故'字別。"

4. 因誤而誤刪

《周易·升卦》象傳:"君子以順德,積小以高大。"《釋文》:"以高大,本或作以成高大。"俞樾說:此本作"積小以成大",《正義》所謂"積其小善以成大名"也。後誤衍"高"字而作"積小以成高大",則累於辭矣。校者不知"高"字之衍,而誤刪"成"字。

《淮南子·人間訓》:"或直於辭而不害於事者,或虧於耳以忤於心而合於實者。"劉績本刪"不"字。王念孫說:"'周'亦'合'也,謂不合於事也。隸書'周'與'害'相似,故藏本'周'誤爲'害',而劉績不達,遂於'害'上刪'不'字矣。""又下文'此所謂直於辭而不可用者也','不可用'亦當作'不周於事'。凡言'此所謂者',皆復舉上文之詞,不當有異。此因'周'誤作'用',後人遂改爲'不可用',而不知其與上文不合也。"

又《謬稱訓》:"甯戚擊牛角而歌,桓公舉以大政。"王念孫說:"'舉以大政',本作'舉以爲大田',此後人以意改之也。'舉以大政'四字,文不成義,蓋後人不知大田爲官名,故妄改之耳。《文選》江淹《雜體詩》注引此作'舉以爲大田',又引高注曰:'大田,官也。'當作大田,田官也。今既改正文,又刪去高注矣。高注《詮言》篇曰:'甯戚疾商歌以干桓公。桓公舉以爲大田。'《晏子春秋·問》篇曰:'桓公聞甯戚歌,舉以爲大田。'此皆其明證也。"

上三例,一爲既衍而誤刪,一爲既誤而誤刪,一爲既誤而誤刪注文,都屬因誤而誤刪。

總之,凡刪脫都屬於有意識錯誤而造成的脫文。較之無意的脫簡、抄脫,校勘刪脫的錯誤往往要求有力的證據,必須進行論證。

四、節錄

節錄是指後人因各種需要而對原文刪節錄用。如類書節錄其各類所需,文章著作的引文往往摘其所要等。節錄本身不是校勘學研究對象,但與校勘有關。主要有下列兩點:一是今存許多作家別集、筆記小說等著作,是後人輯錄編成的,即所謂"輯本"。輯本中許多作品原是節文,並非全文。因此在校勘輯本時,必須注意其中作品來源,校辨其是否節文。另一是根據引文和類書文字校勘本書時,必須廣泛收集不同來源的材料,並加比勘,以免由於不同刪節而造成錯誤判斷。具體事例,茲不枚舉。

第五節　衍文通例

衍文就是後人添加於原文的文字。王引之《通說·衍文》中已指出,經典衍文"有自漢儒作注時已衍者",由來已久。造成衍文的原因不外兩方面,一是無意多抄了原文沒有的文字,一是有意增加了原文沒有的文字。具體地說,主要有下述幾類。

一、不明文義而衍

《墨子·魯問》:"子墨子曰:出曹公子而於宋,三年而反。"畢沅說,"子墨子曰出",未詳。王念孫說:"此本作'子墨子出曹公子於宋',猶上文言'子墨子游公尚過於越'也。今本衍'曰'字、'而'字,則義不可通。"俞樾認爲王說是也,"然'出'字義不可通。'出'當爲'士'字之誤。《史記·夏本紀》'稱以出',徐廣曰:'一作士。'是其例也。'士'與'仕'通。'子墨子士曹公子於宋',即'仕曹公子於宋'也。《貴義》篇曰:'子墨子仕人於衛。'"孫詒讓説:"王校是也,今據刪。曹公子亦墨子弟子。"

《荀子·富國》:"上好攻取功則國貧,上好利則國貧。"楊倞注:"民不得安業也。賦斂重也。"盧文弨説,元刻無"攻取"二字。王念孫説:"錢佃校本亦云'上好攻取功',諸本作'上好功'。案,諸本是也。上文以'不隆禮''不愛民'對文,以'已諾不信''慶賞不漸''將率不能'對文,此以'好功''好利'對文,則不當有'攻取'二字。宋本'攻'即'功'字之誤,又衍一'取'字。"

又《王霸》:"主之所極然,帥群臣而首鄉之者,則舉義志也。"楊倞注:"志,意也。主所極信,率群臣歸鄉之者,則皆義之志,謂不懷不義之意也。一曰:志,記也。舊典之有義者,謂若六經也。"王引之説:"'之所'上,本無'主'字。此後人不曉文義而妄加之也。後人以下有"群臣"二字,故加"主"字。之,猶'其'也。言其所極然,帥群臣而首鄉之者,則皆義志也。上文'之所'與'之所以'之上皆無'主'字。《王制》篇三言'之所以接下之人百姓者'之上,亦無'主'字。《議兵》篇作'其所以接下之人百姓者',是'之'與'其'同義。據楊注'主所極信'云云,則所見本已有'主'字。"

《呂氏春秋·季冬紀·不侵》:"天下輕於身,而士以身爲人。以身爲人者,如此其重也,而人不知,以奚道相得?"高誘注:"奚,何也。不知以何道得人,乃令之爲己死也。"王念孫認爲末句"以"字是後人所加。指出高説非也。"'而人不知'爲句,'奚道相得'爲句。道者,由也。言士之輕身重義如此,而人不知,則何由與士相得哉! 不相知則不能相得,故下文云"賢主必自知士,故士盡力竭智,直言交争,而不辞其患"。《下贤》篇曰:'有道之士,固骄人主。人主之不肖者,亦骄有道之士。日以相骄,奚时相得?'《知接》篇曰:'智者其所能接远也,愚者其所能接近也,所能接近而告之以远化,奚由相得?'语意略与此同。《有度》篇'若虽知之,奚道知其不为私',言何由知其不为私也。《晏子春秋·杂篇》'君何年之少而弃国之蚤,奚道至於此乎',言何由至於此也。《韩非子·孤愤》篇'法术之士,奚道得进',言何由得进也。'奚道'上不当有'以'字。盖後人不能正高注之误,又因注而加'以'字耳。"陈奇猷认为:"王说是。'相得'犹今语'相融洽'。《韩非子·守道》:'此之谓上下相得。'《淮南子·原道训》:'夫天下者,亦吾有也;吾亦天下之有也。天下之与我,岂有间哉? 吾与天下相得,则常相有已,又焉有不得容其间者乎?''相得'皆是相融洽之义可证。《重己》云:'今吾生之为我有,而利我亦大矣。论其贵贱,爵为天子,不足以比焉。论其轻重,富有天下,不足以易之。'即此'天下轻於身'之义。天下既较之身为轻,而士以身为人,是为人甚重矣。为人甚重而人不知,故无由相互融合。高氏以'得'为'得人',非是。"

《文选·报任少卿书》:"然仆观其为人,自守奇士。"《汉书·司马迁传》作"自奇士",无"守"字。王念孙说:"本作'自奇士',言仆与李陵俱居门下,素非相善,然观其为人,自是奇士。'奇士'二字,统'事亲孝'以下七事而言。若加一'守'字,则失其义矣。今本作"自守奇士"者,後人加"守"字以成四字句耳。下文"躬流涕","躬"下加"自"字;"拘羑里""具五刑","拘""具"下,并加"於"字,"鄙没世","鄙"下加"陋"字;"祇取辱","祇"下加"足"字,皆此类也。张铣曰"自守奇节之士",则五臣本已有"守"字。"

上諸例,或直接辨析文義,或據本書語例辨析文義,或據別本結合文義辨析,都屬不明文義而造成衍文。

二、不明訓詁而衍

《論語·鄉黨》:"入公門,鞠躬如也。"劉端臨認爲《鄉黨》"入公門"一章記述聘禮。王引之據此認爲"公"是衍文。他說:"'公',君也。本國之臣,謂君門爲公門。故《曲禮》曰:'大夫士下公門。'鄰國之臣來聘,執圭而入廟門,不得謂之'入公門'。遍考書傳,亦無謂廟門爲公門者,'公'蓋衍字也。《聘禮》記曰:'執圭入門,鞠躬如也。'正與此同。當作'入門',明甚。"

《淮南子·氾論訓》:"履天子之圖籍,造劉氏之貌冠。"高誘注:"高祖於新豐所作竹皮冠也。一曰:委貌冠。"王念孫說:"《史記·高祖紀》曰:'高祖爲亭長,以竹皮爲冠。及貴,常冠。'所謂'劉氏冠',乃是也,故曰:'造劉氏之冠。'《漢書·高祖紀》詔曰:'爵非公乘以上,毋得冠劉氏冠。'蔡邕《獨斷》:'高祖冠,以竹皮爲之,謂之劉氏冠。'今本作'履天子之圖籍,造劉氏之貌冠'者,'貌'字涉高注'委貌冠'而衍,後人又誤以'籍'爲圖籍,遂於'籍'上加'圖'字,以與'貌冠'相對,而不知'貌'爲衍文,且'圖籍'不可以言履也。"(王認爲高注"籍,圖籍"是錯誤的。"籍",猶"位"也。)

又《本經訓》:"異貴賤,差賢不肖,經誹譽,行賞罰。"王念孫說:"'差賢不'下,本無'肖'字。'不'與'否'同。貴賤賢不,誹譽賞罰,皆相對爲文。後人不知'不'爲'否'之借字,故又加'肖'字耳。"

《漢書·徐樂傳》:"徐樂,燕郡無終人也。"顧炎武說:"《地理志》無'燕郡',而'無終'屬右北平。考燕王定國以元朔二年秋有罪自殺，國除。而元狩六年夏四月，始立皇子旦爲燕王。其間爲燕郡者十年，而《志》佚之也。徐樂上書，當在此時。而無終於其時屬燕郡，後改屬右北平耳。"錢大昕則認爲，《地理志》所載郡縣，以元始初版籍爲斷。一代沿革，不能悉書。他列舉衛綰、公孫弘、鄧通等人屬籍皆與《志》不合。"蓋傳所據者，孝武以前之郡縣。徐樂稱'燕郡無終'，亦其類也。漢初諸侯王封國甚大，涿郡、遼東西、右北平皆燕故地。韓廣封遼東王，都無終，未幾即爲臧荼所滅，則仍屬燕矣。徐樂，武帝時人。其時無終屬燕郡，當得其實，未可斷以爲誤。"王念孫說："景祐本及《文選·別賦》注引此並作'燕無終人也'，《群書治要》引作'燕人也'，皆無'郡'字。顧據俗本《漢書》作'燕郡'，謂徐樂上書在元朔二年改國爲郡之後，非也。《主父偃傳》云：'元光元年，偃西入關，見衛將軍。衛將軍數言上。上不省。資用乏，留久，諸侯賓客多厭之。乃上書闕下。是時徐樂、嚴安亦俱上書言世務。上召見三人，拜爲郎中。'《史記》同。是樂之上書，即在元光元年之後。故《漢紀》列其事於元光二年，在元朔二年之前，凡六年。其時燕國尚未改爲郡，不得稱'燕郡'也。'郡'字乃後人所加。"王先謙說："樂與主父偃同上書召見，當亦在元光六年燕王定國未死之前，時國未除爲郡，止當作'燕無終人'，王説是也。但如《漢紀》作'元光二年'上書，則未審耳。"

上諸例，或因制度不合，或因名物不審，或因不知借字，或因未詳沿革，都屬於訓詁不明而造成衍文。

三、因注疏而衍

《荀子·仲尼》："任重而不敢專，財利至則善而不及也，必將盡辭讓之義,然後受。"楊倞注:"善而不及,而,如也。言己之善寡如,不合當此財利也。"謝本從盧校,"善"上有"言"字。王念孫說:"元刻無'言'字,是也。據楊注云:'善而不及,而,如也。'則'善'上無'言'字,明矣。注又云:'言己之善寡如,不合當此財利也。'此'言'字乃申明正文之詞,非正文所有也。宋本有'言'字,即涉注文而衍。"

《呂氏春秋·恃君覽·召類》:"以龍致雨,以形逐影,禍福之所自來,衆人以爲命,焉不知其所由。"陳昌齊說:"前《應同》篇作'衆人以爲命,安知其所',注云:'不知其所由也。'此以雨、影、所爲韻。不當於'所'下著'由',疑'不'字、'由'字皆因前注而衍。"王念孫說:"'焉不知其所由',本作'焉知其所'。其'不知其所由'五字,乃是高注,非正文也。今本作'焉不知其所由'者,正文脱去'知其所'三字,而注内'不知其所由'五字又誤入正文耳。此以雨、景(影)、所爲韻。"景"字古音在養部,養部之音多與語部相通,故景與雨、所爲韻。《樂記》"和正以廣"與旅、鼓、武、雅、語、古、下爲韻;《淮南·原道》篇"翱翔忽區之上",與下、野、與、後爲韻;《繫辭》傳"易之序也",虞翻本"序"作"象";《考工記》"陶旅",鄭司農云:"旅讀爲'甫始'之甫。"皆其例也。若'所'下有'由'字,則失其韻矣。前《應同》篇曰:'故以龍致雨,以形逐景(影),師之所處,必生棘楚,禍福之所自來,衆人以爲命,安知其所。'高注云:'凡人以爲天命,不知其所由也。'是其明證矣。"

《淮南子·人間訓》:"非其事者,勿刱也;非其名者,勿就也;無故有顯名者,勿處也;無功而富貴者,勿居也。"王引之說:"'無故有顯名者,勿處也',義與上句無別,當即是上句之注,而今本誤入正文也。下文云:'夫就人之名者廢,刱人之事者敗,無功而大利者後將爲害。'皆承上文言之,而此句獨不在内,則非正文明矣。"

王延壽《魯靈光殿賦》:"承明堂於少陽,昭列顯於奎之分野。"《文選》李善注:"言承漢明堂,而在少陽之位。其光昭列顯於奎之分野也。"王念孫説:"'昭列顯於奎之分野',句法甚累;既言'昭',而又言'顯',亦爲重沓。蓋正文本作'昭列於奎之分野',後人以李善注云云,因於正文内加'顯'字,不知注内'顯'字乃承上'昭列'而申言之,非正文所有也。不審文義,而據注妄增,各本相沿不改,其亦弗思之甚矣。"

上諸例,或誤以注文入正文,或據注文增正文,都屬因注疏而造成衍文。

四、涉上下文而衍

《大戴禮·勸學》:"爲善而不積乎？豈有不至哉？"盧辯注:"至,一作聞。"王念孫説:"'爲善而不積乎',衍'不'字;'豈有不至哉',一本作"聞",是也。此承上'聲無細而不聞'四句而言,故言爲善而積,則未有不聞者。《曾子制言》篇曰:'士執仁與義而不聞,行之未篤故也。胡爲其莫之聞也。'意正與此同。若云'豈有不至哉',則與上下文了不相涉矣。孔曲爲之説,非。《荀子》作'爲善不積邪,安有不聞者乎','積'上亦衍'不'字。《群書治要》引《荀子》作'爲善積也,安有不聞者乎'。"

《墨子·魯問》:"是以國爲虚戾,身爲刑戮,用是也。"王念孫説:"'用是'二字,涉上文而衍。上文'是以國爲虚戾,身爲刑戮也',無'用是'二字,是其證。"

《淮南子·人間訓》:"亡不能存,危弗能安,無爲貴智伯。"(道藏本如是)王念孫説:"'伯'字因上下文而衍。劉本依《趙策》改'智伯'爲'智士',非也。此謂亡不能存,危不能安,則無爲貴智。非謂'無爲貴智士'。上文牛子謂無害子曰:'國危不能安,患結不能解,何謂貴智?''智'下亦無'士'字。《吳語》亦云:'危事不可以爲安,死事不可以爲生,則無爲貴智矣。'《趙策》誤衍'士'字,而劉據之以改本書,謬矣。《太平御覽》引此作'無爲貴智'。《韓子》作'則無爲貴智矣'。皆無'士'字。"

《史記·陳丞相世家》:"漢王攻下殷王。"王念孫説:"'殷'下'王'字,涉上文'殷王'而誤衍也。'攻下殷'者,謂攻下殷國。《項羽紀》:'立司馬卬爲殷王,王河内,都朝歌。''殷'下不當有'王'字。下文'項王怒,將誅定殷者將吏',亦但言'殷',不言'殷王'也。《太平御覽·珍寶部》引此無'王'字,《漢書》亦無。"

上諸例,都因上文,下文或上下文類似語詞而誤入本句,造成衍文。

五、因旁注字而衍

古時注者或抄者遇有疑誤,或注一字於疑誤字旁,後人不明用意,誤抄入本文,遂成衍文。例如:

《荀子·仲尼》:"求善處大重,理任大事,……能耐任之,則慎行此道也。能而不耐任,且恐失寵,則莫若早同之,推賢讓能,而安隨其後。"楊倞注:"耐,忍也。慎讀爲順。言人有賢能者,雖不欲用,必忍而用之,則順己所行之道。"又注:"有能者,不忍急用之。"王念孫説:"'能耐任之''能而不耐任',兩'能'字皆衍文。'耐'即'能'字也。《禮運》'故聖人耐以天下爲一家,以中國爲一人者',鄭注曰:

"耐,古能字。傳書世異,古字時有存者,則亦有今誤矣。"《樂記》"故人不耐無樂",鄭注曰:"耐,古書能字也。後世變之,此獨存焉。"成七年《穀梁傳》"非人之所能也",《釋文》:"能,亦作耐。"《管子·入國》篇"聾盲、喑啞、跛躄、偏枯、握遞,不耐自生者","耐",即能字。'耐任之則慎行此道'者,言能任國家之大事,此承上"理任大事"而言。則慎行此道也。今作'能耐任之'者,後人記'能'字於'耐'字之旁,而傳寫者因誤合之也,'而不耐任'云云者,'而'讀爲'如',言如不能任其事,則莫若推賢讓能也。今作'能而不耐任'者,傳寫者既'能''耐'並錄,而'能'字又誤在'而不'二字之上也。楊氏不得其解,故曲爲之詞。"

《墨子·備城門》"令吏民皆智知之。"王念孫說:"此本作'令吏民皆智之'。'智',即'知'字也。今本作'智知之'者,後人旁記'知'字,而寫者因誤合之耳。《墨子》書'知'字多作'智'。"

《淮南子·氾論訓》:"使人之相去也,若玉之與石,美之與惡,則論人易矣。夫亂人者,若芎藭之與藁本也,蛇床之與麋蕪也,此皆相似。"高誘注:"言其相類,但其芳臭不同,猶小人類君子,但其仁與不仁異也。"王念孫說:"上既言'亂人',則下不必更言'相似';且正文既言'相似',則注不必更言'言其相類'矣。《爾雅》疏引許慎注云:'此四者,藥草臭味之相似。'然則'此皆相似'四字,蓋後人約記許注於正文之旁,而寫者因誤合之也。《史記·司馬相如傳》索隱、《爾雅》疏、《本草圖經》、《埤雅》、《續博物志》所引皆無此四字。"

《文選》潘岳《西征賦》:"當音、鳳、恭、顯之任勢也,乃熏灼四方,震耀都鄙。而死之日,曾不得與夫十餘公之徒隸齒,才難不其然乎?"(今李善本如此。)六臣本作"名才難不其然乎",五臣作"名難不其然乎"。李善注:"《論語》曰:'齊景公死之日,民無德而稱焉。''十餘公之徒',謂蕭、曹之屬也。《論語》:'子曰:才難不其然乎。'"呂延濟曰:"音、鳳之流,其死之日,曾不得與蕭、曹等十餘公之僕隸齒列,名器之難,其如此矣。"王念孫説:"作'名難'者是也。音、鳳、恭、顯,生前赫奕,而死後無名,是富貴易得而名難得,故曰'名難,不其然乎'。此用《論語》句法,故李善引'才難不其然乎'爲證。其實《論語》言'才難',此言'名難',句法雖同,而意不同也。六臣本作'名才難'者,後人以李善引《論語》'才難',故旁記'才'字,而傳寫者遂誤合之也。今李善本作'才難'者,又後人以'名才難'三字文不成義,而删去一字也,乃不删'才'字而删'名'字,斯爲謬矣。"

上諸例,旁注字誤入情況並不一樣,但造成衍文的原因則同,衍文都是旁注字。

如果進一步具體分析上述各類衍文原因,則不難再分出若干類通例。例如俞樾《古書疑義舉例》便另列二類:"兩字義同而衍例"和"兩字形似而衍例"。此外,如錯簡在未能考定錯亂次第時,也可能認作衍文。因此,衍文通例也只是有助於通解、分析、判斷衍文疑誤,並非普遍法則。

第六節　倒文通例

倒文就是原文的詞語被顛倒文字的錯誤。古時勾改文字叫"乙",所以又習稱爲"乙文"或"倒乙"。倒文大多是無意造成的詞語的上下兩字顛倒,一般可以從上下文辨析出來。較爲複雜的倒文,其致誤原因與脱文、衍文略同,並且往往和其他錯誤聯繫在一起,因而較難歸類。下列諸例,只可供了解倒文現象及各種具體致誤原因,並非通例。

一、一般倒文

《墨子·魯問》:"翟慮耕天下而食之人矣。"王念孫據下文乙正,當作"翟慮耕而食天下之人矣","天下"與"而食"爲倒文。按,下文云:"翟慮織而衣天下之人。"句法一律。

《荀子·議兵》:"明道而分鈞之。"盧文弨説:"《史記》《韓詩外傳》俱作'均分'。"王念孫説:"'均'與'鈞'通,當依《史記》《外傳》乙轉。"

《韓非子·説林上》:"子爲之是也,非緣義也,爲利也。"陶鴻慶説:"'爲之'二字當倒乙。"

《淮南子·主術》:"國者,君之本也。是故人君者,上因天時,下盡地財,中用人力。"王念孫説:"'君'字當在'人'字上。《群書治要》引此正作'君人者'。"

《論衡·治期》:"夫饑寒並至而能無爲非者寡,然則温飽並至而能不爲善者希。"孫蜀丞(人和)説:"'能不'當作'不能',文誤倒也。"

上舉諸例,或有他書依據,或據本書上下文例,或據上下文義,或倒二字,或倒一字,但都爲句中詞語文字顛倒。

二、其他類型倒文

《墨子·天志中》:"故夫愛人利人,順天之意,得天之賞者,既可得留而已。"畢沅説,據下文"故夫憎人賊人,反天之意,得天之罰者,既可謂而知也",此句"既可得留而已"未詳。王念孫説:"當作'既可得而智已'。'智'即'知'也。《墨子》書"知"字多作"智",見於《經説》《耕柱》二篇者,不可枚舉。言順天之意,得天之賞者,既可得而知已。《尚賢》篇曰:"既可得而知已"。其他書作"智"者,皆見《管子·法》篇。舊本作'既可得留而已'者,'智'誤爲'留',又誤在'而'字上耳。下文云'故夫憎人賊人,反天之意,得天之罰者,既可謂而知也',亦當作'既可得而知也'。此因'得'與'謂'草書相似而誤。'既可得而知'五字,前後相證,則兩處之誤字不辨而自明。下篇亦云"既可得而知也"。"

此例"留而"當爲"而智",字誤而兼誤倒。

《晏子春秋·内篇問下第三十》:"且嬰聞養世之君子,從重不爲進,從輕不爲退。"王念孫説:"當作'從輕不爲進,從重不爲退'。'輕',易也。見《吕氏春秋·知接》篇注。'重',難也。見《漢書·元紀》注。謂不見易而進,不見難而退也。今本'輕''重'互易,則義不可通。《家語·三恕》篇作'從輕勿爲先,從重勿爲後',注曰:'赴憂患,從勞苦,輕者宜爲後,重者宜爲先。'語意正與此同。"于鬯説:"'重''輕',猶'難''易'也。人求進者,則肯舍易而從難,君子之從難,不爲進也。人求退者,則多舍難而從易,君子之從易,不爲退也。故曰:'從重不爲進,從輕不爲退。'若謂道在難則從難,道在易則從易,於進退無與耳。"他認爲王説據《三恕》,義自可説,謂"義不可通",則過矣。要各存其義自可。必改使一之,轉爲多事。

王説以爲"重""輕"互易,爲上下句對文誤倒之例。于説以爲不誤,純從文義辨析,可存其説。

《淮南子·天文訓》："天去地五億萬里。"王念孫說："《開元占經·天占》篇引此作'億五萬里',《太平御覽·地部》一引《詩含神霧》亦云:'天地相去億五萬里。'然則'億''五'二字,今本誤倒也。"

此據他書引文以證"五億"當爲"億五"誤倒,實爲訓詁校證。

又《說山訓》："信有非禮而失禮。"王念孫說："當作'信有非而禮有失',下文'此信之非''此禮之失'皆承此句言之。今本'而禮'二字誤倒,又脫一'有'字,衍一'禮'字,遂致文不成義。"

又《人間訓》"夫走者,人之所以爲疾也;步者,人之所以爲遲也。今反乃以人之所爲遲者,反爲疾。"王念孫說："此當作'今乃反以人之所以爲遲者爲疾'。上文曰:'此衆人所以爲死也,而乃反以得活。'即其證。今本'乃反'二字誤倒,又脫一'以'字,衍一'反'字。"

此二例都據上下文義辨析,爲脫、衍而兼誤倒之例。

又《人間訓》："委社稷,效民力,隱居爲蔽,而戰爲鋒行。"王念孫說："'隱居爲蔽',當作'居爲隱蔽',言越之事吳,居則爲隱蔽,而戰則爲前行也。今本'隱'字誤在'居爲'之上,則文不成義。《韓策》云:'韓之於秦也,居爲隱蔽,出爲鴈行。'語意正與此同。"鴈行""鋒行",皆謂前行也。《燕策》云:"使弱燕爲鴈行,而強秦制其後。""

此爲本句詞語拆裂誤倒之例。

《漢書·張湯傳》："嘗有所薦,其人來謝。安世大恨,以爲舉賢達能,豈有私謝邪?絶弗復爲通。"宋祁曰:"南本、浙本並云'豈有私邪,謝絶弗復爲通'。"王念孫說："南本、浙本是也。'豈有私邪',謂薦賢本無私也。'謝絶弗復爲通',謂謝絶其人,不復與相見也。後人以上文云'其人來謝',遂移'謝'字於'私'字之下,而以'豈有私謝'連讀,失之矣。據師古注云:'有欲謝者,皆不通也。一曰:告此人而絕之,更不與相見也。'"告"字正釋"謝"字。師古注《高紀》及周勃、車千秋、趙廣漢傳並云:"謝,告也。"則師古所見本,正作'謝絕弗復爲通',明矣。今本'謝'字移入上句内,則與注不合。"

《論衡・是應》:"案《爾雅・釋水(泉)章》:一見一否曰瀸。"黃暉説:"宋殘卷'泉'在'章'字下,朱校元本同,是也。此文出《爾雅・釋水》,'一見'上正有'泉'字。今本'章''泉'二字誤倒,則'一見一否'句無主詞矣。"

上二例都是倒文而致破句之例,即上句末字與下句首字誤倒,造成上下二句都生疑誤。

《文選》宋玉《風賦》:"故其風中人,狀直憯悽惏慄,清涼增欷。"王引之説:"'憯悽惏慄',當爲'惏慄憯悽',寫者誤倒耳。'惏慄''清涼',皆謂風之寒也。李善注曰:"惏,寒貌。慄,寒氣也。"'憯悽''增欷',皆感寒之貌也。二句相對爲文;且'悽''欷'爲韻,古音俱在脂部,若'慄'字則在質部,質與脂,古韻不同部。"慄"字古通作"栗",《詩》三百篇"栗"字皆與質部之字爲韻,無與脂部之字爲韻者,其作"慄"之字,《詩・黃鳥》與"穴"爲韻,《楚辭・九辯》與"瑟"爲韻,"慄""穴""瑟"皆質部也。不可與'欷'爲韻矣。《高唐賦》'令人惏悷憯悽,脅息增欷','悷''慄'聲相近,'惏悷憯悽'猶'惏慄憯悽'也。彼賦亦以'悽''欷'爲韻。《楚辭・九辯》'憯悽增欷兮,薄寒之中人;愴怳懭悢兮,去故而就新','凄'與'欷'爲韻,'愴怳'與'懭悢'爲韻,又其一證矣。"

此爲雙聲疊韻字誤倒失韻之例。

又司馬遷《報任安書》:"若望僕不相師而用流俗人之言。"(今李善本如此。)王念孫説:"此本作'若望僕不相師用,而流俗人之言'。故蘇林曰：'而，猶如也。言視少卿之言，如流俗人之言，而不相師用也。'六臣本注云：'而用，善本作"用而"。'是其證也。若如今本作'不相師而用流俗人之言'，則'而'字不得訓爲'如'矣。又案張銑曰：'而，如也。言少卿書，若怨望我不相師用，以少卿勸戒之辭如流俗人所言。'據此，則五臣本亦作'不相師用而流俗人之言'，明矣。今本'用而'作'而用'，則後人以意改之也。六臣本注引李善本作'用而'，而今本亦作'而用'，則又後人據已誤之五臣本改之也。《漢書·司馬遷傳》亦作'用而'，足以互證矣。此篇原文多經後人增改，當以《漢書》參校。"

此爲誤倒而破句爲連續，即因上句末字與下句首字誤倒而并上下句爲一句。

上引各種不同類型倒文例，都屬於致誤原因較複雜情況，並不可據單純文義辨析作出判斷。除上引各例外，也還有其他致誤原因和情況，兹不列舉。

第七節　錯簡通例

錯簡就是雕板刻印以前的簡書帛書，因簡、帛次第錯亂而造成的錯誤，其實與後世刊印書籍的錯頁一樣。但一簡的文字容量不過二三十字，僅數句或幾小節文字。一般地説，錯簡限於秦漢以前的簡書，致誤原因其始大抵是各種具體事故，如編簡繩索爛斷、折斷，使簡片散亂等等。但既經散亂後的重行編定，往往未必正確恢復本來次第，而較原始錯簡更難考辨。又經刊版成書，錯簡不復具有簡書形式，而如同脱文和衍文在原次第處成爲脱文，在錯處則成爲衍文，但是考辨却較脱文、衍文更爲困難。這就是説，錯簡既經形成，並固定在刊印書籍文字上，致誤原因從知識上考察，除韻文有押韻錯謬外，都只有文義通洽與否的疑誤，没有其他原因。倘使錯簡中的文句還有其他校勘問題，當另作校釋，並非錯簡性質。所以錯簡的致誤原因如同單純倒文一樣簡單，但是考定錯簡的正確次第所在，却可能是聚訟莫定的難題。舉例如下（爲便於説解，部分引例中加標序號）。

《墨子·尚賢下》，舊本作：

是故昔者堯有舜，舜有禹，禹有皋陶，湯有小臣，武王有閎夭、泰顛、南宫括、散宜生，①得此不勸譽。②且今天下之王公大人士君子，中實將欲爲仁義，求爲士，③上欲中聖王之道，下欲中國家百姓之利。而天下和，庶民阜。是以近者安之，遠者歸之，日月之所照，舟車之所及，雨露之所漸，粒食之所養，④故尚賢之爲説，而不可不察此者也。

此段在文義上有幾處疑誤不通。①"是故"至"散宜生"，都屬三代聖君賢臣關係，而下接②"得此不勸譽"，顯然文義牴牾。又與下文"且今天下"五句的邏輯聯繫不清楚。其中③"求爲士"一句突兀。④"而天下和"至"粒食之所養"，乃述"天下和"的盛況碩果，也與上文"且今天下"五句並無直截因果聯繫，更與下文"故尚賢之爲説"二句連接不上。據此，王念孫認爲，①"散宜生"下，當接④"而天下和"至"粒食之所養"，共三十七字；②"得此不勸譽"中脱一"莫"字，當補；③"求爲士"中脱一"上"字，當補。考訂正文如下：

是故昔者堯有舜，舜有禹，禹有皋陶，湯有小臣，武王有閎夭、泰顛、南宮括、散宜生,而天下和,庶民阜。是以近者安之,遠者歸之,日月之所照,舟車之所及,雨露之所漸,粒食之所養,得此莫不勸譽。且今天下之王公大人士君子,中實將欲爲仁義,求爲上士。上欲中聖王之道,下欲中國家百姓之利。故尚賢之爲説,而不可不察此者也。

王氏校勘,實則除校補"莫""上"二脱文外,主要就是把"而天下和"以下三十七字乙入"散宜生"之下,訂正一簡的次第。

又《兼愛中》,舊本作:

諸侯相愛則不野戰,家主相愛則不相篡,人與人相愛則不相賊,①貴不敖賤,詐不欺愚。凡天下禍篡怨恨,可使毋起者,②以仁者譽之。然而今天下之士,君臣相愛則惠忠,③父子相愛則慈孝,兄弟相愛則和調,天下之人皆相愛,强不執弱,衆不劫寡,富不侮貧。子墨子曰:④然,乃若兼則善矣。雖然,天下之難物於故也。

其中有錯簡一,脱文六字,誤字二。①"人與人"句下,當接③"君臣相愛"至"富不侮貧"四十字,爲錯簡。②"凡天下"句下,脱"以相愛生也是"六字。④"子墨子"當爲"君子"之誤。訂正如下:

諸侯相愛則不野戰,家主相愛則不相篡,人與人相愛則不相賊,君臣相愛則惠忠,父子相愛則慈孝,兄弟相愛則和調,天下之人皆相愛,强不執弱,衆不劫寡,富不侮貧,貴不敖賤,詐不欺愚。凡天下禍篡怨恨,可使毋起者,以相愛生也。是以仁者譽之。然而今天下之士君子曰:然,乃若兼則善矣。雖然,天下之難物於故也。

此例亦屬文義辨析疏通，與上例同。

《戰國策·秦策》"齊助楚攻秦"章，載楚王中張儀計，拒陳軫諫，以致伐秦而大敗於杜陵。末云：

> 故楚之土壤士民非削弱，僅以救亡者，計失於陳軫，過聽於張儀。

又"楚絕齊"章，載齊伐楚，楚王使陳軫西説於秦。末云：

> 計聽知覆逆者，唯王可也。計者，事之本也，聽者，存亡之機也。計失而聽過，能有國者寡也。故曰：計有一二者，難悖；聽無失本末者，難惑。

王念孫認爲"楚絕齊"章末節"計聽知覆逆者"五十一字，與本章上文絕不相屬，此是著書者之辭，當在"齊助楚攻秦"章末節之下，前章言楚所以幾亡者，由於計之失，聽之過，故此即繼之曰："計聽知覆逆者，唯王可也。""唯"，與"雖"同。"王"，讀如王天下之"王"。言人主計聽能知覆逆者，雖王天下可也。下文云："計失而聽過，能有國者寡也。"亦承上章而言。此章所記陳軫之言，《史記·張儀傳》有之，而獨無"計聽"以下五十一字。則此五十一字明是上章之錯簡也。據此，則"楚絕齊"章末五十一字當删，而"齊助楚攻秦"章當如下：

> 故楚之土壤士民非削弱，僅以救亡者，計失於陳軫，過聽張儀。計聽知覆逆者，唯王可也。計者，事之本也，聽者，存亡之機也。計失而聽過，能有國者寡也。故曰：計有一二者，難悖；聽無失本末者，難惑。

這是隔章錯簡之例。

《韓詩外傳》今本卷三末章：

> 昔者不出户而知天下，不窺牖而見天道者，非目能視乎千里之前，非耳能聞乎千里之外，以己之度度之也，以己之情量之也。己惡飢寒焉，則知天下之欲衣食也。己惡勞苦焉，則知天下之欲安佚也。己惡衰乏焉，則知天下之欲富足也。此三者，聖王之所以不降席而匡天下者也。故君子之道，忠恕而已矣。夫飢渴苦血氣，寒暑動肌膚，此四者，民之大害也。大害不除，未可教御也。四體不掩，則鮮仁人；五藏空虛，則無立士。故先王之法，天子親耕，后妃親蠶，先天下憂衣與食也。《詩》曰："父母何嘗？心之憂矣，之子無裳。"

又今本卷五第二十三章：

> 夫百姓内不乏食，外不患寒，則可教御以禮義矣。《詩》曰："蒸畀祖妣，以洽百禮。"百禮洽則百意遂，百意遂則陰陽調，陰陽調則寒暑均，寒暑均則三光清，三光清則風雨時，風雨時則群生寧。如是而天道得矣。是以不出户而知天下，不窺牖而見天道。《詩》曰："惟此聖人，瞻言百里。""於鑠王師，遵養時晦。"言相養之至於晦也。

以上兩章，許瀚認爲本爲一章，卷三末章爲前半，卷五第二十三章爲後半。其編次應在卷五，不在卷三，即卷三末章應移爲卷五第二十三章的上文。其根據有二。一是據《群書治要》所引今本卷三末章，其編次在今本卷五第十八章與第二十六章之間，可知今本卷三末章的編次應在卷五，而不在卷三；又《群書治要》引文在"五藏空虛,則無立士"下,有"百姓內不乏食,外不患寒,乃可御以禮矣"三句,即今本卷五第二十三章的首三句,當是節引此章的摘要,可知此章原爲今本卷三末章的下文,該二章原爲一章。二是據今本該二章的文義,前章云"大害不除,未可教御也",後章云"夫百姓內不乏食,外不患寒,則可教御以禮義矣";前章云"昔者不出戶而知天下,不窺牖而見天道者",後章云"是以不出戶而知天下,不窺牖而見天道";前後呼應,文義相承,密切貫通,可知兩章實爲一章。他認爲致誤原因,蓋上段偶脫簡,讀者不得其處,誤認版心卷五爲卷三,因附三卷之末耳。這是從板刻書籍體制所作的推想。其實這也是錯簡致誤。

《漢書·百官公卿表上》元狩三年"御史大夫"欄:

> 三月壬辰,廷尉張湯爲御史大夫。六年,有罪自殺。

王念孫說,此十九字當在(元狩)二年下。二年三月壬辰,御史大夫李蔡爲丞相,而張湯即以是日爲御史大夫,不得遲至三年也。《史記·表》書御史大夫湯,正在二年下。《漢紀》亦云:"二年三月壬辰,御史大夫李蔡爲丞相,張湯爲御史大夫。"這是訂正張湯御史大夫一事,表中錯了一格。

又《漢書·李廣利傳》:

> (李廣利兵)圍其城,攻之四十餘日。①宛貴人謀曰:②"王毋寡(宛王名)匿善馬,殺漢使。今殺王而出善馬,漢兵宜解。即不,乃力戰而死,未晚也。"宛貴人皆以爲然,共殺王。其外城壞,③虜宛貴人勇將煎靡。宛大恐,走入中城,相與謀曰:"漢所爲攻宛,以王毋寡。"持其頭,遣人使貳師。

王念孫認爲,此段有一處錯簡,衍文八字。①"攻之四十餘日"下,當接③"其外城壞"至"以王毋寡"三十二字;②"宛貴人謀曰王毋寡"八字爲衍文,當據《史記》删。此段訂正如下:

> 圍其城,攻之四十餘日。其外城壞,虜宛貴人勇將煎靡。宛大恐,走入中城,相與謀曰:"漢所爲攻宛,以王毋寡匿善馬,殺漢使。今殺王而出善馬,漢兵宜解。即不,乃力戰而死,未晚也。"宛貴人皆以爲然,共殺王,持其頭,遣人使貳師。

以上諸例,都屬散文錯簡之例。其致誤原因便是錯簡,表現在刊本便是一段或一節文字的次序錯亂顛倒。主要訂正依據是辨析疏通文義,其次是依據他書有關文字佐證。

對於韻文來說,則除文義外,另一主要依據便是押韻,例如《離騷》有:

> 曰黃昏以爲期兮,羌中道而改路。
> 初既與余成言兮,曰後悔遁而有他。

《文選》載此,無"曰黃昏"二句。又《九章·抽思》有:

> 昔君與我成言兮,曰黃昏以爲期。
> 羌中道而回畔兮,反既有此他志。

洪興祖指出《離騷》"曰黃昏"二句,王逸無注;"羌"字注,至下文"羌内恕己以量人"始出,疑後人所增。又指出《抽思》四句與此語同。此外,學者還指出"路"字和"他"字不叶韻,"他"字和下文"余既不難夫離別兮,傷靈修之數化"的"化"字叶韻。因此,《離騷》中"曰黃昏"二句爲衍文,可能是從《抽思》錯簡而來,亦有錯簡性質。

總上可見,錯簡的致誤原因本來是單純的,校勘方法和依據也比較單純明確。但是正由於依據文義辨析以及韻脚格律,便可進行校勘訂正,因此對疑誤的分析判斷也可能產生主觀臆斷的弊病。例如《九章・哀郢》中有:

> 堯舜之抗行兮,瞭杳杳而薄天。
> 衆讒人之嫉妒兮,被以不慈之僞名。
> 憎愠惀之修美兮,好夫人之忼慨。
> 衆踥蹀而日進兮,美超遠而逾邁。

在《九辯》中分爲兩節,分别列入兩處。前四句作

> 堯舜之抗行兮,杳冥冥而薄天。
> 何險巇之嫉妒兮,被以不慈之僞名。

後四句文字全同。顯然,兩篇中有八句相同文字,應有一篇中爲錯簡。但是究竟是《哀郢》還是《九辯》錯簡,則有不同意見,而且聚訟不休。又如《離騷》有:

> 昔三后之純粹兮,固衆芳之所在。
> 雜申椒與菌桂兮,豈維紉夫蕙茝。
> 彼堯舜之耿介兮,既遵道而得路。
> 何桀紂之猖披兮,夫惟捷徑以窘步。

王逸注"三后"爲"禹、湯、文王"。從朝代先後順序看,"彼堯舜"四句似應在"昔三后"四句之前。因此王逸解釋說:"夫先三后者,據近以及遠,明道德同也。"但是後來有學者認爲這兩節前後次序顚倒,屬錯簡。更有學者認爲"昔三后"四句應移至上文"扈江離與辟

芷兮,紉秋蘭以爲佩"下。這類見解不免有主觀臆斷的任意性。所以,錯簡作爲一個校勘通例,在確定疑誤、校勘訂正時,更應注意避免主觀。

　　總上五類的各項校勘通例,實質上都是從知識方面尋找致誤原因的。就錯誤的表現形式說,主要分誤字、脱文、衍文、倒文、錯簡五類。就這五類錯誤的各項通例説,都是概括了一部分致誤原因大致相同的現象。應當看到,實際上,在古書中遇到的具體疑誤,往往不是單純的,而是錯綜複雜的。

第六章　校勘實踐的具體方法步驟

第一節　具體校勘前的準備工作

　　校勘學以古籍的校勘爲研究對象。具體從事校勘實踐,則以一種古籍、一篇文獻、一個作品爲自己的工作對象,總是運用校勘學原理、方法、通例於具體的工作對象的。即使是對片段或個別文句進行校勘,也必須是在全書、全篇校勘的基礎上進行,否則可能產生主觀臆斷、斷章取義的失誤。因此,從事具體校勘實踐的第一項工作,或者說,在進入具體校勘一種古籍之前必須完成的準備工作,就是調查研究具體的工作對象,即這種古籍的基本情況:它的基本構成和流傳情況,基本內容和結構體例,基本文體和語言特點。

第二節　了解基本構成和流傳情況

　　首先要了解這一古籍的基本構成和流傳情況。一般說,這項工作是在利用前人成果的基礎上,從調查目錄、版本的文獻記載入手的。內容包括:了解基本構成,熟悉流傳情況;搜集版本,分析版本源流,歸納版本系統;選擇底本和參校本。

一、了解基本構成，熟悉流傳情況

工作對象的具體古籍確定後，必須首先了解這一古籍的基本構成類型屬於簡單重疊構成還是複雜重疊構成，初步確定它有幾個層次。重要古籍大多是接近原本的輯本或原本，經過校勘注疏，層次複雜，版本衆多。一般古籍則多爲輯本或白文原本，無多整理，層次簡單，版本亦少。因此，第一步工作是根據這一著作的著作者及成書年代，查考有關的文獻目錄記載，大體了解它成書以後的流傳情況，包括歷代對它的整理情況，從而對它的重疊層次作出初步分析。一般地説，凡屬見諸史傳的歷史人物的編著，大都可從本傳、藝文志（經籍志）和本書有關序跋得到它大體的流傳情況。而不見史傳的編著，不論它在歷史上重要與否，大多需查考本書序跋和私家目錄記載，以求對它的流傳情況有所了解。試舉例説明。

1.《韓非子》

《史記·韓非傳》：

> 故作《孤憤》《五蠹》《内外儲》《説林》《説難》十餘萬言。……人或傳其書至秦，秦王見《孤憤》《五蠹》之書，……李斯曰："此韓非之所著書也。"……申子、韓子皆著書傳於後世，學者多有。

《漢書·藝文志·法家》：

> 《韓子》五十五篇。名非，韓諸公子。使秦，李斯害而殺之。

《魏書·劉昞傳》：

第六章 校勘實踐的具體方法步驟 | 229

晒注《周易》《韓子》……並行於世。

《北史·李先傳》：

明元即位……召先讀《韓子·連珠論》二十二篇（按《連珠》即《韓非子·內外儲說》）。

《隋書·經籍志·子部法家》：

《韓子》二十卷，目一卷。韓非撰。

《舊唐書·經籍志·丙部子錄法家》：

《韓子》二十卷。韓非撰。

《新唐書·藝文志·丙部子錄法家》：

《韓子》二十卷。韓非。

又（尹知章）注《韓子》，卷亡。

《宋史·藝文志·子類法家類》：

《韓子》二十卷。韓非撰。

宋鄭樵《通志·藝文略》：

《韓子》二十卷。韓非撰。唐有尹知章注，今亡。

晁公武《郡齋讀書志·子類·法家類》：

《韓非子》二十卷。韓非撰。

陳振孫《直齋書錄解題·法家類》：

《韓子》二十卷。韓諸公子韓非撰。《漢志》五十五篇，今同，所謂《孤憤》《説難》之屬皆在焉。

王應麟《漢藝文志考證》：

《韓子》五十五篇。《史記・韓非傳》："喜刑名法術之學，而其歸本於黄、老。作《孤憤》《五蠹》《内外儲》《説林》《説難》十餘萬言。"注："《新序》曰：申子書號曰'術'，商鞅書號曰'法'，皆曰刑名。"東萊吕氏曰："太史公謂非喜刑名法術之學，則兼治之也。"《索隱》："按《韓子》書有《解老》《喻老》二篇，是亦崇黄、老之學也。"今本二十卷五十六篇（按此誤）。沙隨程氏曰："非書有《存韓》篇，故李斯言非終爲韓不爲秦也。後人誤以范雎書厠於其書之間，乃有舉韓之論。《通鑑》謂非欲覆宗國，則非也。"

清《四庫全書總目・子部法家類》：

《韓子》二十卷。內府藏本。

周韓非撰。《漢書・藝文志》載《韓子》五十五篇。張守節《史記正義》引阮孝緒《七錄》載《韓子》二十卷。篇數、卷數皆與今本相符。惟王應麟《漢藝文志考》作五十六篇，殆傳寫字誤也。

其注不知何人作。考元至元三年何犿本稱："舊有李瓚注，鄙陋無取，盡爲削去"云云。則注者當爲李瓚，然瓚爲何代人，犿未之言。王應麟《玉海》已稱《韓子》注不知誰作，諸書亦別無李瓚注《韓子》之文，不知犿何所據也。

犿本僅五十三篇，其序稱内佚《姦劫》一篇、《説林下》一篇及《内儲説下・六微》內"似煩"以下數章。

明萬曆十年，趙用賢購得宋槧，與犿本相校，始知舊本《六微》篇之末尚有二十八條，不止犿所云數章。《説林下》篇之首，尚有"伯樂教二人相踶馬"等十六章，諸本佚脱，其文以《説林上》篇"田伯鼎好士"章逕接此篇"蟲有虺"章。《和氏》篇之末，自"和雖獻璞而未美，未爲玉之害也"以下，脱三百九十六字。《姦劫》篇之首，自"我以清廉事上"以上脱四百六十字，其脱葉適在兩篇之間，故其次篇標題與文俱佚，傳寫者各誤以下篇之半連於上篇，遂求其下篇而不得，其實未嘗全佚也。

今世所傳，又有明周孔教所刊大字本，極爲清楷。其序不著年月，未知在用賢本前後。考孔教舉進士在用賢後十年，疑所見亦宋槧本，故其文均與用賢本同，無所佚闕。今即據以繕録而校以用賢之本。

……疑非所著書，本各自爲篇。非歿之後，其徒收拾編次以成一帙。故在韓、在秦之作，均爲收録，併其私記未完之稿亦收入書中。名爲非撰，實非非所手定也。以其本出於非，故仍題非名以著於録焉。

《四庫全書·子部法家類存目》：

《韓子迂評》二十卷。内府藏本。

舊本題"明門無子評"。前列元何犿校上原序，署"至元三年秋七月庚午"，結銜題"奎章閣侍書學士"。考元世祖、順帝俱以"至元"紀年，而三年七月以紀志干支排比之，皆無"庚午"日，疑"子"字之誤。奎章閣學士院，設於文宗天曆二年，止有大學士，尋升爲學士院，始有"侍書學士"，則犿進是書在後至元時矣。觀其序中稱："今天下所急者，法度之廢；所少者，韓子之臣。"正順帝時事勢也。

門無子自序稱："坊本至不可句讀。最後得何犿本，字字而讎之，皆不失其舊，乃句為之讀，字為之品，間取何氏注而折衷之，以授之梓人"云云。蓋趙用賢翻刻宋本在萬曆十年，此本刻於萬曆六年，故未見完帙，仍用何氏之本。然犿序稱"李瓚注鄙陋無取，盡為削去"，而此本仍間存瓚注，已非何本之舊。且門無子序又稱"取何注折衷之"，則併犿所加旁注，亦有增損，非盡其原文。蓋明人好竄改古書以就己意，動輒失其本來，萬曆以後刻版皆然。是書亦其一也。

門無子不知為誰。陳深序稱："門無子，俞姓，吳郡人，篤行君子。"然新舊志乘皆不載其姓名。所綴評語大抵皆學究八比之門徑，又出犿注之下。所見如是，宜其敢亂舊文矣。

孫氏《祠堂書目·諸子法家》：

《韓非子》二十卷。一、明趙用賢刊本。一、明吳勉學刊本。一、明葛鼎刊本。一、明十行本，缺二卷。一、依宋刻校本。

孫星衍《廉石居藏書記》：

《韓非子》二十卷。明趙用賢校，依宋本校刊，有注。

嘗見宋刊本有序，無撰人名，後題"乾道改元中元日黃三八郎印"。曾屬吾友畢以珣校勘，卷十一末有"相與訟者子產離之而毋使通辭"一條，共七十六字，餘亦有文字異同。《漢志》"《韓子》五十五篇"，合篇數無佚。《隋志》"《韓子》二十卷，目一卷"。新、舊《唐志》皆二十卷，各家書目同。俱不言何人注。趙用賢《凡例》云："元何犿本謂舊有李瓚注,盡爲刪去。不知犿何據指爲李瓚。今因宋本俱列,不敢輕加刪削。"按之宋本亦有注。是書目錄家缺載。

又有明吳勉學校刊本,無注。(下略)

盧文弨《群書拾補·韓非子》:

是書有明馮舒己蒼據宋本、道藏本以校張鼎文本外,又有明凌瀛初本、黃策大字本。今并以校明神廟十年趙用賢二十卷全本。……

明孫月峰評點本并無注。茲不取在所校本中。

又《書韓非子後丁酉》:

是本爲明趙文毅校刊本,遠出他本之上。余向借之北平黃崑圃先生,後先生以歸余。乾隆丙子以凌瀛初本校一過。閱二十一年丁酉,借得馮己蒼所校張鼎文本,乃以葉林宗道藏本、秦季公又元齋本并趙本合校者,因覆取參對,改正甚多。(下略)

顧廣圻《韓非子識誤序》:

歲在乙丑,客於揚州太守陽城張古餘先生許。宋槧本,太守所借也,與予向所得述古堂影鈔正同,第十四卷失第二葉,以影鈔者補之。前人多稱道藏本,其實差有長於趙用賢刻本者耳,固遠不如宋槧也。宋槧首題"乾道改元中元日黃三八郎印"。(下略)

黃丕烈《影宋鈔本韓非子跋》:

始信余本(影宋本)之真從宋本出也。然非一本。張本(張古餘本)缺第十四卷第二葉,余本却有。余本缺第十卷第七葉,張本有之。則余本非從張本出矣。(下略)

從上述材料可知,《韓非子》可能爲韓子門徒編輯而成。成書後,傳至漢代爲五十五篇。魏晉南北朝時頗爲流傳,受文士重視。北魏劉昞曾爲作注。在此時期,五十五篇編爲二十卷,有目錄一卷。唐代尹知章曾注,已亡。又別有李瓚注。宋、元時都有刊本。明、清校本漸多。據此大概流傳情況,其特點爲:唐以前僅有三家注(陳奇猷疑李瓚或即唐宣宗相李宗閔之子李瓚),或亡或佚散;明、清間校本多而無注疏;屬於簡單重疊構成,大抵爲三個層次,即原本,北魏至唐注本,明清校本。

2.《雲謠集雜曲子》

朱孝臧《彊村叢書本跋》:

　　《雲謠集雜曲子》,敦煌石室舊藏唐人寫卷子本,今歸英倫博物館。毘陵董授經游倫敦,手錄見貽。原題三十首,存十八首。《傾杯樂》以下佚,目亦無存。集中脱句譌文,觸目而是。授經間有誤正,未盡祛疑。旋從吴伯宛索得石印本,用疏舉若干條,質之況蕙風。細意鉤揮,復多創獲。爰稽同異,臚識如右。

龍沐勛《彊村叢書重刻本跋》:

　　《雲謠集雜曲子》一卷,敦煌石室舊藏唐人寫卷子本,彊村翁據英倫博物館及巴黎國家圖書館所得,合校待刊者也。曩歲武進董授經丈從倫敦手錄一本貽翁,刻冠叢書,獨自《傾杯樂》以下皆缺佚，引爲大憾。去年（1931）夏，獲讀劉半農（復）在巴黎所輯《敦煌掇瑣》，亦載《雲謡雜曲》，亟走告翁，翁以校舊刻，除《鳳歸雲》前二首兩本重出外，餘悉倫敦本所無，合之適符三十之數。

王重民《敦煌古籍叙錄·雲謡集雜曲子》：

敦煌出《雲謡集雜曲子》三十首，有兩本，均不全。一藏倫敦博物院，存者十八首；一藏巴黎圖書館，存者十四首。校除複重，適得三十首。……一九三二年，龍沐勛據兩本，定著爲三十首，益以朱孝臧、董康等校語，另爲校記一卷，又重刻之，於是全書復行於世。

余來巴黎，又據《校記》閱巴黎本。《鳳歸雲》第二首："豈知紅臉泪"，《校記》龍云：巴黎本"臉"誤作"脸"。按原本不誤，劉鈔誤也。《拜新月》第二首："國泰時清晏"，《校記》龍以劉抄本"泰"作"秦"，誤。按原本實作"泰"，故余亟爲北京圖書館攝照一份，俾國人得識巴黎原本之真。又《魚歌子》第二首："虚把身心生寂寞"，原本"把"作"抱"，"抱"字大佳，諸家未能校出。《傾杯樂》："生長深閨菀"，龍刻本改"菀"爲"苑"，則不知唐人寫書習慣，凡從"夗"之字皆從"宛"，不但敦煌寫本如是，日本所藏唐寫本亦莫不如是也。

《雲謡集雜曲子》是敦煌發現的唐寫本。據上述情況可知，唐時流傳此本共三十首，今存殘本二種，近人校除重複，合成三十首，當與真本同。此集雖沉睡千年，無所更動。但當時傳抄，已有錯譌；近人抄校，又增錯譌。因此，它的構成仍有兩個層次，即原抄本和近人校本。與上舉《韓非子》流傳情況相比較,則此爲民間曲子詞本,並無目錄文獻記載可考,須據序跋叙録。

3.《嵇康集》

《三國志·魏書·王粲傳》裴注引《魏氏春秋》:

> 康所著諸文論六七萬言,皆爲世所玩咏。

又引嵇喜《嵇康傳》:

> 著《養生篇》。……撰録上古以來聖賢隱逸、遁心遺名者,集爲傳贊,自混沌至於管寧,凡百一十有九人。

《晉書·嵇康傳》:

> 乃著《養生論》。……乃作《幽憤詩》。……又作《太師箴》。……復作《聲無哀樂論》。

《隋書·經籍志》:

> 魏中散大夫《嵇康集》十三卷。梁十五卷,録一卷。

《舊唐書·經籍志》《新唐書·藝文志》:

> 《嵇康集》十五卷。

《宋史·藝文志》《崇文總目》《郡齋讀書志》《直齋書録解題》《文獻通考·經籍考》:

> 《嵇康集》十卷。

鄭樵《通志·藝文略》、焦竑《國史經籍志》:

> 《中散大夫嵇康集》十五卷。

《四庫全書總目提要》：

《嵇中散集》十卷。兩江總督採進本

……《隋書·經籍志》載康文集十五卷，……至陳振孫《書錄解題》則已作十卷，且稱："康所作文論六七萬言，其存於世者僅如此。"則宋時已無全本矣。疑鄭樵所載亦因仍舊史之文，未必真見十五卷之本也。

王楙《野客叢書》云："《嵇康傳》曰：'康喜談名理，能屬文，撰《高士傳贊》，作《太史箴》《聲無哀樂論》。'余得毘陵賀方回家所藏繕寫《嵇康集》十卷，有詩六十八首。今《文選》所載才三數首。《選》惟載康《與山巨源絕交書》一首，不知又有《與呂長悌絕交》一書。《選》惟載《養生論》一篇，不知又有《與向子期論養生難答》一篇，四千餘言，辨論甚悉。集又有《宅無吉凶攝生論難》上中下三篇、《難張遼自然好學論》一首、《管蔡論》《釋私論》《明膽論》等文。《崇文總目》謂《嵇康集》十卷，正此本爾。《唐藝文志》謂《嵇康集》十五卷，不知五卷謂何。"觀楙所言，則樵之妄載，確矣。

此本凡詩四十七篇，賦一篇，書二篇，雜著二篇，論九篇，箴一篇，家誡一篇，而雜著中《嵇荀錄》一篇，有錄無書，實共詩文六十二篇，又非宋本之舊。蓋明嘉靖乙酉吳縣黃省曾所重輯也。

莫友芝《邵亭知見傳本書目》：

《嵇中散集》十卷。

魏嵇康撰。明嘉靖乙酉黃省曾仿宋本。每葉二十二行，行二十字，板心有"南星精舍"四字。程榮校刻本。汪士賢本。

《百三名家集》本一卷。《乾坤正氣》本。静持室有顧沅以吳鮑庵鈔本校於汪本上。

以上可見，《嵇康集》並非嵇康自編，當是同時親友編輯。其書在南朝爲十五卷，有目一卷。隋時已佚二卷。唐代復作十五卷，但失目錄。宋以來，僅存十卷。明、清以來，校勘頗衆，未見注者。但《文選》所收嵇康詩文，則隨《選》注而傳。大概而言，其基本構成亦屬簡單重疊，不過兩個層次，一爲十五卷本舊存，一爲十卷本校刻。較之《韓非子》，則顯然散佚較多，距原本更遠，實爲後人輯本。

二、搜集版本，分析源流，歸納系統

了解工作對象的基本構成和流傳情況後，應依據目錄記載所提供的綫索來搜集該書今存各種版本，分析版本源流，歸納版本系統。目錄記載提供的流傳情況是歷史的，與今存版本實際往往差距較大，其中有的版本已亡，有的僅存再刻、再校本。因此，必須儘可能搜集今存版本，結合目錄記載和前人校記、叙錄，進行分析歸納，掌握版本的源流系統。

分析歸納版本源流系統的方法是，根據今存各本的刊印年代和序跋說明，查考各本所據底本，上溯祖本；同時根據對校目錄、所收篇章和特徵的錯譌，以爲各本源流關係的旁證。具體地說，首先查考底本。所謂底本，是指每一種校注本的基礎刊本。例如魯迅校《嵇康集》以吳寬叢書堂抄本爲基礎本子，用黃省曾本等六種刻本和其他引書資料校勘。吳本即魯迅本的底本。因而在逐一查明底本後，便可依次追查到一系列本子的最早底本。這最早底本便是一個版本系統的祖本，或稱領本。祖本不等於原稿、原版，僅僅指原版以後的某一種再版本。祖本不一定一個，可以有兩個或三個。原稿、原版與祖本之間有一段距離，而其間流變不明。也就是說，從今存各本上溯，只能查到某一年代的某一刊本爲止，再往上，查考綫索中斷。

在查考祖本時，僅據序跋叙錄的説明，有時證據不足，或者説明不清。因此就需要進行初步對校，查考各本之間篇章目錄異同，尤其是比較一下書中某些字句錯譌的異同，找出具有特徵的、足以證明某些本子同源的根據，以便使各本的源流獲得有力的旁證。同時也可從中了解不同系統的版本的差別和優劣，以供選擇自己工作底本參考。

試以《韓非子》爲例。下面是陳奇猷撰的《韓非子刻本源流考》的圖表説明。

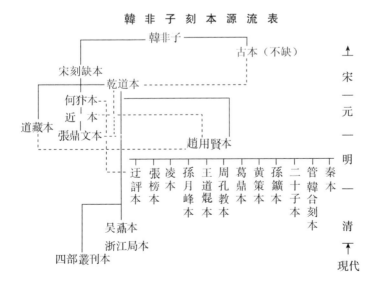

該表大體顯示今存《韓非子》的源流系統。表中《韓非子》原稿

和古本(不缺)是推想之目,其實不存。宋刻(缺本)一項也是據宋、元刻本推想而列的。括號的(近本)是據趙用賢本的《凡例》所載估計而列的。何犿本和張鼎文本是根據後世序跋等肯定其存在,但陳本未見其本。表中實綫表示源流系統,虚綫表示除主要源流外,兼有他本成分。例如宋代乾道本主要來自宋缺刻本,與元代何犿本、明代道藏本同源,但乾道本已據他本補缺,因而推想其中當有其他古本成分。又如明代門無子《迂評》本,"文從趙本,目仍何氏(何犿本)"(《序例》),所以主要屬趙本系統,但有何本成分。這一源流表,主要是依據各本序跋叙録的説明加以歸納出來的。與此同時,陳奇猷指出:

> 今存諸本中,可分爲三大類:(一)《顯學篇》脱"士者爲民"至篇末云云,乾道本屬此類。(二)《和氏篇》自"未爲主之害也"害字起脱至《姦劫弑臣篇》"亦知方正之不"止,並《姦劫弑臣》之目亦脱去,連《和氏》爲一篇,所脱之文適爲乾道本第四卷之七、八兩頁。《説林下》自篇首起脱十六條,餘連上篇,故《説林》不分上下篇。此即五十三篇本,藏本屬此類。(三)此兩處不脱,趙本及其他各明刊本皆屬之。此三種類型正可藉以考訂刻本源流。

這就是依據特徵的錯譌作爲歸納源流的旁證。

從上表及所述旁證可以看到,《韓非子》在宋代以前的版本不詳。而從今存各本查考,則除藏本單存外,祖本有三個:宋乾道本、元何犿本和明趙用賢本。趙本實則出自乾道本,並吸取藏本和近本(出何本)的成分,爲今存《韓非子》五十五篇的全本,祖領明刊諸本。乾道本發現較晚，所以實屬其系統者僅吳騫本、浙本及四部叢刊本。何焯本系統是歸納出來的，實則未見。因而從善本角度看，以乾道本和道藏本爲優。

三、選擇底本和參校本

上兩步工作的目的就是選好底本和參校本，以便著手進入具體校勘工作。選擇底本應從校勘的根本原則出發，要求接近原本的善本，可以是古本、宋本，也可以是後人校勘的善本；可以是祖本，也可以不是祖本。一般地說，古本、宋本年代較近原本，倘使保存完整，應取爲底本。但由於各種原因，古本、宋本或致殘，或傳譌，反而不如後人精校本完善，則應取後人校本爲底本，參校古本、宋本。底本確定後，便應挑選參校本，即用以與底本對校的各種本子。一般地說，簡單重疊構成的古籍，底本外的各種版本都需用作參校本，因爲後人加工少，版本不多，便於搜集異文，發現疑難，利於比較分析，訂正勘誤。但複雜重疊構成的古籍，由於層次多，版本多，錯綜複雜，因而需挑選一些重要的諸家版本作爲參校本。選擇參校本可從校注者著眼，多用名家校本。對於不知名的版本，則可採取粗校辦法，斟酌決定。仍以上舉三書爲例。

《雲謠集雜曲子》今存唐寫卷子本兩種殘本，當合爲底本。但唐寫殘本都有譌誤，近代校本有：朱孝臧校錄本（《彊村叢書》），羅振玉校錄本（《敦煌零拾》），劉復校錄本（《敦煌掇瑣》），龍沐勛校錄本（《彊村叢書》），王重民校錄本（《敦煌曲子詞集》），任二北校錄本（《敦煌曲校錄》）。諸家校勘互有異同，都可用以參校。饒宗頤《敦煌曲》、黃永武主編《敦煌寶藏》均影印原卷，尤宜參校。

《韓非子》今存版本已見上表所列。其中何犿本、近本、張鼎文本都未爲陳奇猷所見。而據刻本源流系統歸納，以乾道本和明正統道藏本爲善本，兩書都有缺脫，但可互補。且藏本所脫，恰爲乾道本兩整頁，可見藏本與乾道本可能同源，而乾道本爲宋刻，藏本爲明刻，因此陳氏以乾道本爲底本，而校以藏本。明趙用賢本雖爲完全本，且爲明刻諸本的祖本，但趙本已作校改，與乾道本已有差異，因而失真較多，可作主要參校本，但不宜爲底本。其他明刻本中，迂評本保存何犿本成分較多，參校價值較高。餘下諸本則視校者而論。所以陳氏以乾道本爲主，校以他本。但指出："各本中最優爲乾道本、藏本，其次爲趙本，再次爲迂評本，再次爲張榜本、凌本，其他各本，余雖曾取以校讎，但可取者甚少。"可見在確定底本後，仍須挑選重點參校本。

《嵇康集》今存版本計有：明黄省曾嘉靖乙酉年仿宋刻本，明吳寬叢書堂藏抄校本，清陸心源皕宋樓藏抄校本，明程榮本，明汪士賢本（《漢魏六朝二十名家集》），清四庫全書本（文津閣本、文瀾閣本），明張燮本（《七十二家集》），明張溥本（《漢魏六朝一百三家集》），清潘錫恩本（《乾坤正氣集》），周樹人校本（《魯迅全集》）。考察上列諸本源流，其實都從明代輯本而來，並無宋、元版本根據。大致以黄省曾本爲祖本者有：程榮本、汪士賢本、四庫本；以吳寬抄本爲祖本者有：陸心源抄本和魯迅本。其餘張燮本六卷，張溥本不分卷，潘錫恩本九卷都屬重輯本。其中可稱善本的是黄省曾本和吳寬抄本。黄本是今存各本中較早較全的一種，因而戴明揚校注《嵇康集》便以黄本爲底本。而吳本因受清代名家顧千里、黄丕烈等重視，又有吳寬兩校，所以雖非全本，也可珍貴，魯迅便以吳本爲底本。由於《嵇康集》爲輯本,因而其他各本一般都有參校價值,而更爲重要的是搜集他書如總集、選集、類書中所收嵇康作品,以資參校。這是輯本校勘的特點,也是戴校本和魯迅校本所重視的。

總之,了解古籍的基本構成和流傳情況,是具體校勘這一古籍前的主要準備工作,其直接目的是選好底本,確定參校本,同時也爲具體校勘時分析判斷異文準備條件,以便恰當地把握各參校本的特點和可信程度。

第三節　了解基本内容和結構體例

其次要了解這一古籍的基本内容和結構體例。古籍浩繁,内容、結構和體例各不相同。各個時代的不同學科的著作者都有各自的時代特點和個性風格,每種著作都有各自的結構和體例,從而形成一些獨特的東西,即所謂"特例"。一般地說,"基本内容"是指本書主要論題或作品主題,主要論點或主題思想和主要論據或主要題材。"結構"是指本書或作品的整體結構,它的篇章結構安排或情節的結構安排。"體例"則是著作者對自己的著作的編撰格式的某些具體規定。校勘一種古籍雖與專門研究這一種古籍不同,校勘文字不需對内容是非作出評論,但文字畢竟是表達内容的形式,終歸受内容的制約。因此,着手具體校勘之前,通讀全書,初步了解本書基本内容,大體掌握它的結構體例,是運用本校法、理校法進行本書校勘所必需的準備。同時,隨着校勘的進行,不斷加深理解基本内容,熟悉結構體例,也是提高本書校勘質量的一個必需條件。試舉例如下。

1.《吕氏春秋》一書是吕不韋聚門士集體編撰的,全書雖有一種主導學術思想,但各篇出自衆手,思想並不一致。因此各篇校勘須分別了解基本思想。如《季春紀·圜道》,據陳奇猷分析是陰陽家思想。其中有幾處文字便據此校勘:

黄帝曰:"帝無常處也,有處者乃無處也。"以言不刑蹇,圜道也。

高誘注:"刑,法也。言無刑法,故蹇難也。天道正刑不法,故曰'圜道也'。"

俞樾説:"'刑蹇'二字連文。'刑蹇'與'刑倨'同。《莊子·山木》篇'君無形倨',注曰:'刑倨,躓礙之謂。'然則'不刑蹇'者,不躓礙也。蓋引黄帝之言而釋之曰:帝無常處者,以言不躓礙也,是圜道也。《應同》篇引《商箴》而釋之曰'以言禍福人或召之也',《慎大》篇引《周書》而釋之曰'以言慎事也',文法並與此同。高注非是。"

章炳麟説:"案'刑'當作'訮'。《説文》:'訮,静語訮訮也。'《洞簫賦》'終堄峨以蹇愕',注以爲正直之貌。《高頤碑》云'清蹇之口','蹇'即'蹇',字亦作'謇'。以者,用也。用言者,所以出言之道也。人君出言,不必如人臣獨持正直,與人静語而清蹇也,故曰圜道。自'帝無常處'至此,皆謂君道,非天道。帝謂人帝,非上帝也。"

許維遹説:"俞説是。《管子·水地》云:'凝蹇而爲人。'尹注:'蹇,停也。''停'與'躓礙',義正相應。"

陳奇猷説:"俞以'刑蹇'爲'刑倨',訓爲躓礙。考'躓礙'乃不能行進之義。《晉書·葛洪傳》"僬僥之步而企及夸父之蹤,近才所以躓礙也",明"躓礙"乃不能行進之貌。與'帝無常處'之義不相干,章氏更屬臆説。此句文法,俞氏已説明。且以言爲帝言,與"處"字不相應也。案此篇是陰陽家之學説,仍當從陰陽家説求之。'刑蹇'當即陰陽家所言之'刑尅'。'刑尅'即歲刑與五行生尅。帝既無常處,有處即無處,故無歲刑與五行之生尅。是以帝之無常處,所以説明不刑尅也。'蹇''尅'雙聲。《易·蹇卦》:'蹇,難也。'五行相尅,亦即五行相難。故'蹇''尅'二字聲義均同,自可相假借也。"

此例主要是釋義,但章炳麟因對此篇思想理解未確,以致以爲"刑"當作"訐",則屬校勘錯誤。

又如下文:"以言説一,一不欲留,留運爲敗,圜道也。一也齊至貴,莫知其原,莫知其端,莫知其始,莫知其終,而萬物以爲宗。"

其中"一也齊至貴"一句,高誘注:"道無匹敵,故曰至貴也。"《文選》江淹《擬孫廷尉詩》李善注引作"一也者至貴也"。一些學者認爲當從《選》注所引。

陳奇猷説:"'齊''者'二字草書形亦不近,無由致誤。《爲欲》作'執一者至貴也',與此不同義。案此文提出兩個觀念,一是'帝',一是'一'即道。陰陽家以一切事物皆有刑蹇,而此謂帝則不刑蹇(見上例),可知帝當是至貴。至於道者,'萬物以爲宗',當然亦是至貴。帝與道均是至貴,故此謂'一也齊至貴',猶言道與帝之至貴相齊等也。或曰:'帝即是道。'不然。就此文而分析之:帝是在'有處'與'無處'之中;而道則運行不息,周流萬物之間;(上文"以言説一,一不欲留",可知"一"雖不欲留,但已從"言"中經過,既可從"言"中經過,推知其是周流萬物之間。)明陰陽家以帝爲最高主宰,不在於萬物之中;而道則在萬物之中,與萬物周旋;帝與道之分別，甚爲明顯。由此更可明此文用'齊'字之旨，蓋帝是最高之主宰，是至貴；而道則與帝之至貴相齊等，故曰'一也齊至貴'。高誘昧於道家'道'是獨一之觀念，妄爲之説。李善見誘注'道無匹敵'，因改爲'一也者至貴也'，不可爲據。"

此例是從本篇基本思想的分析，判斷"齊"字不誤，指出李善注引爲誤改。再如《仲秋紀·簡選》：

> 故凡兵勢險阻，欲其便也；兵甲器械，欲其利也；選練角材，欲其精也；統率士民，欲其教也。此四者，義兵之助。時變之應也，不可爲而不足專恃。此勝之一策也。

其中"不可爲而不足專恃"一句，高誘注："專，獨也。"

陳昌齊説："據前後文義，'爲'字乃'無'字之譌。《用民》篇亦云'威不可無有，而不足專恃'。"

陶鴻慶説："'不可爲'當作'不可不爲'，故下文云：'此勝之一策也。'奪'不'字，則文不成義。《用民》篇云'故威不可無有，而不足專恃'，語意與此同。"

陳奇猷説："本書《首時》云'聖人之於事，似緩而急，似遲而速，以待時'，又云'有湯、武之賢，而無桀、紂之時不成；有桀、紂之時，而無湯、武之賢，亦不成。聖人之見時，若步之與影不可離。故有道之士未遇時，隱匿分竄，勤以待時'，又云'水凍方固，后稷不種。后稷之種必待春。故人雖智而不遇時，無功'，又云'齊以東帝困於天下，而魯取徐州。邯鄲以壽陵困於萬民，而衛取繭氏。以魯、衛之細，而皆得志於大國，遇其時也'。由此可知，時謂時機，時機不由人爲，只須等待，故此文云'不可爲'。陳改作'不可無'，陶改作

'不可不爲',皆不確。雖然時機是勝敵之有利條件,但專恃時機而不盡人事(人事即上文所説便其兵勢險阻等)則不可,故曰時變之應不足專恃。又案,春秋、戰國時,有所謂兵陰陽家者,極重時變之應(應即"天人感應"之應)。……以《淮南子》《韓非》之文觀之,此家之説,不但重刑德、斗擊、五勝之時,且重星象左右、背嚮之時及卜筮吉凶之時。吕氏此文"時變之應",亦指刑德、斗擊、五勝、左右背嚮、卜筮等時吉凶之變與戰争之感應。此類時變之應,不由人爲,故曰'不可爲'。不盡人事,專恃時變之應,愚莫大焉,故曰'不足專恃'。又案,此文'義兵之助也'句,屬上爲義。下文'此勝之一策也'句,係總結全篇,謂簡選精良爲勝敵之一策。陳、陶未得其讀,故以爲有誤耳。"

此例三家説都是用理校法,陳奇猷則不據類似單句爲説,而從本書引證、辨析基本觀念,所以較合。

2.《吕氏春秋》一書結構爲十二紀、八覽、六論;紀各五篇,末爲一篇序;覽一爲七篇,餘七覽各八篇;論各六篇;共一百六十篇。依紀、論之例,覽亦當爲各八篇,因疑《有始覽》七篇,或脱一篇。楊樹達説:

> 《有始覽》諸篇與《韓非子・外内儲説》文體相同。"解在乎"以下,皆舉某人某事爲言。例如,次篇《應同》云"解在乎史墨來而輟不襲衛",《去尤》篇云"解在乎齊人之欲得金也,及秦墨者之相妒也",《聽言》篇云"解在乎白圭之非惠子也,公孫龍之説燕昭王以偃兵,及應空洛之遇也,孔穿之議公孫龍,翟翦之難惠子之法",《謹聽》篇云"解在乎勝書之説周公,齊桓公之見小臣稷,魏文侯之見田子方也",《務本》篇云"解在鄭君之問

被瞻之義也,薄疑應衛嗣君以無重稅",《論大》篇云:"解在乎薄疑說衛嗣君以王術,杜赫說周昭文君以安天下,及匡章之難惠子以王齊王也。"皆是一例。獨此篇"解在乎"云云,別爲一例,不與以下諸篇同。考八覽每覽八篇,而《有始覽》止七篇。蓋此篇"解在乎"以下及次篇文簡佚脫,"天地之所以形"以下四句,乃編次者取他篇之文妄相雜湊者,故不相承接也。

陳奇猷說:

> 呂氏此書甚爲整齊。十二紀每紀五篇而《季冬紀》末殿以《序意》,八覽每覽八篇,六論每論六篇,不得此《有始覽》止七篇,則此覽中顯係脫去一篇。又後諸篇中"解在乎"云云所舉某人某事皆詳其事於另一篇,如《應同》"解在乎史墨來而輟不襲衛",其事則詳敘於《召類》。明此文"解在乎"以下所舉四事,除"陰陽材物之精"一解見於《盡數》外,其他三解未見,明本書必有一篇脫去。考下《應同》目原作"名類",舊校謂"一作應同"。疑今所脫之一篇即是《名類》。上文云"天斟萬物,聖人覽焉,以觀其類",而"解在乎"云云所舉數事又正是名與類,故說此數事之義以"名類"題篇。其後《名類》文全脫去,僅剩篇目"名類"二字與《應同》篇文相合,遂以《應同》文屬《名類》,《應同》目"應同"二字,校者因繫之"名類"下而爲"名類"之異文矣。

二說都是據全書結構及《有始覽》各篇文體仿連珠的特點,進一步論證此覽脫一篇。陳說更據舊校指出,其脫篇之題當爲"名類"。

又《呂氏春秋》各紀、覽、論下各篇,安排一例,都以次第起,末署題目。如《孟春紀》，其第一篇爲"一曰：……"，末題"孟春紀"；第二篇爲"二曰：……"，末題"本生"；第三篇爲"三曰：……"，末題"重己"；下皆同此。對這一體例，前人通常以紀下各篇爲獨立完篇。因此當發現某篇篇末似有未了時，便疑其有誤。如《仲春紀·情欲》末云：

> 世人之事君者，皆以孫叔敖之遇荆莊王爲幸。自有道者論之，則不然。此荆國之幸。荆莊王好周遊田獵，馳騁弋射，歡樂無遺，盡傳其境内之勞與諸侯之憂於孫叔敖。孫叔敖日夜不息，不得以便生爲故，故使莊王功迹著乎竹帛，傳乎後世。

俞樾説，此下竟無一語，則文義未足。疑上文"功雖成乎外，而生虧乎内。耳不可以聽，目不可以視，口不可以食，胸中大擾，妄言想見，臨死之上，顛倒驚懼，不知所爲，用心如此，豈不悲哉"五十三字，當在此下，傳寫者誤移置於前耳。

陳奇猷説，《吕氏春秋》一書，今所謂之一篇，實即一紀中之一段。既是段，則段與段有連續性質，亦是吕氏編此書之體例。故每段之末常不用收束語，後多有此例，如《報更》之末即是。俞氏不明吕書體例，遂以此無收束語而將上文移此，謬甚。且以上文"胸中大擾，妄言想見"云云爲孫叔敖之收束語亦不洽。

顯然，俞説有替古人修改文章之嫌，不可取。陳據此書體例分析，較合。

上述《吕氏春秋》類1諸例屬於從思想内容校證，類2諸例屬於從結構體例校證。至於像戴震《水經酈道元注序》所説：

> 《水經》立文，首云某水所出，已下無庸重舉水名；而《注》内詳及所納群川，加以採摭故實，彼此相雜，則一水之名不得

不更端重舉。《經》文叙次所過郡縣,如云"又東過某縣"之類,一語實該一縣;而《注》則沿溯縣西以終於東,詳記所逕委曲。《經》據當時縣治,至善長(酈道元字)作《注》時,縣邑流移,是以多稱"故城";《經》無言"故城"者也。凡《經》例云"過",《注》例云"逕"。以是推之,雖《經》《注》相淆,而尋求端緒,可俾歸條貫。

依據《水經注》的體例,指出校勘其中經文與注文混亂的正確方法,已成理校學派的一個範例。而如陳垣初得沈刻《元典章》時,"一時無他本可校,則以本書自證,確知爲譌誤者若干條;以目校書,有目無書者又若干條"(《沈刻元典章校補緣起》),也成爲本書自證的校勘佳話。這里就不贅述了。

第四節　了解基本文體和語言特點

第三要了解這一古籍的基本文體和語言特點。古代文體繁細,除詩賦韻文和駢古散文、文言文和白話文、學術應用文和文學創作文的分別外,應用文體又有成百類,文學文體也以十計類,同時一種古籍的文體有單一的,也有錯綜使用的。作爲表達工具的語言,除文白之分外,也因時代和著作者不同、所用文體不同而產生各自特點。所以文體和語言,與思想内容一樣具有時代的、個性的特點。從校勘角度看,每一種古籍的基本文體和所用語言都在不同程度上具有自己的一些特例。這就要求在具體校勘之前,在讀全書時,不僅了解基本内容和結構體例,還要注意基本文體和語言特點。同時在校勘過程中不斷熟悉和掌握本書的文體和語言上的特例。這也是運用理校、本校法所必須的。

一般地說，了解文體對校勘的作用是明顯的。詩歌韻文有聲韻格律。如果出現字句不諧聲律，不合格式，就有疑誤。倘使同時存在異文，便需認真校證。辭賦駢文講究對偶，詞句整飭。倘使出現參差不對的字句，就是應注意的疑誤。先秦兩漢古文雖屬散體，但韻散、駢散結合的文筆甚多，這就需要大體了解這一古籍的基本文體的特點。古代應用文、文學的各類文體都有一定格式，如哀、誄、銘、贊要求韻文，詞曲小令有一定字句長短多少的限制等等，都是校勘所必須了解的。大概地說，校勘一種整體結構的著作，需要了解全書的基本文體，同時具體了解各部分、各篇章的基本文體；校勘一種文集，不論總集別集，便需了解它所收的文章作品的各類文體，要對症下藥，具體考慮。

比較起來，了解每一古籍的具體的語言特點，比了解文體更為重要。因為文體在一種古籍中所表現出來的特點，主要是著作者運用文體的靈活變化，而就文體本身而言，一般並不構成特例。所以了解各種文體的自身特點和功能是主要的。但語言的運用在各種著作中，由於時代和著作者的思想風格，可以構成獨特的具體的詞語文句，形成特例。所以陳垣《元典章校補釋例》中，除專論《通常字句誤例》外，特列《元代用字誤例》《元代用語誤例》兩卷。《元典章》屬於文件匯集類著作，不具個性特徵，但時代特點顯著，因而在用字、造語上有一些不同於此前時代的特例。所以陳垣強調指出："凡一代常用之語言，未必為異代所常用，故恆有當時極通用之語言，易代或不知為何語，亦校者所當注意也。"其所論例，詳見其書。試舉他書數例。

1.《淮南子·人間訓》:"國危而不安,患結而不解。何謂貴智?"

王念孫説,案"謂"與"爲"同。"國危而不安,患結而不解",本作"國危不而安,患結不而解"。"不而"者,不能也。"能""而"古聲相近,故"能"或作"而"。後人不曉"而"字之義,故改"不而"爲"而不"耳。此言所貴乎智者,國危能安,患結能解也。若國危不能安,患結不能解,則何爲貴智乎?下文張孟談對趙襄子曰:"亡不能存,危弗能安,無爲貴智。"語意正與此同。《吳語》:"危事不可以爲安,死事不可以爲生,則無爲貴智矣。""不可"猶不能也。後人改爲"國危而不安,患結而不解",非也。若謂國不安,患不解,則與"何爲貴智"四字義不相屬。若謂國危而不安之,患結而不解之,則是不仁,而非不智矣。

又説:《原道》篇"而以少正多",高注:"而,能也。能以寡統衆。"又注《吕氏春秋·去私》《不屈》《士容》三篇,並云:"而,能也。"《逸周書·皇門》篇曰:"譬若衆畋,常扶予險,乃而予於濟。"《墨子·尚同》篇曰:"故古者聖王,惟而審以尚同,以爲正長,是故上下情通。"又曰:"天下之所以治者,何也?唯而以尚同一義爲政故也。"《非命》篇曰:"不而矯其耳目之欲。"《莊子·逍遥》篇曰:"知效一官,行比一鄉,德合一君,而徵一國。"《荀子·哀公》篇曰:"君以此思哀,則哀將焉而不至矣?"《楚辭·九章》曰:"不逢湯武與桓繆兮,世孰云而知之?"《齊策》:"管燕謂其左右曰:子孰而與我赴諸侯乎?"又"秦始皇使遺君王后玉連環曰:'齊多知,而解此環不?'""而"字並與"能"同。故鄭注《屯卦》,讀"而"爲"能"。《堯典》"柔遠能邇",漢《督郵班碑》作"渘遠而邇"。《皋陶謨》"能哲而惠",《衛尉衡方碑》作"能悊能惠",《史記·夏本紀》作"能知能惠"。《論語·憲問》篇:"愛之能勿勞乎?"《鹽鐵論·授時》篇"能"作"而"。《吕氏春秋·不侵》篇:"能治可爲管商之師。"《齊策》"能"作"而"。又《禮運》正義曰:"劉向《說苑》'能'字皆作'而',今《說苑》中'能'字無作'而'者,皆後人改之也。"唯《論衡》之《感虚》《福虚》《亂龍》《講瑞》《指瑞》《感類》《定賢》諸篇,"能"字多作"而"。其作"能"者,亦是後人所改。

此例説明先秦至漢,"而"與"能"爲通假字,"而"義即"能",但不可改"而"爲"能"。這是古籍中語言的時代特點,正如今語"們"字在北宋作"門""懣",在南宋金元作"每",都不可望文生義而妄改。

2.《吕氏春秋·孟春紀》:"東風解凍,蟄蟲始振。"

高誘注:"蟄,讀如《詩·文王之什》。東方,木。木,火母也。火氣温,故東風解凍,冰泮釋地。蟄伏之蟲乘陽,始振動蘇生也。"

陳昌齊、王念孫等都據《淮南子·時則訓》"蟄蟲始振蘇"及高注"始振動蘇生也"語,認爲"振"下當有"蘇"字。

陳奇猷則認爲不當有"蘇"字:(一)吕氏此文頗整齊,"振"下不當多一字。(二)高誘"始振動蘇生也"六字當連讀,猶言始振動而蘇生也。陳、王等蓋誤讀"始振動"句絶,"蘇,生也"爲句,遂誤以爲"生也"釋"蘇"字耳。(三)振動則蘇生,故高氏以"振動蘇生"連言。若如陳氏等句讀,則高誘僅專釋"蘇"字,而"振"字則一語帶過,殊不合注家筆法。(四)本書此云"蟄蟲始振",《淮南·時則訓》作"蟄蟲始振蘇",本書《仲春》"蟄蟲咸動",《淮南》作"蟄蟲咸動蘇",兩相比較,可知《淮南》用《吕氏》而自增"蘇"字,非《吕氏》原有"蘇"字也。今《月令》無"蘇"字亦可證。

又《仲春紀》:"蟄動咸動,開户始出。"

高誘注:"蟄伏之蟲始動蘇,開蟄之户始出生。"

王、陳等亦以爲"動"下脱"蘇"字。陳奇猷引本書《開春論》"開春始雷,則蟄蟲動矣",並引高注"動,蘇也"。指出此"動"下亦無"蘇"字,而高以"蘇"訓"動",故此《仲春》及《孟春》注言"始振動蘇生""始動蘇",明高所見本,本無"蘇"字。

此例説明各書著者自有造語習慣。陳、王等據後於《吕氏春秋》的《淮南子》爲證,已不妥;又勉强讀破高注以成己説,又失誤。而陳奇猷據本書三證,又辨析高注以證高所見本的本字,再引《禮記·月令》爲佐證。因而從内證、外證兩方面確證"動"下無"蘇"字,增"蘇"字則誤。

3.《韓詩外傳》卷一第六章:"君子有辯善之度,以治氣養性,則身後彭祖;修身自强,則名配堯、禹。"案,《荀子·修身》此節"修身自强"上有"以"字。

又卷一第八章:"天不能殺,地不能生,當桀紂之世,不之能污也。然則非惡生而樂死也,惡富貴好貧賤也。"案《説苑·立節》"非惡富貴而樂貧賤也",與此末句意同。一本因據以增"非"字。

又卷二第八章:"君子居是邦也,不崇仁義,尊其賢臣,以理萬物,未必亡也。"案《説苑·建本》"尊其賢臣"上有"不"字,無"以理萬物"句。

許維遹認爲上三文例相同,都是用一介詞或一否定詞直貫一句。如:"以治氣養性"的"以",貫通於"修身自强";"非"字貫通下句,"不"字貫通下二句,都不必在下一、二句前重複"以""非""不"

字。《韓詩外傳》"多有此例"。他認爲,"考本書之文,多有所本,而每增減其文,與本書不必盡同。《説苑》又採自本書,亦不必盡同。校者但可疏通其文義。若必强求其同,反失其真矣"。

此例亦爲著者造句習慣。如果從文義明確上看,則上舉三例中《荀子》《説苑》有"以""非""不"的句子爲佳。但許氏據《韓詩外傳》的文例,指出從校勘的返真原則看,無"以""非""不"諸字爲是,增字爲非。這如同上文(第三節 2)所舉《吕氏春秋·有始覽》的仿連珠文例,在《有始覽》各篇末都有"解在乎"之句,以啓下篇,都是各自獨有的文句特例。

4. 陶淵明《遊斜川序》:"辛酉正月五日。"

逯欽立説:"辛酉",各本作"丑"。曾本云:一作"酉"。今從一作。又,蘇寫本、和陶本"丑"下有"歲"字。又説,《遊斜川詩》爲陶淵明五十歲時作。原序干支時日有竄誤,應作"正月五日辛酉",晉義熙十年(公元 414)正月也。又説,"辛酉",一作"辛丑"。按辛酉歲,陶年五十七;辛丑歲,陶年三十七,與"五十"者(陶詩首句云"開歲倏五十,吾生行歸休")皆不合。原序應作"辛酉"。辛酉者,乃以干支字紀日。據陳垣《二十史朔閏表》,本年正月朔日正爲辛酉,與詩"開歲"之言合。詩序以"五日"爲"辛酉","五"字當誤。所以知"辛酉"爲干支紀日之字,尚有下列三證:一、陶集凡有干支字紀年各詩,皆編諸卷三以次列之。宋元各刻本悉同。陶集自蕭統、陽休之等累加編訂,若此干支原爲紀年字,必依例列入卷三,而不至單獨編在卷二。二、卷三各詩凡甲子紀年者,干支下均以"歲"字承之。各刻本無一例外。此詩各刻本率無"歲"字,個別有"歲"字者乃後人臆添,舊本並不如此。三、陶所以擇孟春酉日游宴,乃遵晉朝習俗。《宋書·曆志》："晉以酉日祖，以丑日臘。"晉稽含《祖賦序》："祖之在於俗，尚矣。自天子至於庶人，莫不咸用。有漢卜日丙午，魏氏擇用丁未。至於大晉，則祖孟月之酉日。各因其行運，三代固有不同。"……斜川之遊，所以擇酉日謂之"及辰"者（陶詩三四句云"念之動中懷，及辰爲茲游"），其故在此。又陶所以五十歲時遊集斜川，乃仿效石崇、王羲之等貴族行徑。石崇《金谷詩序》云，與會者三十人，"吳王師，關中侯，始平武功蘇紹字世嗣，年五十居首"。金谷之會，爲東晉文士所樂道，故王羲之仿《金谷集》而爲蘭亭集會，亦選在其五十歲時。陶之五十而遊斜川，顯然意在繼承晉朝典制及貴族遺習。

　　王孟白説，逯氏認爲"辛酉"紀日而非紀年，可備一説。但存在疑難仍然很多。如要使這一見解得以成立，所列舉的各項證據，還缺少足夠的力量。第一，如改"辛酉"紀年爲紀日，而每月一日爲朔之始，則詩序首句"五日"勢必同時改爲"一日"，所謂"五日當誤"，實爲改紀年爲紀日之邏輯上的必然結果。陶集各本均作"五日"，從無異文，亦無爭議，改"五日"爲"一日"，豈非節外生枝，徒滋紛擾。晉義熙十年與是年正月朔日同爲辛酉，當是偶合，而偶合不能取證。第二，陶集雖有蕭統以來屢經編訂，但由於長期輾轉相傳，篇目次序紊亂，宋元舊本還存在這樣的痕迹。《始作鎮軍參軍經曲河》一詩，原本列於《庚子歲五月中從都還阻風於規林》一詩之前，而宋、元舊本之一曾集本却列之於後。《擬挽歌辭》三首，原本以"有生必有死"一首爲首篇，而宋代郭茂倩《樂府詩集》收錄此詩，却列"荒草何茫茫"一首爲首篇。與此相類似，《遊斜川》詩，原本或者亦按例列入卷三，由於輾轉寫刻致誤，列入卷二，其後長期延續，未加改正,這種可能性並不能完全排除。更加明顯的是,凡編入卷三諸詩篇,其詩題首兩字均爲干支,而《遊斜川》則不同,干支不在詩題之首,而在詩序第一句之首。正是爲此,《遊斜川》一詩不列入卷三,而列入卷二。逯氏對此兩種不同情况不加明確區別,混爲一談,以至産生不應産生的差誤。第三,陶集凡以干支紀年各詩,干支下均用"歲"字相承接,這當是客觀事實。但認爲凡陶集宋元舊本《遊斜川》詩序首句干支下均無"歲"字相承接,則是以偏概全。現存傳爲蘇軾筆迹的蘇寫本,亦即清代何義門所説的北宋宣和本,是名實相副的陶集舊本,而此本《遊斜川》詩序首句干支下,明確地有"歲"字相承接。逯氏分明有見於此,但却説是"後人臆添,舊本並不如此"。這實是一種遁辭。按此推論,干支下無"歲"字承接,豈不也可以説成是後人所妄删。如此論證,難於自圓其説。此外,晉朝以孟春酉日祀祖,乃是統治階級典制,陶淵明遊斜川,則是普通文士習俗。典制與習俗,如何能聯繫在一起,而且説陶淵明有意繼承晉朝典制,也不能不令人感到有些詫異。陶淵明斜川之遊與石崇、王羲之"金谷""蘭亭"集會,確有相近之處,但必須肯定陶淵明遊斜川之年爲五十歲,否則此説法即無甚意義。然而,《遊斜川》詩首句"開歲倏五十","五十"一作"五日",既有異文,自難作證,這一説法實際也是似是而非。《遊斜川》詩"辛酉"與"辛丑"之争,"五十"與"五日"之争,歷時已久,是校注陶集最難解决的問題之一。逯氏此説,根據薄弱,無助於問題的解决。凡如此類問題,倘無確切客觀證據,與其再出新見,不如存疑。

　　此例説明,歸納作者紀年、紀日習慣的特例和編集的體例,以爲校勘佐證,應注意實事求是,力求客觀確切。逯氏提出"辛酉"爲紀日、非紀年之説,不爲無據。古時紀年、紀日並不一定標明"歲""日",需據上下文及其他證據來確定。因此,關鍵在於確定紀年或紀日的證據是否確切客觀。逯氏立説的主要欠缺有三:一是没有提出陶淵明詩文中紀年、紀日的習慣特例的證據,而是從後人編集體例方面提出證據,亦即並無内證,僅舉體例方面外證。而編集體例是後人制定的,加上輾轉流傳,難免不一,所以列入卷二或卷三,干支下有無"歲"字,不足以證明此"辛酉"必爲紀日。二是所據内證"開歲倏五十",一作"五日",本身有異文。逯氏既未確證正文應爲"五十",又在解釋陶遊斜川在"酉日"的原因時,自相矛盾地表明"五十"實應爲"五日",否則"辛酉"只能是紀年,不能理解爲紀日。這就是説,"辛酉"雖屬於解釋問題,但涉及詩中異文校正的理由是不充足的,證據缺乏。三是歸納編集體例確乎以偏概全,明顯陷入主觀武斷,否認事實。因此,王氏中肯地指出其失誤,主張予以存疑,較爲穩妥。

　　總起來説,上述三方面工作是從事一種古籍校勘實踐之前必須作的準備工作。如果在着手校勘之前,對自己工作對象没有一個比較全面的了解,不知道它的來龍去脉,有幾種版本,也不知道它的基本内容和基本形式,有什麽特點,那麽具體校勘起來,盲目性較大,會事倍而功半。做好這一項準備工作必須自覺認真。但準備工作還有另一方面,就是搜集本書以外的有關資料。

第五節　搜集他書資料,汲取前人成果

　　查考、搜集有關這一古籍的他書資料,同時了解、汲取前人校

勘注釋這一古籍的研究成果,是相輔相成的,也是校勘前必不可少的重要準備工作。前章已述,他書資料是校勘的一種間接内證材料或外證材料,是分析判斷異文的重要依據。其與本書關係,不外乎三類:本書引用他書的,本書被他書引用的,本書和他書互見的。其主要查考範圍大致是有關他書、類書和古書注。從理論上説,考集他書資料應基於校者的學識,必須熟悉古籍文獻。但從實踐經驗看,重要的古籍都經過許多前人整理研究,留下豐碩的成果;一般的古籍既經刊行,或經翻刻,也會有序跋説明可供了解。因此,充分汲取前人成果,從中尋找綫索,予以蒐集校録,加以擴大充實,是切實可取的重要方法和途徑。從清人到近人,凡屬成就較高的古籍校注,無不廣集前人成果,詳列引用書目。近人許維遹《韓詩外傳集釋》是一部未完成的遺稿,成就較高,主要是集校,提供了豐富的前人校勘成果。可見他十分重視這方面的準備工作。假使在他留下的這一工作基礎上,進一步詳加蒐集校録他書資料,參照前人按斷見解,無疑可以把《韓詩外傳》整理得更爲完善。

第六節　對校各本,列出異文,發現疑誤

在盡力作好上述各項工作,最主要的是選好底本、確定參校本之後,便可進入具體的本書校勘工作。一般地説,具體校勘一種古籍的工作可以解析爲三個步驟,綜合採取不同的方法:一是對校各本,列出異文,發現疑誤,基本方法是對校,即對讀比較各本異同;二是分析異文,解決疑誤,基本方法是理校、本校和他校,即分析、推理和考證異文正誤是非;三是決定出校,撰寫叙例,基本方法是

分析異文質量和歸納出校原則。顯然,前二項是校勘這一古籍的主要實踐内容,後一項屬於小結和總結性工作。這里先着重叙述前二項。

對校各本,列出異文,發現疑誤。

對校各本,包括四方面内容:一是對讀本書各種版本,以底本爲主,對讀祖本及別本;二是隨文辨析注疏所據本;三是隨原文對讀有關的他書材料;四是隨文汲取前人有關的校勘成果。例如《韓詩外傳》卷一第九章:

　　原憲居魯。環堵之室,茨以蒿萊,蓬户甕牖,桷桑而無樞。①上漏下濕,匡坐而絃歌。子貢乘肥馬,衣輕裘,中紺而表素,軒不容巷而往見之。②原憲楮冠黎杖而應門,正冠則纓絶,振襟則肘見,納履則踵決。子貢曰:"嘻!先生何病也?"原憲仰而應之曰:③"憲聞之,無財之謂貧,學而不能行之謂病。憲貧也,非病也。若夫希世而行,比周而友,學以爲人,教以爲己,仁義之匿,④車馬之飾,衣裘之麗,憲不忍爲之也。"子貢逡巡,面有慚色,不辭而去。原憲乃徐步曳杖,歌《商頌》而反,聲淪於天地,⑤如出金石。天子不得而臣也,諸侯不得而友也。故養身者忘家,養志者忘身。身且不愛,孰能忝之!⑥《詩》曰:"我心匪石,不可轉也。我心匪席,不可卷也。"

據《韓詩外傳集釋》,對校各本的初步情形如下:

　　① 桷桑而無樞:各本同,元本作"爲樞"。《新序·節士》"桷"作"揉","而無"作"以爲"。《莊子·讓王》篇、《高士傳》作"桑以爲樞"。周廷寀曰,當從《新序》作"揉桑以爲樞"。

② 軒不容巷而往見之:各本同。《莊子·讓王》《新序·節士》"軒"下有"車"字。《高士傳》作"巷不容車"。趙懷玉據《莊子》《新序》補"車"字。

③ 原憲仰而應之:鍾本、黃本、楊本"仰"作"抑"。《新序·節士》作"仰"。郝懿行曰:"仰",舊本作"抑"。

④《莊子》《新序》《高士傳》"匡"作"應"。

⑤ 聲淪於天地:《莊子》《新序》"淪"作"滿"。

⑥ 孰能忝之:周廷寀云,《新序》"忝"作"累"。

以上從對校各本所得爲:①"無樞"一作"爲樞",③"仰"一作"抑";從他書校得爲:①"桷"一作"揉","而無樞"一作"以爲樞",②"軒"一作"軒車",④"匡"一作"應",⑤"淪"一作"滿",⑥"忝"一作"累";從前人校勘所得爲:①當作"揉桑以爲樞",②補"車"字,③當作"仰",⑥當作"累"。由於《韓詩外傳》舊注不傳,因而對校僅三項內容。

其辨析注所據本字,例如《荀子·仲尼》:

> 貴而不爲夸,信而不忘處謙,任重而不敢專,財利至則言善而不及也,必將盡辭讓之義,然後受。

楊倞注"信而不忘處謙":"謙"讀爲"嫌"。得信於主,不處嫌疑間,使人疑其作威福也。盧文弨説:"各本無'忘'字,惟宋本有,作'不忘處謙下'解,未嘗不可通。但注讀'謙'爲'嫌',云'不處嫌疑間',則'忘'字衍,當去之。"

楊倞注"財利至則言善而不及也":"而不及","而",如也。言己之善寡,如不合當此財利也。王念孫説:"元刻無'言'字,是也。

據楊注云'善而不及,而,如也',則'善'上無'言'字明矣。注又云'言己之善寡,如不合當此財利也',此'言'字乃申明正文之詞,非正文所有也,宋本有'言'字,即涉注文而衍。"

對校宋本,"信而"句有"忘"字,"財利"句有"言"字,但盧、王辨析楊注,知楊所據本無此二字。

又如同書《不苟》:"喜則和而理,憂則靜而理。"

楊倞注:皆當其理。盧文弨説:"《韓詩外傳》四作'喜即和而治,憂即靜而違'。此作'和而理',避時諱(指避唐高宗名諱)。下句舊本俱作'靜而理',當由誤會注文耳,今從《外傳》改正。"劉台拱説:"注云'皆當其理',則楊氏所據本,兩句並是'理'字。盧據《外傳》改下'理'字作'違'。《易》曰:'樂則行之,憂則違之。'此'違'字所本。然《易》言出處,此言性情,義各有當。《外傳》引荀,頗多改竄,恐不得遽據彼以易此也。又《仲尼》篇云:'福事至則和而理,禍事至則靜而理。'與此文義略同。彼注云:'理謂不失其道。和而理,謂不充屈。靜而理,謂不隕穫也。'亦並是'理'字。則不當依《外傳》作'違',明矣。竊疑《荀子》本文上句作'治',下句作'理'。唐初避諱,凡'治'字悉改作'理'。中葉以後又復回改作'治'。惟此兩處文義相混,校書者不能定其孰爲本文,故仍而不革。楊氏作注時,未能審正而從爲之辭耳。今上句依《外傳》作'和而治',下句作'靜而理',庶幾得之。《仲尼》篇放此。"

此因一本已校改,與楊注所據本不合,所以據注辨析楊所據本兩字都作"理",並引《仲尼》注爲證,再推測楊倞作注意圖。

從上舉二例可見,對校時隨文辨析注疏所據本的本字,雖須作分析判斷,但不屬對校,這是取得一種舊本的可取方法。如《荀子》

今存以宋本爲早，但辨析楊注，則可得一種唐本，對於進一步作分析判斷是重要的，必須的。

列出異文，發現疑誤，是對校過程中的兩項目的和任務，爲下一步審定正誤作好準備。事實上，上述對校四方面內容中，對校各本和他書資料，集錄前人校勘成果，都只需認真對照閱讀，隨文記下異文和摘錄前人校語。而辨析注疏所據本文，則除對校外，尚須本校、理校，已不僅簡單列出異文，並涉及發現疑誤。異文是有形可見的錯誤，疑誤則是無迹可見的錯誤。重要的古籍有較多注疏和版本，異文較易校出，疑誤也爲前人多所發現，因而同時完成列出異文、發現疑誤兩個任務是較爲順當的。但一般的古籍並不總有幾個版本和幾家注疏，因而對校異文的同時，發現疑誤的任務勢必會突出起來，必須綜合採用本校和理校。換言之，不能把對校簡單地視爲校對，而應視爲校勘的一個重要步驟，必須認真校讀，作爲加深理解和增進熟悉的提高過程，從本書內容結構體例和文體語言上發現疑誤，注記下來。試舉例說明。

如《墨子・非攻上》舊本：

今有人於此，少見黑曰黑，多見黑曰白，則以此人不知白黑之辯矣；①少嘗苦曰苦，多嘗苦曰甘，則必以此人爲不知甘苦之辯矣。今小爲非則知而非之，大爲非，攻國則不知而非，②從而譽謂之之義，可爲知義與不義之辯乎？③是以知天下之君子也，④辯義與不義之亂也。

據《墨子閒詁》，此段可有下列疑誤：
① "則以"句，依下文"則必以此人爲不知甘苦之辯矣"，此句

"則"下當有"必"字,"人"下當有"爲"字。

② "大爲非"句,據上文"今至大爲不義攻國則弗知非",則此句"不知而非"當衍"而"字。

③ "從而譽謂之之義,可爲知義與不義之辯乎"二句,據上文"從而譽之謂之義,情不知其不義也",則此二句當作"從而譽之謂之義,此可謂知義與不義之辯乎",舊本"之謂"二字誤倒,"可"上脱"此"字,"謂"誤"爲"。

④ "是以"句,"也"字疑衍,此與下句當連讀爲一句:"是以知天下之君子辯義與不義之亂也"。

上列四個疑誤,都是據上下文義和文例推斷出來的。

又如《論衡·逢遇》:

> 世俗之議曰:"賢人可遇。不遇,亦自其咎也。生不希世准主,觀鑒治内,調能定説,審詞際會,①能進有補贍主,②何不遇之有?今則不然。作無益之能,③納無補之説,以夏進鑪,以冬奏扇,爲所不欲得之事,獻所不欲聞之語,其不遇禍,幸矣。何福祐之有乎!"

據黄暉《論衡校釋》,可有下列疑誤:

① "詞"疑誤,當作"伺"。

② "能進有補贍主",此句不完,當有脱文。據下文"今則不然,進無益之能,納無補之説",則"能進"當對"納説","有益"當對"有補"。又下文云:"進能有益,納説有補,人之所知也。或以不補而得祐,或以有益而獲罪。且夏時鑪以炙濕,冬時扇以翣火。世可希,主不可准也;説可轉,能不可易也。"又云:"不預聞,何以准主而

納其説,進身而託其能哉!"則此句"能進有補"疑當作"進能有益,納説有補","能進"二字誤倒,下脱"有益納説"四字。"贍主"一作"贍士",則疑當屬下讀,作"贍士何不遇之有"。

③ "作無益之能","作"當作"進",參見②。

上列三處疑誤,一屬誤字,或形似而譌;一屬句子不完,文義不通,據上下文推斷正文;一據上下文推斷字誤。

上舉二例都是用理校或本校發現出來的疑誤。在沒有取得有版本出處的異文之前,這些推斷而得"當作"字句,都屬於疑誤性質,不能斷定爲正文,更不可改字。但是隨文對校時必須記注下來,與所列異文一起以備進一步分析審定。

第七節　分析異文,解決疑誤,審定正誤

分析異文,解決疑誤,審定正誤,這是校勘實踐中最主要、最關鍵的一個步驟。此前的一切工作都爲此作準備,此後的工作都以此爲內容。因而根據存真復原的根本原則,綜合運用各種校勘方法,參考各類校勘通例,具體分析致誤原因,充分提出訂正依據,作出令人信服的論斷,便是這一步的具體工作和所用方法。簡言之,就是要求有理有據,具體分析,審定是非,存真復原。

首先是分析異文。

異文是具體的不同的文字現象。既有不同,必有正誤。但是實際情況是存在另兩種可能性:一是兩種異文都解釋得通,即所謂"義得兩通"的異文;一是兩種異文都解釋不通,即既存異文都屬錯譌,正確本文已經泯滅。然而原稿不存,難以確證。因此,分析異

文應如彭叔夏所説：" 實事是正，多聞闕疑。"必須抱實事求是的客觀審慎的態度，不受版本古今的影響，不受名家論斷的束縛，也不主觀臆斷。

實事求是地具體分析異文，要求具體分析每一種異文的實質差別，致誤類型和原因，訂正依據和理由，取得在思想内容和文字形式上一致、内證和外證一致的科學論斷，從而達到符合原稿或接近原稿的原則要求。所謂"異文的實質差別"，是指同書的幾種不同字句的差別性質而言，屬於文義、語音、字形或具體知識以及其他範疇。具體分析異文實質性差別後，必然要分别考查造成各異文的具體原因。對於錯誤的異文，則根據其表現形式即誤字、脱文、衍文、倒文、錯簡等分别類型，分析致誤原因；對於正確的原文，則須從思想内容、文字形式方面提出充分的理由和可信的證據，包括内證和外證，予以論證，作出論斷。試舉例如下。

1.《史記·周本紀》："（武王）命南宫括散鹿臺之財，發鉅橋之粟，以振貧弱萌隸。"

王念孫説："散鹿臺之財"，本作"散鹿臺之錢"，今作"財"者，後人依晚出古文《尚書》改之也。請以十證明之。

晚出《尚書·武成》篇"散鹿臺之財"，《正義》引《周本紀》曰："命南宫括散鹿臺之錢。"又曰："言鹿臺之財，則非一物也。《史記》作'錢'，後世追論以錢爲主耳。"是《史記》本作"錢"，不作"財"。一也。《樂記》正義引《史記》作"財"。案孔氏一人所見之本，不得互異，明是後人依晚出《尚書》改之。《武成》正義獨不改者，以孔氏明言《史記》作"錢"故也。

《群書治要》引《史記》亦作"散鹿臺之錢"，是唐初人所見本，皆作"錢"。二也。

《齊世家》曰:"散鹿臺之錢,發鉅橋之粟。"三也。

《留侯世家》曰:"發鉅橋之粟,散鹿臺之錢。"《新序·善謀》篇同。《漢書·張良傳》《漢紀·高帝紀》並作"財"。案此三書記張良諫立六國後事,並本《史記》。今《漢書》《漢紀》作"財",與《史記》《新序》不合,皆後人依晚出《尚書》改之耳。四也。

《逸周書·克殷》篇曰:"乃命南宫忽振鹿臺之錢,散巨橋之粟。"孔晁注:振、散之以施惠也。今本脱去"散"字,"錢"字又改爲"財"。《太平御覽·資產部·錢類》引《周書》曰:"武王克商,發鹿臺之錢,散鉅橋之粟。"足正今本之誤。又案《武成》正義曰:"鹿臺之財非一物,後世追論以錢爲主耳。"若《逸周書》果作"財",則孔氏必引以爲證。今不引,則《逸周書》本作"錢"可知。他如《管子》《吕覽》《淮南》諸書,亦皆作"錢",故皆不引也。《周本紀》即本於此。五也。

《管子·版法解》篇曰:"決鉅橋之粟,散鹿臺之錢。"六也。

《淮南子·主術》篇、《道應》篇並曰:"發鉅橋之粟,散鹿臺之錢。"七也。

《殷本紀》曰:"帝紂厚賦稅以實鹿臺之錢。"是紂作鹿臺,本以聚錢,故《周本紀》言"散鹿臺之錢"。八也。

《吕氏春秋·慎大》篇曰:"發巨橋之粟,賦鹿臺之錢,以示民無私。高注:鹿臺,紂錢府。出拘救罪,分財棄責,以振窮困。"是分財不專在鹿臺,而賦錢則專在鹿臺。九也。

《説苑·指武》篇曰:"武王上堂見玉,曰:'誰之玉也?'曰:'諸侯之玉也。'即取而歸之於諸侯。天下聞之曰:'武王廉於財矣。'入室見女,曰:'誰之女也?'曰:'諸侯之女也。'即取而歸之於諸侯。天下聞之曰:'武王廉於色矣。'於是發巨橋之粟,散鹿臺之金錢,以與士民。"今本作"散鹿臺之財金錢",文不成義,"財"字明是後人所加。《藝文類聚·產業部》引《六韜》亦云:"武王散鹿臺之金錢,以與殷民。"是玉與女皆在宮中,而金錢財在鹿臺,故曰"散鹿臺之金錢"。十也。

　　此例異文有二:"錢"和"財"。其實質性差別是由這兩個單音詞和"鹿臺"這一專名詞構成的詞組"鹿臺之錢"和"鹿臺之財"的差別。"錢"是單一名詞,"財"是綜合名詞。"財"包括"錢",但不等於"錢";"錢"是"財"的一種,但不能取代"財"。"鹿臺"是商紂的錢庫,不是財庫。歷史事實是周武王命南宮括發放分配商紂錢庫的錢,而不是分發財物。因此,依照史實和詞義,應作"錢",作"財"誤。這一錯誤的類型是字誤。致誤原因是不明文義和誤據他書而誤改。改者既不明"鹿臺"是商紂錢府,又忽視"錢""財"的詞義區別;同時又根據晚出的偽古文《尚書·武成》擅改《史記·周本紀》的正文。王念孫訂正的理由是充分的,符合史實和詞義辨析。但是就此例說,重要的是有内外證據。其實今存各本《史記》都作"財",並無異文。所以他列出兩條他書資料作為間接内證,即《尚書·武成》孔穎達《正義》引《周本紀》和魏徵《群書治要》引《周本紀》,證明"唐初人所見本皆作'錢'",這就有了初唐本的版本根據。同時,又從本書《齊世家》《留侯世家》以及《新序》找到内外證作為旁證。但是,由於《尚書·武成》雖屬晚出,却也是西漢產品;同時《漢書》《漢紀》及今本《逸周書》又有作"財"的他書異文資料,必須有更充分的外證來證明先秦、漢初古籍記述也作"錢",不作"財"。因此,又列舉《太平御覽》引《逸周書》作"錢",證明今本《逸周書》作"財"為誤字;並舉《管子》《淮南子》《吕氏春秋》所述都作"錢"為證;這就提出了充分的外證,達到内外證一致的要求。至此,這一同義詞異文的正誤獲得有理有據的分析判斷,符合存真復原的原則要求。此例綜合運用理校、本校、他校諸法求得異文,用考證史實排除"錢""財"義得兩通的可能,從史實和詞義說明致誤原因,在內容上取得精確解釋,在文字上列舉有力的內外證據,大體上達到存真復原。因此,它已成爲校勘學史上一個典型範例。

2.《荀子·臣道》:"仁者必敬人。凡人非賢,則案不肖也。人賢而不敬,則是禽獸也。人不肖而不敬,則是狎虎也。禽獸則亂,狎虎則危,災及其身矣。《詩》曰:'不敢暴虎,不敢馮河。人知其一,莫知其它。戰戰兢兢,如臨深淵,如履薄冰。'此之謂也。"

楊倞注:《詩·小雅·小旻》之篇:暴虎,徒搏。馮河,徒涉。"人知其一,莫知其它。"言人皆知暴虎馮河,立至於害,而不知小人爲害,有甚於此也。

王引之說:《荀子》引詩至"莫知其它"而止。"戰戰兢兢"三句,則後人取《詩》詞增入也。此承上文"人不肖而不敬,則是狎虎"而言,言人但知暴虎馮河之害,而不知不敬小人之害與此同,故曰:"不敢暴虎,不敢馮河,人知其一,莫知其它。此之謂也。""此之謂也"四字正承"人知其一,莫知其它"而言。若加入"戰戰兢兢"三句,則與"此之謂也"義不相屬矣。據楊注但釋"不敢暴虎"四句,而不釋"戰戰兢兢"三句,則所見本無此三句甚明,一證也。

又《小旻》傳曰:"他不敬小人之危殆也。"箋曰:"人皆知暴虎馮河,立至之害,而無知當畏慎小人能危亡也。"傳箋皆本於《荀子》。二證也。

《呂氏春秋·安死》篇:"《詩》曰:'不敢暴虎,不敢馮河,人知其一,莫知其它。'此言不知鄰類也。"所引《詩》詞至"莫知其它"而止。

高注曰:"人皆知小人之爲非,不知不敬小人之危殆,故曰'不知鄰類也'。"《淮南·本經》篇:"《詩》云:'不敢暴虎,不敢馮河,人知其一,莫知其它。'此之謂也。"文與《荀子》正同。高注曰:"人皆知暴虎馮河立至害也,故曰'知其一'。而不知當畏慎小人危亡也,故曰'莫知其它'。此不免於惑,故曰'此之謂也'。"《吕覽》《淮南》高注皆本於《荀子》,三證也。

此例異文爲衍文"戰戰兢兢"三句。版本依據是從楊注辨析而來。所用方法是理校、本校和他校。致誤原因是不辨文義而妄增。其内證依據爲辨析楊注"所見本無此三句"。其外證即"二證""三證"所列舉《詩經·小雅·小旻》毛傳、鄭箋,《吕氏春秋·安死》《淮南子·本經訓》引《詩》及高誘注,證明漢儒釋此《詩》都據《荀子》,但都不引"戰戰兢兢"三句。從而在内容、形式、内外證上都取得一致的理由和證據,斷定此三句爲衍文。

3.《荀子·解蔽》:"桀死於亭山。"

楊注:"亭山,南巢之山。或本作鬲山。案《漢書·地理志》廬江[郡]有灊縣,當是誤以'灊'爲'鬲',傳寫又誤爲'亭'耳。'灊'音潛。"

王念孫説,案作"鬲山"者是也。"鬲"讀與"歷"同,字或作"曆"。《太平御覽·皇王部七》引《尸子》曰:"桀放於歷山。"《淮南·脩務》篇:"湯整兵鳴條,困夏南巢,譙以其過,放之歷山。"高注曰:"歷山,蓋歷陽之山。"案,漢歷陽故城,爲今和州治。其西有歷湖,即《淮南·俶真》篇所謂"歷陽之都,一夕反而爲湖"者也。《史記·夏本紀》正義引《淮南子》曰:"湯放桀於歷山,與末喜同舟浮江,奔南巢之山而死。"此所引蓋許慎注。歷山,即鬲山也。《史記·滑稽傳》:"銅歷爲棺。"《索隱》曰："歷,即釜鬲也。"是"鬲""歷"古字通。楊以鬲山爲"灊山"之誤,非也。《魯語》:"桀奔南巢。"韋注曰:"南巢,楊州地,巢伯之國,今廬江居巢縣是。"是南巢地在漢之居巢,不在灊縣也。且廬江有灊縣而無灊山。今以鬲山爲灊山之誤,則是以縣名爲山名矣,尤非。

此例爲誤字,實質爲地名考證。據楊注,唐本已誤,有異文"亭山""鬲山"。楊倞認爲"亭""鬲"都是誤字,正字是"灊"字,致誤原因是"灊"抄誤爲"鬲","鬲"形似而誤"亭"。王念孫認爲"鬲"爲正字,"亭"爲誤字,致誤原因顯然是形似而誤。他提出兩方面理由和證據,一是地理和歷史考證,商紂流放地歷山在歷陽,不在灊縣;二是"歷""鬲"古音通假。而楊注恰在這兩方面失誤。

4.《墨子·辭過》:"今則不然,厚作斂於百姓,以爲美食芻豢,蒸炙魚鼈,大國累百器,小國累十器,前方丈。"

畢沅校改"前方丈"爲"美食方丈",其根據爲《文選》應璩《與從弟君苗君冑書》"味逾方丈"、張協《七命》"方丈華錯"兩處李善注引作"美食方丈"。

王念孫認爲畢改非也。指出"美食"二字,與上文"以爲美食芻豢"的"美食"重複。又《群書治要》引此作"前方丈",則魏徵所見本,正與今本同。認爲《文選》注引作"美食方丈"者,是以上文之"美食"與下文之"方丈"連引,而節去"芻豢"以下十七字,乃是約舉其詞,不得據彼以改此也。"前方丈",《太平御覽·治道部》八引作"前則方丈",句法較爲完足。

此例有異文三:"前""前則""美食"。其實並無直接内證,只有他書引用的間接内證。《治要》作"前",《御覽》作"前則",其間並無實質差別,義則相同,文可並存。《文選》注作"美食",則於義有別。

"前方丈"謂將十百器美食列於席前一丈見方大小,故下文説:"目不能徧視,手不能徧操,口不能徧味。"而"美食方丈"則當謂將十百器美食列於席前一丈見方處美食一番。則前"美食"爲名詞詞組,後"美食"爲動詞性詞組,句義雖可通,但修辭重複,並且與下文"目不能徧視"等句不甚洽。王念孫既指出《治要》可作一種唐本内證,又精闢分析《文選》注可能是節引《墨子》原文,即當爲"美食……方丈"。從而指出畢改屬於誤據他書而誤改。

5.《吕氏春秋·仲夏季·古樂》:"昔黄帝令伶倫作爲律。伶倫自大夏之西,乃之阮隃之陰,取竹於嶰谿之谷,以生空竅厚鈞者,斷兩節間,其長三寸九分而吹之,以爲黄鐘之宫,吹曰:'舍少'。"

高注"取竹於嶰谿之谷"三句:"竹生谿谷者,取其厚鈞,斷兩節間,以爲律管。"

畢沅説,《漢書·律曆志》作"取竹之解谷,生其竅厚均者",《説苑》《風俗通》亦同。《世説》注"厚"上增"薄"字。

孫人和説:"取竹於嶰谿之谷",本作"取竹之谿谷"。"之",猶"於"也。"取竹之谿谷"者,即取竹於谿谷也。高注"以爲律管"下,本有舊校語"'谿'或作'嶰'"四字,而今本脱之。蓋因一本作"谿",一本作"嶰",校者不審,誤合爲一;又不解"之"字之義,故改爲"取竹於嶰谿之谷"。正文既誤,不得不删"'谿'或作'嶰'"四字以就之,甚矣其妄也。"嶰谷"本有二説。《漢書·律曆志》作"解谷",注:"孟康曰:'解,脱也。谷,竹溝也。取竹之脱無溝節者也。一説,昆侖之北谷名也。'晉灼曰:'谷名是也。'"《爾雅·釋山》:"小山别大山,鮮。"《文選·吴都賦》及《長笛賦》注引"鮮"並作"嶰"。(《爾雅》)郭注:"不相連。"《玉篇·山部》"嶰"字注:"山不相連也。"

左太冲《吳都賦》"嶰谷弗能連",劉淵林注:"嶰谷,崑崙北谷也。"是"嶰谷"之說,惟孟康爲異耳。此作"谿谷"者,"谿""嶰"聲近。若作"嶰谿之谷",則不可解矣。《説苑·修文》篇、《風俗通·音聲》篇並作"取竹於嶰谷"。是古書説此事者,未有以"嶰""谿"連用者。且高注"竹生谿谷者"云云,但言"谿"而不言"嶰",是正文無"嶰"字明矣。淺人雖去"谿或作嶰"四字,終難掩其迹也。《世説新語·言語》篇注、《藝文類聚》五、又八十九、《太平御覽》九百六十三並引作"取竹之嶰谷"。《北堂書鈔》一百十二引作"取竹於磬谷。""磬"即"谿"字之誤。《御覽》十六引作"取竹於谿谷",又九百六十二引作"取竹谿之谷",又引注末有"谿或作嶰"四字。《事類賦》二十四引作"取竹谿谷",引注亦有"溪當作谿"或作嶰"四字。各自不同。"谿"作"嶰"者,據別本也。"之"作"於"者,引書者所改。無"之"字並無"於"字者,蓋節引也。《御覽》九百六十二所引最確,惟"之谿谷"倒作"谿之谷"耳。所引雖間有參差,然未有"嶰""谿"連用,而"之""於"二字亦不並見於句中。則《吕氏》原文不作"取竹於嶰谿之谷",蓋顯明矣。

蔣維喬等説,孫疑此文本作"取竹之谿谷",下有校語"谿或作嶰",其説近是。惟孫氏所推定者乃今本之舊,尚非本真。此篇宋時傳本已兩歧。疑一本作"取竹之嶰谷",即《御覽》九百六十三及十六、五百六十五之所本。此爲本真,故《類聚》及《世説》注所引皆同。一本則"嶰"涉注而譌"谿",又"之"字錯於"谿"下,作"取竹谿之谷"。後校者復據真本注"谿或作嶰"於下,即《御覽》九百六十二及《事類賦》所本,而今本亦由此出。古書謂伶倫取竹處皆作"解谷","解""嶰"聲通。《説苑·修文》篇亦作"嶰谷",無作"谿谷"者。

孫氏謂正文本無"嶰"字,非是。高誘以"谿谷"釋"嶰谷"耳。"嶰"本亦作"解"。嶰,《説文》云:"水衡官谷也,一曰小谿。"《廣雅》亦云:"嶰,谿谷也。"皆其例。

陳奇猷説:此文似不誤。嶰谿乃此山谷之名。因與上文"大夏之西""阮隃之陰"相對爲文,故云"嶰谿之谷"。若改爲"取竹之谿谷"或"取竹之嶰谷",反覺文句不倫。《漢書》全文云:"其傳曰:黄帝使泠綸自大夏之西,昆侖之陰,取竹之解谷,生其窾厚均者,斷兩節間而吹之,以爲黄鐘之宫"云云。所謂"傳",即指《吕氏》,引文顯見是刪改《吕氏》此文。既是刪改,當不可盡據。尤以"取竹之解谷"一句,既改《吕氏》,而又存其"之"字,"之"雖可訓"於",究屬贅字。《説苑》《風俗通》則刪去"谿之"二字耳。諸類書所引,或援《説苑》《漢書》改易,或落去"嶰"字,尤不可據。

此例有異文七:"取竹於嶰谿之谷","取竹之解谷","取竹之谿谷","取竹於谿谷","取竹之嶰谷","取竹於嶰谷","取竹谿之谷"。其實質差別在語義:孟康注"解谷"爲"竹之脱無溝節者","孟康引"一説"及晉灼等以爲"昆侖北谷名"或"山谷之名",孫人和等認爲"嶰谷""谿谷"都是泛指谿谷,因上文有"阮隃(即昆侖)之陰",故釋其地在昆侖北。除孟康説顯然望文生義外,餘二説都可通。陳奇猷以爲今本"取竹於嶰谿之谷"不誤,但以"嶰谿"爲某山谷專稱地名;指出《漢書》引《吕氏春秋》文而有刪改,這兩類都無證據,是一種推想之論。孫氏辨析高注取得高所據本不作"嶰谿";又據舊校語證明舊有兩本,一本作"谿",一本作"嶰";又據古注訓詁證明"嶰谿"古無連用;而據高注、校語及《御覽》九百六十二斷定正義爲"取竹之谿谷"。其説缺點在忽視《漢書》作"解谷",而《漢書》較高注爲早。因而蔣氏等修正孫説，補充了二點，古書謂伶倫取竹處皆作"解谷""嶰谷"，"嶰"古訓爲"谿谷"。從而認爲正文爲"取竹之嶰谷"，別本作"谿谷"，並較合理地分析了致誤原因。

6. 高適《登百丈峰二首》之一："朝登百丈峰，遥望燕支道。"

題"登百丈峰"，敦煌《高適詩集》殘卷寫本作"武威作"。首句"百丈峰"，敦煌殘卷作"百尺烽"。近人或注："百丈峰"，謂即河州鳳林縣石門山之高峰。孫欽善認爲當從敦煌本，題爲"武威作"，"百丈峰"當作"百尺烽"。蓋"烽"字因形近音同而誤爲"峰"，後人遂又將"尺"妄改爲"丈"，詩題亦隨之改爲"登百丈峰"。

又其二："四海如鼎沸，五原徒自尊。而今白庭路，猶對青陽門。"

敦煌本"五原"作"五涼"，"徒"作"更"，"白庭"作"白亭"。漢五原郡在今内蒙古自治區境，爲南匈奴所居，與詩意不合。孫欽善説："五涼指十六國時的前涼、後涼、南涼、西涼、北涼，合稱'五涼'，所據之地在今甘肅省武威、張掖、酒泉及青海省樂都一帶。'五涼'與此詩懷古之地相合。岑參《題金城臨河驛樓》詩亦有'古戍依重險，高樓見五涼'句。蓋'涼'或寫作'凉'，形近而誤爲'原'，遂又改'更'爲'徒'。"又"白庭"似可謂匈奴"單于之庭"（《史記·匈奴傳》），但與此詩意不合。劉開揚説："作'亭'是也。《新唐書·兵志》：'赤水、大計、白亭……軍十，烏城等守捉十四，曰河西道。'白亭軍在今甘肅民勤縣北。"

此例異文，今存各本都與敦煌本不同。各處異文的實質差别都屬詩意和地理歷史考證。敦煌本爲唐人寫本，自屬古本。孫氏分析致誤原因亦合。

上舉異文分析之例，1至5例，都是從辨析注釋和他校取得異文。較之對校今存可見本取得異文，一需稍加辨析，二需了解注者或他書年代，以掌握時代先後和可取證的依據。但從分析判斷方法上，與對校所得異文相同。例6爲對校所得異文的分析判斷，此例關鍵在於取得古本。但不論對校、他校或辨析注本所得異文，都是有形或有迹的。比較起來，分析解決疑誤則更困難些。

疑誤是沒有異文可供校勘的，無形也無迹，主要依靠校者對文義的理解和對本書的熟悉，所用方法主要是本校和理校，但在分析時却需要有關的知識依據。例如上舉6高適詩例，如果沒有發現敦煌寫本，實際上無誤可疑。但年代較遠、原本散佚的古籍，大多爲後人輯本，因而除各種輯本及翻刻輯本外，本文中往往存在一些内容或形式上的疑誤。這些疑誤應當指出，並有所解決，或有所交代。所以在分析異文的同時，還要解決疑誤。

實際上，發現疑誤往往同時包含着解決疑誤的因素，但解決疑誤則需要充分的理由和可信的證據，否則只能"闕疑"。一般情況下，疑誤往往是從文義事理上發現矛盾牴牾而引起懷疑的。既然發現矛盾牴牾，則校者必有一種不矛盾牴牾的見解，所以包含解決矛盾的因素。但是校者要證明自己見解的合情合理，就必須說明理由，拿出證據。而由於疑誤並沒有直接或間接的異文可作版本依據，因此其理由往往是本書上下文義或有關知識說明，其證據則爲本書思想内容、文例語例、上下文義或有關知識的考證，所用方法則爲理校、本校和考證。不言而喻，較之分析判斷異文，解決疑誤要求更爲審慎，不可輕易論斷，尤其不可輕易改字。前文曾述戴震校改《尚書·堯典》"光被四表"之例（見第三章第五節），便因有理無據而受王引之批評。試再舉例說明。

1.《墨子·法儀》："百工爲方以矩,爲圓以規,直以繩,正以縣。無巧工不巧工,皆以此五者爲法。"

俞樾説,"五"當作"四"。上文"百工爲方以矩"云云,並無五者。

孫詒讓指出,《周禮·冬官·考工記》"輿人"條:"圜者中規,方者中矩,立者中縣,衡者中水,直者如生焉,繼者如附焉。"以此校之,疑上文或當有"平以水"三字。蓋本有五者,而脱其一歟?

俞説似甚確鑿,但無版本根據。孫説亦爲推測,但從知識上説,不無所據。因此,一説字誤,一疑脱文,可兩存其説,未可遽改。

2. 陶淵明《讀山海經》之十:"刑天舞干戚,猛志固常在。"

"刑天舞干戚",元作"形夭無千歲"。

曾紘認爲作"形夭無千歲","文義不甚相貫,遂取《山海經》相校。經中有云:刑天,獸名也,口中好銜干戚而舞。乃知此句是'刑天舞干戚',故與下句'猛志固長在'相應,五字皆譌,蓋字畫相近,無足怪者"。

周必大認爲,陶淵明《讀山海經》十三篇,大概篇指一事。"此篇恐專説精衛銜木填海,無千歲之壽,而猛志常在,化去不悔。若併指刑天,似不相續。又況末句云'徒設在昔心,良晨詎可待',何預干戚之舞邪?"

陶澍説,既云"夭"矣,何又云"無千歲","夭"與"千歲"相去何啻彭、殤?恐古人無此屬文法也。若謂每篇止咏一事,則欽䲹、窫窳(第十一首),固亦對舉。若謂刑天爭神,不得與精衛同論,未知斷章取義,第憐其猛志常在耳。

丁福保説，陶澍説非是。《酉陽雜俎》卷十四，形夭與帝爭神，帝斷其首，葬之常陽山，乃以乳爲目，臍爲口，操干戚而舞焉。則"形夭"之"夭"，不作"夭折"解。據《酉陽雜俎》及陶詩，知陶公當時所讀之《山海經》皆作"形夭"。且"形夭無千歲"與上下句文義亦相貫。宜仍從宋刻江州《陶靖節集》作"形夭無千歲"爲是，不可妄改。

畢沅校《山海經》説，"刑天"，舊本俱作"形夭"。案唐《等慈寺碑》正作"形夭"。依義"夭"長於"天"。始知陶詩"形夭無千歲"，"千歲"則"干戚"之譌，"形夭"是也。

逯欽立説，畢説是。據《山海經·海外西經》所載作"形夭"。詩强調形夭猛志常在，作"無干戚"亦可，作"舞干戚"更生動。

王孟白認爲應作"刑天舞干戚"，不應作"形夭無千歲"。指出《酉陽雜俎》有多種版本，或作"形夭"，或作"形天"，互有異文，所以丁福保説不能成立。又指出畢沅説亦非新證，已爲清代温汝能《陶詩彙評》所引用。據歐陽脩《集古録跋尾》卷五記載，唐《等慈寺碑》建於貞觀二年，碑文爲顏師古撰，是則唐代初年，"刑天"或作"形夭"。此一證據較爲有力，但如作爲定論，仍難成立。他指出：《淮南子·墬形訓》"西方有形殘之尸"，高誘注："一説曰形殘之尸，於是以兩乳爲目，腹臍爲口，操干戚以舞，天神斷其手，後天帝斷其首也。"清代莊逵吉《淮南子·墬形訓》校勘記云："按，一説即《山海經》之形天也。古聲'天''殘'相近。"郝懿行《山海經·海外西經》箋疏："'形天'，《淮南·墬形訓》作'形殘'，'天''殘'聲相近，或作'形夭'，誤也。《太平御覽》五百五十卷引此經，作'形天'。"由漢代初年至末年，淮南與高誘所見之《山海經》均作"形殘"，而高誘注文所載形殘"操干戚以舞"，當亦即其所見之《山海經》原文。又《淮南·繆稱訓》:"故禹執干戚,舞於兩階之間。"《齊俗訓》:"舜修政偃兵,執干戚而舞之。"凡此亦當是源於《山海經》,亦可作爲"無千歲"原爲"舞干戚"之旁證。"刑天"之"形",宋人如曾紘、朱熹等引《山海經》作"刑",而清人如郝懿行、莊逵吉等則引《淮南子·墜形訓》作"形",二者相比較,以作"刑"爲是。"刑"即斷首。"刑天"即斷首之神。如作"形天",則於義不通。

　　此例原文一,疑誤三,總爲異文四:"形夭無千歲""刑天舞干戚""形夭無干戚""形夭舞干戚"。其實,從曾紘開始校證"形夭無千歲"爲"刑天舞干戚",都無版本根據,全都是根據《山海經》《淮南子》及《酉陽雜俎》關於刑天神話的記載文字,結合對陶詩《讀山海經》組詩構思特點和此詩内容的理解,進行理校。從校勘原則説,上述訂正的理由只是可供參考,而改字的證據則都不充足。即便是考定《山海經》等原文當作"刑天",亦不足斷定陶詩原文就是"刑天",因爲陶淵明據其所讀《山海經》作"形夭"而在詩裏寫爲"形夭",這種可能性並未排除。同樣,"無千歲"之與"舞干戚",其致誤原因顯然可認爲由於形似而譌,但並無一種版本及他書資料可以證明陶詩原文一定是"舞干戚"。因此,逯氏可以認爲當作"無干戚",但作"舞干戚"更生動。但這是對詩意的理解,並不符合校勘原則。王氏也有充分理由肯定應作"刑天舞干戚",但同樣缺乏陶詩版本或他書資料的直截證據,因而改字是並不妥當的。從校勘原則出發,應當承認,堅持"形夭無千歲"的周必大至丁福保等,不爲無據。所以,總起來説,比較穩妥的處理是,保存原文,指出疑誤,説明理由,提出己見,兩存其説,以備考證。不指出疑誤,可能造成習非爲是;但斷然改字,也可能是替陶淵明改詩改字。

一般地說，疑誤可按其錯誤性質、類型和繁複簡單的具體情形，分別進行解決處理。

1. 據上下文義

《墨子·法儀》："三者莫可以爲治法而可，然則奚以爲治法而可。"

王念孫說，既言"莫可以爲治法"，則不當更有"而可"二字。此涉下句而衍。

此例顯然，據語法修辭常識即可分析判斷。

又《尚賢中》："若處官者爵高而禄厚，故愛其色而使之焉。"

王念孫說，"若"與"故"義不相屬。"若處官者"當爲"處若官者"。"若官"，此官也。言以處此官者爵高而禄厚，故特用其所愛也。下文曰："雖日夜相接以治若官。"是其證。

此例是據本句析義，證以下文，判斷倒文。以上二例都是比較明顯的文字錯誤，分析判斷不繁不難，倘使不涉通假、古今、異體字，可以論斷。即使改字，至多有替古人改正錯字病句之嫌。但多數情況下，除據上下文義外，往往需要名物訓詁的考證或比較本書文例語例。

2. 比較本書文例

《管子·大匡》："令晏子進貴人之子，出不仕，處不華，而友有少長，爲上舉，①得二爲次，得一爲下；士處靖，敬老與貴，交不失禮，行此三者爲上舉，得二爲次，得一爲下；耕者農農用力，②應於父兄，事賢多，行此三者爲上舉，得二爲次，得一爲下；令高子進工賈應於父兄，事長養老，承事敬，行此三者爲上舉，得二者爲次，得一者爲下。"③

此段文句一例，相對爲文，可據上下文例自校。①"爲上舉"，據下文三見"行此三者爲上舉"，知此句脱"行此三者"四字。②"耕者農農用力"，王念孫説："此文内多一'農'字，後人所加也。'耕者農用力'，此'農'字非謂'農夫'。《廣雅》曰：'農，勉也。'言耕者勉用力也。下文云'耕者用力不農'，亦謂用力不勉也。《吕刑》曰：'稷降播種，農殖嘉穀。'言勉殖嘉穀也。襄十三年《左傳》曰：'君子上能而讓其下，小人農力以事其上。'言勉力以事其上也。"農力"，猶"努力"，語之轉耳。後人不知'農'訓爲勉，而誤以爲農夫之'農'，故又加一'農'字，不知耕者即是農夫，無煩更言'農'也。"又説，上文云"士處靖"云云，下文云"工賈應於父兄"云云，此云"耕者農用力，應於父兄，事賢多"云云，"'耕者'二字，上與'士'對，下與'工賈'對，是'耕者'即農夫，而'農用力'之'農'，自訓爲勉，非謂農夫也"。③"得二者爲次，得一者爲下"，王念孫説，兩"者"字因上句"行此三者爲上舉"的"者"字而衍。"得二爲次，得一爲下"，上文凡三見，皆無"者"字。

此例據上下文本校，但據文例。②衍"農"字，則兼顧文義、文例。

《論衡·講瑞》："今魯所獲麟戴角，即後所見麟未必戴角也。如用魯所獲麟求知世間之麟，則必不能知也。何則？毛羽骨角不合同也。假令不同，或時似類，未必真是。"

黄暉説，"不同"當作"合同"，涉上文誤也。此反承上文。仲任（王充字）意：即有合同者，不過體貌相似，實性自別。下文即申此義。《奇怪》篇云："空虚之象，不必實有。假令有之，或時熊羆先化爲人，乃生二卿。"《是應》篇云："屈軼之草，或時實有而虚言能指。

假令能指,或時草性見人而動,則言能指。"句例正同。

此例即據上下文義及本書句例,校證"不同"當作"合同"。

3. 比較本書語例

《墨子·尚賢中》:"曰:'若昔者三代暴王桀、紂、幽、厲者是也。''何以知其然也?'曰:'其爲政乎天下也,兼而憎之,從而賤之。'"

王念孫説,"賤"當爲"賊",字之誤也。《尚同》篇"則是上下相賊也",《天志》篇"上詬天,中詬鬼,下賊人",《非儒》篇"是賊天下之人者也",《趙策》"以私誣國,賊之類也",今本"賊"字並誤作"賤"。此言桀、紂、幽、厲之爲政乎天下,兼萬民而憎惡之,又從而賊害之,非謂賤其民也。上文云:"堯、舜、禹、湯、文、武之爲政乎天下也,兼而愛之,從而利之。""愛""利"與"憎""賊"正相反。《天志》篇曰:"堯、舜、禹、湯、文、武之兼愛天下也,從而利之,桀、紂、幽、厲之兼惡天下也,從而賊之。"故知"賤"爲"賊"之誤。又下文"率天下之民以詬天侮鬼,賤傲萬民","賤"亦當爲"賊","傲"當爲"殺"。《説文》"敖"字本作𢻻,"殺"字古文作𢽅,二形相似,"殺"誤爲"敖",又誤爲"傲"耳。《墨子》多古字,後人不識,故傳寫多誤。此説桀、紂、幽、厲之暴虐,故曰"詬天侮鬼,賊殺萬民",非謂其賤傲萬民也。上文言"堯、舜、禹、湯、文、武尊天事鬼,愛利萬民"。"愛利"與"賊殺"亦相反。《法儀》篇曰:"禹、湯、文、武兼愛天下之百姓,率以尊天事鬼,其利人多;桀、紂、幽、厲兼惡天下之百姓,率以詬天侮鬼,其賊人多。"故知"賤傲"爲"賊殺"之誤。《魯問》篇"賊敖百姓",《太平御覽·兵部》七十七引"賊敖"作"賊殺",是其明證也。又《明鬼》篇"昔者夏王桀上詬天侮鬼,下殃傲天下之萬民","殃傲"二字,義不相屬,亦是"殃殺"

之誤。下文"殷王紂殃傲天下之萬民"同。

此例"賤"爲"賊"字之誤，兼用語義及本書語例以證。

《論衡·變動》："占大將且入國邑，氣寒則將且怒，溫則將喜。夫喜怒起事而發。未入界，未見吏民，是非未察，喜怒未發，而寒溫之氣已豫至矣。"

黃暉說，"大"爲衍文。據下文"未入界，未見吏民，是非未察"，則州刺史、郡太守之事，非謂大將軍者。"將"謂州牧郡守，本書屢見，乃當時常語。"大"字蓋後人不明"將"字之義而妄加者。《累害》篇："進者爭位，見將相毀。"又曰："將吏異好，清濁殊操。"《答佞》篇："佞人毀人於將前。"《程材》篇："職判功立，將尊其能。"又云："將有煩疑，不能效力。"《超奇》篇："周長生在州爲刺史任安舉奏，在郡爲太守孟觀上事，事解憂除，州郡無事，二將以全。"《齊世》篇："郡將搦殺無辜。"諸"將"字並與此同。

此例"將"字爲本書常語，據以證"大"字爲衍文。

4. 據語義辨誤

《墨子·尚賢下》："是故以賞不當賢，罰不當暴，其所賞者已無故矣。"

王念孫說，（下）"故"乃"攻"字之誤。"攻""故"字相似，又涉上文"無故富貴"而誤。"攻"即"功"字也。"無功"與"無罪"對文。

此例由析字義而疑，用通例推論致誤原因。

又《親士》："是故谿陝者速涸，逝淺者速竭。"

王引之說，"逝淺"二字，義不相屬。"逝"當爲"遊"，俗書"游"字作"遊"，與"逝"相似而誤。"遊"即"流"字也。《曲禮》注："士視得旁遊目五步之中。"《釋文》"遊"作"游"，徐音流。"流淺"與"谿陕"對文。

俞樾説，"逝"當讀爲"澨"，古字通也。《詩·有杕之杜》篇："噬肯適我。"《釋文》曰："'噬'，《韓詩》作'逝'。"然則"逝"之通"澨"，猶"逝"之通"噬"也。成十五年《左傳》"則決睢澨"。《楚辭·湘夫人》篇"夕濟兮西澨"，杜預、王逸並注曰："澨，水涯。""澨淺"與"谿陕"對文，因假"逝"爲"澨"，其義遂晦。

孫詒讓説，王説近是。

此例亦由詞義而疑，王用形似而誤和古音通假，俞用通假釋誤。以上二例都無異文所據，不宜改字。

5. 以名物考證

《墨子·耕柱》："古者，周公旦非關叔，辭三公，東處於商蓋。"

畢沅説，"商"，蓋即商奄。《尚書·金縢》云："周公居東二年。"

王念孫説："商蓋"當爲"商奄"。"蓋"字古與"盍"通。"盍""奄"草書相似，故"奄"譌作"盍"，又譌作"蓋"。《韓子·説林》篇："周公旦已勝殷，將攻商奄。"今本"奄"作"蓋"，誤與此同。昭二十七年《左傳》"吳公子掩餘"，《史記·吳世家》《刺客傳》並作"蓋餘"，亦其類也。畢以"商"字絶句，"蓋"字屬下句，失之。

孫詒讓説，《左》昭九年傳云："蒲姑、商奄，吾東土也。"孔疏引服虔云："商奄，魯也。"又定四年傳云："因商奄之民，命以伯禽，而封於少皥之墟。"《説文·邑部》，"奄"作"郁"，云："周公所誅郁國，在魯。"《史記·周本紀》索隱引《括地志》云："兖州曲阜縣奄里，即奄國之地。"又引鄭康成云："奄國在淮夷之北。"是"商奄"即"奄"，單言之曰"奄"，累言之則曰"商奄"。此謂周公居東，蓋東征滅奄，即居其地，亦即魯也。

此例王用誤字通例草書形似致誤，説明致誤原因，但以他對周公居商奄的知識爲根據。所以孫氏詳爲考證補充。

《論衡·謝短》："高祖詔叔孫通制作《儀品》，十六篇何在？而復定《儀禮》？"

黄暉説，此謂《禮經》十六篇何在，而庸叔孫通再定《儀品》也。《後漢書·曹褒傳論》："漢初朝制無文，叔孫通頗采《禮經》，參酌秦法，有救崩弊。先王容典，蓋多闕矣。"張揖《上廣雅表》曰："叔孫通撰置禮記，文不違古。"是《儀品》本於《禮經》。故仲任詰之曰：時十六篇何在也。"禮儀"即謂《儀品》，《司馬遷傳》、劉歆《移太常博士書》、《儒林傳》、《禮樂志》、本書《率性》篇，並可證。此作"儀禮"，字誤倒也。程樹德《漢律考》以"叔孫通制作《儀品》十六篇"爲句，則以"儀禮"爲《禮經》，非也。據《曹褒傳》，叔孫通所作只十二篇，未云"十六"，且此文屢云"《禮經》十六篇"，則此"十六篇何在"五字爲句，以指《禮經》明矣。此句既謂《禮經》，則下句又云"《儀禮》"，於義難通。且《禮經》有《儀禮》之名，始見於《後漢書·鄭玄傳》，仲任未及稱也。

此例用考證《儀品》《十六篇》《儀禮》以疏通上下之文義，證明"儀禮"誤倒，當作"禮儀"，指禮貌儀容的規矩而言，不指《儀禮》經典。

總之，分析異文和解決疑誤，兩者雖在所訂的正文有無版本根據上有區别，但在説明錯誤類型和致誤原因、説明訂正理由和證據上，都須具體分析論證，原則是一樣的，而側重不同。就異文而言，不論擇善而從或義得兩通，都須説明理由，但側重於分析和歸納。就疑誤而言，不論理由如何充分，無本不可改字，而側重於推理和考證。

　　一種古籍的校勘實踐過程，從具體校勘開始之前的準備，到具體分析論證其中的異文和疑誤，大體可以解析爲上述幾個方面、幾個步驟和綜合適用校勘方法及參照各類通例，在實際校勘一種古籍時，不言而喻，應當按照所校古籍的具體情況和特點，靈活運用，不拘一律。但是，校勘的過程並未終結，還有最後一步工作，便是全書的小結和總結工作，把上兩步的校勘成果予以系統地表現出來。

第七章　出校的原則和校記的要求

第一節　系統、扼要、準確地表達校勘成果

一種古籍的校勘，在完成分析異文和解決疑誤之後，已取得許多具體成果。要把許多成果表達出來，還需經過整理。古籍校勘的表達方式可以各不相同，如方崧卿《韓集舉正》一類，校記獨立，附於集後；王念孫《讀書雜志》一類，校釋專書，札記單行；阮元《十三經注疏校勘記》一類，校記獨立，附於卷末；以及通行的校勘隨於注釋。方式不同，目的相同，主要是系統地、扼要地、準確地把校勘成果表達出來，便於讀者閱讀和使用。實際上，整理、表達校勘成果，並非簡單分條過錄的工作，還需進行分析歸納，做到出校精要，校記扼要，敘例簡要。

第二節　出校的原則

"出校"是確定哪些異文疑誤必須注出，以示讀者。自從五代刻板印行以來，印書容易，刻本也多，而校勘不到，錯謬滋生，異文繁複，疑誤遂多。因此校勘既要重視版本，也要對異文、疑誤有所選擇，有所删汰，以免羅列無遺，煩瑣無用。這就必須對異文的質量和疑誤的價值進行恰當的估量，存精去蕪，得要而出。

異文都是有版本出處的，或出他本，或出他書。習慣上估量異文的質量大多看版本是否古本、宋本、善本，是否名家校本。對校學派的主要論點就是強調重視版本。但是，版本只是校勘異文正誤的一種直接或間接的依據，不是衡量異文質量的標準，更不是唯一標準。衡量異文質量的標準與判斷異文正誤的依據一樣，需從內容和形式兩方面着眼，應以義理和證據進行衡量。出於没有原稿或原版，因此客觀上存在不定因素，可能無法證實、論斷正誤。這就是説，從義理角度看，異文的不同文句理應存在三種可能：通，不通，兩通。但是實際情况是由於不同校者對古籍内容即義理的理解不同，不可避免地産生分歧，甲以爲通的，乙認爲不通，丙就折中爲義得兩通，丁可能一概否定，認爲既存異文都不通，提出另一種見解，把異文變成疑誤。試舉一例：

《韓非子·有度》："法所以凌過遊外私也。"

舊注：既使群臣動皆以法，其或凌過遊外，即皆私也。

盧文弨説："'遊外'二字，一本作'滅'。"按，據此，則句作"法所以凌過滅私也"。

顧廣圻説："'凌'字未詳。'過'當作'遏'，衍'遊'字，舊注誤。"按，據此，則句作"法所以凌遏外私也"。

王先慎説："'過'爲'遏'之誤，顧説是也。一本脱'外'字，'遊'作'滅'，是。'凌'爲'峻'字，形近而譌，當在'法'上，傳寫誤倒耳。'峻法所以遏滅外私也'，與下'嚴刑所以遂令懲下也'句正相對。今本譌誤，遂不可讀。"

孫人和説："此文當作'峻法所以滅過外私也'。'遊'即'過'字之譌衍，一本作'滅'，當在'過'字上而誤脱之。王謂'峻法'，是也。

但改'過遊外私'爲'遏滅外私',則大非。王既不解'外'字之誼,又將二層誤合爲一,與下'遂令懲下'不相對矣。《吕覽·有度》篇:'則貪污之吏外矣。'注:'外,棄也。'外私,棄私也。'滅過外私'與'遂令懲下'並平列成文,而意實一貫。《管子·明法》篇云:'法者所以禁過而外私也。'尤其切證。"

陳奇猷説:王改此文爲"峻法所以遏滅外私也","遏""滅""外"三字皆動詞,殊不成文。且"遏滅外私"與下"遂令懲下"亦不對。此文當從《管子》作"法者所以禁過外私也"。今脱"者"字,"禁"音誤爲"凌","遊"與"過"形近,又因上"遊"字而譌衍。法即所以禁過外私,不必冠以"峻"字。《外儲説右上》"法者所以敬宗廟,尊社稷",與此文法相同,可證。《詭使》篇云:"立法令者,以廢私也。"與此文同義,亦可證。

此例異文僅一處,即"遊外"一作"滅"。而校勘有五家,從義理上看,都不無道理,也都可通。大致後一家糾正前一家之説,並無義理上的根本分歧,而在詞義準確、句法通順、對文工整上批評,實則超越異文性質而形成疑誤爲主,並且有替韓非修改文章的趨向。可見單看義理是否可通,有時不免偏離校勘原則,流於煩瑣。因此,衡量異文質量,既要看義理,還要有證據。異文都有本,這就要看這一異文的底本的可信程度,並且還要求有充足的外證即旁證。從這一角度看,《韓非子》此處異文是够質量,須出校的。因爲它首先在義理上有分歧,後五家都認爲舊注不通,並且認爲舊本和一本文字都錯誤;其次孫、陳都舉出外證,補充了内證的不足。

按照對校學派的觀點,尤其是"不校而校"的説法,勢必造成異文畢録。而實際情況是有不少異文是不必録,不必校的。例如:

徐陵《奉和詠舞》：①"十五屬平陽，因來入建章。②主家能教舞，③城中巧畫妝。④低鬟向綺席，舉袖拂花黃。燭送空回影，⑤衫傳篋裏香。⑥當繇好留客，故作舞衣長。⑦(吳兆宜注本)

① 一本無"奉和"二字，一作"舞應令。"

② 一本"建章"作"道真"。

③ 一本"主"作"王"。

④ "畫"，《玉臺新詠》《藝文類聚》作"旦"，或作"且"。"妝"一作"粧"。

⑤ "空回"，一作"空邊"，一作"窗邊"。

⑥ "篋"，一作"鉿"，一作"鈶"，一作"鈴"，一作"合"。

⑦ "繇"，一作"由"，一作"延"，一作"筵"，一作"關"。

徐陵集已佚。今存本集各本都是明、清人輯本。校勘徐陵集必須對校《藝文類聚》《文苑英華》等類書，《玉臺新詠》《樂府詩集》等總集，以及《陳書》《周書》等史傳。因而徐陵作品的異文有一部分是由於類書等他書本身錯誤造成，有一部分是明、清刻本造成的。上列一詩便是從這兩方面對校的全部異文。顯然，其中有些是不必出校的。如②"道真"、③"王"是明顯錯字，個別明人刻錯，便不須校錄。④"粧"、⑦"由"都是異體字、通借字，無須校錄。③"旦""且"近似而譌，是《玉臺新詠》《藝文類聚》自身錯譌，宋刻二書都作"旦"，所以"且"字不須出校。其餘幾處異文則涉及歧解，且有證據，都須出校，並可作校記。

疑誤的出校，原則上與異文的出校一樣，應從義理和證據兩方面估量每一疑誤的價值。但由於疑誤只是對既存文句的懷疑和否定，正文的考定並無版本依據，大多是從文字、音韻、訓詁及有關知識上論證,一般只能提出本書義理或詞語上的内證。因此實際上估量疑誤的價值,大多限於義理和語文及有關知識和論證是否有説服力。一般情况下,疑誤不能改字,對於讀者只有參考、啓發作用。儘管理校學派曾主張有本無本都可以改字,但王引之明確説過"無本不改"。俞樾是專長於發現疑誤的,但他也只是"平議"而已。(這類例子,前文已多有舉及,此不贅述。)因此疑誤的價值主要在所謂"立説",其所立之説有無道理,是否有所啓發。

出校的原則主要依據異文的質量和疑誤的價值,應看異文校勘的義理和證據。但是異文包括正誤,疑誤包含訂正,在實際衡量具體的異文、疑誤時往往着重於勘誤方面,大多要推測致誤原因。因此,在整理、確定哪些異文、疑誤出校時,還有三個方面可以注意:致誤原因、形音特點和校者高下。首先是致誤原因。例如上舉《韓非子》一例,除盧文弨嚴格按對校原則出校注録外,其餘幾家都作了致誤原因的説明,倘使認爲其致誤原因的推測有合理因素,也可考慮出校。因爲致誤原因雖然不屬於異文本身的質量問題,却能有助理解錯誤的類型和反證正文的合理,所以如果分析致誤原因比較合乎情理,那麽即使所訂正文句未必確論,也對讀者有啓發作用和參考價值,也是一種有價值的疑誤。其次是文字的形音特點。一般情况下,形異義同的異體字、通借字、古今字是不須出校的,一部分生疏通借字、古今字,可以用注釋來處理。但是往往有這樣的情况,後來的翻刻本依據後世的正字規範或便讀需要把本字改了。這類通借字、古今字、俗字、簡字雖然不存在義理不通的問題,但從存真復原的原則出發,必須出校。又如避諱字,或因缺筆誤爲別字(如"民"缺爲"氏"之類),或用別字代替諱字(如"人"代

"民"之類），也是應當恢復本字而予以出校的。再如詩歌韻文根據韻脚發現疑誤，或後人以今音考古韻，或由其他原因改了韻脚，等等，則應出校。第三是校者的學識成就。按理説，名家校勘正如古本、宋本一樣未必無誤，不可迷信。但是比較而言，名家的成熟撰校，水平較高，影響也大，所以出校雖不能以校者高下爲原則，但可以作爲參考依據。

除此之外，應當説明一點，古籍校勘也有普及和提高的不同要求問題。上文所述出校原則是就專門整理一種古籍的要求而言的，學術性要求較高，屬於提高性的。如果爲普及而整理一種古籍，則其出校原則雖然一致，但實際處理須有兩類變動。一類是由於便讀，適應一般讀者的識字水平，連本文一並簡化字體，則出校只限於引起歧解的異文和疑誤。另一類是本文保存繁體，但整理出版的目的是供一般讀者閲讀，則應在精要的要求外，再予精簡。除引起歧解的異文、疑誤外，對於參考價值不大的歧解性異文也當有所選擇，進一步予以删汰。這類因普及與提高的不同要求引起的變動，同樣適用於撰寫校記和叙例。下文不贅。

第三節　校記的要求

撰寫校記是整理具體校勘成果的一項主要工作，其實質是對每一處確定出校的異文、疑誤進行小結。一種專書校勘的成果能否很好地表達出來，它的學術性能否得當地體現出來，取決於校記的撰寫。校記寫得成功與否，取決於校者對具體成果的進一步提煉和表達文字的不斷精練，使讀者一目了然，所以原則要求就是

"扼要"。

　　總的説來，校記可分兩大類型：簡式和詳式。對一些規模巨大、篇幅浩繁的總集、類書之類的古籍，一般採取簡式，主要是隨文標注出重要的有價值的異文，不作論證，甚至也不注明異文的出處。《全唐詩》大體便屬此類，其形式便是隨文以雙行小注出校"一作×"，"一作×，又作×"等。對於專著、別集之類的古籍，一般採取詳式，要求撰寫扼要的校記。這裏，主要叙述詳式校記的要求。

　　一則完整的校記，應包括三層内容：一校，二證，三斷。"校"就是對校各本所得的異文或校者所發現的疑誤。"證"就是校者對異文、疑誤的分析論證，包括轉述前人校證見解。"斷"就是校者所作的結論。用前人習用的術語來説，這三層也可稱爲：一校，二按，三斷。在列出異文之後，下一按語，按語内容主要即爲校者轉述前人校證和自己的論證，然後下一結論，總稱"按斷"。由於校者也可能不作結論，因而有"按而不斷"之謂。

　　校記的内容提煉需根據不同性質的著作要求而定。大體説來，專書校勘著作（包括校注、校點）可分三類：一般校勘，專書集校，專書札記。一般專書校記的内容應力求扼要，除對校異文擇要記録外，論證部分必須選擇主要的重要的證據和他説，並且提要記述結論，不必全録原始論證；同時斷語要求十分簡明。專書集校的内容提煉則主要是精選重要的有價值的前人校語，删汰雷同的參考價值不高的舊校，而集録的前人校語則儘量保持原始論證，以便提供讀者比較研究；同時自己的按斷也應申述清楚。專書校勘札記屬於學術論争的性質，内容提要一般着重在證，其對校不求全面，論證則有針對性，並且主要是舉出證據，闡述己見。

校記語言的提煉，主要是掌握校勘程式和習慣用語。"校勘程式"是指傳統形成的一系列方式，例如標出被校文句；在敘例交代底本和參校各本，在校記中習用各本的簡稱；在前言或後記中交代引用各家姓名和諸書目錄，在校記中習用省稱，等等。"習慣用語"或稱校勘術語，是精簡語言的重要手段，略同於自然科學的術語符號作用。例如掌握校勘通例以說明致誤原因，可以省却許多繁詞，"形似而譌""聲近而誤""涉注而衍"之類，用白話則多費筆墨；"近是""疑非"，不需寫作"這是比較接近正確的"，"我懷疑這是不正確的"等。實質上，校勘習用語就是淺近文言。因此，校記的撰寫，要求掌握精煉淺近的文言寫作。下面分類舉例說明。

1. 一般校記

《詩經·周南·漢廣》："南有喬木，不可休息。漢有游女，不可求思。"

阮元《毛詩注疏校勘記》："不可休息"，唐石經、小字本、相臺本同。案，《釋文》云："舊本皆爾。本或'休思'，此以意改耳。"《正義》云："《詩》之大體，韻在辭上，疑'休''求'字爲韻，二字俱作'思'，但未見如此之本，不敢輒改耳。"《正義》之說是也，此爲字之誤。惠棟《九經古義》以爲"思""息"通，非。

此校記分三段。首段記述對校結果，無異文，舉出三種主要參校本："唐石經"指唐文帝開成二年所立經文石碑，可謂一種唐本；"小字本"是南宋光宗時刻本；"相臺本"是南宋岳珂刊印《九經》本，但此用乾隆武英殿仿宋重刻本。其他監本從略。次段案語，引述《經典釋文》說明唐以前一本作"休思"，又引孔穎達《毛詩正義》說明字應作"思"，但無本不改。這就校出異文，並摘錄前人校語，兼有引述前人成果和論證正誤作用。末段論斷，指出《正義》説正確，惠棟説錯誤，但不引原文，只述結論。因而論斷明確而扼要。應當説，這是一則扼要而完整的校記。

《老子》二十二章："曲則全，枉則直；窪則盈，敝則新。"

高亨《老子正詁》："直"，傅本作"正"，范應元本同，范又引王弼本亦同。亨按，此四句疑本作"曲則全，敝則新；枉則正，窪則盈"。"全""新"爲韻（古韻真部），"正""盈"爲韻（古韻青部），以是明之。

此校記僅兩段，是記疑誤的，按而未斷。一段對校出一異文，"直"一作"正"，舉出唐傅奕校定本（《經訓堂叢書》刻本）、宋范應元《老子道德經古本集注》本和由范本校引魏王弼注本，這就包含古本、宋本"直"爲"正"的證據。二段爲按語，根據原爲韻語而不協韻的形式，疑句序有誤，因而直接列出所疑正文，然後指出古韻，而"以是明之"，只指明，未論斷。

嵇康《難宅無吉凶攝生論》："立端以明所由，□斷以檢其要。"（明黄省曾本）

戴明揚校説："斷"上空格之字，程本作"立"，文津本作"審"，《八代文鈔》作"決"。吴鈔本無空格，皕宋樓鈔本有校語云："各本'斷'上空一字，是也。"

此校記僅一段，有校無按斷，是對校派校記寫法。但此校記有傾向性，末録皕宋樓鈔本校語，寓示戴氏同意。

沈括《夢溪筆談》卷五"海州士人李慎言嘗夢"條："侍燕黄昏晚未休，玉階夜色月如流。"（光緒番禺陶氏愛廬刊本）

胡道静《校證》："晚"字原作"曉"，據弘治本改正；其他各本亦誤爲"曉"字。按，下句云："玉階夜色月如流。"則上句應爲"晚"字；

《總龜》三十三及《類苑》十九引皆作"晚"字,《揮犀》七亦作"晚",可爲確證。

　　此記改底本"曉"字爲"晚"字,共兩段。一段說明改字和對校各本均爲誤字,便把對校異文記錄和論斷結合在一起叙述,内容簡要而可略斷語。二段按,即論證。先從下文作義證,次舉他書引文爲證。"總龜"爲宋阮閱《詩話總龜》,"類苑"爲宋江少虞《皇朝事實類苑》,"揮犀"爲宋佚名《墨客揮犀》,都是宋人撰著,所以説"可爲確證",兼有證、斷二層用意。

　　2. 專書集校

　　《管子·立政》:"君之所慎者四:一曰大德不至仁,不可授國柄;二曰見賢不能讓,不可與尊位;……故曰:卿相不得衆,國之危也。……故大德至仁,則操國得衆;見賢能讓,則大臣和同。"

　　郭沫若《管子集校》:孫星衍云:"《群書治要》引'德'作'位',《長短經》一引亦作'大位不仁'。"王念孫云:"'至仁'即'大德',未有'大德'而不'仁'者。《群書治要》引此,'德'作'位',是也。今作'德'者,涉上章諸'德'字而誤。大位而不至仁則必失衆心,故下文曰'卿相不得衆,國之危也',卿相即'大位'也,尹注非。"俞樾云:"尹注曰'德雖大而仁不至,或包藏禍心,故不可授國柄',此注於義未安。大德之人,何至包藏禍心乎?《群書治要》引此作'大位',疑亦後人以意改之,未足據也。'大德不至仁','仁'乃'人'之假字,謂雖有大德而獨善其身,不能及人也。下文曰'卿相不得衆,國之危也',即承此文而言,惟不至人,故不得衆,人即衆也。"張佩綸云:"案孫、王説非也。下文'不可與尊位',《治要》《長短經》涉此而誤,故《治要》下'大德至仁'仍作'德',若作'位',則與下'尊位'複,且不仁之人不可授國柄,豈可以在'大位'乎？殆不可通。'大德不至仁'當作'不大德至仁','德''仁'對文。"許維遹案:"張說是也。下文云'故大德至仁則操國得衆',即復舉此文。"聞一多案:"草書'德'與'位'形近易譌。《天問》'其位安施','位'一作'德'。《呂氏春秋·諭大》篇'天子之德','德'一作'位',並其比。《治要》及《長短經》引此作'大位',即'大德'之譌。"沫若案:"大德不至仁"與"見賢不能讓"爲對文。下文"大德至仁"亦與"見賢能讓"對文,"大"與"至"均是動詞。"大"者猶《荀子·天論》篇"大天而思之,孰與物蓄而制之"之"大"。"大德不至仁"者,即徒以德爲大而不至於仁,所謂僞君子也,故不可授以國柄。

此爲集校的校記,不重對校,而輯集前人校語。此記就異文"德""位"之爭,輯錄孫星衍、王念孫、俞樾、張佩綸、許維遹、聞一多六家校語,都是原文照錄,未申己見。這類校記顯然便於比較研究,因而一般不作論斷,只是闡述己見,作爲一家之言以供參考。

又如上章已引《呂氏春秋·仲夏季·古樂》"取竹於嶰谿之谷",陳奇猷《校釋》詳引畢沅、孫人和、蔣維喬等人校語,末叙己見,並對上引諸說都加斷語。亦屬此類,可供參考。

3. 專書札記

此類校記實際爲筆記,並無一定要求,大抵據著者所見,有的放矢,考證議論,以成一家言。前文多舉王念孫《讀書雜志》、俞樾《諸子平議》之例,都屬此類。下舉他人撰著之例,以資參考。

《莊子·德充符》:"魯有兀者"。

于鬯《香草續校書》:案,此"兀者",別本必有作"介者"。故陸《釋》云:"兀,五忽反。又音界。""兀"何得有"界"音？必係別本作

"介"之音,而陸即以音此"兀"字。猶《養生主》篇"惡乎介也",《釋》云:"介音戒,一音兀。""介"亦何得有"兀"音?則即以作"兀"之本,音彼"介"字耳。陸書自有此例,故彼又云:"崔本作兀,又作趴。"《庚桑楚》篇"介者拸畫",陸《釋》亦云:"介音界,又古黠反。崔本作兀。"明彼"介也",有作"兀也"者,則此"兀者"亦必有作"介者"矣。而陸於此不云"某本作介",不免疏略。顧云"篆書'兀''介'相似",尤為可議。篆書"兀""介"二文正絕異。謂隸書相似或猶可,何云篆書相似乎?竊謂此與下文諸"兀者"及見於他篇同字,當本一律。作"介",則諸處皆合作"介";作"兀",則諸處皆合作"兀"。今或作"介",或作"兀",實雜兩本為一本也。且如下文云"申徒嘉,兀者也",又云"而未嘗知我介者也",此非雜出之明驗乎?似未當以上下異文同義之例說之矣。

此條就所見"兀者"當有別本異文"介者"多方論證,近乎隨筆。

《後漢書·桓帝紀》:"若王侯吏民有積穀者,一切貨十分之三,以助稟貸;其百姓吏民者,以見錢雇直。"

楊樹達《積微居讀書記·讀後漢書札記》:按,文以"王侯吏民""百姓吏民"對言。"百姓吏民"似謂郡縣吏民,"王侯吏民"則王國侯國吏民也。同是吏民,一貨,一雇直,事理難通。豈"王侯吏民","吏民"二字本是衍文?"百姓吏民",本無"百姓"二字,後人讀者不知"王侯吏民"之"吏民"為衍字,因誤加"百姓"二字,以與"王侯"相對歟?

此則為記疑誤,共兩段。一段指出"王侯吏民""百姓吏民"語可通,但責貸不一,事理難通,提出疑誤。二段推測致誤原因。全文用商榷語氣,是一種讀書筆記體。

第四節　改字的處理

　　與校記相應的一個工作是校改。底本文字與校者論斷正文不同,有改不改字問題。葉德輝稱改字者爲"活校",不改字者爲"死校"(《藏書十約》)。其實這是一個處理方式問題。底本照錄,一字不改,但在校記中作出正誤是非的論斷,實則和改字相同,只是處理上比較謹慎,留有餘地,但對讀者使用不大方便。如果改正底本錯字,校者據己見校出一種新的版本,理應較爲完善,但終究是一家之見,難免一得一失,未必一字無譌。因此,現在通行的處理方式是用各種標記符號使正誤異文並見於版面,即便於讀者,又留有餘地。這種處理方式的優點是使讀者可以直接見到異文,辨別正誤,等於讀底本和新校本。但也有缺點,版面較亂。補救的辦法是儘量減少符號,而最主要的是校要精,改字少。一般地說,校精改少可掌握三條原則:一是凡底本文句確證爲錯誤,他本、他書異文確證爲正文,或據文例及上下義確知爲正文,可予改正;二是凡底本文句確證錯誤,但無從確證或確知正文,則不改字;三是底本和他本、他書異文屬於義得兩通,無從確證其正誤,則不改字。這樣,比較起來,可以把校改文字儘量減少,不致閱讀較亂。下面舉幾類改字處理方式的實例。

　　1. 照錄底本,注記正誤

　　阮元《重刻宋板注疏總目錄》:"刻書者最患以臆見改古書。今重刻宋板,凡有明知宋板之誤字,亦不使輕改,但加圈於誤字之旁,而别據校勘記,擇其説,附載於每卷之末。"

如《詩經・周南・桃夭小序》:"婚姻以時"。

校勘記:"婚姻以時",小字本同。閩本、明監本、毛本同。唐石經、相臺本作"昏"。案,"昏""婚",古今字。《序》用"昏"字,唐石經、相臺本是也。《正義》每易爲"婚"字而説之。今《正義》此作"昏"者,亦後改也。餘同此。其引《士昏禮》及《行露》《匏有苦葉》"昏時"等仍用"昏"者,非此例。

此"婚"字,據校勘記當作"昏"字,應予改正。但阮校體例不改字,僅在記中説明爲古今字,原作"昏"。

2. 擇善而從,無本不改

王樹民《廿二史劄記校證前言》:"《甌北全集》於嘉慶初年以湛貽堂名義印行,其後《廿二史劄記》一書翻刻者甚多,以光緒二十六年廣州廣雅書局及二十八年湖南新化西畲山館二種爲最佳。湛貽堂本雖爲原刻本而校刻欠精,廣雅與西畲二本不僅多作文字校正,於内容疏略之處亦間爲校補,尤以西畲本補正者爲多。本書即以三本互校,擇善而從,凡原刻本誤而經二本改正者,皆從之,並在校證中注明;如原刻本不誤而二本誤改者,則從原刻本而不出校。"

如卷一"《史記》自相歧互處"條:"儋欲楚殺田假,然後出兵。"

《校證》:按,時田儋已死,此爲田榮之事。"儋"應作"榮"。

此"儋"字三本同,王氏以爲誤字,出校而不改字。

卷一"《史》《漢》不同處"條:"劉辰翁有《班馬異同》"。

《校證》:按,劉辰翁之"辰"字,原刻本誤作"仁",西畲本已改正。

此"辰"字,即擇善而從。底本誤作"仁",校證本已改爲"辰"。

3. 改正底本，注存異文

陳奇猷《韓非子集釋凡例》：“本書校勘，以宋乾道黃三八郎刊本爲主。”又：“篇中字句不輕加改易，改易者必有論證而又有善本爲根據，雖有强有力之論證而無善本援據者，不敢竄改。”

如《初見秦》：“拔邯鄲，筦山東河間”。

《集釋》：張琦曰：“《漢志·河間國》注云：‘在兩河之間。’《史》索隱曰：‘漳河之間也。’今河間府。”盧文弨曰：“‘筦’，《策》作‘完’。‘可聞’，《策》作‘河間’，無‘山東’二字。”顧廣圻曰：“《策》無‘山東’二字，乾道本‘河間’作‘可聞’，藏本亦作‘可’，皆譌。”王先慎曰：“‘完’即‘筦’字殘闕，當依此訂正。《樂記》鄭注：‘筦，猶包也。’謂秦軍包舉其地。‘可聞’，乃‘河間’之譌，改從張榜本、趙本。”奇猷案：作“河間”是，今據改。“筦”即“管”字。《詩·周頌》：“磬筦將將。”《釋文》：“筦，音管，本亦作管。”《漢書·劉向傳》“周大夫尹氏筦朝事”，顏注云：“筦與管同。”《廣韻》：“管，主當也。”謂主當山東河間也。山東乃指六國，以六國皆在太行山之東也。

此底本爲“可聞”，《集釋》本改爲“河間”，而注存底本異文，並作論證。

《存韓》：“今臣竊聞貴臣之計，舉兵將伐韓。夫趙氏聚士卒，養從徒”。

《集釋》：盧文弨曰：“‘今’下‘日’字衍，張本無。”奇猷案：“日”即“臣”之譌衍，藏本、迂評本亦無“日”字，今據刪。顧廣圻曰：“藏本、今本‘從’下有‘徒’字。”奇猷案：迂評本、凌本及《說郛》引亦有“徒”字，今據補。“從徒”謂言合從之徒，如蘇代之類。

此底本衍“日”字，脫“徒”字，《集釋》本已刪“日”字，補“徒”字，而注存底本異文。

以上三類,改與不改,都只作出校符號,或作圈點,或作注碼,版面都不見異文。下引兩例,都作改正符號,並見異文。

4. 改正底本,並見異文

黃暉《論衡校釋例略》:"以通津本爲據,其依別本及他書改、補者,則曰'據某本某書當改','據某本某書當補',不敢憑肊擅動,竄亂原書。其諟正補刪之字,以符號識別。"

其缺字用□號。如《累害》:"夫如是,牖里、陳、蔡可得知,而沈江蹈河□□□也。"

《校釋》:以上句例之,此脫三字,謂屈原沉江,申徒狄蹈河也。見《書虛》篇。

其補字號用〔〕號。如《命祿》:"命當貧賤,雖富貴之,猶涉禍患,〔失其富貴〕矣;命當富貴,雖貧賤之,猶逢福善,〔離其貧賤〕矣。"

《校釋》:孫曰,《文選》劉孝標《辯命論》,注引"猶涉禍患"下,有"失其富貴"一句;"猶逢福善"下,有"離其貧賤"一句。朱校同。暉按:《事文類聚》三九,《合璧事類》五五引同,今據補。

其改字用( )號。如《逢遇》:"審詞(伺)際會"。

《校釋》:胡先生曰,"詞"疑是"伺"字。暉按:《東觀漢記》:"票駭蓬轉,因遇際會。"又云:"耿況、彭寵,俱遭際會。"並與"審伺際會"句同,蓋漢時常語。朱校元本"詞"作"司"。《周禮·地官·媒氏》注云:"司,猶察也。""司""伺"字通。朱以"司"爲"詞"之壞字,失之。

其刪字用□號。如《藝增》:"且周、殷士卒,皆賚盛糧,或作乾糧,無杵臼之事,安得杵而浮之?"

《校釋》:先孫(孫詒讓)曰,此四字當是宋人校語,誤入正文。

此用四種符號標出底本文字或改字,其優點是異文並見。缺點是符號□既標脫文,又標删文,容易混淆;又□號習用爲底本闕字符號,不易區别其爲底本原缺或校出脱文;再是改字置校正字在底本字下,與通常正誤習慣不適。

中華書局點"二十四史"在校改處理方式上比較簡明。如《後漢書》校點説明中説:"凡是應删的字用小一號字排印,並加上圓括弧,改正的字或增補的字加上方括弧,同時在校勘記里説明改正或增删的依據。可改可不改的,儘量不改,僅在校勘記里説明問題何在。"

如《後漢書·光武紀》:"更始元年正月甲子朔。"

校勘記:張熷《讀史舉正》及黄山《後漢書校補》並謂據下文"二月辛巳",則正月甲子非朔。今按:是年正月壬子朔,此或衍"朔"字,或"甲子"爲"壬子"之譌。

此爲儘量不改之例。又如:

同篇:"甲申,以前(高)密令卓茂爲太傅。"

校勘記:據殿本《考證》引何焯説及《集解》引錢大昕説删。按:錢氏謂茂作令在河南之"密",非"高密",《紀》衍"高"字。

《明帝紀》:"郡界有名山大川能興雲〔致〕雨者。"

校勘記:據殿本補。按,《章帝紀》建初五年詔書亦作"能興雲致雨者"。

《章帝紀》:"不克堂(桓)〔構〕"。

校勘記:據殿本、《集解》本改。注同。按,姚範謂正文及注

"構"俱誤"桓",蓋宋世避高宗之諱,刊本者不知,誤以爲欽宗之諱也,故"桓"字猶缺下畫。

上三例爲刪、補、改字之例,底本衍文、誤字並見版面。

第五節 敘例的撰寫

一種古籍校勘的最後一個工作是撰寫敘例,敘例是全面說明本書校勘的依據和體例。從形式上看,敘例通常置於卷首,似乎是校者先定體例,而後依體例校勘。實際上敘例是全部校勘工作終了的一個簡要的總結說明。對於讀者來說,敘例是了解這一古籍在校勘方面的綱領和指導,因而撰寫應當簡要,條理清楚,一目了然,便於記憶,易於檢核。

一篇完整的敘例,應當具備下列幾項內容:一是本書流傳的歷史情況,二是本書版本源流系統,三是本書校勘的底本和參校各本,四是本書校勘所用他書,五是本書吸取前人校勘成果,六是本書出校的具體原則,七是本書校改的具體原則和具體方式,八是本書校記和按斷的具體說明。由於每一種古籍都有各自的具體特點,因此上述八項內容的詳略側重不必盡同。根據歷代校勘著作的敘例經驗,從清代以來,對於一些年代久遠、校注較多的重要典籍,往往採取敘例和附錄相結合的方式,把敘例中前五項內容分別整理成獨立著述或系統資料,附錄於書後,而在敘例中只作簡括說明。這類附錄,一般應有下列幾項:本書流傳的著錄資料,本書版本源流考和所據刻本目錄,本書引用他書目錄,本書引用前人校說目錄以及佚文和辨偽。

叙例的結構，大體有兩類：一是綜合説明，一是條例説明。綜合説明大多爲《前言》的一部分；條例説明則把有關校勘的説明歸併爲幾條，或獨立，或列於全書凡例。試各舉例如下。

阮元《毛詩注疏校勘記序》：

  考異於《毛詩》，經有齊、魯、韓三家之異。齊、魯《詩》久亡，韓《詩》則宋以前尚存。其異字之見於諸書可考者，大約毛多古字，韓多今字。有時必互相證而後可以得毛義也。毛公之傳《詩》也，同一字而各篇訓釋不同。大抵依文以立解，不依字以求訓，非孰於《周官》之假借者，不可以讀毛《傳》也。

  毛不易字，鄭箋始有易字之例。顧注《禮》則立説以改其字，而《詩》則多不欲顯言之。亦或有顯言之者，毛以假借立説，則不言易字而易字在其中。鄭又於《傳》外研尋，往往《傳》所不易者而易之。非好異也，亦所謂"依文立解"。不如此，則文有未適也。《孟子》曰："不以文害辭，不以辭害志。"《孟子》所謂"文"者，今所謂"字"，言不可泥於字，而必使作者之志昭著顯白於後世。毛、鄭之於《詩》，其用意同也。

  《傳》《箋》分，而同一《毛詩》，字有各異矣。自漢以後，轉寫滋異，莫能枚數。至唐初而陸氏《釋文》、顏氏《定本》、孔氏《正義》先後出焉。其所遵用之本，不能畫一。自唐後至今，鋟版盛行，於經，於《傳》《箋》，於《疏》，或有意妄更，或無意譌脱，於是繆戾莫可究詰。因以元（阮元自稱）舊校本授元和生員顧廣圻，取各本校之，元復定是非。於以知經有經之例，傳有傳之例，箋有箋之例，疏有疏之例，通乎諸例而折衷於《孟子》"不以辭害志"，而後諸家之本，可以知其分，亦可以知其一定不可易者矣。

　　引據各本目錄：

　　經本二

唐石經二十卷（注略，下同）

南宋石經殘本

　　經注本三

孟蜀石經殘本二卷

宋小字本二十卷

重刻相臺岳氏本二十卷

　　注疏本四

十行本七十卷

閩本注疏七十卷

明監本注疏七十卷

汲古閣毛氏本注疏七十卷

　　引用諸家

陸德明《毛詩音義》三卷

山井鼎《考文·毛詩》陸冊

浦鏜《毛詩注疏正誤》十四卷

陳啓源《毛詩稽古編》二十卷

惠棟《毛詩古義》二卷

戴震《毛鄭詩考正》四卷

段玉裁《校定毛傳》三十卷、又《詩經小學》三十卷

《十三經注疏》有總目錄說明《十三經注疏》版本源流、所據底本及校勘具體原則（已見上引）。然後在各經前都有序及引據目

録、引用諸家目録。由於儒家經典流傳情況是舊時文士熟悉的，又由於此書爲《十三經注疏》合本中的一種，其版本源流已見總目録説明，因此《毛詩注疏序》不贅述流傳情況和版本源流，而着重説明三點：四家《詩》經文異同的原因和毛傳"依文以立解"的實質爲古音通假；毛、鄭改字的不同表現；校勘經過和校勘《毛詩注疏》的具體原則和方法。前文已述，阮元校十三經採取不改底本的方式，但毛傳、鄭箋所據經文不同，並且都不改所據本文字。因此，阮序主要説明了毛、鄭異同和處理原則，這是針對《毛詩注疏》的具體特點而説的。與此同時，列出引據各本和引用諸家目録，便於校記行文省稱和讀者查核出處。這是一種綜合説明和附録結合的叙例，其特點便是簡明扼要。

孫欽善《高適集校注》前言：

> 根據《高適集》版本源流系統及正誤、完足諸情況（詳見附録二——原注），確定底本及具有代表性的校本如下：
>
> 底本
>
> 明覆宋刻本《高常侍集》十卷（夾注略，下同），簡稱"底本"。
>
> 校本
>
> 清影宋抄本《高常侍集》十卷，簡稱"清抄本"；
>
> 明銅活字本《高常侍集》八卷，簡稱"明銅活字本"；
>
> 明張遜業輯校、黃埻刻《十二家唐詩》本《高常侍集》二卷，簡稱"張黃本"；
>
> 明許自昌校刻《前唐十二家詩》本《高常侍集》二卷，簡稱"許本"；

敦煌寫本殘卷"伯"三八六二《高適詩集》，簡稱"敦煌集本"；

敦煌寫本殘卷"伯"二五五二《詩選》，簡稱"敦煌選本"；

羅振玉輯印《鳴沙室佚書》敦煌寫本《詩選》（署爲《唐人選唐詩》），高詩僅存《信安王幕府詩》一首及《留上陳左相》前數句（下實接"伯"二五五二），簡稱"敦煌選本乙"；

校勘時所用其他版本及有關總集如《河嶽英靈集》《文苑英華》等，各舉其稱。

异文處理原則如下：

底本脱誤有充足根據加以訂補者，逕直改正本文，並出校記加以説明；

疑底本有誤，但訂正根據尚欠充足，不改動底本，僅出校記作説明；

顯係筆誤者，逕直改正，不出校記；

異體字適當予以劃一，以通行體爲準，不出校記；

義可兩通、有參考價值的異文，出校記注明；

校記不單立一項，併在注文之中。

這是綜合説明一類叙例。由於校者把高集流傳情況和版本源流系統整理成文，附於書後，因此《前言》中校勘叙例部分，着重列出底本、參校各本目錄，説明異文出校和改字的具體原則。而由於列目和條例化，因而相當簡要。

許逸民《庾子山集注校點説明》：

《庾信集》最早編成於北周大象元年（公元五七九），是由北周滕王宇文逌編定的。宇文逌爲集子寫了序,稱集二十卷,僅包括魏、周時的作品。《隋書·經籍志》著錄"《庾信集》二十一卷并錄",有人認爲增多的一卷,乃是隋平陳後所得的南朝舊作。新、舊《唐志》又謂《庾信集》二十卷,這或者是將隋二十一卷本重新加以編次的結果。宋代的公私書目所載與《唐志》無異。從元代以後,二十卷本《庾信集》實際上已經散佚,明清書目中關於二十卷本的記述大抵襲取舊説而已。不過庾信的詩作,自南宋以降,代有傳鈔和刊刻。今天我們尚能看到的《庾集》早期刊本,就是在宋鈔(刊)詩集本的基礎上,經明人鈔撮《藝文類聚》《初學記》《文苑英華》而成編的。明刊詩集本主要有兩種:(一)正德十六年(公元一五二一)朱承爵(存餘堂)重刊《庾開府詩集》本,四卷;(二)嘉靖間朱曰藩刻《庾開府詩集》本,六卷。朱曰藩本較完備,但校勘粗疏,篇目時見重出。明刊詩文合編本主要有三種:(一)萬曆(?)中屠隆評點《徐庾集》本,《庾子山集》十六卷;(二)天啓元年(公元一六二一)張燮輯《七十二家集》本,《庾開府集》十六卷;(三)天啓六年(公元一六二六)汪士賢校刊《漢魏六朝名家集》本,《庾開府集》十二卷。至於明末閻光世的《文選遺集》和張溥的《漢魏六朝一百三家集》,前者翻用屠隆本,後者承襲張燮本,没有自己的特色。到了清代,《庾集》出現了兩家注本,一是吳兆宜的《庾開府集箋注》十卷,一是倪璠的《庾子山集注》十六卷。兩本幾乎同時問世,所注互有得失,倪注較吳箋爲詳,但間亦有離題和曲解之處。

倪璠字魯玉,錢塘人。康熙舉人。官內閣中書舍人。其

《庾子山集注》初刊於康熙二十六年（公元一六八七），錢塘崇岫堂鐫版。考其版本源流，蓋出於屠隆一脈。這次校點即以康熙二十六年原刊本爲底本，參校《四部叢刊》影印屠隆本（簡稱屠本）。由於明代諸刻都是從唐宋類書、總集輯綴而成的，校勘時力求尋根溯源，所以又用《藝文類聚》（簡稱《類聚》）、《初學記》、《文苑英華》（簡稱《英華》）作爲校本。另外，詩的部分還用明朱曰藩本（簡稱朱本）比勘；郊廟歌辭用《隋書·音樂志》（簡稱《隋志》）覆核。個別的篇章又參校了今存的碑刻。

概括説來，在校勘中大抵遵循如下幾項原則：

（一）凡底本正文的譌、脱、衍、倒以及兩通的異文，一律出校，但不改原字，免生新的淆亂。惟脱文必爲補足，以便疏通文意。

（二）底本原有的校語仍予保留，凡校本與此相同者，不再出校。

（三）凡底本不誤而他本有誤者，不出校。

（四）凡注文誤用的書名或篇名均予改正，寫入校記。引文略有差異而無害原意者則不改；文理欠通者照原書逕改，不入校記。

（五）引文中凡屬史實上的舛謬，或易生歧義的脱衍，一律進行補訂，視其重要與否，酌情出校。

（六）明顯的版刻錯字、屬於刻書時代的避諱字以及異體字、通假字，逕改不出校。

這也是綜合説明一類叙例。由於流傳情況和版本源流不易撰文，因而簡括地在説明中加以叙述，同時交代底本和參校各本及所用簡稱。而具體校勘原則用條例概括叙述。此與前例,爲目前較通行的綜合説明類叙例。

王先謙《荀子集解·例略》

嘉善謝氏校本,首謝序(謝墉《荀子箋釋序》),次楊序(楊倞原序)及新目録,次《荀子》讎校所據舊本,並參訂名氏(夾注引目略),末錢大昕跋,《校勘補遺》一卷。案此書盧、謝同校,故郝蘭皋稱謝,王懷祖稱盧。但謝序云:"援引校讎,悉出抱經,參互考證,遂得蕆事。"是此書元出於盧,參考刊行迺由謝氏,則稱盧校本者爲是。盧所據大字宋本爲北宋吕夏卿熙寧中所刊,然未見吕刻本,僅取朱文游所藏影鈔本相校,故間有爲影鈔譌字所誤者。《修身》《王霸》兩篇注可證也。兹刻仍以盧校爲主,依謝刻於楊注外增一圓圍,全録校注,加"盧文弨曰"四字别之。其《補遺》一卷,散入注中。盧校不主一本,兹亦仿其例,擇善而從。

虞、王合校本,明虞九章、王震亨校,爲盧據舊本之一。其引見書中者,止《王霸》篇"大有天下,小有一國"注文。兹覆檢元書,尚有可採,爲增入數條。此外,正文及注,歧異滋繁,當由傳寫致譌,或係以意删節,多與盧氏所云俗間本相合,既非所取證,不復稱引。

宋台州本,宋唐仲友與政刊於台州。即依吕本重刻。遵義黎庶昌蒓齋於日本得影摹本,重刊爲《古逸叢書》之一。首楊序及新目録,末劉向上言及王、吕重校銜名,熙寧元年國子監劄子官銜,淳熙八年唐序,《經籍訪古志》二跋,重刊楊跋。此即《困學紀聞》所稱"今監本乃唐與政台州所刊熙寧舊本,亦未爲善"者也。然在今日爲希見之本,兹取以相校,得若干條,列入注文。其與呂本相同,如一卷"取藍""干越"之比,並不復出,以省繁文。至其顯然譌誤,雖與呂歧出,亦無所取。

棲霞郝氏懿行《荀子補注》上下卷,末附《與王侍郎論孫卿》《與李比部論楊倞》二書,兹全採入注。

高郵王氏念孫《雜志》八校《荀子》八卷,係據盧本加案語,用宋錢佃江西漕司本、龔士卨《荀子句解》本、明世德堂本參校。嗣得元和顧千里澗蘋手錄呂、錢二本異同,復爲補遺一卷,叙而行之。附《荀子》佚文及顧氏考訂各條於末。其中如劉台拱端臨、汪中容夫、陳奐碩甫諸家之説,蒐討綦詳,而盧校、郝注之精者,亦附錄焉。兹取王氏各條,散入注文。劉、汪、陳、顧諸説仍各冠姓氏於首。

德清俞氏樾《諸子平議》十二之十五《荀子平議》四卷,全採入注。近儒之説,亦附著之。

《荀子集解》爲集校集釋本。關於《荀子》源流,另輯《考證》資料附錄書後。此《例略》主要説明所據底本爲盧文弨校《荀子箋釋》本,除全採其書外,並説明王先謙自己所用各參校本和前人校勘成果。其撰寫格式即將各本逐條簡括説明採取情況和處理方式,具有條例化特點。

周祖謨《洛陽伽藍記校釋·叙例》:

一、洛陽伽藍記之刻本至多,有明刻本及清刻本。明刻本主要有三種:一、如隱堂本,二、吴琯所刻《古今逸史》本,三、毛氏汲古閣所刻《津逮秘書》本。如隱堂本不知何人所雕,板刻似出於嘉靖間;(下注略)《逸史》本則爲萬曆間所刻也。二者來源不同,文字有異。《津逮》本刊於崇禎間,據毛斧季言,原從如隱堂本出,而有改竄。蓋據《逸史》本校改者。至於清代刻本,則有四種:一、乾隆間王謨輯校之《漢魏叢書》本,二、嘉慶間張海鵬所刊《學津討原》本,三、嘉慶吳自忠《真意堂叢書》活字本,四、道光吳若準《洛陽伽藍記集證》本。考漢魏本乃出自《逸史》本,《學津》本即據《津逮》本翻雕,而小有更易。真意堂本,則又參取《津逮》《漢魏》兩本以成者。至於吳氏《集證》本,雖云出自如隱,然亦略有刪改。凡別本有異者,均於《集證》中詳之。綜是而言,《伽藍記》之傳本雖多,惟如隱堂本及《古今逸文》本爲古。後此傳刻《伽藍記》者,皆不出此兩本。故二者殆爲後日一切刻本之祖本也。校《伽藍記》,自當以此二者爲主。如振裘挈領,餘皆怡然理順。苟侈陳衆本,而不得其要,則覽者瞀亂,勞而少功矣。

二、如隱堂本,今日易見者,爲董康及《四部叢刊》三編影印本。至於原刊本,殊不易覯。北京大學圖書館所藏李木齋書中有之,無清人藏書印記。余所據者爲董本。昔毛斧季云:"如隱堂本內多缺字。第二卷中脫三紙,好事者傳寫補入,人各不同。"案董本卷二闕四、九、十八三板,與毛氏所言一致。董云:"從吳氏真意堂本補此三葉。"案真意堂本,第九葉"受業沙門亦有千數"下,有"趙逸云暉文里是晉馬道里"十一字,董本此語乃在前"高門洞開"下,《津逮》本同,由是可知董本所補者,亦非盡據真意堂本也,而《四部叢刊》及李氏舊藏之原刻本亦闕此三葉,其所鈔補,又均與董本無異,如出一轍,殊不可解。

　　三、明《永樂大典》中有引及《伽藍記》者,見於卷七三二八陽韻郎字下者一條,卷一三八二二至一三八二四寘韻寺字下者三十三條,合之約當楊書五分之三。可謂富矣!案《大典》雖爲明人所修,而所取之書,殆皆宋元相傳之舊本。然則其中所引,不啻爲明以前之一古本也。又繆荃孫所刻之《元河南志》,其卷三所記後魏城闕市里之文,一望而知出於《伽藍記》。繆謂原書蓋襲宋敏求之舊志。宋敏求書見《宋史·藝文志》,凡二十卷。果爾,則所録者又爲北宋本矣。此二者前人均未道及,故特表而出之,使覽者知校勘《伽藍記》,除採取諸刻本外,尚有此重要之資據在焉。觀其内容,《河南志》之文最古,《大典》所引多與《逸史》本相同。由是益可知《逸史》本與如隱本不同,自有其來源。

　　四、《伽藍記》之有校本,自吳氏《集證》始。然簡略且有譌謬,未爲精善。近乃有二校本:一爲《大正藏》卷五十一所收之校本,原書據如隱本排印,而參校衆本,列其異同於下。惟不及《古今逸史》本及真意堂本。一爲張宗祥先生之合校本。此書不以一本爲主,但合校各本,擇其長者而取之。凡有異同,皆備記其下,而不加斷語,足以見其審慎。然撮録之時頗有譌奪。如卷一"胡統寺"條脱"其資養緇流從無比也"九字。今之校本,以如隱堂本爲主,而參用《古今逸史》本,校其異同,定其是非。凡義可兩通者,注曰"《逸史》本作某"。《逸史》本誤,概從如隱本。如隱本誤字較多,皆取《逸史》本校正。原書俱在,可覆案也。至於《津逮》《漢魏》以下各本,亦均在校讎之列。如有可採,必擇善而從。若《津逮》同於如隱本,《漢魏》同於《逸史》本,正其淵源所自,不復言之,以免淆亂。斯所謂振裘挈領也。若《津逮》不同於如隱,《學津》又不同於《津逮》,蓋據《逸史》本或《漢魏》本而改,故亦不備舉。或出一二,以見其源流而已。夫校書之事,最忌臆斷,苟有真知灼見,又不可全無是非。今所校改,皆舉其證。間有依文例或上下文意而確知有脫誤者,則以意訂正,並陳明其故,惟學者斟酌之。凡依文例增加之字,字外均以〔 〕爲識。(下略)

此叙例體制略同王先慎例,主要逐條説明所據底本和參校各本,其特點除條例以外,每條着重説明一類本子的特點。大體上是條一説明本書明、清刻本源流,條二説明所據底本,條三説明參校他書,條四説明主要參校本及校改具體原則和方式。

陳奇猷《韓非子集釋凡例》(十則録五):

一、本書校勘,以宋乾道黃三八郎刊本(簡稱乾道本)爲主,校以明正統道藏本(簡稱藏本)及明趙用賢刊本(簡稱趙本。顧氏《識誤》稱"今本"者,即此本。)迂評本、凌瀛初本、張榜本、張鼎文本(盧氏《拾補》稱此本爲張本)、孫月峰本、周孔教本、王道焜本、孫鑛本,秦季公本(簡稱秦本)、二十子本、管韓合刻本。並搜輯各書引文以資校讎,如《群書治要》《初學記》《意林》《太平御覽》《事類賦》《藝文類聚》《白孔六帖》《雲笈七籤》《類要》《錦綉萬花谷》《長短經》《説郛》《文選注》等,皆在搜輯之列。至於先秦諸子,如《老》《莊》《管》《商》《孟》《荀》《墨》《吕》,秦漢以來諸著,如《戰國策》《淮南子》《韓詩外傳》《鹽鐵論》《史記》《漢書》《説苑》《新序》《論衡》《孔叢子》《金樓子》《抱朴子》等書與《韓子》有關之文,亦皆採摭爲校勘之重要資料。

一、本書引用前人校説九十餘家,皆條録而繫於原文之後。凡數説並通者,皆羅列以供讀者參考;凡數説相同者,則取其最完善之一説,餘則僅説明某人校説相同,不具引其文;但其説同而論證不同者,則仍二家俱録。所録前人校説,多指明其是非,其非者固加以證明,即其是者亦多爲疏證。苟有所得,則冠以"奇猷案"三字亦附列焉。

一、關於《韓非子》集校性質之著作,王氏先慎《集解》之後,亦有選注校釋等書問世。但對於《韓子》本文,幾皆改從《集解》,今不予贅録;其偶有不同於《集解》者,則説明於各本條之下。日本學者,亦有類於集校性質之著作,如松皋圓《纂聞》、津田鳳卿《解詁》等是,其所改之有參考價值者,自皆條録,其任意竄改者,則略而不取。

一、篇中字句不輕加改易,改易者必有論證而又有善本爲根據,雖有强有力之論證而無善本援據者,不敢竄改。

一、各篇章節有乾道本合而他本分者,有乾道本分而他本合者,有乾道本及各本皆合或分者,今爲便於閲讀,悉依文義分段,然皆注明於各段之下,使讀者仍能知乾道本之舊。

《韓非子集釋》(1958年版)書後附録《刻本考》《引書目》《考證資料》,對本書流傳情况和版本源流有專文或專輯,所以《凡例》中的校例叙述較簡要。以上三例都爲條例説明一類,可以看到這類叙例的趨勢是附録專文和條例叙述相結合,以求完備而便於使用。

完成叙例,就一種古籍的校勘而言,全部工作結束。然而實際上，誰也不能宣告這一古籍的校勘徹底完成，因而往往可以看到，或者是出現原校者的補校撰述，或者是別的學者又有新的同書校勘問世。對於一位謹慎的學者，一種古籍的校勘常常是終身不捨的工作，在完成了全書的校勘之後，總是覺得有所不足，仍須時時留意。這就是校書一生的顧廣圻所以要"不校校之"的原因。

第八章　輯佚、辨僞與校勘

第一節　輯佚、辨僞與校勘的關係

　　輯佚和辨僞是整理古籍的兩項專門内容，兩者的關係似孿生一般。一種古籍散佚亡失了若干年代，或者從各處搜集到一些篇章文句，甚或又重新發現了，這就不免要鑒定一番，這搜集到的或新發現的，究竟是真是假？而事實上歷代都有僞造的或摻假的"古籍"。因此，從事古籍整理工作必須學會輯佚和辨僞，就像考古工作既要會發掘，也要能識別假古董。

　　輯佚、辨僞直接關係到校勘。不辨真僞，可能南轅北轍。校勘僞書或疑僞書，顯然與校勘本書不同，情況要複雜得多。搜集逸文遺篇、斷章殘句，以使已有本書或本集更完全些，自是應做的工作，但首先必須辨僞。校勘時援用他書以校本書，也可能遇到辨僞的問題，以免誤信僞證。這裏不擬全面闡述輯佚和辨僞的理論和實踐，只是簡要地說明與校勘有關的幾個主要問題。

第二節　輯佚與校勘

　　一種古籍已經亡佚散落，但在它問世傳播的年代中，已被他書廣爲引用摘録或選輯，因而其書不僅見於書目著録，而且尚可見遺篇斷章，後人把它們搜集起來，便是輯佚。大體地說，輯佚有三種類型。一是全書已亡，搜輯斷章殘句，這是嚴格意義的輯佚，如清《四庫全書》從明《永樂大典》輯出佚書375種4926卷，明孫瑴《古微書》輯錄漢代緯書，以及馬國翰《玉函山房輯佚書》、王謨《漢魏遺書鈔》、黃奭《漢學堂叢書》等，都屬此類。二是全書散落不全，但保存篇章較多，後人已有輯本通行，其後又有斷章殘句發現，再予補入，這是較廣意義的輯佚，而實際是輯佚和補遺，如漢魏六朝名家文集多爲輯本，而今行文集往往又附佚文或逸文，其實是補遺。三是全書基本保存，但有少量散失，後人予以搜輯，這是廣義的輯佚，實質是補遺，如秦漢諸子、唐宋大家的附錄佚文，都屬此類。因此，實質上只有兩類：一是輯佚，一是補遺。

與校勘直接有關的是所輯的佚文。校勘佚文和用佚文作校勘古籍的依據資料，這兩方面都存在一些不同於一般校勘的問題。佚文是失載於本書、本集或輯本的。輯佚根本無書可供比較，補遺雖有本書、本集可作比較，但也只是文例比較，並無異文。這是佚文的主要特點，也是從校勘角度分析判斷佚文的基本出發點。

一、校勘佚文

輯佚文或輯佚書的校勘，主要是搜集佚文所出的古籍的版本和他書的異文以供比較分析，完全無涉本書本集。例如秦代李斯文集無存，今存其文都輯自他書。如《諫逐客書》出自《史記·李斯傳》，又載《文選》；《上韓王書》《存韓議》出自《韓非子·存韓》；而《泰山刻石》等讚、頌出自《史記·秦始皇本紀》，且有《泰山》《琅琊臺》二刻石尚存原石，此外又有《嶧山刻石》等。校勘上述李斯文就只能據《史記》《文選》《韓非子》各本以及他書所引,其《繹山刻石》則校原刻。又如漢代緯書,經隋代禁毁,亡佚殆盡,唐代僅存《易緯》一類。宋代以後,《易緯》亦失傳。清代編《四庫全書》,從《永樂大典》輯得全書。但《尚書緯》《詩緯》《禮緯》《樂緯》《春秋緯》《論語緯》等七緯,則散見於諸經注疏和他書所引,如《風俗通》《白虎通》《漢書·五行志》《晉書·天文志》《隋書·天文志》《太平御覽》《藝文類聚》《北堂書鈔》《開元占經》《初學記》《文選注》《玉海》等等。校勘這類佚書,如永樂大典本《易緯》雖爲全書,其實是孤本,無本可校,與七緯同樣須校他書所引。再如唐初詩人王梵志詩雖在唐宋詩話、筆記小說内有所援引,《宋史·藝文志》並著錄一卷,又日本平安朝撰《日本國見在書目》也有著錄爲二卷,但都失傳。自敦煌遺書中發現王梵志詩二十八個寫本,經近人張錫厚搜集校釋爲《王梵志詩校輯》。其《凡例》可供校勘輯佚文參考:

　　一、本書的整理工作,重點在於校錄和輯補王梵志詩,并根據已發現的不同敦煌寫本王梵志詩,進行考訂和改正明顯的脱誤。

　　二、本書基本依據敦煌寫本原卷"卷次"之順序,依次編爲:卷一(原題"卷上")、卷二(原題"卷中")、卷三(原題"卷第三")、卷四(原題"一卷")、卷五(一題作"五言白話詩殘卷")、卷六(輯錄散見於敦煌遺書、唐宋以來詩話筆記内王梵志佚詩)、補遺(收錄一一〇首本殘詩),此外還附載敦煌寫本"禪詩"殘卷内(斯四二七七)類似"梵志體"的詩作。

　　三、本書校輯的敦煌寫本有:英國斯坦因編號十二個寫本;法國伯希和編號十五個寫本;蘇聯編號一個殘本。(下略)

四、前人已整理的王梵志詩卷有：劉復《敦煌掇瑣》的瑣三〇、瑣三一、瑣三二；鄭振鐸校錄本《王梵志詩一卷》及《王梵志（詩）拾遺》；日本《大正新修大藏經》第二八六三號《王梵志詩卷上》。上述各卷大都是移錄本，校勘甚少；本書只作爲參校本。

五、本書校點時，各卷分別選用一種底本（中略）。然後分別參照内容相同的敦煌寫本原卷進行點校，擇善而從。

六、本書點校力求簡要。凡寫本內古體字、俗體字，一概改正，不再出校。凡底本正確的字句，他本錯誤者，亦不出校。可以確定底本有誤的字句，逕行改正，以及他本有重要異文者，均一一出校。（下略）

七、各卷底本遇有殘詩、殘句、殘字，參校內容相同的他本，儘可能校補殘缺的字、句，補綴成篇。確實無法辨別的字句，姑且照錄或存疑。

八、略。

九、本書輯錄的王梵志詩，基本根據原寫本來確定詩的首數，原寫本沒有分首的詩，均按詩的叶韻分首。有的詩作雖屬同韻，內容有別，亦另分首。原詩無題，現以首句擬題。（下略）

十、略

輯校王梵志詩雖有他書援引資料和二十八種寫本，以及近人少量校勘成果，但從其性質看，仍屬輯佚書一類，其所資校勘各本主要爲久已失傳的殘本。因此這一工作的校勘與永樂大典本《易緯》略同，主要運用本校、理校，而依據則主要爲各寫本的內證。

本書、本集或輯本的補遺，較之輯佚文的校勘多一項依據，即有本書的内容和文例可供比較。大概地説，補遺有兩類情況：一是補入成篇的佚文，一是輯録斷章殘句。就補入成篇佚文而言，其校勘與輯佚文的校勘相同。例如唐代高仲武編選《中興間氣集》，今本基本保存原書面貌，但各本都佚失高所作自序和所選詩人中的張衆甫、章八元、戴叔倫、孟雲卿、劉灣等五人的評語，而何焯據述古堂影宋鈔本却保存高序及五人評語。此五人評語，除需作辨僞外，又當據《唐詩紀事》《唐才子傳》等所載異文參校。又如唐代詩人白居易自編文集"前後七十五卷，詩筆大小凡三千八百四十首"（《白氏集後記》）。今存南宋紹興刻七十一卷本大體上保存原書，亡佚散失及摻入僞作不多。此外，清代汪立名《白香山詩集・補遺》收佚詩五十三首，《全唐詩》收集外詩六首，那波道圓本收得四首，近代顧學頡從《文苑英華》等書中收得三首，加上《全唐詩》所收聯句十五首、詞五首，顧學頡編爲外集卷上，又從《文苑英華》《唐文粹》《全唐文》等書中收得文二十三篇，編爲外集卷下，共補遺爲《外集》上下卷。再如唐代詩人元稹自編文集一百卷，今存六十卷本，保存原書過半，其後馬元調重刊本補遺編外集六卷，近人冀勤又續補詩一卷、文一卷，總爲外集八卷。此類基本或大部保存原書的補遺，通常都不編入集内，而編爲集外，其校勘大都須以輯佚出處的書籍爲據。

　　比較複雜的是斷章殘句的校勘。斷章殘句有兩種可能，一爲本書存篇的脱文，一爲本書佚篇的章、句。又由於他書引用時，有的是摘録，有的是轉述，也有的是引錯書名。因此除辨僞外，校勘斷章殘句還有一些不同的情況。

1. 本書已載，輯者失檢，誤以爲佚文。如《韓非子》：

> 明主之治國也，適其時事以致財物，……以功置賞，而不望慈惠之賜，此帝王之政也。

此條出《群書治要》卷四十，王先慎以爲佚文，而實在《韓非子·六反》，僅有二異文，"置"作"致"，"望"作"念"。

2. 他書引文與本書文句部分相同，不易確定其爲佚文或脫文。如《墨子》：

> 墨子獻書惠王，王受而讀之，曰："良書也。"

此條出《文選注》。按本書《貴義》云："子墨子南游於楚見楚獻惠王。"蘇林以爲"獻惠"亦楚惠王謚號，則與《文選注》引非一事，或爲佚文。畢沅既輯爲佚文，又以爲是《貴義》的脫文。孫詒讓據余知古《渚宮舊事》載"墨子至郢，獻書惠王，王受而讀之，曰：'良書也，是寡人雖不得天下，而樂養賢人……'（文長不錄）"，認爲此與《文選注》合，必是此篇佚文，但不知余知古有何根據。他懷疑《墨子》原書本作"獻書惠王"，傳寫脫"書"存"獻"，校者又更易上下文以就之。其說與畢說同，也以爲《文選注》引及《渚宮舊事》所述爲《墨子·貴義》中脫落的佚文，則其實質爲脫文，與《墨子》今本所載爲異文。又如《荀子》：

> 天下無二道，聖人無兩心。神人無功，聖人無名。聖人者，天下利器也。

此條出《太平御覽·人事部》四十二。又《藝文類聚·人部》四引此無"聖人者，天下利器也"一句；《初學記·人事部上》引此無

"神人無功,聖人無名"二句。而本書《解蔽》有"天下無二道,聖人無兩心"二句,無下三句。因此,王先謙認爲細繹《解蔽》"天下"二句下文文義,亦不當有此四句,則《御覽》諸書所引,當別是一篇,非《解蔽》文也。也就是説,這六句當是《荀子》佚文,不是《解蔽》有脱文。

3. 他書引文與本書所載内容略同,而文有差異,當屬異文。如《韓非子》:

> 孫叔敖冬日黑裘,夏日葛衣。(《北堂書鈔》卷一二九)

又

> 孫叔敖相楚,糲飯菜羹,枯魚之膳。(《北堂書鈔》卷一四三)

又

> 孫叔敖相楚,衣殺羊裘。(《太平御覽》卷六九四)

此三條實爲一事。本書《外儲説左下》:"孫叔敖相楚,棧車牝馬,糲餅菜羹,枯魚之膳,冬羔裘,夏葛衣,面有飢色,則良大夫也,其儉偪下。"顯然,王先慎把上三條輯爲佚文,一時失檢。其實都是摘録而爲異文。又如《韓非子》:

> 勢者,君之馬也;威者,君之輪也。勢固則輿安,威定則策勁,臣從則馬良,民和則輪利。爲國有失於此,覆輿奔馬,折策敗輪矣。輿覆馬奔,策折輪敗,載者安得不危?(《藝文類聚》卷五二)

又

> 勢者,君之輿也;威者,君之策也;臣者,君之馬也;民者,君之輪也。勢固則輿安,威定則策勁,臣順則馬良,人和則輪利。而爲國皆失此,有覆輿、走馬、折策、敗輪矣。(《太平御覽》卷六二〇)

此二條内容相同。本書《外儲説右上》:"國者,君之車也;勢者,君之馬也。夫不處勢以禁誅擅愛之臣,而必德厚以與天下齊行以爭民,是皆不乘君之車,不因馬之利,舍車而下走者也。"陳奇猷以爲上二條即此異文,但王先慎以爲佚文。

4. 他書所引,實爲節録或轉述本書。如《韓非子》:

> 加脂粉則嫫母進御,蒙不潔則西施棄野,學之爲脂粉亦厚矣。(《太平御覽》卷六〇七)

此條王先慎以爲佚文。陳奇猷説,韓非反對顯學,詳《五蠹》篇、《顯學》篇,故此言學,與韓非思想不合。《顯學》篇云:"故善毛嗇、西施之美,無益吾面,用脂澤粉黛則倍其初。言先王之仁義,無益於治,明吾法度,必吾賞罰者,亦國之脂澤粉黛也。"《御覽》即據此文改作。又如《韓非子》:

> 狐與邢伯柳爲怨。趙簡主問於解狐曰:"孰可爲上黨守?"對曰:"邢伯柳可。"簡主曰:"非子之讎乎?"對曰:"臣聞忠臣之舉賢也,不避仇讎;其廢不肖也,不阿親近。"簡主曰:"善。"遂以爲守。邢伯柳聞之,乃見解狐謝。解狐曰:"舉子,公也;怨子,私也。往矣!怨子如異日。"(《群書治要》卷四〇;《藝文類聚》卷二二引至"不避仇讎","邢"誤"荆"。)

此條王先慎以爲佚文。陳奇猷以爲《治要》據《外儲說左下》下二條改作。一爲"中牟無令"：

> 中牟無令，晉平公問趙武曰："中牟，……寡人欲得其良令也，誰使而可？"武曰："邢伯子可。"公曰："非子之讎也？"曰："私讎不入公門。"公又問曰："中府之令誰使而可？"曰："臣子可。"故曰："外舉不避讎，內舉不避子。"

一爲"解狐薦仇"：

> 解狐薦其讎於簡主以爲相，其讎以爲且幸釋己也，乃因往拜謝。狐乃引弓送而射之。……
> 一曰：解狐舉邢伯柳爲上黨守，柳往謝之曰："子釋罪，敢不再拜。"曰："舉子，公也；怨子，私也。子往矣，怨子如初也。"

再如《呂氏春秋》：

> 夫萬物成則毀，合則離。離則復合，合則復離。（《文選》陸機《爲顧彥先贈婦二首》李善注）

此條全文不見《呂氏春秋》，當爲佚文。陳奇猷指出，《必己》云："夫萬物之情，人倫之傳則不然。成則毀，……合則離。"《大樂》云："離則復合，合則復離，是謂天常。"疑李善合此二文而成。

5. 他書引文，誤題本書。如《晏子》：

> 君之以尊者令，令不行，是無君也，故明君慎令。

此條《太平御覽》卷六三八引作本書，而《北堂書鈔》四十五、《藝文類聚》五十四引作《申子》。同書：

> 人不依袒褐，不食糟糠。飲食不美，面目顔色不足視也，是以食必粱肉。(《北堂書鈔》卷一四三)

今本《晏子春秋》無此文。劉師培指出，此見《墨子·非樂上》，陳禹謨本改"晏"爲"墨"，孔(廣陶)校亦云："'晏子'，蓋沿上文誤入也。"再如《呂氏春秋》：

> 秦滅六國，自以爲獲水德之瑞，遂改河名爲德水。(《白帖》六)

今本無此文。蔣維喬等指出，本書《應同》篇云："代火者必將水，天且先見水氣勝，水氣勝，故其色尚黑，其事則水。"此但言周爲火德，滅火者水，未明言秦獲水德也。《史記·封禪書》云："昔秦文公出獵，獲黑龍，此其水德之瑞，於是秦更命河曰德水。"與此相類。觀此文語氣，亦不似秦人所作，非《呂氏》文也。陳奇猷更指出，呂不韋卒於秦始皇十二年，此時秦尚未滅六國，《白帖》所引"秦滅六國"，顯非《呂氏》之文。

綜上可見，校勘斷章殘句的佚文，首先應詳檢本書，以免失檢而誤；其次應對本書文句與他書引文内容相同、文句相近者詳作比較，以確定其爲佚文、脱文或改作；第三應注意他書引文有否誤題。然後依一般校勘原則、方法對這一佚文進行校勘。

二、用佚文校勘

本書佚文在本書内當然無異文可校。引用佚文校勘他書，主要用作外證。若無真僞問題，則原則、方法與一般引用他書作外證相同。較爲複雜的也是斷章殘句一類佚文。如上所述，這類佚文有節引、摘錄、改作、誤題等各種情況，又未必能考定其爲佚篇殘文或存篇脱文，其可信程度往往不定。因此援引作證時，尤其要審慎。例如《荀子·致士》：

> 人主之患，不在乎不言用賢，而在乎誠必用賢。夫言用賢者，口也；却賢者，行也。口行相反，而欲賢者之至，不肖者之退也，不亦難乎！

盧文弨校云："而在乎誠必用賢"句有誤，當作"而在乎不誠用賢"。王念孫認爲此句當作"而在乎不誠必用賢"，列舉《管子·九守》《吕氏春秋·論威》《賈子·道術》等書語例以證先秦至漢，"誠必"連用，"必"字不可删。王先謙引用《群書治要》作"不在乎不言，而在乎不誠"，證明此句"誠"上脱"不"字。而蔣維喬等人則引漢末徐幹《中論·亡國》作"而在乎誠不用賢。"

而《太平御覽》卷四〇二有《吕氏春秋》一節佚文：

> 史台謂申向曰："吾所患者不知賢。"申向曰："人之患，不在乎不言用賢，而在乎不誠用賢。夫言用賢者，口也；却賢者，行也。言行相反，而欲賢者用，不肖者廢，不亦難乎！"

顯然，此與《荀子》文基本相同。申向爲春秋時人，早於荀子，或荀用申語，或申、荀都用古先哲語。而《吕氏春秋》又早於《中論》《群書治要》，一般地説，引此以校《荀子》"誠必"當作"不誠"，而以《中論》《群書治要》佐證，豈非有力論斷。然而學者幾乎都不引此佚文，蓋持審慎之故。一是此段佚文出於宋代的《太平御覽》，時代較晚，而他書無申向此論的佐證；二是荀儒申法，學術不同，援法證儒，未合傳統；三是疑申、荀同用古先哲語，亦無可證。因此，援用此條佚文以爲校勘《荀子》語主要外證,可信程度不如《中論》《群書治要》。不過,從校勘原則論,以《中論》爲主要依據,而引此佚文爲佐證,仍不失其用,可以論斷"誠必"當作"不誠",王説牽强。

佚文多是出於本書以後年代書籍引用的,罕有見於同代所引,更不可能早於本書成書年代。因此,引用佚文以校他書,更須注意出處年代和被校書年代。例如《淮南子·謬稱訓》:

> 男子樹蘭,美而不芳。

《文心雕龍·情采》用其語:

> 男子樹蘭而不芳,無其情也。

而《太平御覽》卷八四九引《晏子春秋》:

> 寡婦樹蘭,生而不芳;繼子得食,肥而不澤。

用《文心》語以證《淮南》作"男子",不誤。倘使用《晏子》佚文以證《淮南》當作"寡婦",則謬。《晏子》雖早於《淮南》,但此佚文出於《御覽》,晚於《文心》,且無他證。

除辨僞外,辨誤是用佚文校勘他書時首先要注意的問題。佚文多出唐、宋類書,其中誤題情況較多。因此,援引佚文時,檢核多種類書及其他有關書籍是必要的。除上引誤題之例外,又如:

> 其文好者身必剥,其角美者身見煞;甘泉必竭,直木必伐。

《藝文類聚》卷二三引作《晏子春秋》文,《太平御覽》卷四五九引作《文子》文,而今本《文子·符言》存此文。再如:

> 夫爵益高者意益下,官益大者心益小,禄益厚者施益博。

《藝文類聚》卷二三引作晏子語,《太平御覽》卷四五九同。但《荀子·堯問》云:

> 孫叔敖曰:"吾三相楚而心愈卑,每益禄而施愈博,位滋尊而禮愈恭。是以不得罪於楚之士民也。"

則爲楚相孫叔敖語。其語又載《韓詩外傳》卷七第十二章:

> 孫叔敖曰:"不然。吾爵益高,吾志益下;吾官益大,吾心益小;吾禄益厚,吾施益博。可以免於患乎?"

《列子·説符》《淮南子·道應訓》並作孫叔敖語,"吾爵"六句與《韓詩外傳》同。可見此乃孫叔敖語,非晏子語,《藝文類聚》引誤。倘使據《藝文類聚》以校《荀子》,則必謬誤。

此外,如引用確證爲一書佚文作校勘資料時,需審慎辨析其爲摘録、節引、改作等不同情況,以辨别其可證性質和作用,仍是不可忽視的。(例已見上引,不贅。)

第三節　辨僞與校勘

辨别古籍真僞,實質就是考證。其一般方法,梁啓超《中國歷史研究法》有辨僞十二條公例:

> 一、其書前代從未著録或絶無人徵引而忽然出現者,什有九皆僞。

> 二、其書雖前代有著録,然久經散佚,乃忽有一異本突出,篇數及内容等與舊本完全不同者,什有九皆僞。

三、其書不問有無舊本，但今本來歷不明者，即不可輕信。

四、其書流傳之緒從他方面可以考見，而因以證明今本題某人舊撰爲不確者。

五、真書原本經前人稱引，確有左證，而今本與之歧異者，則今本必僞。

六、其書題某人撰，而書中所載事迹在本人後者，則其書或全僞，或一部分僞。

七、其書雖真，然一部分經後人竄亂之迹既確鑿有據，則對於其書之全體須慎加鑒別。

八、書中所言確與事實相反者，則其書必僞。

九、兩書同載一事絕對矛盾者，則必有一僞或兩俱僞。

十、各時代之文體蓋有天然界畫，多讀書者自能知之。故後人僞作之書有不必從字句求枝葉之反證，但一望文體即能斷其僞者。

十一、各時代之社會狀態，吾儕據各方面之資料總可以推見崖略。若某書中所言其時代之狀態，與情理相去懸絕者，即可斷爲僞。

十二、各時代之思想，其進化階段自有一定。若某書中所表現之思想與其時代不相銜接者，即可斷爲僞。

歸納這十二條辨別僞書公例，實際上爲兩類方法，一爲實證，一爲比較。其一至九條，都需提出證據；十至十二條則無實證，而是整體比較，客觀推論。相對地説，重證據的辨僞，比較可靠；憑比較的辨僞，容易主觀片面，較難確斷。王國維曾説："昔元和惠定宇徵君（惠棟）作《古文尚書考》，始取僞古文《尚書》之事實文句，一一疏其所出，而梅書（指東晉梅賾所獻《古文尚書》）之偽益明。仁和孫頤谷侍御（孫志祖）復用其法作《家語疏證》，吾鄉陳仲魚孝廉叙之曰：'是猶捕盗者之獲得真贓。'誠哉是言也。"（《今本竹書紀年疏證序》）便是主張用確實證據來辨別偽書。

對於校勘來説，如果不辨真偽，用偽書來校勘真書，勢必越來越亂。例如王國維疏證今本《竹書紀年》，證明"今本所載，殆無一不襲他書。其不見他書者，不過百分之一，又率空洞無事實，所增加者年月而已。且其所出，本非一源，古今雜陳，矛盾斯起。既有違異，乃生調停，糾紛之因，皆可剖析"。如果據今本以校古本殘卷，則荒唐可想而見。但是，倘使真偽已別，其書確定爲偽作，則作偽書疏證，以真勘偽，以偽校偽，亦是一種校勘，與一般校勘無異。同樣，引偽書以校他書，如果確定其爲偽書，並考定作偽者及其文出處，則亦無妨其用。

比較複雜的是半真半偽之作。大體説，這種作偽有兩類情況，一是偽中有真，一是真中有偽。"偽中有真"是全書是偽作，但其内容及文句却有出處，多真貨，因此考定其出處，也有校勘資料價值。"真中有偽"是指全篇或全書是真作，但其中摻有偽作篇章語句，因此校勘時就同時必須進行辨偽。例如《孔子家語》是魏晉際的王肅偽造的。但其中内容及文句却如《家語疏證》所考，多有出處。因而學者往往用作校勘先秦典籍資料，但也造成不少爭論。而如《韓詩外傳》基本上是真的，但今本已非其舊，其中有一些經過後人修改，則又有作偽的。其顯例如卷一第三章"孔子南遊適楚"，叙孔子命子貢與浣沙女交談故事，因屬風流軼聞，儒者歷有疑偽的。這類摻偽也造成一些爭議。試舉例説明。

1.《荀子·宥坐》:"邪民不從,然後俟之以刑,則民知罪矣。"

王念孫說,"邪民"本作"躬行"。上文云:"上先服之,三年而百姓從風。""服"者,行也,即此所謂"躬行"也。故云:"躬行不從,然後俟之以刑。"隸書"躬"與"邪"相似,故"躬"誤爲"邪"。見《隸辨》。案,"躬行"作"邪行","邪"字誤而"行"字不誤。《外傳》亦誤作"邪行"。唯《說苑》不誤。今本《荀子》"邪行"作"邪民",乃後人所改。《家語·始誅》篇作"其有邪民不從化者,然後待之以刑"。案,《荀子》之"躬行不從",誤作"邪行不從",則義不可通。王肅不知"邪"爲"躬"之誤,故改"邪行不從"爲"邪民不從化",以曲通其義。而今本《荀子》亦作"邪民",則又後人以《家語》改之也。楊倞注云:"百姓既從,然後誅其姦邪。"則所見本已同今本。《說苑》正作"躬行不從,而後俟之以刑"。

于鬯則以爲,上文云:"上先服之,若不可,尚賢以綦之。若不可,廢不能以單之。"然則"躬行不從",尚有"尚賢""廢不能"兩事,安得遽云"俟之以刑"乎? 蓋正惟躬行之後,尚賢以綦之。復廢不能以憚之,而百姓皆從,獨有邪民不從,故俟之以刑也。《家語·始誅》篇作"其有邪民不從化者,然後待之以刑",此作"邪民"之明證。而王顧強謂王肅改以曲通其義,不亦謬乎? 他又認爲《說苑·理政》作"躬行"當是"邪民"之誤。

王氏據文義及《說苑》校定"邪民"爲"躬行"之誤,而以爲致誤主要原因是王肅《家語》改《荀子》文,後人又從《家語》改《荀子》正文。于氏則從文義及《家語》證明今本不誤。可見王肅《家語》雖爲僞作,但在校勘此文時,兩家都援以爲證,一斥其誤改,一據爲明證。

2.《史記·仲尼弟子列傳》:"冉季,字子產。"

王引之説,此本作"冉季產"。"字子"二字,則後人據《家語》增之也。單行《索隱》本出"冉季產"三字,注云:"《家語》:'冉季,字產。'"《正義》曰:"《家語》云:'冉季,字子產。'"是《家語》以"產"爲字,不與《史記》同,《史記》原文無"字子"二字明矣。《唐書·禮樂志》作"冉季產",本於《史記》。"冉季產"者,"冉"其氏,"季"其字,"產"其名也。《左氏春秋》僖十六年:"公子季友卒。"《正義》曰:"'季'是其字,'友'是其名,猶如'仲遂''叔肸'之類,皆名字雙舉。"是其例也。《家語》改爲"冉季,字產",大誤,古人無以"伯""仲""叔""季"爲名者。惟杜預注《左傳》,謂祭仲足名仲,字仲足,他人無此謬也。

又同篇:"邦巽,字子斂。"《索隱》云:"《家語》'巽'作'選',字子斂。《文翁圖》作'國選',蓋亦由避諱改之。劉氏作'邽巽','邽'音'圭',所見各異。"

王引之説,作"邦"者是也。古本若非"邦"字,何以避諱作"國"?《廣韻》:"邽,國也,又姓,出何氏《姓苑》。"而"邦"字下不云是姓。然則古無"邦"姓,不得作"邽",明矣。至唐初始誤爲邽,故劉伯莊"音圭",而《通典·禮》十三、《唐書·禮樂志》及宋《倉頡碑陰》,並仍其誤。《索隱》謂《家語》"巽"作"選",而不云"邦"作"邽",則《家語》亦作"邦"可知。今本《家語》作"邽"者,後人以誤本《史記》改之也。

上二例,《史記索隱》都引《家語》異文,則司馬貞不以《家語》爲僞書。王引之辨析《史記》原文,一以今本《史記》據《家語》誤增,一謂今本《家語》爲後人據誤本《史記》改。一作正證,一作誤證,正可見《家語》雖爲僞書，但正因王肅爲魏晉間人，又確知其爲僞書，而又知其僞中有真，所以可作爲一種校勘外證。

3.《文選》班固《東都賦·白雉詩》："啓靈篇兮披瑞圖，獲白雉兮效素烏，嘉祥阜兮集皇都。"

王念孫説"嘉祥"句蓋後人所加。此句詞意膚淺，不類孟堅手筆。且《寶鼎詩》亦可通用，其可疑一也。下文"發皓羽兮奮翹英"，正承"白雉""素烏"言之。若加入此句，則上下文義隔斷，其可疑二也。《明堂》《辟雍》《靈臺》三章，章十二句；《寶鼎》《白雉》二章，章六句，若加入此句，則與《寶鼎詩》不協，其可疑三也。李善及五臣本，此句皆無注，其可疑四也。《後漢書·班固傳》無此句，其可疑五也。

《白雉詩》是班固《東都賦》末附五首詩之五，爲真作無疑。王念孫有説服力地指出，此詩中"嘉祥"一句是後人增入的衍文，也即摻入僞句，可謂"真中有僞"。

上舉諸例可見，全書已確證爲僞作，同時又考定其作僞的出處，則可以根據具體内容及文句作具體考辨，有時這類僞書也可用作校勘資料。而基本爲真作，其中摻雜作僞，往往表現爲衍文，則須在校勘時進行真僞的辨析考證，其情形就比較複雜。

總起來説，輯佚與校勘直接有關的是佚文的校勘和用佚文校勘。其中佚篇的校勘與一般古籍校勘無異，而存篇的斷章殘句佚文和佚篇的斷章殘句佚文，都存在摘引、節録、改作、誤題的各類情況。這類斷章殘句佚文，凡可以確定爲某書佚文者，則在校勘上表現爲本書的異文，主要類型爲誤文和脱文。其用作校勘他書外證時，則尤須審慎。辨僞與校勘直接有關的是僞書和僞文。凡經考定爲僞書者，其校勘則依僞書出處，疏證其具體内容和文句出處，依出處古籍校勘，其校勘與一般古籍校勘同。僞書既經考定，其中確有可信或可用成分，則也可用作校勘他書的佐證，但一般不宜用作主要外證。而基本爲真作，其中摻有僞作成分，往往在校勘中表現爲改誤和衍文，須在校勘時審慎辨別。這類摻僞文句，一般不再具有校勘他書的資料價值。换言之，未經考定的佚文和僞文，在考定其佚文歸屬和真僞過程中，一般不涉校勘。對於校勘來説，直接有關的是考定了的佚文和僞文。既經考定，則佚文便屬於一種古籍的補遺；僞書便成爲另一種古籍，僞文便成爲一種古籍的衍誤文句，因此其校勘和用作校勘資料就屬於一般古籍性質，分別予以具體分析和具體估價。而就原則和方法説，則不再具有特殊性了。

後　記

　　這是古典文獻專業講授校勘學所用的一份教材,實際上是一個教學大綱。考慮到教學使用的需要和方便,所以隨論附錄了一些例證資料。

　　校勘學是古典文獻專業一門基礎課,也是古籍整理基本理論的一個組成部分。因此,這個大綱在知識內容結構上,除說明研究對象以及交代輯佚、辨僞與校勘學的關係外,主要由三部分構成:校勘和校勘學的歷史,校勘學的基本理論,校勘實踐的方法和技能。意圖通過這三個部分的講授,大體能完整地介紹校勘學的歷史、理論、實踐的基本知識和技能。

　　校勘學的傳統講授方式是釋例,即用具體的校勘實例來說明一般性的校勘原則。實際上,分類釋例已屬校勘通例的歸納和分析,只是在闡述時採取具體說明一般的邏輯歸納方法。陳垣先生說過,釋例的選例可有兩種途徑,一是專取一書之例,另一是博採衆書之例。他的《校勘學釋例》便是專取《元典章》的校例,爲此類校勘學的里程碑著作。這個《校勘學大綱》的選例則採取後一途徑,廣泛汲取前人校勘成果,主要原因便是試圖比較完整地介紹校勘學的基本知識和技能。

　　我國從古至今的校勘成就很高,成果極其豐富;校勘學理論的探索和總結,在根本原則、各類通例及校勘方法等方面都已有許多規律性的概括。本書不僅在校勘例證資料上大都取自前人和今人的校勘成果,而且在校勘學理論上也都汲自前人和今人的研究成果,自己無多發明。它只是著者依照一己的陋見,將所知的古今校勘學成果作了系統的歸納和條理的表達。讀者不難看到,它在校勘學理論觀點上,雖然重視對校學派強調版本依據的原則觀點,但在勘誤訂正的理論和方法上更多汲取理校學派的觀點和成果。同時,在例證資料的引用上,大多採取分析節述的方式,對原校文字有所摘取,或爲述意。因此,在理論歸納和例證選析兩方面,都一定會存在錯誤不當、欠缺不周之處。至於可以商榷的觀點和材料,則更是專家學者往往可見的了。著者誠懇希望讀者和專家學者批評指正。

全書用簡化字,僅偶夾繁體、異體。所論引例中的文字,當以相應的繁體去理解。於初學讀者,不可不加注意。

本書成稿後,蒙胡雙寶同志認真審核一過,糾正了若干失誤,改進了某些體例,謹在此表示衷心感謝。

倪其心

1986年2月燕東園

"不校校之"與"有所不改"

十多年來,古籍整理與研究事業空前繁榮。從整理方面看,方法原則,形式手段,多種多樣,各不相同。有原書影印,有白文排印,有電腦貯存,有校勘的,有不校的,有改字的,有不改的,等等不一。於是一個老問題在新的歷史條件下又提了出來:對於那些真本失傳、原抄無存的典籍文獻,以及由此產生的歷代的重要的整理本、注疏本,應該怎樣認識和處理其中衆多的異文,怎樣使之接近於恢復原本面貌?會不會越整理越複雜,甚至混亂,像歷史上曾經出現過的那樣,再來一次怪圈循環呢?無休止地抄舊證,重複舊說,再次陷入煩瑣的考證和徒勞的推測。客觀存在的本質規律是頑強而無情的。如果不予承認和尊重,它必定要顯示自己的威力。

古籍必須整理,因爲其中有錯誤。越是距今久遠的典籍文獻,由於其重要價值而越被重視,被整理的次數最多,其中的錯誤十分複雜,因而也越加需要整理。這是古籍整理的怪圈循環的顯著特徵現象。其重要的原因之一是,歷代學者往往把典籍内容的研究與作爲載體的文字整理混同不分,結果是依照主觀理解的思想内容,修改了原著的文字,造成錯誤與混亂。段玉裁提出區别"底本之是非"與"立説之是非",這一卓越見解的重大意義正在於明確劃定古籍整理與古籍所載内容的專門研究的界限。這就是説,先把原著文字原貌整理出來,然後再研究探討它的内容含義。這一理論觀點無疑是正確的。但是他所指的"底本"並非指原本原抄原版，而是指後來的某一注疏所據的傳本，其方法是認真辨析注疏內容所解釋的文字，用以比勘存世的經文刊本的文字，從而獲得這一注疏本的文字，即所謂"以孔還孔"，等等。這一方法是正確有效的。但它只是根據注疏來證明被注疏的文字，並不能證明這一注疏的傳本即是典籍原本文字。而他用以論證文字的正譌的依據，往往主要是他對經義的理解，實際上違反他自己提出的區別"底本"與"立說"的主張，是自相矛盾的。理論的不徹底，實際上偷梁換柱，遲早發生衝突。他和他的學生顧千里的著名爭執，實質在此。

今存典籍文獻有錯誤的另一重要原因是，記錄漢語的文字符號即漢字的特點及其演變，造成傳抄及版刻中難以避免的認錯、讀錯、寫錯與隨之而來的解釋錯誤，以及由解釋而來的改錯。先秦文字並不規範，更不統一。秦始皇統一文字，但未能統一方音。從雅言、官話、國語到普通話，語音向着統一的方向前進，是克服漢字與方音之間矛盾差異的必由之途，是一個漫長的過程。在此過程中產生的載籍，從傳抄到刊印，無可避免地發生種種錯譌。幾乎每個漢字在形、音、義的矛盾統一的發展中都有自己的一部歷史，並不是每位整理者、注疏者、傳抄者及刻工們都能正確無誤地把握住它們。顧炎武正確指出："讀九經自考文始，考文自知音始，以至諸子百家之書，亦莫不然。"衆所周知，這是漢儒已用的一個正確而有效的方法，用小學整理典籍。其實質是突破字形的迷障，求得漢語的詞與義，是一種識字讀書的方法，並非以恢復典籍原貌爲目的，不是整理古籍的原則與根據。王引之對戴震在《尚書·堯典》"光被四表"的"光"字校識提出質疑，實質爲此。

乾嘉樸學在典籍文獻整理上取得空前輝煌的業績和成就,尤其在古籍整理的理論與方法上,歸納總結許多正確的觀點和有效的方法,至今仍爲古籍整理工作所遵循。然而乾嘉的輝煌却有一圈暈光,他們幾乎没有能够爲哪一部的典籍畫上圓滿句號。《皇清經解》有續編,《四庫全書》正在進行續編,一方面表明整理研究典籍的深入提高,反映學術的繁榮與成就,但另一方面也正説明,典籍的整理與研究似乎遥無止境。如果從整理方面看,在理論上有個值得探討的問題:這些真本失傳、原抄無存的典籍究竟有没有可能整理到恢復或者接近恢復原貌?究竟整理到怎樣的程度算是比較完善?簡單地説,在原稿、原抄不可能獲得的前提下,有没有可能真正整理出一個公認的定本?有没有可能給一部典籍的整理工作畫上一個比較圓滿的句號?

　　梁啓超説過,清代學術三大成就是考據學、小學和校勘學。其實從學術研究的理論與方法看,清代獨到的卓越成就來自考據。小學的成就是考據出來的,校勘學的成就則是用小學的理論與古籍的實際結合起來,考核證據而取得的。小學的理論與方法可以解決古籍在流傳過程中由於漢字演變而造成的認錯、讀錯以及解釋錯誤的問題,並不能確定原著者、原抄者所用的原字一定是哪個。王念孫《讀書雜志·淮南内篇後序》歸納出六十多條校勘通例,其價值是把古籍中造成錯誤的原因抽象化、條例化、公式化,使古籍整理工作獲得若干足資參考、便於操作的工具或指南,主要用於分析致誤原因,並不能確定原字正字。確定真正原文,必須有確鑿無疑的證據,必須進行考據。整理、校勘古籍,最根本可靠的證據是著述者的原稿,傳者的原抄,或者據手稿刊印的原版。有了原稿、原抄、原版，或者未免改正幾個筆誤、抄錯、刻錯的明顯錯別字，此外則對校即可，無須考據。此理甚明，不言而喻。然而正因許多典籍的原本不存，所以要搜集一切有關資料，辨析考證，求得接近原本文字的根據，所以要重視秦簡、漢碑、宋刻，即使是殘卷斷碑，也因其年代較早而具有可觀的價值。對於古籍整理、校勘的考據來說，首要的證據就是版本的根據。

　　有一種觀點認爲，清代吳派學者重視版本，尤重宋本，而皖派則不甚重視或不重視。其實不然。皖派並非不重視宋本，而是不迷信宋本，不惟宋本論。他們認爲宋本同樣有錯誤，可以證明，應予改正。因此，經過整理的訂正本可以而且應該比宋本更完善。這一觀點在理論上是可行的。同時，他們在實際上做了大量認真細致、具體而煩瑣的搜集、辨析工作，從古注舊疏、唐宋類書以及其他有關資料中尋找許多早於宋本的版本依據，用作校勘的證據。這些證據大多是零星的，片斷的，但實質是先宋的抄本的依據。可見他們其實很重視版本，更重視古本，但不限於宋本，也不單純從抄本、刊本的古今時限上立論，而是考核接近原本的依據。在古籍整理校勘的根本任務和原則要求上，清代學者的認識基本上並無二致，大都要求以可靠的版本證據勘誤訂正。關鍵就在證據，無證不立，有據成説。倘使證據不足爲證，未可依據，便須再考，直到鐵證如山。然而客觀事實是許多典籍的鐵證是找不到的，完全恢復原稿面貌是不可能的，只能循本覓迹，上溯歷代各本的原貌，達到可知的接近真本的地步。這就引起了爭執，引出了"不校校之"和"有所不改"的理論主張。

　　戴震一無依傍地發現《尚書·堯典》"光被四表，格於上下"的

"光"字是個錯字,其原本正字應是"横"字。致誤的原因是"横"與"桄"字古音相同,都作"古曠切","横"字傳寫爲"桄","桄"字脱誤爲"光"。而從詞義與文章看,"横"、"四"、"表"、"格"上下對舉,溥遍所及曰"横",貫通所至曰"格",十分圓滿,堪爲經典。其旁證依據,即作爲版本的依據則多來自漢儒及後來作者文章中的用典作文。顯然從小學的考證看,戴震的發現不無根據,足以證明"横""桄"通假,漢及後世引典或作"横"字。但是"桄"脱爲"光",則屬推測,並無證據。從校勘的考證看,孔安國解"光"爲"充",鄭玄疏爲"光耀",並無異文,也沒有底本的是非問題。漢及後世作文用典,未必用經典原文,也可能用假借字,因而可爲旁證,未足確證。也就是説,戴震自信訂正了《尚書》的一個錯字,是不能成立的。所以深通小學的小輩學者王引之用同樣的方法,引更多的旁證,指出"光""桄""横"三字,"古同聲而通用,非轉寫而譌脱爲'光'也,三字皆充廣之義,不必'古曠反'而後爲'充'也",並且指出"光"不僅通"横",而且通"廣"。在他看來,指出"光""横"通假,有可能漢代《尚書》傳抄本有作"横"的,是卓越的見解,但是斷定其正譌,則爲未必。綜合他們二位的考證和討論,大致情況是今存《堯典》"光被四表"的"光"字,漢語的詞義爲"充廣",先秦至漢的傳本中可能有四個同音異形的通假字,即"光""桄""横""廣",但孔傳本及鄭疏本都作"光"字。有朝一日,像馬王堆漢墓掘得帛本《道德經》那樣,地下獲得一種《尚書》帛本或簡本,也許可以證明這四字中哪個更近真。

王引之總結"用小學校經"的實踐經驗,提出"有所改有所不改"的原則,是對典籍流傳的歷史的、全面的、切實的考察所得的一種宏觀理論。其精要不在"改",而在"不改"。他認爲可改的,是常識性的明顯錯別字：一是書寫體演變造成的識錯的字；二是刻工寫官刻錯抄錯的字；三是不懂小學而亂改的字。他認為不可改的，則是實際不可能確鑿斷定的本字：一是周末漢初經師傳授，抄本紀錄經文的字，勢必有許多不同寫法，難以確定其中哪一個是本字；二是古音通假造成的同音異形字，八成可以確定本字，二成無從確定；三是寫官刻工們造成的錯字，有的雖然可以分析推斷其為錯字，但是沒有版本依據，不能確鑿斷定它的正字。顯然，他認為小學的理論方法及有關考證，能夠發現歷代傳本中的疑問，判斷錯誤，却不能確定原本的真字。其根本原因便是真本失傳，傳本失真，無從獲得最後的確鑿依據。加上漢字自身形、音、義的演變，以及後代學者各以己意的整理定奪，錯綜複雜，幾乎一團亂麻。可見他的"有所不改"原則，實質是承認古籍整理存在一種無從否認的局限，某些距今久遠、真本失傳的典籍中的疑點與錯譌，不論已知或尚未發現的，試圖考核其完全符合原本的真正本字，極其困難，是"考文之聖之任也"。因此，實事求是的態度和原則是，指出異文疑誤，保持既有面貌，不改。

　　顧千里與段玉裁的爭執，分歧的實質也是改與不改。為了《禮記》中一兩個字多了少了，對了錯了，師生之間爭得大傷和氣，成為一段著名公案。倘使實事求是地看，如果能像段自己所說把"底本"與"立說"分開，那麼不難看到，底本的是非並無分歧，立說的是非尚待論證。比較妥當的處理是，各自所據的底本都不改字，保持原貌，各自的義理見解無妨爭鳴。有一種觀點認為，段、顧二人校法相左，段為"理校"，顧為"對校"，是爭執的實質。此說尚可斟酌。兩人所用校勘方法其實相同，都是參用對校、理校來校出異文；兩個不同的是判斷與處理。例如《禮記·禮器》"先王之禮也有本有文",顧氏用對校,據唐石經校出衍文"有文"二字,段氏則用理校斷定"有文"二字不衍;《禮記·曲禮》"二名不偏諱",段氏用理校校出異文"徧"字,顧氏據鄭注斷定"偏"字爲眞;《禮記·王制》"虞庠在國之四郊",段氏據他書引文證明"四"字爲眞,顧氏則據孔疏析出異文"西"字。如果不抱成見,那麼客觀事實是他們各有發現,都有貢獻:《禮器》有異文一:"有本有文"與"有本";《曲禮》有異文一:"偏"與"徧";《王制》有異文一:"四"與"西"。矛盾的焦點不在校法和校出異文,而在對異文的是非判斷和改字不改字的處理。有趣的是,顧千里其實堅持了段玉裁提出的原則,而段玉裁堅持的是義理的是非。就《禮記》而言,顧氏的目的和原則是"還之自古相傳至唐孔、賈所受之經典注而已",其實便是段氏所說先"定底本之是非","以孔還孔","以賈還賈"。而段氏則認爲"探考異文,以爲訂經之助",目的是"定其一是,明聖賢之義理於天下萬世",所以"審知經字有譌,則改之,此漢人法也"。甚至強調地說:"漢人求諸義而當改則改之,不必其有左證。"這就明白地主張,只要義理正確,符合聖賢原意,即使沒有校勘的證據,也可以改字。但是,是否符合原意,並非一時一人可以說了就定的。所以顧氏深爲不滿地批評自己的師長主觀武斷,認爲段氏"於經之明文鑿鑿者","於注之明文鑿鑿",一概"抹殺之曰譌";"於正義之累累見","不能謂之譌者,則又換一法悉抹殺之曰誤","然後煩稱博引他經他注之非有明文者爲之自立一說。以就所欲說,然細案所立之說,絕非其經其注之本旨";指責他"遇一經改一經,遇一注改一注,遇一正義搯擊一正義"。顧氏並非不要求"定立說之是非",而是要求切實區別經傳注疏的底本，保持今存可知各本的原有面貌，從而"刊落浮詞，獨求真解"。所以改與不改的實質，並非校勘方法的不同，而是求真的判斷和勘定的處理的原則不同，觸及古籍整理的兩個根本問題：一是古籍的整理與古籍所載的内容研究的區別；二是古籍整理的局限。

顧千里是一位博通的學者，更是一位終生以整理古籍爲業的專家。他的著名論點"以不校校之"，是從自己豐富的校書實踐經驗中體會、總結出來的一種宏觀理論觀點，其實與王引之"有所不改"的内涵一致。"有所不改"側重於從小學校經方面來申述，而"不校校之"則從版本校勘方面來概括。"不校校之"並非不校，而是校而不改，保存各本原貌。"不校"是"毋改易其本來"，"校之"是"能知其是非得失之所以然"。"不校"之語出自北朝邢子才讀書不甚校讎。顧千里認爲邢邵雖然不校，却思索，"故子才之校，乃其思"。他指出，"不校之誤使人思，誤於校者使人不能思，去誤於校者而存不校之誤，於是日思之，遂以與天下後世樂思者共思之"。這就是説，發現錯誤不難，確證真字很難，不改誤字是保存錯誤，但是用誤字改誤字，不但增添錯誤，而且消減原有錯誤的痕迹，使考察致誤原因和軌迹更加困難，使校勘更爲紊亂。没有版本的證據，任憑主觀對理義的理解，這樣改字，可能以誤改誤，所以他認爲不如不改，更反對主觀臆改。他主張出校記，撰考異，指出異文疑誤，提出各自見解，爲後人提供方便和思考餘地。所以他對許多珍貴的宋本、善本主張影刊，作考異題識，不主張訂正重刊。

整理古籍與研究古籍所載内容，兩者關系緊密，但却是不同學科。當顧炎武提出"經學即理學"這一命題時，原是針對宋明理學違離儒家經典的理而發的,要求忠實地理解、切實地發揚儒家經典的理,因此必須認真研究經典原文,給以切實的解釋,必須從整理經典開始。作爲這一時代的文化思潮,他們整理儒家經典及諸子百家典籍不是目的,而是達到目的的必經的步驟,必需的手段。當乾嘉學者埋首深入整理典籍文獻時,目的其實未變,然而韜晦了。經學視爲漢學,經典所載內容稱爲經義,典籍的文字、音韻、訓詁即爲小學,是識字讀經的知識,而理學視爲宋學,理學著述以及所述經義稱爲理義,讀理學著述無需小學。也就是說,對於明末清初的一群學者來說,整理經典與研究經典的思想內容是兩步并成一步走,而到乾嘉時代,這兩步得走一步是一步,有的學者似乎仍朝原來方向走第二步,有的則轉向,而有的則發現整理這一步並非簡單的一步,而是得認真踏實走的一段路程,具有自己的目標,自己的步驟,自己的走法。在普遍以考據爲學問的風氣下,整理典籍,恢復經典的原文面貌,也必須有證據,不能以抽象說教爲證據,也不能用後世的文本作證據。但窮根追源,到不了底,沒有終極的鐵證,找不到最初的底本,然而也不是因此可以任意臆斷。經過認真細致地辨析,廣泛深入地考證,能夠達到逐步接近原本的目標。考察典籍文獻的客觀存在的實際,總結歷代整理典籍的正反面經驗教訓,在乾嘉卓有成就的學者中,由兩位卓越的小輩學者提出卓異的整理古籍的理論觀點和方法原則,是因爲到了必須使古籍整理與古籍所載內容的專門研究分道揚鑣的時候了。從認識論看,"不校校之"和"有所不改"是古籍整理的理論方法的進步和深入。

認可"不校校之"是一種校勘方法,贊同"有所不改"是一種改字原則,大概比較容易取得共識。而面對真本失傳、傳本失真的客觀存在,肯定典籍整理有一定的局限,承認完全恢復原貌極其困難或者不能,接受"不校校之"和"有所不改"的理論原則,也許不容易達成共識。這里有心理的失衡,成見的束縛,也有認識的誤區。段玉裁生顧千里的氣,原因之一顯然是觸犯尊嚴;視改字爲"活校",譏不改爲"死校",便是一時學術風氣形成的偏見。而認識的誤區,主要不在於是否承認完全恢復原本真字極其困難,而在於錯把義理的理解作爲校勘的證據,也即是否把古籍的整理與研究古籍所載的内容區别開來。從理論説,真本失傳,傳本不絶,正表明典籍經受歷史考驗,具有重要價值,其大體基本保存,但有錯字别字及文句錯亂的現象。有錯必有正。理論上,每處異文必有錯誤,有錯誤處必有正確的本字本句。但是,"文章千古事,得失寸心知",著作者原來究竟用哪個字,怎麽造句,如何修辭,惟有原本可證。如果原本不存,而各本異文在,那麽分析異文,應當以其中符合著作者本意者爲正字。癥結恰恰在此,學者對著作者本意理解往往並不一致。一錘定音,必須有確鑿的版本依據,分析異文中的致誤原因,有許多通例可以利用,據王叔岷先生歸納已有122條。但是確定異文中的真字正句,却仍須一個一個地考據。義理上通不通,辭章上好不好,以及自以爲是的符合著作本意,都不能成爲斷定原本文字的依據,更不能據以改字。古籍整理的任務是盡力恢復原稿面貌,不是潤色、討論及欣賞。

每種典籍經過歷代學者認真整理及注疏,發現若干異文疑誤,各自提出應予重視的校證和自圓其説的理由,論證自以爲符合原來的真字。表面看來,異文越整理,誤越多,好像越來越亂,而實際是從正反兩個方面逐漸走向接近真字的目標。除了强詞奪理、斷章取義的武斷臆改之外，凡是確有根據、言之成理的整理判斷，總是反映這一異文與真字的某種聯係，因而是真字可能出現的字形，是流傳中的一個文本。如果固執己見，一定要以己見改字，消除其他異文，勢必造成整理上的困難。倘使保持各本原貌，列出異文，提出證據，説明理由，則有益於後世學者的研究，而煩瑣考證及徒勞推測或可截止。其實，就一種典籍文獻而言，選擇歷代有代表意義的整理本、注疏本，校而不改，保存原貌，是古籍整理中早已有之，今仍傳承了的。這便是集校、集解、集注，彙集歷代有價值的整理研究成果，突出值得探討、必須研究的問題，使整理與研究都便於深入和提高。重要的是理論上的自覺，方法上的科學，技術上的改進。説到底，古籍整理的根據是本，方法是校，落實在改。而如上所述，要害恰在改是極難落實的，但是不改却又似乎没有完成整理任務，至少是不圓滿的，這就需要理論的自覺，從古籍整理的宏觀方面，認識客觀存在的局限，區別古籍和古籍所載内容的不同對象，採取科學的整理方法，作出符合客觀事實的分析判斷，不以主觀代替客觀，不爲古人强作解人。在這一意義上，"不校校之"和"有所不改"的觀點不僅具有方法和處理的原則價值，而且應當承認具有古籍整理的理論法則的價值，必須予以遵循。顯然，如果有原稿原版在，自當別論。

"不校校之"和"有所不改"的理論意義，顯然便於運用高科技手段進行古籍整理。就一種典籍的整理來説，用手工抄録資料卡片，進行分類，再加以有序編排，然後彙集過録在底本上，僅此一項就費時費力，而且占有不小的空間。假使通過交流合作，共用圖書資源，探討設計一種有效的程序，分別將底本、主要參校版本、審核可信的他書異文資料、歷代目錄著錄的版本目錄資料,有序地輸入電腦。然後通過檢索程序,依照各本時序順次,逐字逐句排比底本本文及各本異文,則可以獲得比較全面的清晰的版本源流,各本異同,列出異文及他書所載異文,而不失各本面貌,使整理者研究者得以從集中的有序的資料中分析比較。實際上這是把"不校校之"的夢想付諸實踐,可以使"有所不改"的理念落到實處,而且較之一人的記憶貯存和條理系統的能力高出不知多少倍。在這樣的資料數據庫的基礎,不論是整理這一典籍,還是研究它所載的內容,可謂真正的"思適"了。

傳承與拓進
——讀《校讎廣義》

　　《校讎廣義》(以下簡稱《廣義》)是一部全面表述"校讎學"即"治書之學"的大著作,由《版本編》《校勘編》《目錄編》《典藏編》組成,可合可分。從1941年程千帆先生寫出《校讎廣義叙錄》開始編著,到1985年將寫成《校讎廣義》的工作交給弟子徐有富先生,至1998年齊魯書社出版問世,前後57年。經歷曲折,而傳承拓進,成就豐偉,實爲從事古籍整理研究及圖書館專業學習、工作的基本參考書,實現著者期許:"俾治書之學,獲睹其全,入學之門,得由斯道。"(《叙錄》)

　　漢代劉向所説"校讎"是指一種書籍的簡牘絹帛次序的整理與同一書籍的不同寫本的對校勘誤,可謂"治書",即整理研究書籍。其所治之書籍包括先漢的古籍與漢朝當代的新書,也不論典雅與淺俗。由於劉向、劉歆整理皇宫藏書已具校讎、叙錄、分類、編目等程序,以便保管使用,因而其後至近代,沿用"校讎"之名稱,開拓"治書之學",形成一門學術,具有收藏、整理、研究、編目、保管、使用等各方面功能的課目程序,兼及公私藏書,亦稱"校讎學"。近代之後,學者對校讎學的體系提出了主次不同的各種見解。至20世紀40年代,程先生折中諸説,概括分爲版本、校勘、目錄、典藏四個課目,認爲"由版本而校勘,由校勘而目錄,由目錄而典藏,條理始終,囊括珠貫",是劉向、劉歆以來"治書之通例",今日"研討之準繩"。其說大致歸結當時實踐的成就,反映學界的一種共識。其實,當時校讎學不論狹義廣義,都屬於圖書館的專業範圍。

　　建國初,校讎學的教學與研究曾經停滯。20世紀50年代末,建設社會主義文化,發揚祖國文化遺產,提出規劃與開展古籍整理與出版工作,培養古籍整理研究人才,校讎學應運復起。由於圖書出版、新書目錄及圖書館專業另有規劃,因而此時期校讎學的教學研究以古籍或古文獻爲研究對象,構成體系的課目也以古籍的版本、校勘、目錄爲主,而保管使用等屬於典藏的內容,着重古代典藏。同時在論述中注重整理方法的實際應用。當時王欣夫先生講授《文獻學》便以目錄、版本、校讎爲主,并提出應以這三方面爲文獻學的內容(見《文獻學講義》)。60年代遭遇灾難,古籍整理又停滯十多年,至80年代改革開放,黨中央、國務院十分重視古籍整理,使之日趨繁榮。在這時期重新進行《廣義》的編纂,雖然在總體上保持校讎學即治書之學的體系,仍以書籍爲研究對象,各編論述中也徵引到新書今籍的例證,舉證當代學者關於整理現代文獻的觀點,但是實際上有所調整與側重。主要有二:其一,是其研究對象主要落實在古籍上。其《典藏編》雖然講保存,但指出"典藏學的內涵同現代圖書館學是一致的",同時説明"本書所謂典藏學則是研究我國古代書籍保管與利用規律的一門學問"。其《版本編》説明"本書的研究對象,則以古籍版本爲主"。其二,是着重在實際應用方面的論述。《叙錄附記》説明"重點放在這門科學的實際應用的論述方面,而省略其歷史發展的記載"。不難見到,將校讎學體系、古籍整理研究的内涵與實際應用的重點三者結合起來,是歷史給本書留下的時代印記,也是本書編著的總體特點。

從古籍整理研究的角度看，本書四編各有獨立體系，分別論述版本、校勘、目錄、典藏學的研究對象、知識、理論、方法。其整體的基礎乃是歸結傳承前人成果的積累，系統而條理，兼備而翔實，博採而簡要，論述省净，利於研讀。各編開宗明義論述研究對象，闡明對象內涵外延，叙述沿革演變，論證學術功能，列舉代表論點，簡明扼要，層次清楚，一目了然。例如論述"版本"，歷述"版""板""方""方板""墨板""本""書本""版本"等相關名物概念的初始涵義及演變，列舉文獻出處證據，清清楚楚。又如論述"典藏學的建立"，闡明"典""藏"涵義，論述古代對典藏學的探索，列舉鄭樵《校讎略》、祁承㸁《澹生堂藏書約》等專著，程俱《麟臺故事》、陳騤《中興館閣錄》等史料撰著，牛弘《請開藏書之路表》等論文，以及《隋書·經籍志序》等史志序，阮元《寧波天一閣書目序》與李希泌、張椒華《中國古代藏書與近代圖書館史料》等，實爲初學者的必讀參考文獻，有志者的入門導讀。而《版本編》以雕印本的品類與鑒定爲中心，《校勘編》以致誤通例與校勘方法爲重點，《目錄編》以目錄分類與類述爲綱要，都是各該學科的基礎。加上版本的載體物質叙述、書籍裝幀及非雕印本的區分與鑒定，校勘的錯誤類型、知識依據、資料依據及成果處理方式，目錄的結構功用、著錄事項及編製等具體知識，便構成古籍整理研究的傳統積累，形成版本、校勘、目錄學的基本理論與基礎知識，是初學與專業工作必須了解與掌握的。

　　古籍整理的理論並不深奧，方法也不複雜。司馬遷藏之名山的《史記》原稿，如果一旦完好無損地發現出土，那麼整理研究《史記》的紛繁疑難就有了可靠的權威底本爲答案，不煩考證。而正由於原稿仍藏深山，《史記》傳世衆本存在種種差異錯亂的疑難，必須整理研究,探索恢復或接近其原稿面貌。古籍整理研究的理論,實質如此:以原稿爲準,發現并訂正出版物中的文字錯誤,關鍵在於我國歷史悠久,許多年代久遠的古籍的原稿無存,而構成古籍的漢字符號、物質載體、傳寫刊印技藝、收藏保管工作以及使用交流情況等方面,演變錯綜複雜,造成有意無意的錯誤萬千,使整理研究古籍必須了解掌握許多有關知識,從而進行查考求證。換句話說,掌握古籍整理研究的理論不甚繁難,而運用有關學科知識進行實際操作,發現錯誤,分析原因,查考證據,存真復原,則需要更多了解與積累。從這個角度看,古籍整理研究的理論歸結拓進,主要在於系統化、條例化及實用性。從乾嘉樸學在古籍整理研究的理論建樹,至改革開放以來的理論拓進,莫不是從運用各種知識進行整理實踐中總結出來,開拓前進的。本書拓進的明顯特點便是較廣地汲取、歸結了現當代學者的研究成果,使系統相當完整,條例更爲周全,實際應用益發有效。

此書各編在系統、條例上的拓進,從各編章節目錄即可看到,其具體論述則更明顯。例如《雕印本的品類》首節"按時代區分",首列"唐本",簡明扼要論證了雕版印刷術在我國發明的年時,雕印品出現的年代,以及雕印本今存的發現,概括了現當代的成果,拓進了版本時代的觀念,增加了知識。在《雕印本的鑒定》中,第十一節"別本比勘"、第十二節"綜合考辨",則是在方法上的拓進,對於古籍鑒定與古籍整理的實際應用,都有價值。又如本書"將反映我國古籍的目錄分成綜合目錄、學科目錄與特種目錄三大類"(《目錄編·綜合目錄》),使目錄分類系統更爲完整,而且爲各門類學科的古籍整理提供方便門徑,便於運用,很有價值。其《校勘編》實際内容爲古籍校勘學,整個系統、條例都立足於實際應用,從錯誤類型、致誤原因、校勘資料、應用知識、校勘方法,至成果處理,都有可操作性。至於條例的充實拓進也很明顯,如"書面材料發生錯誤的原因·致譌的原因"之十五"因政治原因而改"中"爲迎合人主而改""因迫於政治壓力而改""爲蒙蔽讀者而改",之十六"爲方便讀者而改",之十七"因提高文字水平而改"等,都取自現當代學者研究成果而有增列擴充。凡此拓進,不僅反映整理研究古籍的理論學術上的新的水平與成就,更見出著者深厚功底、淵博學識與用功甚力,治學謹嚴。

　　此書可讀性較高,是優點之一。校讎事例原多勘誤,負面事例亦多可作笑談,如"三豕涉河"將"己亥"記日誤讀爲"三豕",南朝某權貴據誤注將指"芋"的"蹲鴟"理解爲"羊",等等,本書亦有所舉。但主要是構成本書基礎的翔實豐富的論述例證與知識事例,由於論點明確,舉證得當,引例生動,表述簡潔,讀來能獲得許多學術故事、學者雅聞及學科樂趣。例如《漢書·藝文志》載孔安國獻《古文尚書》事:"安國獻之,遭巫蠱事,未列於學官。"在漢武帝征和二年(前91)。而《史記·孔子世家》説:"安國爲今皇帝博士,至臨淮太守,蚤卒。"按《史記·自序》説明其記事"至太初而迄",則孔安國當在太初(前104—前101)之前去世,不得有獻書之事。可見二書記載矛盾,必有一錯。清代學者閻若璩、朱彝尊考以荀悦《漢紀》載:"武帝時,孔安國家獻之,會巫蠱事,未列於學官。"可證《漢書》脱一"家"字。此例以史實考辨進行校勘,據《史記》《漢書》《漢紀》三書記載孔安國卒年與獻書年代的出入,證實《漢書》記載脱一字,可謂校勘故事而有讀書治學的樂趣。又如宋陳從易偶得杜集舊本,其中《送蔡都尉詩》"身輕一鳥□"句脱一字,陳與客人斟酌補之,提出"疾""落""起""下"等字,不能定。後得善本,乃是"身輕一鳥過",爲"過"字,於是嘆服。此可作藝術欣賞,却表明古籍整理原則不能成爲替古人修辭改文章。再如潘重規先生讀敦煌曲子詞《菩薩蠻》"枕前發盡千般願"一首,注意到末句"且待三更見日頭",整理本誤作"月頭"。他在倫敦時到不列顛圖書館查校所藏斯坦因敦煌第4332號寫本原卷,"確作'日頭','日'字寫得特别工整清楚"。他很喜悦。"但一計算這次在倫敦小住","竟用去臺幣一萬元","一字萬金"。此事可謂學者雅聞,可見得原寫本鐵證的治學樂趣。凡此,在在可見,不枚舉。

　　古籍整理與出版事業的繁榮,許多出土文獻的整理問世,以及高科技的發展應用,都對學術拓進提出新的要求,本書已予注意並有所汲取。從古籍整理研究的實踐看,有一些理論課題已有拓進,需要總結。例如選擇校勘底本與參校本的原則、要求及方法,是版本學、校勘學的一個課題,除從版本目録查知今存善本、全本之外,必須根據校勘原則的要求,通過比勘來確定,運用綜合考辨來證實,應予理論回答。又如版本源流與版本系統是古籍整理的兩項工作,兩者內容有所重合,但並非相同工作,應予區别,明確涵義,歸納功用,總結方法,指導實踐,便於操作,也是版本學、校勘學的理論課題。而隨着出土文獻整理成果而提出的先唐寫本的特點、功能及其校勘作用、價值,需要進一步作理論總結。對於出土的簡牘帛本,以及刊本之前的寫本,自有不同於刊本的特點,視同刊印的版本之一,其實未妥。王念孫《讀書雜志》與王引之"以小學校經"的理論、方法,基本適合整理先秦秦漢典籍寫本,但六朝漢字統一定型之後的著作寫本以及晚唐五代之後的著作刊本的整理,其理論、方法有相應不同的特點與要求。此外,俗文學創作的古籍整理日益發展,其中也有一些必須研究的理論課題。總之,《廣義》大體在近現代校讎學理論基礎上傳承下來,以當代及改革開放以來的成果拓進,因而在古籍整理實踐向前發展的情況下,提出了總結理論、方法上新的要求,仍須在傳承的基礎上繼續拓進。

關於目錄、目錄學與古籍整理
——古籍著録體例、目錄學源流、目録分類以及重要古籍目録

一、小引

　　章學誠説，目録和目録學的功用是"辨章學術，考鏡源流"，"即類求書，因書究學"(《校讎通義》)，這是從學術研究説的，一是了解學術發展源流，二是查檢學術研究的書籍。

　　其實，對於從事古籍整理出版的編輯工作來説，目録和目録學的功用也是這樣的。一般地説，一種古籍的整理者會對自己的整理稿説明其學術地位與價值，同時往往提供整理所用的底本目録、參校本目録、引用書目及參考書目。這是整理者的基本依據，因而是編輯首先必須審核的。例如審核其底本及參校本，就可以利用目録學知識來查閲版本目録，如同到圖書館查書借書，必須先到目録室查號填條。目録學就像介紹古今典籍的目録室，説明古今有哪些重要的典藏目録，它們分別是怎樣分類編目的，怎麽找到所需要的古籍資料，包括它們在歷史上存在的情況、今存的情況，以便了解它們今存版本的來源及善劣真僞等情況。這些是了解、選擇、確定一種古籍的底本、主要參校本要了解的基本情況，是審核整理者選定底本、主要參校本的基本依據。可見目録和目録學是治學的津梁，也是古籍整理的基本數據庫，十分有用。

二、目録和目録學

1."目録"的本意是指一種書籍的"篇目"和"叙録"。漢成帝時,劉向整理皇宫藏書,《漢書·藝文志》記載説:

> 每一書已,向輒條其篇目,撮其指意,録而奏之。

是説劉向每整理完成一種書籍,都要逐條記下它的篇目,提取它的内容要旨,叙述記録而上奏,"篇目"就是這一書籍的各篇題目,"叙録"就是它的内容提要。所以"目録"是篇目和提要,並不包括書名。今存劉向《叙録》八篇,其中簡要完整的如《列子叙録》:

> 天瑞第一
> 黄帝第二
> 周穆王第三
> 仲尼第四
> 湯問第五
> 力命第六
> 楊朱第七
> 説符第八

> 右新書定著八章,護左都水使者光禄大夫臣向言:所校中書《列子》五篇,臣向謹與長社尉臣參校讎,大常書三篇、太史書四篇、臣向書六篇、臣參書二篇,内外書凡二十篇,以校。除複重十二篇,定著八篇,中書多,外書少,章亂布在諸篇中。或字誤,以"盡"爲"進",以"賢"爲"形",如此者衆。及在新書有

栈,校讎從中書,已定,皆以殺青,書可繕寫。列子者,鄭人也,與鄭繆公同時,蓋有道者也。其學本於黄帝、老子,號曰道家。道家者,秉要執本,清虛無爲。及其治身接物,務崇不競,合於六經。而《穆王》《湯問》二篇,迂誕恢詭,非君子之言也。至於《力命》篇,一推分命,《揚子》之篇,惟貴放逸,二義乖背,不似一家之言,然各有發明,亦有可觀者。孝景皇帝時貴黄老術,此書頗行於世。及後遺落,散在民間,未有傳者,且多寓言,與莊周相類,故太史公司馬遷不爲列傳。謹第錄,臣向昧死上。護左都水使者光禄大夫臣向所校《列子書錄》。永始三年八月壬寅上。(據《諸子集成・列子注》)

前列整理後的《列子新書》八章題目,"章"就是"篇"。然後是一篇叙錄,説明《新書》根據皇宫内外收藏《列子》寫本共二十篇校讎整理,去除重複,改定錯字,定爲八篇;並對《列子》著者、學術淵源以及書中存在問題、流傳發生散失等作了評述。這樣的篇目與提要的體例,合稱"目錄",相沿至今,一種書籍的目錄在書名封面裏的扉頁之後,依序載章節,即由此而來。

隨着書籍結構的發展演變,目錄的含義有所改變,通常指書名、篇目、提要三項。而對一種古籍的著錄内容,則要求包括書名、作者、篇卷、版本、存佚、真偽等項。但在目錄學裏,"書目"是一種專稱,不指書名目錄,而是指群書的目錄、編列許多書籍的目錄,例如一種藏書、一批專書等。這裏介紹的古籍目錄,即指群書目錄。

2. 目錄學是研究書目的學術,總結歷代書目的發展及其規則。目錄是人們爲了保存、管理、使用書籍而創立的方法,是人爲的、已知的、不屬於大自然的未知的知識領域。目錄學不存在複雜的道理、深奧的規律，但要積累許多具體的知識和經驗。例如從古至今，重要的目錄有哪些，它們的分類編排是怎樣的，爲什麽這樣分類，怎樣編排和查檢等。這裏要介紹的内容是古籍著録體例、目録學源流、目録分類以及重要古籍目録，並簡要介紹古籍目録學知識。

三、古籍目録著録體例

傳統目録學主要是古籍目録學，其中研究的書目絶大部分屬於過去時代，其書目所著録的書籍絶大部分也屬於過去時代。例如《漢書・藝文志》是東漢編録西漢皇宫藏書的目録，其中許多書籍是漢朝當代的著述，但是今天看來，連《漢書・藝文志》都是年代久遠的古籍。又如《四庫全書總目提要》是清乾隆五十五年（1790）刊成的，其提要是當時學者撰寫的，其中也收有清初學者的著述，而今天也是連目帶書全屬古籍。

"古籍目録著録"是指一種古籍的著録項目。"著録"不是"叙録"，不是提要，但是具有叙録的作用，實則是把叙録的若干内容要求條例化，就像一張圖書卡片一樣，格式清楚，一應俱全，一目了然，因而一書的著録項目多少，決定它具有叙録作用的大小。但是一種書目的著録項目取決於編目人的主觀要求，除書名一項必不可少之外，其他項目多少並無統一的體例。最簡單的書目僅録書名，而完備者則從書名至叙録一應俱全，等於一書之目録。這裏講的著録項目是就完備的書目要求而言，並非説古籍書目都這樣。

1. 書名

書目是依據書名爲綱目而編製的，不錄書名就没有書目。但是每種書籍並非單純具有一個書名，同一個書名並非就是同一種書籍。古籍的書名情況是相當複雜而有趣的。

遠古文字發明的初期，大概是没有書名，也没有篇名的。古代經典所謂的"三墳五典""九丘八索"，可能是形容那時用固體物質作載體的書籍如甲骨、簡牘等，捆綁堆積，如山似墳，其實不是"典籍"的書名。先秦典籍大抵用一篇的首二字作爲篇名，以其人其體作爲書名。例如《詩三百》《詩經》是以"詩"體爲書名，《關雎》則是以首句"關關雎鳩"中的二字爲篇名；《尚書》的"尚"通"上"，是上古的意思，"書"是書寫文字。班固說，"左史記言，右史記事，事爲《春秋》，言爲《尚書》，帝王靡不同之"（《漢書·藝文志》），史官所記，並無書名。至於《老子》《墨子》《孟子》等，都是以人即著者爲書名。根據内容制定書名，大概是漢代開始的。例如《淮南子》書名原爲《淮南鴻烈》，《白虎通》原爲《白虎通德論》，王充的書稱爲《論衡》，等等。

同書異名，同一種書具有不同的書名，在古籍目錄中是常見的現象。最普遍的是作家文集的名稱，因作家的名號而不同。例如東晉陶潛，字淵明，謚號靖節，其文集在《隋書·經籍志》著錄爲"宋徵士陶潛集九卷"，宋代《崇文總目》作"陶潛集十卷"，宋代《直齋書錄解題》作"陶靖節集十卷"，而《四庫全書總目》則作"陶淵明集八卷"。又如三國曹魏曹植，字子建，封陳思王，其文集在《隋書·經籍志》著錄爲"魏陳思王曹植集三十卷"，宋代《郡齋讀書志》作"曹植集十卷"，《直齋書錄解題》作"陳思王集二十卷"，而《四庫全書總目》作"曹子建集十卷"。有的先秦人物的封號是後世追加的,其書也出現不同名稱。例如老子在北魏尊爲道教始祖,到唐代封爲玄元皇帝,唐玄宗把《老子》分爲道、德二經,於是出現《道德經》《道德真經》等異名。又如莊子在唐代尊爲南華真人,《莊子》被稱爲《南華真經》。在《宋史·藝文志》著録的《老子》《莊子》,上述異名都已出現。

　　同書異名的原因是各種各樣的。同一種書,用全稱或用簡稱,也是較常見的。例如《淮南鴻烈》在《漢書·藝文志》簡稱《淮南子》,《宋史·藝文志》稱《淮南子鴻烈解》,而現代學者劉文典撰集解却用原稱爲《淮南鴻烈集解》。歷代對帝王名字尊號的避諱,也是造成同書異名的一個原因。例如唐代顏師古的《匡謬正俗》,《宋史·藝文志》避宋太祖趙匡胤的名諱,改"匡"爲"刊",書名改爲《刊謬正俗》,後又重録改爲《糾謬正俗》。其實三個書名是同一種書。

　　與同書異名相反,同名異書,同一種書名却是不同的書,在古籍中也不少見。首先是不同作者同名同姓造成的文集名稱相同,例如漢代作家王褒與北周作家王褒,文集都叫《王褒集》。這類事例較爲罕見,較多的情况是書名相同而作者姓名不同,内容不同,例如:

《廣陵集》:1. 北宋詩人王令文集
　　　　　2. 明作家袁宏道的一個文集,是《袁中郎集》中的文集之一
《河東先生集》:1. 唐作家柳宗元文集
　　　　　　　2. 北宋作家柳開文集
《宫詞》:1. 唐代王建

2. 后晉和凝

3. 后蜀費氏（花蕊夫人）

4. 北宋宋白

5. 北宋王珪

6. 北宋張公庠

7. 北宋宋徽宗

8. 北宋王仲修

9. 北宋周彥質

10. 南宋吴偉

11. 明代朱權

12. 明代王叔承

13. 清代徐昂發

如果忽視作者而只查書名，則可能找錯了書。

  總之，著録書名看來簡單，却是必須認真的事項。有時書目整理中的失誤，也會造成疑惑。例如《郡齋讀書志》今存衢州本與袁州本兩種，其著録隋代王通《中説》，一作《阮逸注中説》十卷，一作《文中子中説》十卷，似爲有注與無注的兩種本子，而其叙録相同，實爲同一本書，且爲僞書。所以不論什麼原因造成同書異名或同名異書，也不論相同數量多少，編製書目固然應認定這一種書的這一版本，在查檢古籍書目時同樣必須認定這一書名，認真查核其作者及版本等。

  2. 篇卷

  篇卷是古代計算以簡牘或絹帛爲載體的書籍單位，用簡牘者稱"篇"，用絹帛者稱"卷"，大抵等於今天用紙張裝訂成册的"册"

"本""部"等單位名稱。

篇卷本來都是内容與載體統一的計算單位。一篇或一卷,是内容與載體統一的計算單位,同時也是簡牘或絹帛記録一個題目的數量。也就是説,起初的"一卷""一篇",相當於今天所説的"一篇""一章""一節",後來因爲絹帛或紙張的"一卷"的容量往往大於一篇文章的内容,所以把"卷"和"篇"分别爲兩類計算單位。"卷"是計算載體的數量單位,不表示内容單位,而"篇"是計算文章即内容的數量單位。今天的"册""本""部"等,容量大於"篇卷",所以也有"册""部"中再分卷的。例如《漢書·藝文志·六藝略》載《尚書古文經》四十六卷,班固注"爲五十七篇",可見一卷不止一篇。

隨着載體的改進,"卷"的容量增加,歷代流傳中的寫本卷數歸并减少,而篇數依舊。例如《荀子》,劉向《叙録》説明爲三十二篇,《漢書·藝文志》誤爲三十三篇,《隋書·經籍志》《舊唐書·經籍志》《新唐書·藝文志》都著録爲十二卷,已將三十二篇歸并爲十二卷。唐代楊倞注《荀子》將三十二篇加注改爲二十卷,《新唐書·藝文志》已著録楊倞注《荀子》二十卷。此後,《郡齋讀書志》《直齋書録解題》及《宋史·藝文志》都著録楊倞注《荀子》二十卷。明、清及近代刊本均爲二十卷本。僅清代郝懿行補注有單注本二卷,現代劉師培補釋有排印本,不分卷。

書名之後著録篇卷,標明這一種書的這一版本的分篇分卷情况,同時表明這一版本在篇卷上與其他版本的異同,成爲這一種書的這一版本的標志之一。根據這一種書的版本流傳與今存的情况,這個標明篇卷的版本相對説明它的年代與特點,可供了解它是否完本、善本作參考。

一種書籍，尤其是經典古籍，往往被整理、注釋、翻刻重印許多次，版本複雜，各類版本的篇卷數目不一。一種古籍著錄的篇卷數目，只限於這一版本，所以往往也用作這種古籍的一種版本代稱，例如可以説《荀子》十二卷本、二十卷本等。根據不同篇卷的版本，可以發現問題，了解流傳及整理、翻刻的情況。例如宋代王應麟即根據劉向《孫卿子叙錄》考證《漢書·藝文志》著錄《荀子》爲三十三篇的錯誤，而依據唐、宋目錄，大體可知隋唐寫本已歸并爲十二卷，在楊倞注《荀子》時改編爲二十卷。這就是説，在先唐寫本時期，《荀子》篇數都是三十二篇，卷數曾并爲十二卷，楊倞作注，增加字數，於是重編爲二十卷。由於這些寫本原本都散失，因而無從確定它們的異同、特點與價值。如果再整理《荀子》，實際上只能以楊倞注二十卷宋刊本爲依據，搜集其他資料及宋後的刊本作爲參校數據。

　　一種古籍在歷代書目中的不同篇卷著錄，有助於了解該書在流傳中的變異情況。例如劉向《新序》，其自撰叙錄已佚，篇數不詳。《隋書·經籍志》《新唐書·藝文志》著錄爲三十卷，錄一卷，則三十卷似爲劉向著定篇數。但是南宋鄭樵《通志略·藝文略》著錄爲二十卷，錄一卷。而《崇文總目》《郡齋讀書志》《直齋書錄解題》都著錄爲十卷。《文獻通考·經籍考》載引《崇文總目》云"其二十卷今亡"。宋曾鞏《新序叙略》説，"劉向所集次新書三十篇，錄一篇，隋唐之世尚爲全書，今可見十篇而已"。今存即爲十卷本。

　　刊本興起之後，先唐寫本被刊印所傳不同版本，其篇卷情況大抵如上所述，"篇"爲内容單位，"卷"爲載體數量單位，篇數依舊而卷數變動。例如《晏子春秋》，《漢書·藝文志》著錄爲八篇，《叙錄》

著定爲《諫上》《諫下》《問上》《問下》《雜上》《雜下》《外一》《外二》八篇，但在隋、唐至宋的書目著録中出現變化。《隋書》、新舊《唐書》三志都著録爲《晏子春秋》七卷，而《崇文總目》《郡齋讀書志》《直齋書録解題》都録作《晏子春秋》十二卷。《文獻通考·經籍考》引《崇文總目》説，"《晏子》八篇今亡，此書蓋後人採嬰行事爲之，以爲嬰撰，則非也"。據此，則《漢書·藝文志》著録《晏子》八篇，或以爲與《老子》《孟子》之類同爲書名所標作者的撰著，而唐、宋傳寫的十二卷《晏子春秋》是另一著作，爲後人託晏子所著的僞書。因此隋、唐至宋的書目所著《晏子春秋》或有兩種，七卷本或爲《晏子》傳本，把《漢志》八篇編爲七卷，可能是把《外一》《外二》二篇合爲外篇一卷，加上內篇、雜篇六卷，共七卷；而十二卷本則爲後人僞託之書。今存《晏子春秋》刊本以元刊本爲最早：有八卷本即八篇各爲一卷；有七卷本即外篇合爲一卷；有六卷本即把《雜上》《雜下》合爲一卷，外篇合爲一卷，加上內篇四卷，共六卷；有四卷本即把《諫》《問》《雜》《外》各二篇都合爲一卷。其實元刊本後的不同版本，都屬於隋、唐所志的七卷本，是後世整理者的編輯，並無實質性差異。

同一種書在不同書目中著録篇卷不同，並不一定是兩種版本。有的是著録者的差錯。例如韋昭注《國語》，《隋書·經籍志》著録爲二十二卷，《舊唐書·經籍志》爲二十卷，而《四庫全書》所收爲二十一卷。考兩宋書目都著録爲二十一卷，所以《四庫提要》説，《隋志》誤"一"爲"二"，《唐志》"十"下脱"一"字，實質都是二十一卷，由於文字脱誤，並非不同寫本。有趣的是，有的書目把同一書的不同版本分入兩類，似乎是兩種書。例如晁公武《郡齋讀書志》在宋代已有兩個版本：一是衢州知州游鈞在淳祐九年(1249)刊印的"衢州本",爲二十卷;另一是袁州知州黎安朝在淳祐十年(1250)刊印的袁州本,爲四卷。《宋史·藝文志》把衢州本二十卷列入"傳記類",而把袁州本四卷列入"目錄類",書名都著錄爲"晁公武《讀書志》",而篇卷不同,又在兩類,令人生疑。也有同一書目在不同版本中著錄同一種書的篇卷不同,却是兩種刊本。例如《鶡冠子》在衢本《郡齋讀書志》著錄爲八卷,而在袁本作三卷,據兩本叙録可知是《鶡冠子》的兩個版本。

上述諸例都表明,篇卷只是一種書籍版本的一個標志,可以從中發現問題、了解情況,並不能根據篇卷來確定完缺及優劣,但可參考,在具體整理工作中,要在查到書籍後,翻書比較核實。

3. 版本

書目著録版本,大約從宋尤袤《遂初堂書目》開始,其後日益重視,著録愈益詳備,出現了專門著録版本的版本目録。關於版本與版本學,李致忠先生已作專題講授,此不贅。至於古籍目録怎樣著録版本,《全國古籍善本書總目著録條例》有明確規定,包括出版年、出版地、出版者、版刻,附注題跋校注者,以封面、牌記或書尾所題爲準,如有欠缺差異,參考序、跋、名家目録及有關資料而定。

4. 真偽

書有真偽,自古而然。從《漢書·藝文志》開始,就有辨偽。例如《諸子略·雜家》:

> 孔甲盤盂二十六篇黄帝之史,或曰夏帝孔甲,似皆非。

又,同上:

> 大禹三十七篇傳言禹所作,其文似後世語。

又,《道家》:

> 力牧二十二篇六國時所作,托之力牧。力牧,黃帝相。

諸如此類,班固都注明所傳作者都可能是托名,其書顯然是偽作。

書目中提出質疑或作注,始自《漢書·藝文志》,其後歷代書目往往有之。例如上文提到衢州本《郡齋讀書志》卷十著錄《阮逸注中說》(袁州本作《文中子中說》),其叙錄便是一則辨偽提要:

> 右隋王通之門人共集其師之語爲是書。通行事於史無考,獨《隋唐通錄》稱其有穢行,爲史臣所削。今觀《中說》,其迹往往僭聖,模擬竄竊,有深可怪笑者。獨貞觀時諸將相若房、杜、李、魏、二溫、王、陳,皆其門人。予嘗以此爲疑,及見李德林、關朗、薛道衡事,然後知其皆妄也。

然後指出,王通在李德林死後八年降生,書中竟有李德林爲王通門人的記載;而關朗是北魏孝文帝時人,比王通早一百多年;薛道衡之子薛收出生即過繼給族父薛孺,成人後不知本生,書中却說薛道衡讓薛收爲王通門人。據此可知此書之僞劣。

又如《直齋書錄解題》卷十著錄《事物紀原》二十卷,其叙錄說,此書不著名氏。但《中興書目》著錄此書爲元豐中人開封高承撰,十卷,"凡二百七十事。今此書多十卷,且數百事,當是後人廣之耳",指出此二十卷本《事物紀原》當是後人據高承原書擴大而成,已非原著。至於古小說之類的僞書,書目中往往注明。如托名漢東方朔《十洲記》《神異經》等,宋元書目多有辨僞。

辨僞是專門學術。明代胡應麟有《四部正訛》,即是專著,由於它列舉書籍質疑,也被視爲辨僞書目。清代姚際恒《古今僞書考》

辨偽 91 種；近代學者顧實《重考古今偽書考》，提出不同見解；現代學者黃雲眉《古今偽書考補證》又申姚駁顧。可見對古籍質疑辨偽，必須慎重可靠。張心澂《偽書通考》是著名辨偽專著，收書 1104 種，對於古籍整理及古籍編輯很有用，可作工具書。又鄭良樹有《續考》，可參考。

對於古籍整理、古籍編輯來說，辨偽可從書目與專著兩方面着手。查檢書目時，可根據敘錄以及書名、著者、篇卷、版本等著錄發現問題，同時查檢辨偽專著以了解前人成果所積累的有關資料。此外，了解一點辨偽方法也是必要的，例如梁啓超《中國歷史研究法》中的《辨偽十二例》與張心澂《偽書通考・總論》都可研讀。

5. 存佚

整理古籍，必須了解它在流傳中的存亡佚失的情況，掌握有關信息。距今久遠的古代經典及史籍子書，經歷從寫本到刊本、排印本的過程，而原稿、原版不存，所以清理其寫本版本的流傳以及版本系統十分艱難複雜。如果具有較爲詳備的存佚著錄，則對整理及編輯都很有利，例如清代朱彝尊《經義考》著錄存佚，雖然尚有未備，後來有不少《補考》《續考》，但是大體很有用。存佚著錄對於整理一種古籍的版本源流與版本系統，確定各種版本的位置與價值，都提供了可靠的依據，所以前人歷來重視古籍的存佚著錄。南宋鄭樵《通志略・校讎略・編次必記亡書論》説：

> 古人編書皆記其亡闕，所以仲尼定書，逸篇具載。王儉作《七志》已，又條劉氏《七略》及二漢《藝文志》、魏《中經簿》所闕之書爲一志。阮孝緒作《七錄》已，亦條劉氏《七略》及班固《漢志》、袁山松《後漢志》、魏《中經》、晉《四部》所亡之書爲一錄。

隋朝又記梁之亡書。自唐以前，書籍之富者，爲亡闕之書有所繫，故可以本所繫而求，所以書或亡於前而備於後，不出於彼而出於此。

指出著録亡書的重要意義。

《隋書·經籍志》是今存我國最早的著録存佚的史志書目。實際上，《隋志》是根據前朝書目及佚闕書目，注明佚書情況。其體例是書籍正目列入隋朝存目。下注"殘缺"、梁存情況及佚亡書。例如：

> 楚蘭陵令《荀況集》一卷，殘缺。梁二卷。
> 漢《淮南王集》一卷。梁二卷。又《賈誼集》四卷，《晁錯集》三卷，漢弘農都尉《枚乘集》二卷，録各一卷，亡。

清代朱彝尊《經義考》是著録經典存佚的書目，其書名篇卷下注明存、佚、闕、未見四類。學者稱爲"四柱法"。"存"是存在，"佚"是亡失，"闕"是殘缺不全，"未見"是知其書而不知情況，不曾見書。其注"闕"，例如晉傅咸《七經詩》，見於《藝文類聚》《初學記》，有《易》《詩》《周禮》《左傳》《孝經》《論語》六經詩，缺一經詩，所以注"闕"。又如李氏（挺之）《變卦反對圖》八篇，注"闕"即謂不全。其注"未見"，如南朝梁皇侃《論語義疏》，今本是從日本引入，朱彝尊當時可能知其事而未見其書，所以注"未見"。因爲日本學者山井鼎《七經孟子考文》稱日本藏有皇侃《論語義疏》，其時爲康熙九年（1670）；而朱氏在康熙二十二年入直南書房，可能知其事。《經義考》是他晚年著述，在康熙三十一年後。

闕書書目的著録，《隋書·經籍志》有《（北）魏闕書目録》一卷，是北魏向南齊借書的目録。《宋史·藝文志》著録有《唐四庫搜訪圖書目》,是唐文宗下令搜訪秘閣缺書的書目。《通志·藝文略》有《嘉祐訪遺書詔并目》一卷、《求書目録》一卷。今存宋《秘書省續編到四庫闕書目》二卷,共著録3472部,闕書下注"闕"字,共1982部。《秘書省續編》是南宋繼《崇文總目》後,由南宋秘書省搜訪遺書續編的書目。《四庫闕書目》當時簡稱《四庫書目》,即南宋紹興年間《秘書省四庫闕書目》,一卷。後來清代編《四庫全書》後,有《國朝著述未刊書目》《國朝未刊遺書志略》《徵訪明季遺書目》等,都是"闕書書目"。

對於整理古籍來説,存佚的著録及闕書書目主要的功用是:了解有關古籍的流傳、整理過程中的具體情況,確定今存其書的位置與價值,了解有關古籍的整理情況與依據。此外,過去時代根據存佚情況以充實藏書的功用,今天依然具有。

6. 著作者

凡書籍都有著者、作者。上面説過,書籍初始年代是没有著者作者的。後來出現了聖人創作、賢者述作以明聖的觀念(見《禮記·樂記》),指禮樂文化的創置與樂的創作,所以孔子"述而不作"。戰國時代,禮崩樂壞,諸子蜂起,百家争鳴,孟子才説:"又尚論古之人。頌其詩,讀其書,不知其人可乎?是以論其世也,是尚友也。"(《孟子·萬章下》)把古代的著者作者視爲朋友,所以要知人論世。這是承認書籍著者作者的表現,是春秋戰國時期文化下移的體現。即便如此,先秦以著者標題的書籍並不能肯定歸屬。《老子》著者究竟是誰,有待考證。《論語》《孟子》傳爲門人所記。《莊子》外篇傳爲門徒所作,而内篇也有學者懷疑未必莊子著作。《荀子》應是本人著作,而唐楊倞注以爲《大略篇》是"弟子雜録荀卿之語"。戰國末期的《韓非子》也不署名。如果不是李斯知道《孤憤》《五蠹》是韓非所著,那麼秦始皇就不知道自己所讀書籍是《韓非子》。

到漢代,個人著作擬書名、署著者,主要是諸子及史書。兩漢流行的辭賦樂府詩歌等文學創作,多不署名。漢武帝讀司馬相如賦,感嘆"獨不得與此人同時哉",就因爲傳寫本上没有署名,錯把司馬相如當古人。辭賦屬宫廷文學,尚且如此,通俗文學的樂府古詩,可想而知,會有許多作者懸案。漢代《古詩十九首》,《文選》選載,署爲無名氏作品。陳徐陵編《玉臺新咏》,選載西漢枚乘《雜詩九首》,其中有八首在《古詩十九首》。劉勰《文心雕龍·明詩》也説有學者懷疑《古詩》作者就是枚乘。《隋書·經籍志》著録有《李陵集》,《文選》選有李陵詩,《詩品》有評李陵詩,但至今對於李陵五言詩創作的真僞,仍有争議。

至於僞托古代名人著作,自古而然。《淮南子·修務訓》説過,"世俗之人,多尊古而賤今","故爲道者必托之於神農、黄帝而後能入説"。所以《易經》是伏羲創八卦、周文王演爲六十四卦,《本草》是神農氏著作,《黄帝内經》是黄帝撰著的醫書,《周禮》是周公的著述,《樂府詩集》的琴曲歌辭也多是聖賢創作,等等。相沿至明清,其風不衰。

古代作者有本名、字、號、别字、别號、官名、官所、謚號、籍貫、郡望等有據可查的名字稱號,但較之上述真真假假的著者作者就不算繁難,不過需要知道查傳記及有關傳記資料,以及别名索引等工具書。

此外,出於特殊原因的作僞造假,則須查閲有關記載及研究資料。例如晚唐牛僧孺與李德裕兩派結黨斗爭,李德裕門人韋瓘炮製小説《周秦行紀》,嫁名牛僧孺作。志怪小説《補江總白猿傳》是唐代人誣蔑歐陽詢的僞作,托名江總,以白猿影射歐陽詢,進行人身攻擊。諸如此類的造假,既是著作者項,也屬真僞項,比較複雜。

古代書籍没有版權頁,主要是卷端題名。整理或審編古籍,必須認真核查其著者作者。查閱書目,對著録的著者作者同樣應予核實。

目録所著録事項,一般爲以上六項:書名、篇卷、版本、真僞、存佚、著作者。但歷代書目並非每種都具備六項,因而要綜合查檢有關多種書目,儘量了解這些著録信息。顯然,這六項是整理一種古籍必須掌握的基本資料與信息。

四、目録分類

群書編目是爲了保藏、管理和使用書籍,而根本目的則是傳播知識,發展文化,促進社會進步。目録著録各項是就一種古籍而言,目録分類是就許多書籍説的。群書不予分門别類、排列編次,則無從查檢,没法使用。目録學必須總結研究目録分類。

嚴格地説,目録分類有兩個含義:一是書籍分類,二是書目分類。一般所説的"目録分類"是指書籍分類,或稱圖書分類。

1. 書籍分類法

書籍是記録知識信息的載體。書籍的功能是傳播知識,傳播人類所有的全部知識。書籍的分類必定是知識的分類,我國古代目録分類從漢代劉歆《七略》開始。《七略》已亡,但《漢書·藝文志》是據《七略》增補而成，其分類保存《七略》的分類。劉歆的分類法是根據西漢的文化知識結構觀念而制定的。

西漢文化知識結構觀念是以儒家思想爲主導的經典文化觀念。"七略"的"略"是區劃的意思，等於説一大塊、一部分。其第一略是"輯略"，是叙例，被班固分别摘零編列在總序、六略序及各類小序。所以七略實則是六略，分爲六大類：

  六藝略 收入先秦及秦至東漢初的儒家經典及六經讀物，下分：《易》、《書》、《詩》、《禮》、《樂》、《春秋》、《論語》、《孝經》、小學。

  諸子略 收入先秦及秦至東漢初的諸子百家著作。下分十家：儒、道、陰陽、法、名、墨、縱横、雜、農、小説。其中小説家不入諸子之流，所以稱爲"十家九流"。

  兵書略 收入軍事理論與實踐的著作。下分：兵權謀、兵形勢、兵陰陽、兵技巧。

  數術略 收入陰陽術數的著作。下分：天文、曆譜、五行、蓍龜、雜占、形法。

  方技略 收入神仙方技的著作。下分：醫經、經方、房中、神仙。

  詩賦略 收入歌詞與辭賦創作。下分：賦，屈原之屬、陸賈之屬、荀卿之屬、雜賦；歌詩《歌詞》。

總體來看，上述六大類的區分，實際是依據漢代儒家所説的"天人之際"的經典文化知識結構觀念制定的。到漢成帝下令整理皇宫藏書時，以儒家思想爲主導的經典文化知識結構觀念已經確立。

《漢書·藝文志》説，漢成帝"詔光祿大夫劉向校經傳、諸子、詩賦，步兵校尉任宏校兵書，太史令尹咸校數術，侍醫李柱國校方技"。顯然，這一任命是針對圖書的知識結構的。劉向是當時儒學大師，所以主持整理經傳、諸子、詩賦等藏書，相當於今日所説的經典、歷史、哲學、文化藝術的社會科學門類。任宏是武官，尹咸是史官，李柱國是醫官，各校自己專業的書籍。"兵書"是關於軍事的書籍，"數術"是關於天與人的命運的方術，"方技"是關於人的生命、壽命與生殖的方略技術：這三類都屬於今日所説自然科學的門類。不難看到，六大類涵蓋漢代當時的知識結構觀念，而貫串其中的則是爲鞏固封建帝國社會服務的儒家經典文化思想。所以封建時代的學者甚至認爲，"不通《漢·藝文志》，不可以讀天下書。《藝文志》者，學問之眉目，著述之門户也"（清王鳴盛《十七史商榷·漢書十六·漢藝文志考證》引金榜語）。

六分法到三國曹魏開始改動。《隋書·經籍志》説：

> 魏氏代漢，采掇遺亡，藏在秘書中外三閣。魏秘書郎鄭默始制《中經》。秘書監荀勗又因《中經》更著《新薄》，分爲四部，總括群書。
>
> 一曰甲部，紀六藝及小學等書；
> 二曰乙部，有古諸子家、近世子家、兵書、兵家、術數；
> 三曰丙部，有史記、舊事、皇覽薄、雜事；
> 四曰丁部，有詩賦、圖贊、汲冢書。[①] 大凡四部合二萬九千

[①] 汲冢書：晉咸寧五年（279），汲郡人不準盜魏襄王墓，或説安釐王墓，得竹書數十車，漆書，皆科斗文。

九百四十五部。

鄭默整理曹魏藏書,編製書目《中經簿》,主要是"除其浮穢","朱紫有別",把不正的書籍删除掉。荀勖《中經新簿》正式把六分法改爲四分法,把六略改爲四部,其甲、乙、丙、丁四部相當於後來的經、子、史、集四部。分類改變的表象只是圖書歸并有所不同,而實質原因則是反映在藏書中的知識結構觀念的變化。余嘉錫《目録學發微》分析説:

> 勖之甲部,即《七略》《漢志》之六藝,後世之經部。蓋歷代惟經學著述極富,未嘗中輟,舊書雖亡,新制復作,故惟此一部,古今無大變更。
>
> 其乙部則合《漢志》之諸子、兵書、數術爲一部,四部中皆無方技,蓋已統於術數之中。爲後世子部之祖。考漢諸子十家,惟儒、道、陰陽三家有西漢末人之著作,儒家有劉向、揚雄,道家、陰陽并有近世不知作者。餘若縱橫雜家,皆至武帝時止,農家至成帝時止,小説家至宣帝時止。而名、墨二家,則只有六國人書。可以見當前漢時諸子之學,已在若存若亡之間。由漢至晉,中更王莽、董卓之亂,其存焉者蓋寡矣。《中經》著録之古諸子凡若干家,今無可考。《七録》子兵録中陰陽部、農部各止一種,此所謂一種即一家,非《漢志》三十八種之種。墨部四部、縱橫部二種而已。儒、道、雜三部最多,恐有大半是晉以後之新著。以此推之,晉時子部之書,當亦無幾。此所以合《漢志》四略之書歸於一部也。

指出甲部即六藝略,亦即後世的經部,"古今無大變更"的原因是經學從未衰弱,始終居於主導地位。而乙部由諸子略、兵書略、數術略、方技略合并,即後世的子部,其原因是諸子學術在漢代已處於"若存若亡之間",趨於衰微,著述很少。而丙部則是從《漢志》的六藝略中的"春秋類"獨立出來的史書,其原因是史書的體制與撰述在漢代已趨發達繁榮,書籍甚多,所以從六藝略分出來,自成一大類。同時把供治政參考的類書《皇覽》也附入其類,於是成爲後世的史部。至於丁部是詩賦略的擴充,加上漢以後的圖像贊頌,便是後世的集部。《中經新簿》把汲冢書原封不動地歸入丁部,是一種權宜的處理,以便逐漸進行整理。

六分法變爲四分法,表象上是書籍歸并的結果。儒家經典依舊很多,仍爲大類;史書越來越多,必須從六藝略中獨立出來,自成大類;諸子書除儒道雜家外,各家書籍日益稀少,於是跟兵書、數術、方技歸并爲一大類;詩賦發展繁榮,作品越來越多,也仍居大類。顯然,各類書籍的多少,反映各門類文化知識的社會需要和地位,取决於國家社會制度。秦漢以後,封建中央集權的專制統治,經過六朝及南北朝分裂,日漸改善,趨於鞏固,出現隋唐統一。與此相應,儒家思想的統治地位穩固,著述不衰;諸子以儒、道、雜家及佛教、道教爲主,有所發展;六朝國運短促,出於總結封建國家歷史經驗,官私著史發展很快,各類史學書籍甚多;文學繁榮適合封建官僚制度的需要,出現維護皇權的應用文體與文章寫作及創作,導致個人專集及文集的編輯:凡此都是封建統治的需要。由此造成六朝以至整個封建社會階段的知識結構的發展趨勢是:經典穩定,諸子限制,史學發展,文學繁榮。因而與之相適應的四部分類法興起、發展、存在近 2000 年,其中的變動只是内部的子目進行若干調整。

甲乙丙丁的四部分類，調整爲經史子集四部，是晉朝李充正式確定的。他在整理晉元帝時的皇宮藏書時，用《中經新簿》校核，編成《元帝四部書目》，以"五經爲甲部，史記爲乙部，諸子爲丙部，詩賦爲丁部"，"秘閣以爲永制"（《文選》李善注引臧榮緒《晉書》），即爲經、史、子、集部次，一直沿用至今。

《隋書·經籍志》是最早全面採用四部分類的史志目錄。其四部後序中都説明歸類。其經部後序云：

> 班固列六藝爲九種，或以緯書解經，合爲十種。

其史部後序云：

> 班固以史記附《春秋》，今開其事類，凡十三種，別爲史部。

其子部後序云：

> 《漢書》有諸子、兵書、數術、方伎之略，今合而叙之，爲十四種，謂之子部。

其集部後序云：

> 班固有詩賦略，凡五種，今引而伸之，合爲三種，謂之集部。

《隋志》在四部最後，附道錄、佛錄，但無細目，僅分類統計種數、部數、卷數。

從《中經新簿》到《隋書·經籍志》的四部分類法的發展過程中，曾經出現其他分類法的探索，主要是南朝宋王儉《七志》與梁阮孝緒《七錄》。《七志》是七分法，據《隋書·經籍志》序所説，分類

如下:

> 經典志:紀六藝、小學、史記、雜傳。
>
> 諸子志:紀今古諸子。
>
> 文翰志:紀詩賦。
>
> 軍書志:紀兵書。
>
> 陰陽志:紀陰陽圖緯。
>
> 藝術志:紀方技。
>
> 圖譜志:紀地域及圖書。

附見道、佛,又附錄《七略》、兩漢《藝文志》、《中經簿》三個書目的闕書書目(見《七錄序》)。

阮孝緒《七錄》是五分法,也已佚失。唐釋道宣編《廣弘明集》收有《七錄序》,存其分類,共五部,附佛法、仙道二錄,總稱七錄:

> 經典錄內篇一:易部、尚書部、詩部、禮部、樂部、春秋部、論語部、孝經部、小學部。
>
> 記傳錄內篇二:國史部、注曆部、舊事部、職官部、儀典部、法制部、偽史部、雜傳部、鬼神部、土地部、譜狀部、薄錄部。
>
> 子兵錄內篇三:儒部、道部、陰陽部、法部、名部、墨部、縱橫部、雜部、農部、小說部、兵部。
>
> 文集錄內篇四:楚辭部、別集部、總集部、雜文部。
>
> 術技部內篇五:天文部、緯讖部、曆算部、五行部、卜筮部、雜占部、形法部、醫經部、經方部、雜藝部。
>
> 佛法錄外篇一:戒律部、禪定部、智慧部、疑似部、論記部。
>
> 仙道錄外篇二:組成部、服餌部、房中部、符圖部。

《七志》《七録》是王儉、阮孝緒各據所管藏書與自己的學術觀點分類的。其分類也有依據，所以其子目頗爲《隋書·經籍志》採納。

《隋書·經籍志》後，四部分類沿用至近代。歷代目録對四部下的子目有所調整，正如《四庫總目提要·凡例》所説："文章流別，歷代增新。古來有是一家，即應立是一類。"以《四庫總目》爲例，其"雜家"共分：雜學、雜考、雜説、雜品、雜纂、雜編等六個細目。其"小説家"下分：雜事、異聞、瑣聞三類。而其"集部"除相沿分爲楚辭、別集、總集三子目外，增加詩文評類、詞曲類。其詞曲類下又分：詞集、詞選、詞話、詞譜詞韻、南北曲等五部細目。諸如此類，都是根據實際"有是一家"，於是"立是一類"，以客觀存在的書籍爲準。

此外應提到兩部較重要的書目，其分類都是十二分類法。一是南宋鄭樵《通志·藝文略》，另一是清孫星衍《孫氏祠堂書目》。這也可見到，圖書分類法其實是與藏書及立類人有密切關系的。

2. 書目分類法

書目分類是指目録書的分類。書目分類與圖書分類的依據不同，並不與歷史時代的知識結構觀念相聯繫，而是與立類人的着眼點相聯繫。换言之，立類人以何種原則分類，就把目録書的編製分爲哪幾類。目録學中通行的分類主要有下述三種：

（1）據編目者分類。這一書目的編者是什麽身份，其所編書目即屬何類。清湯紀尚《槃薖文乙集·周鄭堂別集》説：

> 目録之書，權輿中壘，流派有三：曰朝廷官簿，曰私事解題，曰史家著録。

是説從劉向開始,目録書有三個流派,亦即三大類:一是朝廷官簿,是指官修目録,即由政府主管機構編輯的官藏書目,如宋代《崇文總目》、清代《四庫全書總目》等。二是私家解題,是指私家據自己藏書編輯的目録,即私家目録,如宋代晁公武《郡齋讀書志》、明代高儒《百川書志》等。三是史家著録,指歷代正史所編撰的當代所藏書籍目録,即史志目録,如《漢書·藝文志》《隋書·經籍志》等。

(2) 據目録結構分類。把古今目録書的結構分爲三類,再據各書具體結構入類。余嘉錫《目録學發微》説:"目録之書有三類,一曰部類之後有小序,書名之下有解題者;二曰有小序而無解題者;三曰小序解題并無,只著書名者。"其一如《漢書·藝文志》《四庫全書總目》等,其二如《隋書·經籍志》,其三如《舊唐書·經籍志》《宋史·藝文志》等。

(3) 據編製目的與收録範圍分類。根據一定的目的要求,規定相應的收録書籍的範圍,編成書目。程千帆、徐有富《校讎廣義·目録編》説:

> 將反映我國古籍的目録分成綜合目録、學科目録與特種目録三大類。
>
> 綜合目録就是以某時期、某地區、某類型的所有的書爲對象而編製的目録。……主要有國家藏書目録、史志、叢書目録、地方文獻目録、私人藏書目録、聯合目録。
>
> 學科目録是專門著録某學科的書籍。……像經學、文學、諸子學、文學等方面都有不同的專科目録。
>
> 特種目録是爲某種特定需要而編纂的,與學科目録之爲專收某種專門學種的著作而編的目録不同。它可以爲同一目

的把不同學科的文獻目録都組織在一起。……主要有推薦書目、禁毁書目。

此分類的見解,其範圍包括今古目録書。

實際上,不同的分類見解還有不少,如汪辟疆以功用爲標準,認爲"有目録家之目録,有史家之目録,有藏書家之目録,有讀書家之目録"(《目録學研究》);而姚名達《中國目録學史》共歸納出目録書分類計八種。從古籍整理看,以傳統分爲官修、史志、私家三類爲便。

五、書目舉例

古今目録甚多,這里舉其要者,略作簡介。

1. 官修目録

歷代官修目録,今存不多。計爲:

① 漢《七略》 殘

② 宋《崇文總目》 殘

③ 明《永樂大典目録》

④ 明《文淵閣書目》

⑤ 清《四庫全書總目》

⑥ 清《天禄琳琅書目》

其中最重要的是《四庫全書總目》。

《四庫全書總目》共收書3461種、79309卷。另附《存目》,僅存書目,不收其書,有6793種、93551卷,大體包羅清乾隆以前的重要古籍。

《四庫總目》爲四部分類,計:經部 10 類,史部 15 類,子部 14 類,集部 5 類。流派瑣碎,再分細目,如前舉"雜家類",再分雜學、雜考、雜説、雜品、雜纂、雜編 6 小類。每類下録書按時代先後排列,而以歷代帝王書冠於各代書籍之首,從《隋書·經籍志》體例。

《四庫總目》四部之首都有"總序",概括此類學術的源流正變。其 43 小類之首,各有小序,叙述此小類著述的歸并演變,以分析條目,倘若小序不完備,有所未周,則在子目下或本條下補按語以説明通變。

《四庫總目》著録每種書籍下都有提要。其提要有明確規範,《凡例》説:

> 先列作者之爵里以論世知人,次考本書之得失,權衆説之異同,以及文字增删,篇帙分合,皆詳爲訂辨,巨細不遺。而人品學術之醇疵,國紀朝章之法戒,亦未嘗不各昭彰癉,用著勸懲。

顯然,提要的這些項目内容,對於整理這一古籍來説,是基本資料與信息,必須了解,並進一步掌握。而從《四庫總目提要》全書來説,則是從事古籍整理工作的一種基礎知識與基本功夫,也是一部必備的工具書。

《四庫總目》之後,有一些匡補的著作,主要爲二:

(1) 胡玉縉《四庫全書總目提要補正》60 卷,補遺 1 卷。

輯録清人至近人校訂《總目提要》的文字,相當詳備,間有按語。其所訂正書籍達 2300 餘種。

（2）余嘉錫《四庫提要辨證》24卷。

嚴謹考辨《總目》種種錯訛失當之處，從内容、版本到作家傳記。前列《總目》原文，下爲著者辨證，便於研讀，甚有特色。全書共辨證491篇。

2. 史志目録

歷代正史原有《藝文志》或《經籍志》共7種：

①《漢書·藝文志》1卷

②《隋書·經籍志》4卷

③《舊唐書·經籍志》2卷

④《新唐書·藝文志》4卷

⑤《宋史·藝文志》8卷

⑥《明史·藝文志》4卷

⑦《清史稿·藝文志》4卷

其中重要的是《漢書·藝文志》與《隋書·經籍志》。《漢志》著録爲六略38種596家13269卷，是了解先秦古籍必修的目録書。《隋志》著録爲14466部89666卷，其中著録隋朝藏書，同時反映六朝書籍變動情況，是了解漢魏六朝及隋的書籍情況的必備目録書。《舊唐書·經籍志》根據《古今書録》編成，主要反映唐玄宗開元以前的著作情況，不完整。《新唐書·藝文志》序中言開元以前的書籍見於著録者53915卷，唐代人著作28469卷。《新唐書·藝文志》著録書籍3277種、52094卷。其中唐人新著1390種、27127卷。《新唐志》較全面地反映了唐代書籍情況，可供參考。《宋史·藝文志》著録歷朝書籍共9819種、119972卷，數量最多，但顛倒重複的謬誤也多，可備查考。《明史·藝文志》是在黃虞稷《千頃堂書目》基礎上編成的，與以前史志目錄紀歷朝典藏不同，只著錄明代的著述。

歷代史志目錄有的有遺漏，有的没有編撰。後世學者有補不足的，也有補志的。前者如清姚振宗《漢書藝文志拾補》6 卷，共補入 285 家，317 部；又如張鵬一《隋書經籍志補》2 卷，補入 279 部，另雜文 30 篇。後者如姚振宗《後漢書·藝文志》4 卷，共補東漢人著述 1109 部，分爲四部 42 類，另佛道 2 類；姚振宗又有《三國藝文志》，編得 1122 部。其餘二十四史中無藝文志者，如《晉書》《南北史》《南齊書》《五代史》《遼史》《金史》《元史》等，都有學者編撰補志，可備查考。

此外有兩種類書的書目，學者稱爲"通史式的史志目錄"，即南宋鄭樵《通志》的《藝文略》8 卷和元代馬端臨《文獻通考》的《經籍考》76 卷。《通志·藝文略》據宋代以前各類目錄，包括《漢志》、《隋志》、新舊《唐志》、《崇文總目》、館閣書目以及道藏目錄等，不分存佚，全都著錄，總分 12 大類 100 家 422 種，依時代先後，共錄書 10912 部、110972 卷。它是宋代自具特色的一種目錄，古今通錄，分類甚細，數量最多，但無大序、小序，間有注釋。比較起來，《文獻通考·經籍考》更爲有用。

《通考·經籍考》共著錄自古至宋元間的書籍約 5000 種，採四部分類。它是輯錄體，其叙錄解題主要輯錄《郡齋讀書志》《直齋書錄解題》的提要，兼引《漢書·藝文志》《隋書·經籍志》《新唐書·藝文志》以及宋代的幾種史志與官修目錄，如《三朝（太祖、太宗、真宗）國史藝文志》《兩朝（仁宗、英宗）國史藝文志》《四朝（神宗、哲宗、徽宗、欽宗）國史藝文志》《中興（南宋高宗、孝宗、光宗、寧宗）國史藝文志》《崇文總目》《通志·藝文略》、諸史列傳、各書序言以及文集有關文字等。著錄書籍都有輯錄的解題，各類都有輯錄的小序，都無新見，然而搜輯了文獻有關資料，保存了許多佚書資料，所以有用，可作爲工具書使用。

3. 私家目録

私家藏書，漢代已有。劉向校書，有出自己或同僚藏書的，即可爲證。到唐代，私家藏書盛行，吳兢"嘗目錄其卷第，號《吳氏西齋書目》"(《舊唐書·吳兢傳》)。《郡齋讀書志》著錄其書云"錄其家藏書凡一萬三千四百六十八卷"。至宋代，刊本出現，得書較易，藏書更盛，較著名私家藏書目錄有：李淑《邯鄲圖書十志》10 卷，董逌《廣川藏書志》26 卷，田鎬《田氏書目》6 卷，鄭寅《鄭氏書目》7 卷，但這些書目都已佚失。今存宋代私家目錄即：晁公武《郡齋讀書志》20 卷(衢本)，陳振孫《直齋書錄解題》22 卷，尤袤《遂初堂書目》1 卷，均見前述。

明、清私家目錄甚多。總的看來，它們對於整理先秦秦漢古籍有一定參考作用，便於考察、搜集有關書籍。明清私家目錄比較明顯的發展是，版本目錄日益重視，當代著述地位突出，俗文學作品著錄甚有貢獻。

明代著名目錄有：

> 朱勤美《西亭中尉萬卷堂書目》16 卷
> 葉盛《菉竹堂書目》6 卷
> 李廷相《李蒲汀家藏書目》2 卷
> 陳第《世善堂藏書目》2 卷
> 晁瑮《寶文堂分類書目》3 卷

高儒《百川書志》20 卷

李如一《得月樓書目》1 卷

祁承㸁《澹生堂藏書目》14 卷

徐𤊹《紅雨樓書目》7 卷

錢謙益《絳雲樓書目》4 卷

黃虞稷《千頃堂書目》32 卷

趙用賢《趙定宇書目》不分卷

趙琦美《脉望館書目》不分卷

其中如《寶文堂分類書目》編於明代嘉靖年間，分 33 類，著錄 7829 種。其"子雜類""樂府類"著錄許多元明話本小說、雜劇、傳奇。又其書名下注明版刻，具體而有特點，或注時代"宋刻""元刻""明刻"，其明刻本又注明"永樂刻""宣德間刻""成化刻"等；或注出版地點"京刻""順天刻""保定刻""山西刻""武功縣刻"等；或注出版機構"內府刻""監刻""經廠本""禮部刻""賴太監刻""沈石田家刻"等；或注書籍形制"宋巾箱本""元巾箱本""大字刻""活字大刻""華家銅板""方冊""石刻""鈔本"等。從中可考察明代版刻情況，歸納源流。

又如《百川書志》也編於明嘉靖年間，其例仿《郡齋讀書志》。每書有提要，共分 4 志 93 門，其"野史""外史""小史"歸"史志"類，著錄演義小說、傳奇，如羅貫中《三國志通俗演義》204 卷，施耐庵、羅貫中《忠義水滸傳》100 卷等，都給予好評，是元、明文學研究的可貴資料。

再如《紅雨樓書目》，編於萬曆年間，著錄 3000 多種、70000 多卷，採四部分類。其子部小說類著錄小說、筆記 576 種，傳奇類著錄元明雜劇、傳奇 140 種；集部有"明詩選姓氏"類，著錄明代詩人 315 位，其中 270 人注簡歷；史部有"本朝世史彙"類，著錄 85 種有關明代史料，該書對於明代研究具有較高價值。

再如《千頃堂書目》，撰者黃虞稷是明末入清的學者。在其父黃居中《千頃齋藏書》的基礎上，黃虞稷增加了幾千卷，編成《千頃堂書目》。分 4 部 49 類，無大序小序，但小類下間有小注，注明本類內容與著錄範圍，又在書名下間作小注，注明著者及著作提要等。此書目特點爲：主要收錄明代一代著作，而在每類末附遼金元人著作。清代設明史館，黃虞稷任編修，修《明史·藝文志》，在《千頃堂書目》基礎上成稿後去館。其後王鴻緒刪改其稿，成《明史·藝文志》，又倪燦《補遼金元藝文志》也是在其書稿基礎上修成的。可見其書的史料價值。

清代藏書家很多，著名書目也很多。例如：

  錢曾《述古堂書目》4 卷、《也是園藏書目》10 卷、《讀書敏求記》4 卷

  毛扆《汲古閣珍藏秘本書目》1 卷

  徐乾學《傳是樓書目》8 卷

  吳壽暘《拜經樓藏書題跋記》6 卷

  黃丕烈《蕘圃藏書題識》10 卷、《續錄》4 卷、《再續錄》3 卷

  孫星衍《孫氏祠堂書目》內編 4 卷、外編 3 卷

  汪誠《振綺堂書目》6 卷

  張金吾《愛日精廬藏書志》40 卷

  瞿鏞《鐵琴銅劍樓藏書目錄》24 卷

  楊紹和《海源閣藏書目》1 卷

陸心源《皕宋樓藏書志》120卷、續志4卷
　　丁丙《善本書室藏書志》40卷
　　李盛鐸《木樨軒藏書題記及書錄》

藏書家最重善本，精於版本鑒定，因而清代私家目錄多善本、版本目錄及題識等專著。例如：

　　錢曾《讀書敏求記》，從錢氏藏書書目《述古堂書目》《也是園藏書目》中選出宋元古籍的珍貴版本634種，撰寫題識，從篇目完缺、刻工同異、版式行款、字體刻工以及紙張墨色等各個方面，研究、評鑒版本價值，具有很高的學術價值，是我國第一部較完善的版本目錄。

　　黃丕烈《蕘圃藏書題識》及《續錄》《再續錄》，是撰者所著藏書題識，三書總計812篇，或校勘，或評論，或溯源追流，或鑒定版本，論及行款、裝幀、墨色等，都是研讀所得，很有見地，歷來為學者重視，可為整理古籍參考。

　　他如吳壽暘《拜經樓藏書題跋記》著錄群經小學、正史載記、地志目錄、諸子雜家、別集總集的題跋321篇，每篇辨其書異同，以及藏書印記、版刻行款、抄刊年月等，審核有據，為世所重。又如張金吾《愛日精廬藏書志》，著錄善本書765種，為版本目錄及輯錄體結合的體例，並對各書考證校勘，增注年代及傳記資料。諸如此類，對於鑒別善本具有實踐與理論上的貢獻。

　　清代私家目錄在著錄俗文學方面也有貢獻。例如錢曾《也是園藏書目》10卷，著錄3800多種，其"戲曲小說部"著錄元明孤本雜劇342種。今人孫楷第著《也是園古今雜劇考》，詳為論證。

　　最後可提到叢書目錄、地方文獻目錄與專類目錄。

宋代已有叢書目錄，如《百川學海》10卷，明代有《續百川學海》《再續百川學海》《三續百川學海》《廣百川學海》等。明代著名叢書還有《漢魏叢書》《唐宋叢書》《寶顏堂秘笈》《古今逸史》《五朝小説》等。清代如正續《皇清經解》、《玉函山房輯佚書》等也是重要叢書。近現代叢書更多，並興起叢書目錄的編撰。清顧珍《彙刻書目》是較早的叢書目錄書，著錄叢書目錄261種。其後叢書目錄不絕，至於當代。上海圖書館《中國叢書綜錄》最爲完備，共著錄全國41個大型圖書館2799種叢書，分爲《總目分類目錄》，附《全國主要圖書館收藏情況表》，《子目分類目錄》，《子目書名索引》《子目著者索引》，共三大册。它著錄完備，使用方便，并反映全國實際收藏情況，實爲古籍整理必備的工具書。①

地方文獻目錄的主要意義在於提供方志目錄。明清私家目錄已著錄方志，如《寶文堂書目》已著錄方志258部，《澹生堂書目》著錄方志535部。現代朱士嘉《中國地方志綜錄》最爲完備。1935年初版，著錄方志5832種、93237卷，都是今存方志。1958年增訂出版，計著錄7000多部。1978年，在朱士嘉先生指導下，中國天文史料普查整編組編印《中國地方志聯合目錄》，著錄190多個圖書館、博物館、文史館、檔案館入藏現存方志8200多種，查檢方志即地方文獻甚爲便利。②

---

① 1999年，湖北人民出版社出版了陽海清編撰的《中國叢書廣錄》，收錄包括臺灣地區出版的新編叢書共3207種。
② 1996年、2002年，臺北漢美圖書有限公司先後出版金恩輝、胡述兆主編《中國地方志總目提要》舊志部分和1949—1999年新編地方志部分，收錄舊志8577種，新志3402種。2002年，吉林文史出版社出版趙嘉朱主編《中國社會科學院圖書館新方志總目》，收錄1949—2000年間編縣市以上地方志五千餘種。

由於科學研究發達,專科目錄應運而生,依照專科研究需要而編製的目錄不勝枚舉。依類而言,如依四部分類編的經學書目錄、史學書目錄、諸子學書目錄,又如依當代學科分類編的文學書目錄,依特需編的禁燬書目錄、鬻賣書目錄、引用書目錄、推薦書目錄、個人著作目錄以及書目的目錄,等等,現在都有。

對於整理古籍來説,目錄與目錄學的功用是很實際的,主要是幫助查找有關資料。以整理一種具體古籍而言,主要了解該書下列幾個方面的情況:

① 該書今存的實際情況
② 該書歷代的流傳情況
③ 該書可知的版本情況
④ 該書學術史上的地位、價值
⑤ 有關該書的整理、注釋的情況

總之,一種古籍需要整理,或是確定的任務,或是自選的項目,都應先對該書有所了解,對該書所需學科的周邊著作有所了解。這就要從目錄入手,要用目錄學的知識作爲查找入門的指導。

序(第二版)

費振剛

  倪其心教授的《校勘學大綱》(以下簡稱《大綱》),北京大學出版社重印發行,責任編輯胡雙寶學長來信,希望我能寫篇序,爲這部書作一推介,也可借此寄托作爲朋友、同事對這位早逝的學者的懷念,我是無法推脱的。

  如果我記憶不錯的話,《大綱》是倪公轉到古典文獻教研室工作後的第一部學術專著。轉到古典文獻教研室並不是倪公的本願,但他還是服從了安排,開始了新的工作。書出版後,他送書給我,鬆了一口氣地説:"我總算完成了轉入古典文獻專業的第一份答卷。"從此,他一直主持古典文獻專業本科必修課校勘學以及相關的選修課、研究生課的教學。二十世紀九十年代初,倪公被推舉爲古典文獻教研室主任,負責組織古典文獻專業的教學、科研工作,同時參與領導《全宋詩》的編纂,爲此,他耗費了大量的心血。其間,倪公曾被派往日本東京大學文學部任教兩年。回國後不久,他因病先後做了心臟的"搭橋"手術和肺癌的切除手術。在此後與疾病鬥爭的幾年中,倪公平静而樂觀,無論是課堂講授,或是指導研究生,甚或是與同事、同學討論學問,他依舊是那麽認真、熱情,總希望給予別人切實的幫助,直到 2002 年 7 月 27 日,因舊病復發經救治無效而永遠地離開了我們,享年六十八歲。在我們這個時代,這樣的年齡還是可以正常工作的,每想及此,心爲之慟。

對於校勘學,我知之甚少,無法對《大綱》作全面的評價。北京大學出版社要重印此書,日本年輕學者橋本秀美、鈴本香將此書譯成日文,改名爲《校勘學講義》,於 2003 年由日本文獻株式會社出版。這從一個側面説明《大綱》學術價值得到了學術界的承認。日文本前言對《大綱》有中肯的評説。我建議附於重排本之後,以供國内讀者了解。

倪公在"後記"中説:

> 我國從古至今的校勘成就很高,成果極其豐富;校勘學理論的探索和總結,在根本原則、各類通例及校勘方法等方面都已有許多規律性的概括。本書不僅在校勘例證資料上大都取自前人和今人的校勘成果,而且在校勘學理論上也都汲自前人和今人的研究成果,自己無多發明。它只是著者依照一己的陋見,將所知的古今校勘學成果作了系統的歸納和條理的表達。讀者不難看到,它在校勘學理論觀點上,雖然重視對校學派强調版本依據的原則觀點,但在勘誤訂正的理論和方法上更多汲取理校學派的觀點和成果。

對照《大綱》的論述,可以發現"後記"這段扼要的説明有着豐富的内涵。校勘學作爲大學文科的一門課程,在二十世紀二三十年代,應該是文、史類學科學生的必修課,現在能看到的有關校勘學的專著,大都也是我們的前輩學者在大學講授這門課程的講義,多重實例的展示,目驗的心得,有的也會進而歸納若干通例。1931年,陳垣先生出版的《元典章校補釋例》(1959 年更名爲《校勘學釋例》),長久以來被認作校勘學的典範之作,直到今天對我們仍有指導作用,正如倪公在《大綱》中所説,"《釋例》全面總結了校勘一種古籍的理論、方法、原則和通例,初步建立了校勘學體系",但"由於只以一種古籍爲實例,因此也不免局限,不能更爲廣泛地選擇各類古籍的典型事例,也不能在理論上作更爲充分的闡述論證"。有鑒於此,倪公在選例方面不同於《元典章校補釋例》的專取一書之例,改爲博採衆書之典型事例,這既可以"較完整地介紹校勘學的基本知識和技能",又可以在豐富的實例中,總結歷代學者校勘古籍的經驗,提取校勘古籍的原則和規律。倪公謙遜地把他的這一做法稱之爲"依照一己的陋見,將所知的古今校勘學成果作了系統的歸納和條理的表達",實際上是體現了校勘學的新進展。高屋建瓴的學術視野,縝密的科學思想,精確的綜合歸納,以及對校勘學理論是校勘實踐的總結,既具有指導校勘實踐的作用,又接受校勘實踐檢驗的强調,正是《大綱》的重要特點。還應該指出,由於校勘學現在已從大多數高校文科必修課中淡出,只有少數有古文獻專業的高校設置,而校勘學的基礎知識,我認爲又是對文、史、哲專業學生所必要的。《大綱》上述的特點,適合於大學生的自學,並便於他們對校勘學的理論和技能的掌握。至於《大綱》採摘之弘富,裁取之恰切,辨析之審慎,則全書隨處可見,不用一一舉出。這正可以説明《大綱》寫作雖然不在倪公當時學術研究計劃之内,是臨時插入而又一定要完成的,如果不是他平時有多方面的學術積累和深湛的學養,以及認真、勤奮的工作態度,是無法在短期内完成的。每想及倪公焚膏繼晷,夜以繼日工作的情景,心又爲之慟!

倪公與我有着四十多年的亦師亦友的關係。他雖只長我一歲，但他在1956年畢業留校，做林庚先生的助教時，我還是二年級的大學生。他和當時中文系一批青年教師在學術上已嶄露頭角，不時有學術論文甚或學術專著發表出版，因而當他們英姿風發而風度不同地出現在我們的課堂和課餘活動中時，就不能不成爲較他們更年輕的學生們心儀的對象。不幸的是，一年之後，在所謂"反右"運動中，倪公和中文系不少青年教師被戴上所謂"右派"的帽子，被調離教學崗位，因此，我也再沒有機會向這些青年老師當面請教。1960年，我畢業留校，作游國恩先生助教，也搬到了中文系青年教師集中的十九樓二樓住，同室的是金開誠先生，而倪公與另一位老師則與我住在斜對門。這樣，倪公和我由師生成了同事和鄰居，有了近距離認識的條件。1961年冬，我協助游國恩先生主持中國文學史編寫工作以後，終於有了向倪公當面請教的機會，並很快成了親密的朋友。當時，中國文學史編寫組在北大招待所集中編寫，外地專家王起、蕭滌非教授就住在這里，游國恩、季鎮淮先生也在這里安排有房間，白天來這里寫作或審閱、討論書稿。爲此，我常常因爲四位老師需要各種圖書和資料去中文系資料室，而資料室接待我的正是倪公。這期間，倪公除了在資料室做一些事務性的工作外，還參加了林庚先生主編的《魏晉南北朝文學史參考資料》的作品注釋，雖不能上課，但已經算是接受業務工作了。也在我參加中國文學史編寫工作的同時，他又參加了由林庚先生主編的同樣作爲高等學校文科教材的《中國歷代詩歌選》（上冊）的注釋工作。正是有了這樣的機緣，在此後的兩年多時間裏，我們每周都會見面一兩次，倪公對我的請求無不給予極大的滿足，有的書中文系資料室沒有，他會主動幫我去校圖書館查找，並送到北招待所。——倪公有一個特點,就是對公益事務,對別人的事特別認真,肯於出力。這期間,我也就古籍版本、古今注釋的比較向他請教,討論古代文學研究的問題,他都傾其所有地講給我聽,使我受到多方面的啓發和教育。那時,倪公還没有結婚。我雖結婚了,可在北大還没有一個固定的住處,因此,我們有時會到學校南門外小飯鋪吃中飯或晚飯,也會喝點酒。這到後來的"文革"中,就成爲我受資産階級腐蝕,被"和平演變"的一個事例,當然也成爲倪公的一條"罪行"而受到批判。新時期,倪公恢復了應有的身份,結婚生子,有了自己的家庭,他又要以極大的熱情投入自己的工作中,要把過去的損失找回來,實在忙得很,但他仍十分關心我,不論是教學,或是科研,他仍是那麼認真又細致地提出意見。我的學術文章,我們共同參與的科研項目,不少是經過他親自動手修改增補才發表的。每想及與倪公四十多年的交往,我又怎能不爲痛失這樣的良師益友而心慟!

莊子説:"指窮於爲薪,火傳也,不知其盡也。"倪公的學生在古典文獻的教學、研究中已經做出了出色的業績。爲了《校勘學大綱》的再版,他前後的學生橋本秀美、李更、徐剛諸君都做了不少的工作,倪公的學術事業正因此得以傳之久遠。作爲老友,心慟之餘也感到安慰。爲此我感謝北大出版社,感謝倪公的學生們。

2004 年 3 月 36 日寫於廣西梧州

日文版前言（摘譯）

橋本秀美

日本出版界之所以從來没有翻譯出版有關訓詁學、校勘學概要方面的專著，大概是認爲這類書需求少、内容難，而且意義不大。這種看法不無道理。因爲訓詁、校勘同中國古代的語言以及各種古籍的具體内容有着密不可分的關係，在這一點上就不能和目録學、版本學等近鄰學科同日而語。换言之，因爲訓詁、校勘直接關係到中國古籍的核心部分，不能與漢語分割開，所以若不是對中國古代的語言或者對古籍本身有濃厚興趣，是不敢問津的。而對此有興趣的少數人自然都熟悉漢語，既然如此，翻譯成日語就不知道要給誰看了。但是，我認爲把訓詁學、校勘學所體現的中國古典的傳統讀書方法介紹到日本，在信息泛濫而文化蕪廢的今天尤爲重要。讀書究竟意味着什麽？當我們面對一部又一部像辭典那麽厚、只能像報紙一樣快速翻閱的學術論文，難免不時會涌現出這樣的疑問。我曾師從中華書局的王文錦老師。王老師爲古籍校訂奉獻了畢生的精力。王老師師從的孫人和先生曾言"不校不讀"。據説，他的藏書上都寫有密密麻麻的校勘批注，"文革"期間藏書被抄没之後，他失魂落魄，没兩年就過世了。我的老師、老師的老師，以及與他們同時代的無以數計的學者們，都曾把如此讀書作爲他們的生命本身，死而後已。他們的閲讀不像積累知識、數據那麽單純，也不像讀報紙、雜志那樣簡單。他們傾其畢生精力研習古籍，並按照古典的世界不斷地重塑自己的精神，結果在各自不同領域、不同程度上成爲古典世界的化身或代言人，反過來又依據這樣形成的精神，對古籍進行校勘，傳諸後世。我希望有更多的日本讀者能夠了解這樣一種讀書境界，並親自感受一下。要達到這個目的，我認爲介紹校勘學、訓詁學的內容應該是個捷徑。

在當前校勘學的教材中，較爲標準的當推程千帆先生等的《校讎廣義・校勘編》。我之所以選擇翻譯倪老師的《校勘學大綱》，並不是因爲他曾經是我導師的個人緣故。將此二書相較，不難發現性質完全不同。程先生等的書側重於介紹他們長年記錄下來的有關校勘的各種各樣的實例，所選的例子大多具有代表性，而且意味深長。對中國古籍有一定了解的人讀此書，會發現有些例子蠻有意思，也會覺得有些例子是常識性的。而倪老師的書，是爲教學需要在短時間內編寫出來的，內容側重於理論性的分析。倪老師一流的理論分析能力，備受學生們敬佩，在這本書中也有所體現。傳統的讀書、校勘有深厚的積累，形成一套很成熟的方法，可是這種方法只是習慣性的，不自覺的，並不具有理論性和體系性。本書首次對此進行了大膽的理論整理，是嶄新的、獨創的，在某種意義上，堪稱空前絕後。實際上，程先生的書比倪老師的書晚出，然而理論方面的探討非常有限。例如倪老師在本書第二章描述校勘學的發展歷史，將歷代校勘學的成果放在思想史的大背景中，儼然是從校勘學發展史的角度所體現出來的中國文化史，讀之令人有耳目一新之感。第三章論述古籍的多層構成，其實這正是古籍問題的核心，前人對此亦頗多關注，然而從未有人做過如此清晰的理論爬梳。又如第四章着眼於從理由和根據兩個方面來分析校勘的考證方法，很成功地做出十分清楚的理論分析。因爲是沒有成規可循的、開創性的嘗試，本書也難免有論述過於冗長、理論説解稍嫌費解的地方，但我毫不懷疑只有倪老師才能對校勘學進行如此徹底的理論分析。因此，爲了把中國傳統的讀書方法介紹給日本的廣大讀者，讓讀者自己去思考究竟什麽叫讀書，什麽叫文化，什麽叫傳統，什麽叫古籍校勘等問題，我想倪老師的書是最具啓發意義的理想教材。第六章、第七章是有關校勘實踐的理論説明。對那些不會自己進行古籍校勘的廣大讀者來説，也許沒有直接參考價值，但是了解第三、四、五章中論述的理論如何具體應用還是需要的，而且對於了解中國當前古籍整理工作的現狀也很有意義。

在短時間内把這樣獨創性的理論整理工作編成教材，不免會有疏漏，這是閲讀本書時需要加以注意的。先簡要地表述一下我對讀者的希望：不要拘泥於本書的具體内容，從本書的理論整理和實例中得到啓發和綫索，並進行獨立思考，從而達到活學活用的目的。具體來説，本書的理論整理並不是最完美的，更不是惟一正確的。然而本書的理論整理一定能對讀者産生很大刺激，雖然也有不盡妥帖之處，不排除運用別的觀點和方法做出不同整理的可能。另外，本書引用的大量材料，絶大部分都直接把歷代學者的觀點作爲分析對象，所以從我們今天的研究水準來看，自然有不少内容已經被證實爲失實的。例如，第二章所舉的《刊正九經三傳沿革例》，舊時認爲是宋朝岳珂所撰，但現在學術界普遍認爲是元代岳浚所作。（儘管如此，它的基本内容又出自宋代廖氏世綵堂，因此以它作爲反映宋代校勘學的資料，並沒有問題。）再如，書中認爲元明時代的學術流於空疏,在校勘學方面沒有多大成就可言。這種觀點可能要被當今學者斥爲偏見。但是,我們也應該知道,上述這些觀點在過去都屬於通說,倪老師的工作不在於對歷史現象進行重新考訂,而在於對過去較爲普遍的歷史認識進行理論整理。再比如,本書中多次提到陳奇猷說,而陳氏於前幾年又出版了《呂氏春秋新校釋》《韓非子新校注》,對自己過去的觀點進行了不少修改。但從最近利用出土文獻進行的先秦文獻研究的角度看,陳氏的很多觀點,無論是修訂前的還是修訂後的,都需要調整,甚至有些觀點要被否定。在翻譯過程中,我對書中既明顯又簡單的錯誤隨手加以訂正,但對於所舉例證在校勘、考證方面的不當之處沒有做過任何調整,也沒有加注說明。這不是因爲無法窮盡,更主要的原因是:本書的目的在於對傳統積累下來的校勘實例進行理論分析,至於那些校勘或考證的具體觀點是否正確,不會直接影響本書的價值,並且提供一些有關古籍方面的具體知識,不屬於本書該承擔的任務。如果使用本書作爲課堂教材,這些相關的具體問題或知識,應由教授者隨時加以解釋、評說,這樣可以加深聽講者的印象。如果您是自學者,所舉例證儘可挑着讀。若看到感興趣的例子,也不妨花些時間,追尋一下其中蘊涵的理論意義。

2002年的初夏,我向倪老師報告,我們已經拿到《校勘學大綱》的日文翻譯版權,當時沒料到這竟是與老師的最後一次會面。關於《校勘學大綱》,他告訴我說,如果條件允許的話,想再加寫一章,專門討論抄本的校勘問題。這是因爲近年來以《郭店楚簡》爲代表的先秦、漢代文獻大量出土,有關先秦文獻的研究已經取得了劃時代的突破,他了解到有關情況後,認爲使用抄本進行研究,或者對抄本進行校勘，需要一套新概念、新方法，過去以刻本爲中心形成的有關版本系統和異文的概念不能套用照搬。我認爲，這一問題比較複雜，要形成將出土的先秦、漢代文獻也涵蓋在內的校勘學還需要時間，至少不是目前我們力所能及的。鑒於這種情況，倪老師過世後，我們幾個學生商量決定，《校勘學大綱》要重排重印，只對初版中的錯訛字進行校訂，並在版面設計方面下功夫，以期擁有更多的讀者，除此之外不進行內容上的補訂。這次我的翻譯也本着這一原則，只對大量的錯訛字以及少數引文方面的錯誤做了簡單的修改。這些修改也會反映到近期內由北京大學出版社出版的《校勘學大綱》重排本中。從《後記》中也不難看出，倪老師對《校勘學大綱》以簡體字的形式出版，且出現不少排印上的錯誤，並沒有多麼在意。這是因爲，倪老師體現了中國古典的一種精神，他的生命與古典世界不可分割，因此他完全相信《校勘學大綱》版本中的那些錯訛只是細枝末節，不會影響到古典的精神。我也遵循同樣的信念，才敢於在翻譯時改動原文，但想必還有不少遺漏之處，關於這一點我想倪老師會原諒我的。

《校勘學大綱》感言

喬秀岩

一、

倪老師離開我們已經快二十年了。在三十多年前《校勘學大綱》初版問世的第二年，我在東京才開始進入中國哲學專業，1992年倪老師到東京大學教學，有幸選修倪老師的課。1994年投靠倪老師到北大中文系進修，倪老師跟我說：來北大讀書，可以保證提高你閱讀古籍的能力，其他的都不敢保證，也不知道。當時我只有要讀懂《儀禮注疏》這一想法，所以倪老師這話簡直求之不得。記得當初倪老師跟我約定時間，叫我到空教室，一對一地教我讀《儀禮注疏》。因無旁人，倪老師從隔壁教室拿鐵簸箕來，放在桌上算臨時的煙灰缸，我們兩人一邊抽煙，一邊看賈疏，一句一句解釋。當時倪老師就說，如今沒有人讀經書、學經學，只要有人願意學，他都感到很高興，管他是哪國人。真是那樣的時代。

後來我寫博士論文，倪老師基本上放任，快到截止日期才交稿，倪老師也沒叫我修改。畢業回國工作，我自己將博士論文翻成日文出版，輾轉聽到平山久雄老師看我博士論文後說有倪老師的學風。平山老師是東京大學備受尊敬的一位名師，倪老師在東京的時候，和他私交最深。所以平山老師這一評論讓我感到非常愉快。

　　不知道平山老師的想法如何，我也不敢利用傳聞拔高自己，畢竟倪老師是文學，我是經學，基本上不同路，沒有可比性。然不管是經學還是文學，研究古代文化的人，往往沉進去跳不出來，全盤接受傳統文化的結果，減弱基本的批判能力而不自知。倪老師喜好漢魏南北朝文學，而始終保持最原始的懷疑能力和最洗練的藝術敏感，自然是我所嚮往的。很遺憾，藝術方面我沒有天分，而一直關心學術史，有審思學術方法的習慣，《校勘學大綱》深入透闢的分析，令我感到最舒適稱心。

　　二、

　　學習古典文獻需要長期堅持，規誡浮躁之餘，往往流於墨守，或以販賣前輩成說自足，或以羅列信息爲學術成果。不僅訓詁學、校勘學教材，甚至研究論著，都有以分類羅列爲能事者。我們看那種便覽式論著，往往感到不如自己看原書爲快。然而這種做法頗有傳統，如本書第二章介紹王念孫《讀書雜志》論《淮南子》文本訛誤列舉六十二例，後來俞樾《古書疑義舉例》、陳垣《校勘學釋例》等皆用分類舉例之法。可是這些事例的羅列，猶如在曬他們撈到的魚，我們看了只能讚美叫好，或評頭論尾，對我們提高自己的撈魚能力沒有任何幫助。本書第五章介紹"校勘通例的歸納"，是通常所謂"校勘學"的主要內容，而倪老師反覆強調"應從疑誤的具體實際出發，不能用這些通例去套"，"各類通例的實踐意義并不等於客觀規律"，"並非普遍法則"，"並非通例"，也就是說無法幫你解決校勘問題。就這一點，足以瞭解倪老師認真思考的態度。《校勘學大綱》是總結傳統"校勘學"的作品,實際上也終結了傳統"校勘學"。校勘"通例"只能是幻想,具體情況要具體判斷。瞭解傳統"校勘學"是必要的,多接觸先人"類例"也不無參考意義,但此外無需過多關心"校勘學"。讀完《校勘學大綱》,可以忘掉"校勘學"。只要自己思考校勘何為?該如何校勘?即可。

倪老師對傳統文獻學成就進行理論分析,探討其中的本質性問題,其中兩點筆者認為特別重要。首先,倪老師注意到,歷史上的校勘成果,往往有與今日我們的古籍整理很不一樣的目標和意義。如云:"顏師古的處理原則是劃一歸真,刪除繁濫。""結果便是從疏解出發,而把異文幾乎蕩滌無遺。"又如《史記正義》《後漢書注》《文選注》等,"撰注的目的是讀通讀懂"。又如朱熹《韓集考異》"以有無'神采''意象'為判斷異文正誤的準則",又如《九經三傳沿革例》"主張折中便讀"。這些都在說明古代的校勘往往出於一種實用的目的,與今日我們的文獻學有本質差別。倪老師對乾嘉時期理校死校之爭,也有精準的評論,認為戴段二王"必然不以版本可靠與否為依據,而是以異文為考訂對象"。他們不探索那些異文出現的歷史情況,追溯最早期的文本,而撇開文本流傳的歷史,直接思考哪一種文本才"真"。換言之,同樣是"存真復原",在"原"本已經亡佚的情況下,"真"會有不同的標準,他們以符合他們理論的文本為"真",死校派以歷史上存在過的最早文本為"真"。

這也涉及文獻的本質複雜性。文字、文本並非客觀存在,紙上的墨跡,必需經過主觀主體的識讀才能成為文本。同樣的墨跡,不同文化背景的人看,有可能認出不同的文字、文本來。因此,如何認識理解文本,比紙上墨跡更重要。於是本書第三章特別提出"經典古籍的複雜重疊構成"這一概念，説明鄭注、孔疏等歷代重要的注解，與紙質版本一樣體現一種文本，而且比具體一種紙本墨跡更重要。筆者認爲，倪老師重視文本的認知主體，在文獻學理論上是十分重大的突破。這是第二點。

既然不能排除主觀認知，我們究竟如何確定"真"的標準？倪老師告訴我們，這裏沒有現成的答案，我們要自己去思考。

三、

本書第二章回顧校勘學的歷史，最後講到："最近一些年來，大批專書校注著作問世，大量考古文物出土，以及校勘學專著的陸續出版，提供了豐富的資料依據，提出了不少的理論觀點，形成了良好的趨勢。"從二十世紀八十年代後半開始，古籍校注專書陸續問世，戰國、秦漢的竹簡大批出現，尤其重要的是近二十年來通過影印和電子書影的形式，我們能夠觀察到大量古籍善本，版本研究進展飛快，不得不説我們的資料條件與三十年前有天壤之別。

我還記得倪老師平常用的《文選》是民國縮印的《四部叢刊》影印建本。其實建本據贛州本翻刻，贛州本據明州本翻刻，現在有明州本可用，建本不必去看了。但當時除了影印胡刻本，還真只有《四部叢刊》本（中華書局也有影印）流傳。又如本書也有"《毛詩故訓傳》完整地保存於《毛詩正義》"這種敘述，而《毛詩正義》自然不包含《毛詩故訓傳》。但在上世紀八十年代要看《毛詩傳箋》，確實只有中華書局兩大本縮拼影印阮刻《十三經注疏》，幾乎沒有別的版本。

1998年，倪老師在看傅剛老師的博士後出站報告，跟我説很有意思。這使我產生要在中國重新影印明州本《文選》的構想，可惜沒來得及給倪老師用到。2000 年我在東京開始工作之後，有一次回北京，到藍旗營拜訪倪老師。我給倪老師介紹電子版《四庫全書》的使用方法，倪老師很高興。還跟我講到，以前看像高橋智研究《論語》《孟子》，詳細記錄每一版本的所有異文，不覺得很可取，但最近越來越感到"死校"是對的。倪老師對《郭店楚簡》等也很有興趣，説抄本的校勘需要另外一套思路。倪老師還沒看到古籍資料的信息爆炸，2002 年就離開了我們，我們無法就目前的資料條件跟倪老師討論問題，這讓我感到很遺憾。

筆者自 2004 年開始翻譯《正史宋元版之研究》，2018 年由中華書局出版，對推動版本學發展算有些貢獻。其實，最早是倪老師邀請尾崎康老師到北京講版本，由陳捷師姐翻譯整理成《以正史爲中心的宋元版本研究》，1993 年北京大學出版社出版。不妨説是陳捷和我先後花二十多年的時間，完成了倪老師開頭的事業。

筆者與宋紅老師合作編過影印明州本《文選》、單疏本《毛詩正義》，與馬辛民師兄合作編過影印宋版《儀禮經傳通解》、八行本《禮記正義》、南宋官版《尚書正義》《周易正義》，這二十年來相關學者的研究也開展得越來越深入。經張麗娟、顧永新、李霖等學者研究，經書版本的大致情況已經清楚。例如《禮記》，筆者現在閱讀鄭注孔疏，只看撫州刊經注本與八行注疏本，八行本原則上也只看足利學校的較早印本，不看潘明訓舊藏元修本。因爲後來諸版本皆未能參考唐代抄本、北宋刻本，所有異文均出後人推論，並不反映北宋以前歷史存在過的文本，只要掌握南宋最早的官版，其他諸本無需參考。

四、

合理的推論與歷史事實之間,有本質的差別。如果說"歷史事實"也經過主觀認知才能成立的話,我們也不妨考慮不同的客觀性程度。從文獻學的角度,純粹客觀存在的是各種抄本、版本的原件。拍照影印,有不同程度的失真。文獻工作者從事影印,要注意儘量保證影印傳真,而對其容有的失真情況,要做充分的説明。這是第一層次。以賈還賈、以孔還孔,是通過文字敘述推論不同文本的過程,大多數情況不會有歧義,但有時也會見仁見智。宋代官版包含不少無意的訛字,一般很容易校正,而有些有爭議。儘管做不到完全客觀,但通過對每一類文本的深入研究,可以提高準確性和客觀性。没有可以泛用的通例,仍能探索具體的規律性,如賈、孔語言習慣等。這是第二個層次。若説在以賈還賈、以孔還孔、以宋版還宋版已經完成的基礎上,再校勘出一種完美文本,則是一種創造行爲。美未必真,而且美有不同的標準。這是第三個層次。

以往學者,包括本書重點介紹的戴、段、二王以至陳奇猷等近人,都在上述第三個層次奮鬥,是創造文明的努力。我們現在要歷史地研究古典文獻,無意於用古籍來創造"文明",所以我們今日的古籍整理工作要在第一、第二個層次上用力。舉一個例子:

《檀弓下篇》:"滕成公之喪,使子叔敬叔弔,進書,子服惠伯爲介。及郊,爲懿伯之忌不入。惠伯曰:'政也,不可以叔父之私不將公事。'"鄭注:"敬叔於昭穆,以懿伯爲叔父。"

孔穎達説:"此後人轉寫鄭注之誤,當云'敬叔於昭穆,以惠伯爲叔父'。檢勘《世本》,敬叔是桓公七世孫,惠伯是桓公六世孫,則惠伯是敬叔之父六從兄弟,則敬叔呼惠伯爲叔父,敬叔呼懿伯爲五從祖。"

孔穎達根據他的"事實",認爲鄭注有轉寫訛誤。若如其説,惠伯向敬叔自稱"叔父",豈不詭異？其實,《世本》以宣公爲文公子,而漢人或以宣公爲文公弟。文公、宣公爲兄弟,則敬叔、惠伯同爲桓公六世孫,懿伯既爲惠伯叔父,就昭穆而言,敬叔亦可稱懿伯爲叔父,正如鄭注所云。孔穎達未能考慮自己以《世本》爲根據掌握的"事實",並不符合鄭玄認知的"事實"的可能性,進而打算改動鄭注。如果後人採用孔穎達的主張,直接改動鄭注文本,則文公、宣公親屬關係的認定可以統一,同時鄭注被架空,不知所云了。我們必須停留在鄭、孔不同的"事實",以鄭還鄭,以孔還孔,才能保住古代思想文化的豐富性。不能爲了擁護一個"事實",而丢失古人多樣的思維和文本。

若要參與點校、校注等整理工作,則先明確整理的目的。只有目的明確,才能判斷如何校定最合適。如果目的在提供普及文本,讓讀者容易理解内容的話,顔師古、《九經三傳沿革例》他們的做法也許很合適,儘管那不過是一種文化宣傳。我與葉純芳整理《楊復再修儀禮經傳通解續卷祭禮》(2011年文哲所出版),連明顯的訛字也照録元版,是因爲我們的底本是孤本,我們編輯整理,是想在藏書單位不允許影印的情況下,儘量全面體現底本的面貌。部分訛字我們出注説明,是爲了不要讓讀者懷疑是我們的排版錯誤。又如我與葉純芳、顧遷老師合作編《孝經孔傳述議讀本》(2016年崇文書局出版《孝經述議復原研究》附録),《孝經孔傳》部分以京大所藏抄本爲底本,原則上照録原本。那是因爲京大藏本讀者在網絡上可以直接核對,而且阿部隆一網羅現存諸抄本的校記即以京大藏本爲底本。我們的目的在於爲學界提供便於研讀的出發點,所以認爲這樣處理最合適。

兩年前寫過一篇《不校校之的文獻學》(《北京大學學報(哲學社會科學版)》2018 年第 6 期),可以算我晚三十年提交的《校勘學大綱》讀書報告。我沒有上過倪老師的校勘學課程,而《校勘學大綱》是認真學過的。自認爲拙文觀點是遵照倪老師的思路,繼續發展的結果,只可惜已經無法與倪老師討論。

馬辛民師兄給我機會在老師書後面寫兩句感想,我越想越懷念倪老師,那不是因爲他對我有大恩,而是因爲他思辨的剛毅正直有永不褪色的魅力。多年來李更師姐一直用《校勘學大綱》教授校勘學課程,培養了衆多人才。最後向李更師姐表示衷心的感謝。

圖書在版編目 (CIP) 數據

校勘學大綱 / 倪其心著 .—北京：北京大學出版社，2022.6
ISBN 978-7-301-31358-9

Ⅰ．①校… Ⅱ．①倪… Ⅲ．①校勘學 Ⅳ．① G256.3

中國版本圖書館 CIP 數據核字 (2020) 第 104472 號

書　　　名	校勘學大綱	
	JIAOKANXUE DAGANG	
著作責任者	倪其心　著	
責任編輯	胡雙寶　王　應	
標準書號	ISBN 978-7-301-31358-9	
出版發行	北京大學出版社	
地　　　址	北京市海淀區成府路 205 號　100871	
網　　　址	http://www. pup. cn　　新浪微博：@ 北京大學出版社	
電子信箱	dianjiwenhua@126.com	
電　　　話	郵購部 010-62752015　發行部 010-62750672	
	編輯部 010-62756449	
印　刷　者	北京中科印刷有限公司	
經　銷　者	新華書店	
	650 毫米 ×980 毫米　16 開本　26 印張　280 千字	
	2022 年 6 月第 1 版　2022 年 6 月第 1 次印刷	
定　　　價	90.00 元	

未經許可，不得以任何方式複製或鈔襲本書之部分或全部內容。
版權所有，侵權必究
舉報電話：010-62752024　電子信箱：fd@pup.pku.edu.cn
圖書如有印裝質量問題，請與出版部聯繫，電話：010-62756370